国家出版基金项目
NATIONAL PUBLICATION FOUNDATION

丝绸之路历史文化研究书系

第三辑　　　杨富学　主编

李遇春考古文集

张远华　贾应逸　编

甘肃文化出版社

图书在版编目（CIP）数据

李遇春考古文集 / 张远华，贾应逸编. -- 兰州 ：
甘肃文化出版社，2023.10
（丝绸之路历史文化研究书系 / 杨富学主编. 第三
辑）
ISBN 978-7-5490-2697-5

Ⅰ. ①李⋯ Ⅱ. ①张⋯ ②贾⋯ Ⅲ. ①文物－考古－
新疆－文集 Ⅳ. ①K872.45-53

中国国家版本馆CIP数据核字(2023)第183141号

李遇春考古文集
张远华　贾应逸 | 编

项目策划 | 邸军涛
项目统筹 | 周乾隆　贾　莉　甄惠娟
责任编辑 | 党　昀
封面设计 | 马吉庆

出版发行 | 甘肃文化出版社
网　　址 | http://www.gswenhua.cn
投稿邮箱 | gswenhuapress@163.com
地　　址 | 兰州市城关区曹家巷 1 号 | 730030(邮编)

营销中心 | 贾　莉　王　俊
电　　话 | 0931-2131306

印　　刷 | 北京联兴盛业印刷股份有限公司
开　　本 | 787 毫米 × 1092 毫米　1/16
字　　数 | 410 千
印　　张 | 25.75
版　　次 | 2023 年 10 月第 1 版
印　　次 | 2023 年 10 月第 1 次
书　　号 | ISBN 978-7-5490-2697-5
定　　价 | 116.00 元

总　序

　　丝绸之路是一条贯通亚、欧、非三洲经济文化交流的大动脉。自古以来，世界各地不同族群的人都会在不同环境、不同传统的背景下创造出独特的文化成就，而人类的发明与创造往往会突破民族或国家的界限，能够在相互交流的过程中获得新的发展。丝绸之路得以形成的一个重要原因，就在于东西经济文化的多样性和互补性。

　　在中西交往的经久历程中，中国的茶叶、瓷器及四大发明西传至欧洲，对当时的西方社会带来了影响，至今在西方人的生活中扮演着重要角色。反观丝绸之路对中国的影响，传来的大多是香料、金银器等特殊商品，还有胡腾舞、胡旋舞等西方文化。尽管这些西方的舶来品在考古现场有发现，在壁画、诗词等艺术形式上西方的文化元素有展示，但始终没有触及中华文明的根基。

　　早在远古时期，虽然面对着难以想象的天然艰险的挑战，但是欧亚大陆之间并非隔绝。在尼罗河流域、两河流域、印度河流域和黄河流域之北的草原上，存在着一条由许多不连贯的小规模贸易路线大体衔接而成的草原之路。这一点已经被沿路诸多的考古发现所证实。这条路就是最早的丝绸之路的雏形。

　　草创期的丝绸之路经历了漫长的历史演进，最初，首要的交易物资并不是丝绸。在公元前15世纪左右，中原商人就已经出入塔克拉玛干沙漠边缘，购买产自现新疆地区的和田玉石，同时出售海贝等沿海特产，同中亚地区进行小规模贸易交流。而良种马及其他适合长距离运输的动物也开始不断被人们所使用，于是大规模的贸易往来成为可能。比如阿拉伯地区经常使用的耐渴、耐旱、耐饿的单峰骆驼，在公元前 11 世纪便用于商旅运输。而分散在亚欧大陆的游牧民族据传在公元前 4 世纪左右才开始饲养马。双峰骆驼则在不久后也被运用在商贸旅行中。另外，欧亚大陆腹地是广阔的草原和肥沃的土地，对于游牧民族和商队运输的牲畜而言可以随时随地安定下来，就近补给水、食物和燃料。这样一来，一支商队、旅行队或军队可以在沿线各强国没有注意到他们的存在或激发敌意的情况下，进行长期、持久而路途遥远的旅行。

随着游牧民族的不断强盛，他们同定居民族之间不断争斗、分裂、碰撞、融合，这使原始的文化贸易交流仅存于局部地区或某些地区之间。不过，随着各定居民族强国的不断反击和扩张，这些国家之间就开始了直接的接触，如西亚地区马其顿亚历山大的东征，安息王朝与罗马在中亚和地中海沿岸的扩张，大夏国对阿富汗北部、印度河流域的统治以及促使张骞动身西域的大月氏西迁。这些都说明上述地区之间进行大规模交通的要素已经具备，出入中国的河西走廊和连通各国的陆路交通业已被游牧民族所熟知。

丝路商贸活动的直接结果是大大激发了中原人的消费欲望，因为商贸往来首先带给人们的是物质（包括钱财等）上的富足，其次是来自不同地域的商品丰富了人们的精神文化生活。"紫驼载锦凉州西，换得黄金铸马蹄"，丝路商贸活动可谓奇货可点，令人眼花缭乱，从外奴、艺人、歌舞伎到家畜、野兽，从皮毛植物、香料、颜料到金银珠宝、矿石金属，从器具、牙角到武器、书籍、乐器，几乎应有尽有。而外来工艺、宗教、风俗等随商人进入更是不胜枚举。这一切都成了中原高门大户的消费对象与消费时尚。相对而言，唐代的财力物力要比其他一些朝代强得多，因此他们本身就有足够的能力去追求超级消费，而丝路商贸活动的发达无非是为他们提供了更多的机遇而已。理所当然的就有许许多多的人竭力囤积居奇，有钱人不仅购置珍奇异宝而且还尽可能在家里蓄养宠物、奴伎。诚如美国学者谢弗所言：7 世纪的中国是一个崇尚外来物品的时代。当时追求各种各样的外国奢侈品和奇珍异宝的风气开始从宫廷中传播开来，从而广泛地流行于一般的城市居民阶层之中。古代丝绸之路的开辟，促进了东西方的交流，从而大大推动了世界各国的经济、政治发展，丰富了各国人们的物质文化生活。

丝绸之路上文化交流，更是繁荣昌盛。丝绸之路沿线各民族由于生活的环境不同，从而形成不同的文化系统，如印度文化系统、中亚诸族系统、波斯—阿拉伯文化系统、环地中海文化系统、西域民族文化系统、河西走廊文化系统、黄河民族文化系统、青藏高原文化系统等等。而在这其中，处于主导地位的无疑是中原汉文化、印度文化、希腊文化和波斯—阿拉伯文化。

季羡林先生曾言："世界上历史悠久、地域广阔、自成体系、影响深远的文化体系只有四个，即中国、印度、希腊和伊斯兰……目前研究这种汇流现象和汇流规律的地区，最好的、最有条件的恐怕就是敦煌和新疆。"这两个地方汇聚了四大文化的精华，自古以来，不仅是多民族地区，也是多宗教的地区，在丝绸之路沿线流行过的宗教，如萨满教、祆教、佛教、道教、摩尼教、景教、伊斯兰教，甚至还有印度教，以及与之相伴的各种文化，都曾在这里交汇、融合，进而促成了当地文化的高度发展。尤其是摩尼教，以其与商人的特殊关系，始终沿丝绸之路沿线传播。过去，学术界一般认为摩尼教自13世纪始即已彻底消亡，而最近在福建霞浦等地发现了大批摩尼教文献与文物，证明摩尼教以改变了的形式，在福建、浙江一带留存至今。对霞浦摩尼教文献的研究与刊布，将是本丛书的重点议题之一。

季先生之所以要使用"最好的"和"最有条件"这两个具有限定性意义的词语，其实是别有一番深意的，因为除了敦煌和新疆外，不同文明的交汇点还有许多，如张掖、武威、西安、洛阳乃至东南沿海地带的泉州，莫不如此。新疆以西，这样的交汇点就更多，如中亚之谄答剌、碎叶（今吉尔吉斯斯坦托克马克）、怛罗斯、撒马尔罕、布哈拉、塔什干、花剌子模，巴基斯坦之犍陀罗地区，阿富汗之大夏（巴克特里亚）、喀布尔，伊朗之巴姆、亚兹德，土耳其之以弗所、伊斯坦布尔等，亦都概莫能外，其中尤以长安、撒马尔罕和伊斯坦布尔最具有典型意义。

西安古称长安，有着 1100 多年的建都史，是中华文明与外来文明的交流的坩埚，世所瞩目的长安文明就是由各种地域文化、流派文化融汇而成的，其来源是多元的，在本体上又是一元的，这种融汇百家而成的文化进一步支撑和推动了中央集权制度。在吸收整合大量外域文化之后，长安文明又向周边广大地域辐射，带动了全国的文明进程，将中国古代文化的发展推向高峰，并进一步影响周围的民族和国家；同时中国的商品如丝绸、瓷器、纸张大量输出，长安文明的许多方面如冶铁、穿井、造纸、丝织等技术都传到域外，为域外广大地区所接受，对丝绸之路沿线各地文明的发展产生了重大影响，体现出长安文化的扩散性和长安文明的辐射性。这是东西方文化长期交流、沟通的结果。在兼容并蓄思想的推动下，作为"丝绸之路"起点的长安，不断进取，由此谱写了一部辉煌的中外文化交流史。长安文化中数量浩繁的遗存遗物、宗教遗迹和文献记载，是印证东西方文化交流、往来的重要内容。

撒马尔罕可谓古代丝绸之路上最重要的枢纽城市之一，此地连接着波斯、印度和中国这三大帝国。关于该城的记载最早可以追溯到公元前 5 世纪，其为康国的都城，善于经商的粟特人由这里出发，足迹遍及世界各地。这里汇聚了世界上的多种文明，摩尼教、拜火教、基督教、伊斯兰教在这里都有传播。位于撒马尔罕市中心的"列吉斯坦"神学院存在于 15—17 世纪，由三座神学院组成，他们虽建于不同时代，但风格相偕，结构合理，堪称中世纪建筑的杰作。撒马尔罕的东北郊坐落着举世闻名的兀鲁伯天文台，建造于 1428—1429 年，系撒马尔罕的统治者、乌兹别克斯坦著名天文学家、学者、诗人、哲学家兀鲁伯所建，是中世纪具有世界影响的天文台之一。兀鲁伯在此测出一年时间的长短，与现代科学计算的结果相差极微；他对星辰位置的测定，堪称继古希腊天文学家希巴尔赫之后最准确的测定。撒马尔罕北边的卡塞西亚，原本为何国的都城，都城附近有重楼，北绘中华古帝，东面是突厥、婆罗门君王，西面供奉波斯、拂菻（拜占庭）等国帝王，这些都受到国王的崇拜。文化之多样性显而易见。

伊斯坦布尔为土耳其最大的城市和港口，其前身为拜占庭帝国（即东罗马帝国）的首都君士坦丁堡，地跨博斯普鲁斯海峡的两岸，是世界上唯一地跨两个大洲的大都市，海峡以北为欧洲部分（色雷斯），以南为亚洲部分（安纳托利亚），为欧亚交通之要冲。伊斯坦布尔自公元前658年开始建城，至今已有2600年的历史，其间，伊斯坦布尔曾经是罗马帝国、拜占庭帝国、拉丁帝国、奥斯曼帝国与土耳其共和国建国初期的首都。伊斯坦布尔位处亚洲、欧洲两大洲的结合部，是丝绸之路亚洲部分的终点和欧洲部分的起点，其历史进程始终与欧亚大陆之政治、经济、文化变迁联系在一起，见证了两大洲许许多多的历史大事。来自东方的中华文明以及伊斯兰教文化和基督教文化在这里彼此融合、繁荣共处，使这里成为东西方交流的重要地区。

综上可见，丝绸之路上的文化多元、民族和谐主要得益于宗教信仰的自由和民族政策的宽松——无论是中原王朝控制时期，还是地方政权当政期间，都不轻易干涉居民的宗教信仰和民族之间的文化交流。丝绸之路上各种思想文化之间相互切磋砥砺，在这种交互的影响中，包含着各民族对各种外来思想观念的改造和调适。"波斯老贾度流沙，夜听驼铃识路赊。采玉河边青石子，收来东国易桑麻。"通过多手段、多途径的传播与交流，中西文化融会贯通，构成一道独具魅力、异彩纷呈的历史奇观。从这个意义上说，丝绸之路可称得上是一条东西方异质经济的交流之路和多元文化传播之路，同时又是不同宗教的碰撞与交融之路。

为了进一步推进"丝绸之路"历史文化价值的研究，本人在甘肃文化出版社的支持与通力合作下策划了"丝绸之路历史文化研究书系"，得到全国各地及港澳台学者的支持与响应。幸运的是，该丛书一经申报，便被批准为国家出版基金资助项目。

"丝绸之路历史文化研究书系"为一套综合性学术研究丛书，从不同方面探讨丝绸之路的兴衰演进及沿线地区历史、宗教、语言、艺术等文化遗存。和以往的有关丝绸之路文化方面的论著相比，本套丛书有自身个性，即特别注重于西北少数民族文献与地下考古资料，在充分掌握大量的最新、最前沿的研究动态和学术成果的基础上，在内容的选取和研究成果方面，具有一定的权威性和前沿性。整套丛书也力求创新，注重学科的多样性和延续性。

杨富学

2016 年 8 月 23 日于敦煌莫高窟

序

    2021年，是新疆维吾尔自治区博物馆李遇春先生100周年诞辰。在贾应逸先生等的不懈努力，李遇春先生学术文集完成结集，即将付梓出版，是新疆文博界值得庆贺喜事和大事；文集的编辑，是对老一代新疆文博人学术业绩的致敬，更是对新疆文博事业初创者们孜孜以求精神的礼赞。

    李遇春先生是新疆博物馆、新疆文物管理和考古科研机构的最早筹建者和见证者。20世纪50年代初，李先生遵照组织调遣，进新疆从事文化文物的管理工作。1953年，经新疆省人民政府批准，新疆博物馆筹备处成立，1956年，新疆维吾尔自治区文物管理委员会筹备处正式成立，1957年，文物管理委员会与新疆博物馆筹备处合署办公，作为筹备负责人之一，李先生积极热情地投入到各项基础机构建设事业中。1959年8月新疆维吾尔自治区博物馆正式成立（始设在乌鲁木齐市西大桥新疆印刷厂行政楼内，1962年迁至今馆址），内设机构有文物队、陈列组、保管组、征集组、行政办公室等，李先生分管文物队、陈列、保管、征集等业务工作。1960年，新疆社科院哲学社会科学部属下考古研究所成立，李先生兼任新疆考古所的负责人。从参加事业初创到光荣离休的36年间，李先生长期从事新疆文博各项具体工作的组织实施和管理，对新疆文物管理、保护和博物馆事业建设和发展，有奠基之功。

    李遇春先生是新疆文博基础干部队伍建设的最早组织者和实施者。1956年，国家高度重视新疆文博人才队伍的建设，举办新疆第一届文物考古工作人员训练班,受组织安排,李先生担任训练班负责人,圆满完成了为期3个月的训练班。时任中国科学院考古研究所所长、著名考古学家夏鼐先生带领庄敏、刘观民等专家负责讲课,内容为文物考古基本知识、新疆文物考古概况、国家文物政策法令等,课后并到吐鲁番交河故城附近的古墓地进行发掘实习。参加学习的沙比提·阿合买提、李征、李文永、梁玉娥、柳晋文等20余人后来成了新疆文物考古、博物馆工作的骨干。1957—1958年,李先生还具体参与了新疆博物馆与新疆文物管理委员会筹备处在伊犁、塔城、阿勒泰、喀什、和田、阿克苏、库车等地举办文物讲习会,并约请在新疆考察的著名考古学家黄文弼先生进行为期半个月的学术讲座,介绍新疆各地文物考古发现的新收获。李先生在推动新疆本地多民族文博干部的文博人才队伍的培训,业务素质能力水平的提高,做了大量具体而有效的工作,有非凡之绩。

李遇春先生是新疆文物考古调查、发掘的最早实践者和亲历者。1953年7月,由西北行政委员会文化局、新疆省人民政府文化事业管理局组成新疆文物调查工作组,实施了首次全疆历史上大规模的文物调查工作;由西北历史博物馆馆长武伯伦任组长,敦煌文物研究所所长常书鸿、伊犁地方委员会宣传部部长艾拉汗木任副组长。时任新疆博物馆筹备处副主任的李先生参加了为期两年的调查;有关此次考察的珍贵档案资料,目前完整地存留在陕西省西安碑林博物馆。此次涉及今巴州、阿克苏、阿图什、喀什、和田、吐鲁番、伊犁等多地的文物调查成果,成为新疆遴选最早一批国家和自治区重点文物保护单位的材料基础,为全疆文物保护打下了扎实根基。

1959年,新疆博物馆组织实施了对和田地区古遗址的考古调查,李先生担任南疆文物队领队,作为中国学者首次率队对民丰县尼雅遗址进行了考古考察,发掘了一座等级规格高的夫妻合葬墓,出土了实证中央政府有效治理西域绿洲城郭、反映多民族文化交往交流交融历史的许多珍贵文物。在巴楚县脱库孜沙来古城发掘出土文物4000余件;在乌恰县边境处的丝道上,对施工发现的一批金银宝藏(唐代金条12根、波斯银币2000余枚)进行了及时的调查。所有考古收获,为共和国成立十年庆典献上了贺礼。1969年,李先生还参加了吐鲁番阿斯塔那墓地的考古发掘和资料基础整理工作。李先生1959年对尼雅遗址墓葬发掘,以及有关调查资料的认真整理和扎实研究,对深化新疆汉唐时期历史文化研究,做出了重要贡献;他率队对和田、喀什等地区古遗址抢救性调查和清理的成果,是当前实证新疆若干重要历史缺失环节和空白的重要材料。

李遇春先生是新疆博物馆展览、展示的最早开创者和管理者。在新疆文博工作近40年生涯中,李先生作为主管业务的副馆长,长期参与组织了许多历史文物展览的展陈和把关。可以列举的有:1954年3月,新疆省文化局和新疆博物馆筹备处在乌鲁木齐人民图书馆举办的西北文化局新疆文物调查组成果展《新疆文物展览》,展览于当年5—6月在西北历史博物馆(今西安碑林博物馆)展示展出;1955年,新疆博物馆筹备处在哈密筹办的"新疆文物图片巡回展览";1959年,新疆博物馆与自治区文管会筹备处在自治区图书馆举办的"自治区出土文物展";1963年新疆博物馆 "魏晋南北朝隋唐时期高昌封建社会""伟大祖国的丝织工艺陈列"专题陈列;1965年,新疆博物馆"汉—唐时期新疆""新疆石窟艺术陈列";1972年新疆博物馆"新疆出土文物展览";1974年,新疆博物馆"吐鲁番出土文物汇报展览";1975年,新疆博物馆"新疆历史文物陈列";1980年,新疆博物馆牵头与金维诺先生合作在北京中国美术馆举办的"新疆石窟壁画展览";1980年新疆博物馆"新疆古尸展览";1983年,新疆博物馆"建馆三十周年馆藏文物汇报展览",等等。以上不同阶段的展览策划、组织、实施、把关,都有李先生和同事们的辛勤奉献;而任劳任怨,谨慎小心,颇有佳话。

李遇春先生是新疆文博界艺术造诣深厚的学人和尊者。李先生早年执着于绘画艺术,抗战时期,就已是西安市著名画家,在西安、宝鸡和兰州等地多次举办过个人画展。李先生和赵望云、关山月夫妇等著名画家前往敦煌莫高窟,观摩祖国历代壁画和彩塑等艺术珍宝;曾经多次得到艺术大师张大千先生的亲切指教。40年代末,在上海举办画展时,还得到于右任、溥儒、吴湖帆、陈之佛和谢稚柳等书画大师联名推介。20世纪50年代初,他自陕甘宁边区文协美术工作委员会和西北文化部工作岗位,奉调到新疆从事文物考古和博物馆工作,数十年为新疆文博筚路蓝缕,依然不辍艺术创作。据贾应逸先生回忆,李遇春

4

先生曾经和徐庶之、黄胄等先生交情很深,画家们也曾埋怨李先生从事文博工作,荒废了美术。1991 年,为配合着陕西省博物馆正在展出的西北五省区"丝绸之路"历史文物陈列,71 岁的李先生应邀举办近百幅个人国画的画展,艺术才情依然不减。有评价说,李先生是因文物考古和博物馆事业而耽误的艺术家!

早在大学读书期间,我就对 1959 年李遇春先生作为中国学者首次率队调查、发掘新疆民丰县尼雅遗址及墓葬,发现大量东汉时期锦绣丝绸等珍宝,心怀敬佩和好奇。1991—1997 年间,尼雅遗址中日合作考古调查和发掘期间,队员们还细致研讨了李先生在尼雅遗址以及在南疆各地考古考察和研究的简报、论文。1995 年,尼雅遗址王族墓地的考古发掘,被评为当年的全国十大考古新发现后,考察队约请了包括李先生在内的国内许多专家学者观摩、指导尼雅考古的最新发现,我和参加考察的不少年轻学者第一次见到了李先生。老人矍铄而谦和,沉着而少言,夸赞着大家的神奇发现,开心地回忆他们当年考察尼雅遗址时的故事,临走时老人家兴致勃勃地承诺,要给考察队的几位朋友作画相赠。至 1996 年初夏,尼雅遗址考古资料整理全面展开,考察队日方学术队长田边昭三先生有一天让我陪同他去看望李先生。在李先生的家中,田边先生激动地拿到了李先生约定相送的书画,而我则是最后一次见到李先生。

感谢贾应逸、张远华等先生为李遇春先生文集编辑出版所作的一切;是文稿的结集,我才全面地了解了大时代小人物的平凡故事,了解了李先生充满家国情怀、淡泊名利的传奇人生。

谨以此为序,纪念李遇春先生!

于志勇

2022 年 4 月 20 日

目　录

文物概述与保护

考古调查与发掘

探讨与研究

其　他

附　录

文物概述与保护

新疆文物调查工作组发现几种文物古迹介绍

西北文化局组织的新疆文物调查工作组于去年六月至十二月的近六个月中间,在新疆省沿准噶尔盆地西北的伊犁区和塔里木盆地的新疆南北两路,包括北疆的孚远(吉木萨尔)、惠远、霍城、伊犁、特克斯、昭苏一直到沿哈雷克套山的撒姆塔什、哈萨克培孜儿、夏台;南疆的吐鲁番、焉耆、库车、沙雅、拜城、阿克苏、巴楚、阿图什、喀什、英吉沙、莎车、皮山、桑株、墨玉、和阗、洛浦进行了比较全面的调查工作,行程五万多公里。

这次主要调查的有:伊犁、昭苏、霍城、昌吉、吉木萨尔、吐鲁番、库车、新和、焉耆、沙雅、拜城等处的千佛洞十三处,明屋三处,古城十八处,古遗址十五处,古塔及墩台九处,玛扎尔十五处,古墓群三处,古崖刻文字及绘画六处,寺庙五处,古石刻石人五处,并对这些遗迹进行了测绘、文字记录、摄影、临摹、拓印等一千余件。另外,收集到新疆各地散存民间的陶器、石刻、塑像、墓砖、古民族文字及汉文的古钱、古铜章、古民族文字残片、手抄本及印书、角弓、铁衣等武器、服饰等文物一千余件,同时,结合调查工作宣传了中央的保护文物政策,取得了不少成绩。

这次调查,是中华人民共和国成立后在重视文物古迹的保护与整理下,对新疆文物第一次规模较大的调查。主要收获是:初步比较全面地了解了新疆文物的保存、分布情况和特点,使一些从来未被注意的文物有了和群众见面的机会,并收集了一部分有代表性的文物,为今后各民族地区的调查研究与考古发掘工作打下基础。

　　新疆文物虽为数甚多，由于历史原因，部分文物残破不完整，但多具有高度的艺术价值和历史意义。如分布在库车、拜城等地的十三处千佛洞，多达六百四十五个洞窟中所保存的壁画数量，仅次于敦煌，线条坚实，色彩鲜明，题材也丰富多样化，是我国古代劳动人民的珍贵遗产。在调查过的四十多处废城、古遗址和古塔墩中，如吉木萨尔的别失巴里城、吐鲁番雅尔崖的交河城和三堡村的高昌故城，城垣大部还存在，有的里边的房屋、墙壁还完整，街巷亦清楚可辨，是研究古代城市建筑的良好标本。该组从古和阗国都遗址中收集到的陶器和美术陶器的残片，拜城赫色尔千佛洞和高昌国古城中收集到的吐火罗文、汉文、和古维吾尔文书残片，伊宁、霍城收集到的石器、刻有十字架和叙利亚文的墓石，以及从特克斯、库车等地收集的包括维吾尔族、蒙古族、哈萨克族、乌孜别克族、塔塔尔族等五个民族附有精美花纹图案的衣物用具，都是研究新疆各民族的优秀创造和古代历史的独特资料。

　　通过这些文物古迹，可看出早在公元二三世纪时，新疆就有高度发展的文化，这从许多废墟、陶器、明屋中建筑造像与窟庙中的壁画，就可以得到有力说明。拜城赫色尔（克孜尔）千佛洞的壁画中，用熟练的技法和鲜明的色彩所表现的供养人的服饰、生活方式，与现在的维吾尔族、哈萨克族、柯尔克孜族、塔吉克族等民族的服饰与生活方式仍旧是一脉相通的。那些强调外来因素，而把新疆文化的传统完全归之希腊人、伊朗人、犍陀罗人、印度人等的论断，完全漠视了各民族文化融汇、演变的灿烂光辉的成就，真是错漏百出！

　　两年来，省文化局收到机关团体和个人自动捐献的文物达六百八十余件，这些文物都由省博物馆筹备处保存，以备将来有计划地陈列出来供各族人民参观。

　　近百年来，由于帝国主义分子的摧残盗窃，造成了新疆文物古迹的无法估计的损失，有些地方竟沦为荒凉废墟，如吐鲁番吐峪沟的九十四个洞窟中，现在残留壁画的洞窟只有四五个，新和的吐火拉克塔十九个洞窟已全部毁灭无存。

新疆所有的文物古迹,大部分都集中在塔里木盆地南北两边、天山北麓与昆仑山南麓的沙漠附近,因为气候干燥和雨量稀少,流沙作用能使埋藏的文物保存相当长的时期。主要石窟寺地区分布在天山北麓的柯坪山与丁峪山一带的红沙与黄土混合的山谷间,那些全部由沙土构成并不坚固的山谷,经过开凿洞窟时的挖掘、千百年的风雨侵蚀,以及近百年来帝国主义分子的剥离破坏,洞窟坍塌以后,残破的壁画,孤零零地悬在岌岌可危的悬崖上,有些是坍倒后被掩埋在数尺到数丈深的流沙中。3—13世纪,这里佛教艺术正是初创和发展阶段,那种富丽繁华的景象,现在已是凋零残破、满目疮痍了。由于千百年来水道的改变,有些原来可以住人的地方,现在已变成干沟荒山、人烟稀少,如库车的森木撒姆(森木塞姆)千佛洞,现在已是远离乡村的一个水草具无的荒凉遗迹,因此,对于这类壁画的保存、保护与管理问题是亟待研究解决的。现在新疆省文化局已在拜城赫色尔建立了一个保管机构,负责管理工作。

新疆文物调查工作组这次调查收集到的成绩,西北文化局已决定在西北历史博物馆举行展览。

附:南疆各地千佛洞现状调查

地名	所在地	窟名	窟数	现状	时代估计	内容摘要	备注
温宿	托和拉克店	托和拉克店(喀拉玉尔滚)	6	残破洞一空		全部毁坏无存	
拜城	赫色尔镇东南十六里属三区一乡	赫色尔(克孜尔)	235	几经帝国主义分子破坏致只存壁画	3—11世纪	以佛本生说法等为主题,是代表东西文化交流的主要文物	
	赫色尔镇西北约五公里属三区一乡	台台尔千佛洞	8	仅存一窟余均毁	同		

续表

地名	所在地	窟名	窟数	现状	时代估计	内容摘要	备注
拜城	县城北六公里路旁的山沟内	赫色尔尕哈（克孜尔尕哈）	39	大部分经帝国主义分子盗窃损毁仅存壁画	同	与赫色尔同一作风	
	县城西南二五公里渭干河龙口附近（顶山沟口）	库木吐喇	99	同	同	有唐代服饰之供养人及吐火罗文和汉文题记	南北两处
	县城东北三十公里五区三乡	玛扎伯赫	32	被破坏情形严重	同	禅房较多，似专为僧侣修行之处	
	县城东北三十五公里在玛扎伯赫西北	森木撒姆（森木塞姆）	30	破坏情况相当严重	同	有八角形套斗式穹顶及以裸女为主之降魔变	
新和	县城西约七十公里	吐火拉克埃艮（托乎拉克艾肯）	19	全部毁坏	同	无物	
焉耆	县城西南三十公里	西克辛（七个星）	12	破坏情况非常严重	8—10世纪	有唐代形式之藻井，麒麟形写实装饰	
吐鲁番	县城西十公里三区六乡	雅克崖（雅尔湖）	10	尚完整	6—10世纪	有隋式千佛及说法图壁画的洞窟，以及类似印度毘珂罗的精舍	
	县城东南五十五公里属鄯善四区二乡	吐峪沟	94	盗毁情形严重现存壁画不多	6—14世纪		

续表

地名	所在地	窟名	窟数	现状	时代估计	内容摘要	备注
吐鲁番	县城东南四十公里	伯子克里克（柏孜克里克）	51	盗毁情形严重现存留残壁画比较丰富	6—14世纪	以大立佛为主，有西方净土变、文殊等，足证唐代文化西流迹象，并有维吾尔文及汉文题记	
	县东三十五公里	胜金口	10	均经全毁	6—14世纪	有葡萄装饰的窟顶图案	

（原载《文物参考资料》,1954 年第 3 期。）

新疆省两年来的文物保护工作

在新疆，在天山南北广大的土地上，自古以来，我国各族人民的祖先就在这里劳动着、生活着，世世代代创造着丰富的历史和灿烂的物质文化。现在，分布在全疆地面上和埋藏在地下的文物古迹，就是各民族古代文化的宝贵遗产。古时，亚洲和欧洲的各民族曾通过新疆地区往来，互相交流文化艺术和进行经济贸易，因而在新疆也有很多古代中西交通时所遗留下的历史文物。保护所有的文物古迹，对于研究各族人民的历史发展、向广大人民推行爱国主义和国际主义教育，以及在此基础上整理和吸收优良的古文化遗产，推陈出新，以丰富和发展我国新文化、新艺术，有重大意义。

中华人民共和国成立前，很多帝国主义分子勾结当时的反动统治势力，假借"考查""考古""旅行调查"之名来到新疆，盗走和破坏了大量的文物，吐鲁番伯孜克里克千佛洞的壁画，被英国斯坦因在1907年一次盗剥去100多箱就是显明的例子。

中华人民共和国成立后，新疆省在党和政府的正确领导下，遵守和执行了中央的政策法令，全疆各地对保护文物都引起重视，在普遍宣传贯彻保护文物政策和推行文物调查收集方面做了很多工作，基本上已防止了文物被破坏的情况，并取得了很多成绩和经验。为了使读者对我们的工作有个概略了解，兹将近两年来的工作择要介绍如下。

首先要介绍的是普遍宣传了文物政策。

为了在全省普遍深入地做好保护文物工作,1953 年 7 月省文化局把中央文化部汇编的《文物法令》小册子和前政务院颁布的《关于在基本建设中保护历史及革命文物的指示》译成维文,并复印单行本 1600 册,汉文单行本 800 册,分发各专署、县政府和各文化馆,并结合实际工作,向群众进行了宣传。在各地调查文物和举行图片展览时,也把《文物法令》小册子分送给群众。

1954 年春天,配合本省基建部门集中工人冬训,在各冬训班做了三次关于保护文物的报告,听众有 860 余人。其中有 580 多名学员是来自全疆各地基建工程的施工、领工、技工,有的是工程单位的负责干部,他们在听了报告后都表示:保护文物是很重要的任务,我们一方面要做好建设工程,另一方面也要保护好文物。

在乌鲁木齐、伊宁、喀什市和阿克苏、库车、吐鲁番等地巡回举办了七次展览,展出了 50 多幅文物图片,为期 54 天,参观的群众达 14 万多人。通过展览,加强了广大人民的爱国主义教育,帮助群众了解了各民族悠久的历史传统文化,以及古代文化艺术的丰富多彩。只有大力地宣传保护文物,只有把保护文物工作变成群众性的运动,才能使各民族的文物得到彻底妥善地保护,才能给进一步以历史唯物观点研究各民族的发展提供物质条件。

为了供有关部门参考,为了促使各县、各自治区文教部门进一步调查所辖境内文物分布的情况,省文化局和所属博物馆筹备处两年来通过调查而掌握的全疆大部分地区文物分布的情况编印了一份资料,分发给各单位和全疆各地政府机关,以便作为在今后工作中和经济建设中做到心中有数,才能既有利于基本建设,又有利于历史资料的收集。

对文物的调查和重点保护方面。

1953 年下半年,由前西北文化局和省文化局共同组织了新疆文物调查组,以五个多月的时间,调查了北疆的伊宁、昭苏、霍城、吉木萨尔等地,并着重调查了金顶寺遗址、吐鲁番圩子、苏拉宫玛扎尔、小洪海石人、科泊雷特刻绘、阿里木里(阿力麻力)废城、吐乎鲁提铁木耳玛扎(吐虎鲁克·铁木尔汗麻扎),以及大西沟等 27 处的文物,其中包括石刻、寺庙、废城、名人故居等。在南疆调查了焉耆、库车、新和、沙雅、拜城、温宿、阿图什、喀什、皮山、和阗、吐鲁番和鄯善等地。包括千佛洞 13 处(645 窟),古城 13 处,古遗址 14 处,古塔墩 9 处,玛扎尔 11 处,古墓葬群 2 处。

调查中进行了摄影、测绘、记录和标本采集,同时结合调查进行了文物政策宣传和对散存文物征集。共计征集到完整的古陶器 13 件,塑像残片 65 件,砖墓志 23 块,美术品和饰物等 128 件,古钱币 208 枚,以及古文书、古武器、石刻和古代民族文物等 100 余件。

通过这次调查,初步掌握了全疆的主要文物分布情况,为今后进一步地调查和保护工作打下了良好基础。

两年来,省文化局收到机关团体和个人自动捐赠的文物达 680 余件,这些文物都由省博物馆筹备处保存,以备将来有计划地陈列出来,供各族人民参观。

南疆有十几处千佛洞群(时代在 3 世纪、4 世纪到 14 世纪左右),仅集中在库车、拜城两县境内的就有七处之多,其中尤以克孜尔千佛洞的壁画和建筑艺术最为丰富且珍贵。为了做好保护工作,1953 年在克孜尔设立了库车、拜城千佛洞保管所,并重点进行了修缮,安装了 52 个有壁画洞窟的门窗,清理了 52 个窟内的积沙,大修和补修了 41 个洞窟和 4 个洞顶,整理了前后山的道路。工程最大的是编号第 69 窟,在当地砖来源很困难的情况下,曾用四千块砖砌补前墙和中龛,用木柱支撑洞内全部穹顶。克孜尔千佛洞经修补后,对过去已残破的洞窟和暴露在日光风沙中和雨水浸蚀下的壁画,已基本防止了再继续遭到破坏。架梯、修道、清理积沙,也为前往参观和进行研究工作的人提供了方便。在清理积沙中发现的一些零星文物,也将在这里开一室陈列。以后将根据千佛洞过去被帝国主义分子破坏的情况、中华人民共和国成立后党和政府对各民族文物的保护情况、千佛洞的历史和附近的地理环境,以及各种有关的文物古迹照片材料等为内容,逐步地充实陈列,把这里不仅要变成一个保护文物的机关,而且也要变成一个对广大劳动人民进行爱国主义教育的场所。

以上是新疆过去文物工作的简要介绍。这只是一个开端,在今后配合本省各地区大规模的经济建设中,考古工作也必然蓬勃发展。

以往的工作是有不少收获的,但也存在不少的缺点和困难,如两年来在全疆的工业建设中、农业生产中,尤其是开渠、垦荒、取土积肥中,都曾发现很多文物,但因条件有限,没有及时主动地进行清理和保护,因而对出土文物可能造成或多或少的损失。例如:1954 年 6—7 月,乌拉泊地方开渠时发现很多鱼化石,等我们从群众方面得到消息前去了解时,工程早已结束,幸而其中两块大点的鱼化石尚被保存着。又如今年某地质勘查队在阿克苏专区乌什一带山里,发现有古代蒙古人的住址遗迹,去年夏天南疆乌恰县工程中发现了很多植物化石。比较严重的是有很多地方的农民到古城遗址、古村庄、古墓葬等地区挖取"化土"作生产肥料,这会使历史文物遭到破坏。据说库车的也鲁克阿拉塞古城址已被群众挖土破坏了多处。最可惜的是一个农民在库木吐喇千佛洞附近古城址中挖土时,发现一本吐火罗文古书,已拆开抛弃,被风刮散,等到省文化局的干部赶到该地调查时,仅捡到很多破碎残片带回。以上这些,说明了我们文化部门还没有和有关单位做到密切联系,说明向广大群众进行保护文物政策的宣传教育工作做得还不够好。考古工作是一门科学工作,它在新疆还很年轻,由于新疆地区辽阔,任务繁重,干部缺乏,因此,培养考古工作的干部在目前来说乃是我们的当务之急。省文化局两年来曾派了一些民族干部到其他地区学习考古业务,但各方面都还远不够。如何加强培养,加强学习,提高现有考古工作人员的业务水平,这也是不可忽视的。

新疆的考古事业是有广阔前途的,而其任务也是异常艰巨的,在进行社会主义建设的今天,我们一方面要做好大规模经济建设工作,同时也要配合把祖国古代文化遗产保护好。

(原载《文物参考资料》,1955 年第 6 期。)

新疆拜城县克孜尔千佛洞的修缮保护情况

新疆省文化局 1954 年 8 月派人赴南疆检查了拜城县克孜尔千佛洞的修缮保护工作执行情况。

克孜尔千佛洞的修缮保护工作是按照 1953 年秋季省文化局所拟订的修缮保护工作计划进行的。从 1953 年 10 月到去年 7 月,在 52 个洞窟内安装了 55 个门(有的洞是两个门)和 9 个窗户,大修和补修了 41 个洞窟,修窟顶 4 个、洞前高大土台 2 个、大小木梯 16 个等。修缮中的重点及工程最大的是第 69 窟。在该窟中用了 4000 多块砖砌补了前墙和中龛,用木柱支持了洞里的全部穹顶,清除了洞外 5 米多高的积沙。另外还修理了前后山通往各洞窟的道路,清除了 52 个安装门墙洞窟里的积沙(有 4 个洞窟内积沙到顶)。目前洞窟修缮工程已基本结束。按照修缮计划检查,除有 6 个计划修缮的洞窟(编号为第 7、101、213、160、173、197 窟)因过高、过于危险或因在后山等条件所限没有补修外,其余均已基本完成。为了便利今后的保护工作,解决保管人员的居住问题,以及照顾到往来游人的方便,在山下还修建了大小房屋 7 间。成立的库车、拜城千佛洞保管所现在就设在这里。

千佛洞的修缮工程是很艰巨的。这里附近只有四五家农民。去克孜尔镇上要通过十几公里的沙漠地带,而距离库车和拜城两县各有一百公里左右的路程。木、泥工人都是从几十里以外的赛里木乡或县城里招请来的。全部的修缮用料都要到很远的地方去采购,这里的交通运输条件非常困难,然而这些困难都在拜城县党委、县政府，以及第三区党委、区政府、乡干部、当地群众等的支持帮助下和工作人员的努力下，终于得到了克服。

千佛洞通过这次修缮，不仅使即将倒塌和自然破坏的洞窟壁画和建筑避免了继续损坏，而且也为参观游人和今后进行学术研究准备了一些条件。

在这次修缮和清沙时，还发现了一些零星文物。这些发现对于研究千佛洞的历史是很有用的参考材料。省文化局现在准备将这些文物连同附近有关的历史、地理、文物古迹的照片、记录材料，以及千佛洞在 1949 年前后的情况材料等，在保管所里辟出一个陈列室，以供群众参观。这样不但使得有关文物免遭散失，而且增加了一处对群众进行爱国主义教育的场所。

克孜尔千佛洞的古代艺术是各民族的宝贵文化遗产之一。据考古工作者的初步考证，洞窟建筑的最早年代在一千五百年以前，同时，根据调查，新疆分布在塔里木盆地南北两岸的古遗址在百余处以上，千佛洞艺术也有十六、七处。这些珍贵的古代文化遗产，是值得我们好好保护和进行研究的。

（原载《文物参考资料》，1955 年第 1 期。）

1949年以来新疆维吾尔自治区文物考古工作概况

一

新疆维吾尔自治区约占全国面积的六分之一，是一个多民族聚居区。各民族都有着悠久的历史和文化。遗留下来的历史文物古迹分布全区。但在1949年以前，历史文化遗物大都为帝国主义文化特务们所盗走。

1949年以前新疆没有博物馆。新疆于1953年筹建了自治区博物馆。现在已有各类藏品数万件，其中包括：历史文物、革命文物、有关社会主义建设的文物资料、自然复原标本等。

1949年以前，我们没有一份全区文物古迹的分布调查材料。1949年以后，于1953年8月至12月，西北文化局组织了新疆文物调查组，对全区的文物古迹进行了比较全面地调查①。1956年，自治区文物管理委员会筹备处成立，并在中国科学院考古研究所的帮助下，举办了第一届考古工作人员训练班。此后，在全区进行了更深入地文物普查和发掘工作。在普查文物的基础上，于1957年提出了自治区第一批重点文物保护单位名单，共计有革命遗址、古建筑、石窟寺、古城、古墓群等119处。其中高昌故城、交河故城、克孜尔千佛洞、库木吐拉

---

① 李遇春：《新疆文物调查工作组发现几种文物古迹介绍》，《文物参考资料》1954年第3期。

千佛洞等 4 处,已于 1961 年 3 月 4 日经国务院公布,列入全国重点文物保护单位。

吐鲁番县是自治区文物古迹较集中的地区,高昌故城和交河故城都在该县。古代佛教艺术千佛洞,位于塔里木盆地,以库车、拜城两县最为集中。1953 年以后,先后在吐鲁番和库车等两县设有管理文物的专职干部,在拜城县的克孜尔千佛洞设有保管所,专门从事维护保养工作。1953 年,人民政府还拨出了经费,用于组织人力,对以克孜尔千佛洞为主的石窟寺进行系统编号和维护保养工作。此外,在天山南北的一些著名伊斯兰教古寺和玛扎尔,在 1949 年前,由于长期无人过问,均遭毁坏;1949 年后,人民政府拨出经费,对其进行了复原、修缮。11 世纪古代维吾尔族著名诗人玉素甫·哈斯·哈吉甫的坟墓,曾被河水冲刷破坏,人民政府为之另迁新址,重修玛扎尔。党和人民政府如此重视文物古迹,在各族人民的心里留下了难忘的记忆。

二

1949 年以前,新疆的石器时代考古只发现很少几处遗址。1949 年以来,自治区境内旧石器文化遗址迄今虽未发现,但新石器文化遗址的发现遍布全区。对这些文化遗址目前还只限于田野调查、采集标本阶段,只有个别遗址已进行试掘。因此,现在对全区的新石器文化考古进行系统地研究还存在困难,更不可能得出一致肯定的结论。但是考古工作者已经开始进行着可贵地探讨①。我个人对新疆新石器文化的发展问题曾做过初步分析。这里为了便于介绍,简略叙述于后:

考古工作者将新疆新石器文化分为"细石器文化""彩陶文化""砾石文化",以及末期的"铜石并用文化"。现在看来,我认为新疆新石器文化,主要是以"细石

---

① 吴震:《关于新疆石器时代文化的初步探讨》,《新疆日报》1962 年 1 月 20 日,第三版和 1962 年 3 月 3 日第三版。

器文化"为主流,但也包括彩陶器、砾石器等。到了末期,才有铜器出现。

新疆新石器文化,大致可分为三个类型。同一个类型,还可分为不同的亚型。

Ⅰ型 可分两种亚型:

A. 这类型的遗址,只有间接打制、极少加工的细长石片、石核等。以狩猎或畜牧业为主。目前发现的遗址在:哈密县的三道岭、乌鲁木齐县的柴窝堡、吉木萨尔县等地。

B. 除有细长石片、石核外,还有大型的打制石器,如石斧、扁形石核、石杆、盘状器、圆头刮器等,也有粗硬的陶器。这类型的遗址大都分布在至今还是农业生产为主的地区。目前发现的在:哈密县的七角井、伊犁河流域的阿克土斑玛扎附近、喀什西北区、昆仑山西北部、柯坪县天山和孔雀河边等地。

Ⅱ型 这一类型遗址中出土的遗物及其制作方法都比较复杂。细石器中的石片刃器已有第二步加工。除用间接打制法外,还有用压制法。器型比较复杂,特别是尖状器,如各种形状的、大小不同的镞形器、矛头形器。这种石器大都是嵌在木杆上,作为尖头或刃使用(即后来箭和矛的祖型)。其中有的通体压制,如鱼鳞一般,非常精细。说明这一时期的细石器制作技巧已达到很高的水平。与细石器并存的有大型打制刃状石片、磨制石器。普遍出现灰褐色手制陶器。陶器上有比较多样的划、刻纹饰。这都说明在这一时期除牧畜业外,农业生产已占一定的比重。这一类型的遗址在:木垒河、阿斯塔那、雅尔湖(沟西)、辛格尔、博斯腾湖旁、阿克苏河畔、巴楚、于田、英都尔库什等地。

阿斯塔那遗址可作为这一类型的典型遗址。这处遗址的范围很大,断续分布约80000多平方米,内容非常丰富。几次调查所采集到的石器有:多种用途的石片刃器、敲砸器、石核、锤状器、锥状器、尖状器、锯形刮器和石球等。石片刃器中经过第二步加工的占绝大多数。尖状器的形状如镞和矛,制作非常精致。石器的石材很复杂,遗址中出现了质地不同、形式多样的各种陶器,并有少量的彩陶片,这都说明这个遗址持续的年代很长,可能一直到新石器文化晚期。

Ⅲ型 在这一类型的遗址中,出现了彩色陶片。新疆彩陶的一般特点是:质地较细,器形变化不大,以红底黑纹为主,图案都很简单。现存的石器以磨制的大型斧、锛、盘状器、磨谷器、棒、杵等为主,也有细石器。这说明农牧业生产已有了明显的分工,农业生产已占绝对优势。到了末期,逐渐有红铜器出现,为铜石并用文化。这一类型的遗址,大多分布在适宜于农耕地区,主要在:哈密的三堡、五堡、庙儿沟,伊吾的卡尔桑,巴里坤石人子乡,吐鲁番的胜金口、阿斯塔那、雅尔湖、交河城中,托克逊县,焉耆的阿希土朗、白土墩子,库车的哈拉墩遗址下层,新和的于什格提,拜城的赛里木,且末县、若羌县的罗布诺尔南北两岸和阿提米西以南的地区。

这一类型的新石器文化遗址,以东疆和南疆各地最多。这可能是因为古时东疆和南疆塔里木盆地的土壤、水源、气候,都适宜农作物生长的缘故。所以,当时天山的东部和南部人口众多、农业生产繁盛,社会发展也较进步。至于当时天山以北的广大草原地区,地广人稀,仍以流动性的畜牧业生产为主。

关于新疆新石器文化的相对年限问题。边疆地区古文化的发展悠久而复杂,但比中原地区要落后一步。我估计 I 型文化遗址比较早,它的早期可能相当于中原新石器时代; II 型比较晚,它的晚期可能相当中原的春秋战国之际。此后,处在奴隶社会阶段的匈奴联盟的强大和对西域的影响,逐渐结束了新疆人民处在新石器时代原始社会的生活状况。到了距今 2100 年前的汉代,建元三年—汉武帝元朔三年(前 138—前 126 年)张骞出使西域时,新疆各地人民几乎都已进入了阶级社会。

三

天山南部,远在两千多年以前的西汉初期,就有沿着各个河流而形成的很多初具城郭形式的"国",即所谓西域三十六国。到了西汉末期,包括北疆一部分地区在内,分裂成 50 余国。但是从公元 1 世纪的东汉初至四五世纪的南北朝时期,这些国又逐渐合并成 6 个大国,这就是吐鲁番盆地原属车师故地的高昌国、博斯腾湖畔的焉耆国、库车一带的龟兹国、喀什附近的疏勒国、和阗一带的于阗国和罗布诺尔附近的鄯善国。到了唐朝,这些地方还是很繁盛的。

1949年以来，专家在这些范围内的很多地方陆续做过考古调查。已调查到的重要故城、古墓、石窟寺等遗址百余处，重点地做过些清理发掘工作。所有这些对帮助研究新疆的历史发展和对今后新疆考古研究工作，提供了很多线索。

民丰县以北大沙漠中的尼雅遗址，是最近几年考古工作的一个重要对象。尼雅遗址可能是成于汉、废弃于晋的精绝国遗址。这个遗址，原来保存得非常完整，但是1949年以前，经斯坦因的先后三次盗掘，破坏得非常严重[①]。从1959年的考古调查得知，这个遗址范围较广。1959年调查时，在该遗址中清理出一座东汉合葬墓[②]。这座墓中出土的遗物，十分丰富，特别是古代丝织品保存得比较完整。这不但在全国各地不易发现，即使在保存遗物较好的新疆本区，也是不多见的。它让我们看到了在两千年前的汉代，新疆地方就用产自中原的各色锦、绸制作本地民族服饰。这为研究我国汉代的丝织工艺历史提供了最好的实物标本。这个墓中还有很多产自中原的随葬物品，这有力地证明了几千年来我国兄弟般的民族关系。另外在这个遗址中清理出佉卢文字的牍、简[③]，证明了这种文字是当时当地人民普遍使用的文字。

尼雅遗址及其周围深埋在沙漠中的很多遗址，发现普遍用树枝编成墙壁，外涂泥皮，既简便又不怕风沙，甚至可以耐一二千年之久。这种因地制宜的建筑方法，塔克拉玛干大沙漠周围的居民们至今仍在沿用。在遗址中还发现了不少农作物，如小麦、青稞、糜谷等粮食和各种蔬菜品种。这些沙漠中的故城遗址最后被放弃是有很多原因的，主要是战争破坏和河流改道，而后才经年累月地被沙漠吞蚀。

1957—1958年，中国科学院考古研究所新疆考古队在焉耆和库车两地的发掘工作，是一次较具规模的科学活动[④]。在博斯腾湖东、北、南岸和周围发现的古城，从其建造规模、出土文物和附近地理关系的研究中，对古焉耆、尉犁、

---

① 向达译：《斯坦因西域考古记》第五、六章。
② 新疆维吾尔自治区博物馆：《新疆民丰县北大沙漠中古遗址墓葬区东汉合葬墓清理简报》，《文物》1960年第6期。
③ 新疆维吾尔自治区博物馆考古队：《新疆民丰县大沙漠中的古代遗址》，《考古》1961年第3期。
④ 黄文弼：《新疆考古的发现》，《考古》1959年第2期。

危须等国的位置有了新认识。焉耆明屋与唐王城的发掘,发现了很多新的考古研究资料。如在唐王城的发掘中,发现了铁农具——铲、斧及若干农作物,有高粱、谷子、胡麻、面粉等,为研究焉耆古代农业的发展提供了新资料。

对哈拉墩遗址的发掘,在遗址的中下层发现了大量的石器、骨器、彩陶片和居住的遗迹;又在上层发现成组的唐代大陶瓮和周围建筑遗存,可能是到唐代,就在这早期遗址上兴建了新的建筑。待该队正式报告出版,对于研究龟兹古代历史和经济情况会有更多的补益。

在喀什附近巴楚县的脱库孜萨来故城的试掘,证明了这是一个至少上自北魏时期、下迄北宋末(4—12世纪初),经七百年左右的遗址。在这里发掘了一座北魏时代的残庙遗址,发现了古代龟兹文的木简数十枚,五铢钱和大批的有孔小铜钱,以及铸造五铢钱的残陶范,证明了北朝时期,新疆地区就因交通关系按照中原的统一法制和式样自行铸钱了。在另一座唐代的残庙遗址中,清理出很多汉文和当地民族文字的残文书,对研究唐代新疆的阶级关系和军事情况,提供了新的材料。在对唐末到北宋时期的一个垃圾坑的清理中发现了很丰富的材料,尤其是大量回鹘文、古阿拉伯文的残纸片,根据对其层次关系及同坑出土的宋代钱币研究,为伊斯兰教传入新疆地区早期研究提供了新的依据。

1959—1960年,新疆博物馆对吐鲁番古墓的清理,使我们获得了研究高昌国社会经济的丰富资料。高昌地区是古代中西交通的要道。1949年以来,在阿斯塔那的高昌故城附近,先后清理过40座古墓,获得了从4世纪至7世纪的大批材料。其中最值得一提的是:

一、北朝至唐代的绢画。1949年以前,黄文弼先生曾在吐鲁番县购得出自高昌古墓的绢画一幅,非常珍贵。1949年以来,在这些古墓中,已出现了二三十幅(完整的少,大多残碎)大小不等但内容相同的绢画(伏羲女娲像),而且也弄清了存放在墓中的位置。

二、出现了大批北朝至唐代的锦、绢标本,为研究我国丝织工艺历史提供了丰富的资料。

三、出现了很多残存的契约文书,是进一步研究高昌时代封建社会阶级剥削关系的最好证据。

四、成组大小泥俑的出现,从地区上和内容上都丰富了关于陶俑研究的新资料。

回鹘文字在 1949 年以来,也不断地被发现。除脱库孜萨来遗址中的唐代房屋和垃圾坑中发现的很多残片外,还在哈密县境的天山南麓一处山洞里,发现了两部可能是回鹘文的写经①,这是非常宝贵的发现。在吐鲁番还发现了十三四世纪的回鹘文契约②。这批契约共 5 件,其中 4 件记述了关于一名叫斌通(善斌)奴隶的卖身问题。善斌曾起诉一名定惠大师隐藏了他的卖身契,起诉书是 1949 年以前被发现的。现在我们发现了被定惠所隐藏的善斌卖身契,并且还有定惠企图把善斌再私自卖给别处的另一契约草稿③。这批资料,使我们对元代吐鲁番一带买卖奴隶的情况有了新的认识。

新疆地区是我国佛教艺术的宝库之一。1949 年以来,学者调查了分布在南疆各地的石窟寺和庙宇遗址。从喀什南沿塔里木盆地往东有:叶城、和阗、洛浦、策勒、民丰、且末等地的佛庙遗址,叶城南山的石窟寺残迹。由喀什北沿塔里木盆地往东有:喀什东北山崖的佛窟、巴楚县脱库孜萨来的佛寺、拜城县克孜尔千佛洞、台台尔千佛洞、温巴什千佛洞、库车玛扎伯赫千佛洞、森木塞姆千佛洞、克孜尔尕哈千佛洞、库木吐喇千佛洞、新和县托呼拉克埃肯千佛洞、焉耆县锡克沁千佛洞、明屋佛寺、吐鲁番县雅尔湖千佛洞、柏孜克里克千佛洞、胜金口千佛洞、吐峪沟千佛洞,等等。佛窟总数达 600 多窟以上,这些佛教遗址及壁画、建筑,在考古研究上具有重要意义。其中库车的库木吐喇、克孜尔尕哈、森木塞姆和拜城的克孜尔千佛洞最为丰富,是研究我国佛教艺术的珍贵材料。壁画内容有佛本生、本传、佛说法故事、经变画、伎乐飞天、菩萨、供养人等。时代约从东汉末至唐、宋,持续达一千四五百年之久。这是研究我国佛教史和佛教

① 吴震:《哈密发现大批回鹘文写经》,《文物》1960 年第 5 期。
② 捷尼舍夫、冯家升:《回鹘文斌通(善斌)卖身契三种》,《考古学报》1958 年第 2 期。
③ 冯升家:《回鹘文契约二种》,《文物》1960 年第 6 期。

艺术，以及新疆古代历史的"博物馆"。

1955年春，我们在高昌故城中发现10枚波斯银币。1959年5月在乌恰县以西深山中的一个地窖里发现947枚波斯银币。这些银币是波斯国萨珊朝沙卜尔二世（310—379年）、阿尔达希二世（379—383年）、沙卜尔三世（383—388年）和库思老一世（531—579年）、库思老二世（590—627年），以及阿拉伯翁米亚王朝等4—8世纪时期的遗物①。这些都证明唐代及其以前，我国和古波斯国就有交通贸易往来。

1949年以前，对天山以北的考古工作，除个别地区外，可以说是空白。1949年以来，专家通过多次调查和试掘，已经初步掌握了一般情况。1958年7—8月，中国科学院考古研究所新疆考古队在伊犁、霍城、伊宁、绥定、特克斯、查布察尔、昭苏等县做了全面调查，发现古城10余座，玛扎、寺庙数处，古塚、石雕人像等若干处，对于该区古代游牧民族的活动，始有初步认识，也为以后在伊犁的考古工作做了开端②。

土墩墓　是一种在地表上有显著封土堆的墓葬群，一般南北成排，每排五个、七个或十余个不等，有的封土堆直径达30米左右，一般的封土堆直径也在15米左右，也有最小的封土堆直径只有5~7米，主要分布在伊犁河上游的昭苏、特克斯、新源、尼勒克和察布查尔等县境内。1961年，曾在昭苏进行过试掘，得知这种墓葬是竖穴墓室，东西呈长方形，深入地下达3米，埋有两具人骨架，仰身直肢，头西向。随葬物有红色细泥陶壶、罐、钵等一组三件，可能还有已朽的木器，只发现些残片。在一具人骨架及其附近地面上有2厘米厚的黑色灰烬，可能是已朽毡毯之类的痕迹。从墓葬分布的范围和出土遗物的比较，推断可能是秦末汉初的月氏、乌孙或原居本地的塞种人的遗迹。原居于祁连山，被俘于匈奴地的乌孙王昆莫，远击徙居于龟兹逃北天山中的月氏人，并掠其众而留居，所以乌孙国也有一部分月氏人，其风俗可能是相同的。乌孙国居此约五

---

① 夏鼐：《中国最近发现的波斯银币》，《考古学报》1957年第2期；李遇春：《新疆吐鲁番发现古代银币》，《考古》1957年第3期；李遇春：《新疆乌恰县发现金条和大批波斯银币》，《考古》1959年第9期。
② 黄文弼：《新疆考古的发现——伊犁的调查》，《考古》1960年第2期。

百多年,其遗址自不会少。新源县于 1959 年发现的两件铜刀和 1961 年发现的十件一组的铜器,很有可能都属于乌孙时代的遗物。

石人墓　是一种在地面上树立石雕人像的墓葬。这种墓葬在天山以北分布极广,西自霍城县,西北到温泉,北境到塔城、阿勒泰,西南到昭苏,东南到乌鲁木齐、巴里坤等县都有。石人墓的遗迹,现在知道的已有六十多处。这种墓葬除立有石人外,并在地面上砌起一堆并不突起的石块或卵石。阿勒泰县的多数石人墓地均用石块砌起围墙,这可能是同一系统,但时代或部落不同的缘故。

石人墓不仅在我国发现,在苏联的西伯利亚和蒙古人民共和国境内都有。一般认为可能是突厥民族的墓葬。自治区的这些石人墓,其时代可能早到 6 世纪,最晚不迟于 14 世纪。因伊斯兰教传入伊犁约在 14 世纪的吐呼鲁克·铁木尔耳时代,当时伊斯兰教是不允许竖立石人或动物形象的。在这以后,石人墓葬制度可能逐渐衰败。

此外,还有在温泉县境发现的排列像图案一样的石堆墓葬、阿勒泰一带发现的一种石棺墓葬等。这些墓葬,目前仅限于地面调查。今后有计划地进行发掘,将为进一步研究新疆北部古代各民族的历史,提供重要的实物资料。

上述的考古发现,有的已有工作简报刊出,有的还在整理研究中。全面分析 1949 年以来自治区的考古成就,不是本文和本人所能胜任的,这里只不过综合一些主要的考古材料和提出一些初步看法,以供参考。

（原载《文物》1962 年,第 7、8 期。）

考古调查与发掘

新疆吐鲁番—吉木萨尔勘查记

　　1957 年 5 月，曾与中央民族学院冯家升先生、新疆科学分院筹委会谷苞副主任、分院秘书长哈米提、新疆文管会筹备处薛义成等四人到吐鲁番、吉木萨尔二地勘查。因时间仓促，没能深入了解和相互交换意见，这里仅就实际勘查的情况和一般问题谈一谈。

一、吐鲁番的勘查

　　吐鲁番的勘查主要是在柏孜克里克千佛洞、高昌故城和交河故城三个地区进行。

　　（一）柏孜克里克千佛洞

　　在县东二十五公里克孜尔山（俗称火焰山）麓，胜金口附近木头沟里的土崖上，沿崖建洞，大小不一，但大都塌毁。现存的仅 57 个窟，分布在约半公里的土崖间（图 1）。土崖的上面是平坦的戈壁滩，紧靠坡下，河水东来，树木成荫。坡前的滩地上有一座古庙，庙门紧接河水，庙后身延伸于第 19 窟之下。可惜这座庙已全部塌毁，只剩下东西横卧着的一个大土堆。从土堆的现状来看，暴露的遗迹不很明显，是值得注意的一个遗址。

　　千佛洞崖顶戈壁滩边沿上，根据痕迹发现，过去有一排土坯做的围墙，墙的左右两端各有一个像塔堡一样的弓形土坯建筑，现高四五米，周围十四五

图 1 柏孜克里克石窟外景

米,可能是当时防沙下侵的土墙和哨台,或者是庙里的鼓、钟两楼。

　　洞窟已大半塌毁,建筑形式有佛洞和僧房两类。僧房大都是斗室形状。佛洞有拱顶直洞、中柱式洞、方形双套洞、圆顶方形洞等,以直洞为最多。一般都是凿崖成洞,也有凿成后再用土坯包砌的。土坯在新疆是一种普遍采用的主要建筑材料,像第 14 窟圆顶方形洞,洞顶不靠崖土,全用土坯砌成(图 2)。这里好多直洞的内部,也是用土坯砌成的,时隔千年之久仍然很坚固。

　　洞窟里的壁画,1949 年前已被帝国主义分子盗去很多,遗存到现在的都已残破不堪,但还是不可多得的艺术珍品(图 3、图 4)。壁画旁边有不少回鹘文和

图 2 柏孜克里克第 14 窟券顶

图 3　柏孜克里克第 16 窟后壁　　　　图 4　柏孜克里克第 31 窟侧壁

汉文题记,虽不知其含义,但也抄录了些作为今后参考。在第 28、29 窟之间,我们发现了一个小窟,窟的位置较低,被积沙埋没,仅露出约半米高的一部分洞顶。从顶外望去,壁画比较完整,可能还有塑像。

　　柏孜克里克千佛洞建于何时,已无从考证,从壁画风格上看,大多数都是唐代的作品,洞窟的开凿应在唐代以前。唐初贞观时(627—647 年)玄奘法师经过高昌,这里佛寺很多,国王崇信佛教,可知当时佛教之盛。在吐峪沟(胜金口东面另一山口)发现的回鹘文石刻中有"其国王布哈里葛亦都克,在高昌之克子尔重修庙宇"的记载。"克子尔"维文是"红"的意思,火焰山也叫克子尔山,所记可能指的就是千佛洞,那至少在 10 世纪末,伊斯兰教未传入吐鲁番以前,这里的佛教仍很兴盛。

　　(二)高昌故城

　　从胜金口南行五公里左右,就到了高昌故城,这里有阿斯塔那(二堡)和哈拉和卓(三堡)两个大乡,另有一个哈拉和卓坎儿小乡,都围绕在城周围。城相当大,据说直径五公里,可见当初高昌城中人口之多(图 5)。

图 5　高昌故城遗址

可惜这个自魏晋(魏晋以前虽称高昌,但是否有城垣,很难确定)至元末一千多年,在历史上有重要地位的高昌城,1949 年以前被一些帝国主义分子破坏得很厉害。德国的勒柯克于 1902—1907 年,从这里盗走的文物达 400 多箱,其中有很多是极有价值的,如北凉沮渠安周造寺功德碑、摩尼教壁画和回鹘时代的文字记录等。英、日等帝国主义在这里的盗劫破坏也触目惊心。现在城里只剩下一段段残垣断壁和一些空土洞。

城内靠近西南角还有一大片建筑遗迹。有的是住房,有的像寺院(图 6),除

图 6　高昌故城中的寺院遗址

了一些灰陶片以外,没有别的遗物。有一处庙宇遗址中间有一高塔,塔上小龛中尚有残存的佛像。附近有些房屋仍较完整,在一个房子的顶上还有用土坯砌成的储藏室,里面积沙很多,不知有无遗物。这一带建筑对今后研究吐鲁番地区的历史可能会有很大帮助。

1949 年以后城北一带陆续有小件文物出土,如 1955 年春,农民犁地时发现一个黑色的方盒子,盒里装着 10 枚古波斯萨珊王朝时代的银币。新疆文管会最近也从这里征集到小佛像、陶制大缸盖及波斯银币。我们这次勘查还看到一些瓦当、"崇宁通宝"钱等。

在故城西北和东南的戈壁滩上,有很多高昌时代的古墓,其中大多数早已

被盗掘，地面上有很多灰陶器残片，唐代武则天时期的张怀寂墓志就是1910年在这里出土的，现藏新疆博物馆。

吐鲁番一带自古就称高昌。如《汉书·车师传》中有："车师后王姑句，驰突出高昌壁。"《后汉书》说："自伊吾北通车师前部高昌壁，千二百里。"这个城是否就是汉代的高昌壁，很难确定。冯家升先生认为："既称高昌壁，必有高山悬壁之类，而这里是一片平广的沙漠，离附近的山在几十里，汉高昌壁恐未必指此，此城想是晋至北魏时期开始建筑，至麴氏高昌时代（500—640年）陆续完成的。"以后一直有人居住，直到元朝末年并入吐鲁番，才逐渐荒废了。这一点从近数十年来发现的文物中可以得到证明。

（三）交河故城

在县城西北10公里雅尔湖乡的雅尔乃子沟村，两条干河床中间的土岛上。两河都是由北面分道而来，在土岛的南端汇合，所以这个城自古称"交河"（图7-1、图7-2）。河床宽各在百米以上，深度也在30米左右，可见当年河水之大。

交河故城里的古建筑物大都存在，就连当年的大小街巷也还历历可数。贯穿全城南北有一条主大街，大街中心是一个高大的建筑物。街旁的房屋，只剩下残垣断壁，但还整整齐齐地列成两排。

图7-1　交河故城全景

从大街两旁的情况看来，西面好像是以寺院建筑为主，东面则以民宅的庭院为主。这些居住场所，有的是平面一层房，有的分为上房和下窑两层。在城东南路西的一座地下院落，地面上周围用短墙圈起，入口处有五级大台阶直抵大

图 7-2　交河故城内景

门，门墙是生土挖出的，高达 4 米左右，宽 3 米有余。进门后是 10 米见方的一个院落，四周都有住人的窑洞，以北头所凿的窑洞最大，从这个窑洞的另一端斜坡通道出去，就是全院的后一部分（图 8）。

据城中建筑式样和文物分析，这些遗存不是一个时期的，譬如在中部建筑物聚集区的地面，陶片大都是灰

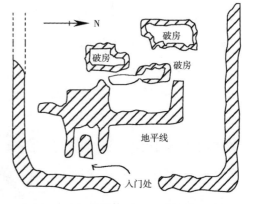

图 8　交河故城内地下室院落平面图

色印纹和附加纹之类，而在最南部为数不多的巨大土窑里，有彩绘的夹沙粗红陶。可惜我们在这里停留的时间很短，不能仔细进行分析研究。

交河故城沟西和沟北，有很多高昌时代和高昌以前的古墓，一家一族埋葬得很整齐，黄文弼先生过去曾在这里进行过发掘。1956 年新疆考古人员训练班也曾在这里实习。附近有范围很大的细石器时代文化遗址。

交河故城在汉代是车师前王廷的都城，公元 640 年唐代设立交河县于此。回鹘民族迁来后一部分人也居住在交河，可从黄文弼先生发掘所得的回鹘文残片和沟北区墓葬的遗物得到证明。此城废弃，约在 14 世纪初，自元末分设柳城（今鲁克沁区）、火州（今喀拉和卓区）和吐鲁番三万户以后，这个城的地位就显得不重要了。

二、吉木萨尔的勘查

在吉木萨尔我们只重点勘查了北庭都护府所在地的破城子。城在县城北约20公里,范围很大,断断续续的城墙残迹东西约1000,南北1500多米。城分内外三重,中间的一重最小,靠近大城圈的北端。城墙都是用2寸多厚的板筑土建成,墙厚达7米。这种板筑形式在新疆地区很少应用,连上述高昌故城的

城墙也不是如此作法,这一情况值得建筑、考古工作者注意。可惜城垣已大部损毁,只剩下北墙一带还较完整(图

图9　北庭古城城墙

9)。我们沿着外城东边的一段城基和护城河床向北走了一程,护城河相当宽,芦苇丛生。这水从现在的县城附近分两路流来,绕破城东西两边北行,在城北约5公里的地方聚成一个大水湖。内城的北门尚在,一排排伸入土墙的木椽痕迹也历历可数。内城里的遗物和外城多不一样,外城以灰色的大缸残片最多,而内城以印花纹的残砖块最多。同时,这里一间间的房子还很清楚,将来如有机会发掘一下,对研究这个古城会有很大帮助。

远在汉代时,车师后王建都于"务涂谷"中,地点约在今吉木萨尔南山附近,唐代的金满县也应在这一带。唐太宗贞观十四年(640年),改后庭为庭州,立金满、蒲类、轮台三县。武后长安二年(702年),改庭州为北庭都护府。北庭都护府于唐贞元六年(790年)为吐蕃所陷。此后五十年,回鹘西迁与西州合并,称西州回鹘,一直到宋朝初年仍然如此。宋代《王延德使高昌记》中,提到高昌回

鹋的地域时说:"盖尽有汉前后庭地矣。"从现在"破城"范围、位置和遗物来分析,这里应是唐代庭州金满县和北庭都护府的所在地。宋太平兴国六至八年(981—983年),王延德使高昌时,当时的狮子王避暑于北庭,也就是这里。清代在这个城里发现过唐金满县碑,唐造像碑和元造像碑残石(见徐松《西域水道记》)可证此城历史。

图10 北庭古城出土石狮子

由于当地党政领导对文物工作的重视和宣传,1949年以来群众捐献了很多从破城子采集到的文物(图10)。

吐鲁番和吉木萨尔横跨在天山东部博克达山峰的南北两坡,山峰以北是吉木萨尔,以南是吐鲁番盆地。按照地理环境看来,这里自古就是中国西陲各民族活动的主要地区。1949年以来,在中央关于保护文物的政策指导下,自治区党、政领导对于调查保护民族文物是非常重视和支持的。今后,我们将有更多的机会对这一地区文物古迹进行全面、较系统地调查研究工作。

(原载《文物参考资料》,1958年第11期。)

新疆吐鲁番艾丁湖古墓葬①

　　1980 年 5 月,艾丁湖公社团结三大队的两名社员发现了一片古代墓葬,并挖掘到红色彩陶器、铜器、金器等。吐鲁番地区文管所闻讯派人赶往现场制止,广作宣传,收回文物。自治区博物馆的同志也前往参与了工作。经过深入调查和进一步清理,对 50 座已被扰乱的墓葬进行了编号、器物登记。现将情况报道如下:

一、地理环境及墓葬形制

　　墓葬群位于艾丁湖公社西北 8 公里, 西南距布干秃尔烽火台遗址约 5 公里(图 1)。这里土质是硬质黏性黄土,骆驼刺丛生,风蚀严重。墓葬的上半部分多已风蚀流失,只存深 0.2~0.5 米的墓室底部。因而不少随葬陶器口部露出地表,一望就知是墓葬。墓葬形制全为长方形竖穴土圹墓,一般长约 2 米,宽 1 米左右。均为单人葬。葬式为仰身直肢,头西向。举例如下:

　　80TADM22　平面呈不规则长方形,长 1.92 米,南端宽 1.1 米,北端宽 0.85米。残深 0.5 米。尸骨已朽,出土红色陶器 4 件,其中一件有黑色彩绘,分别置于头部两侧和脚下(图 2)。

---

　　① 与柳洪亮合撰。

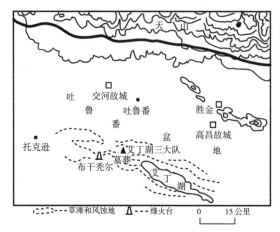

图 1　艾丁湖古墓位置图

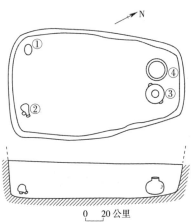

图 2　80TADM22平、剖面图
①Ⅱ式盆　②Ⅰ式罐　③Ⅴ式彩陶罐　④Ⅵ式罐

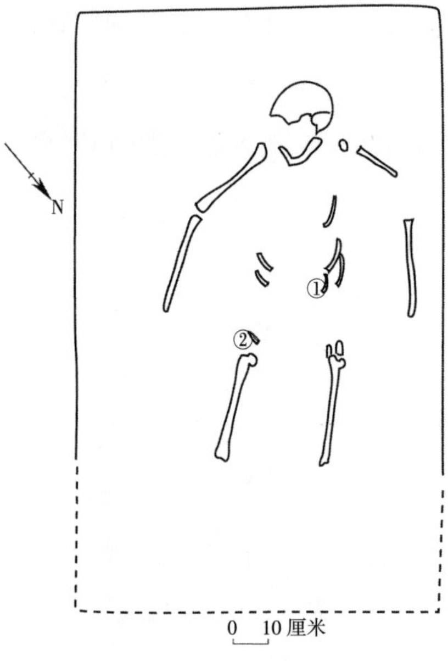

80TADM18　平面呈长方形，残长1.35米，宽1米，残深0.3米。有男性人骨架一具，仰身直肢，头向西偏南，大腿骨以下风蚀殆尽（图3）。

二、文化遗物

出土的文物共165件，主要是生活用具，有少量的生产工具和装饰品等，按质料可分为陶器、石器、铜器、铁器、金器五类（表1）。

（一）陶器

有彩陶和素陶两种。彩陶均外饰红色

图 3　80TADM18平面图
①贴片　②铁链

陶衣，绘黑彩；素陶以红陶为主，多数外饰红色陶衣；有少量的灰陶。现分述如下：

1. 彩陶器共65件。器形有壶、罐、钵、杯、碗、豆、鼎。

壶　5件。侈口，高颈，圆底，腹部近似球形，往往饰有附加堆纹。口沿内部绘锯齿纹，外部绘方格纹，腹部绘云头纹。如80TADM3:1，稍残，高12厘米、口径 5.5 厘米、腹径 12 厘米。手制,细泥红陶。腹部四面各装饰有弯月形附加堆纹一个(图 4③)。80TADMO:1("O"表示失去墓号,后面的数字是失去墓号的器物编号。下同),高 12 厘米、口径 6.5 厘米、腹径 11 厘米。手制,夹细沙泥质红陶,圆底,腹部四面有弯月形和竖条形的附加堆纹各二个(图 4①)。

罐 50 件。可分为五式。

Ⅰ式 30 件。均夹砂红陶,手制。高领,颈部不明显,腹部最宽处一般接近底部,圆底,带状条形单耳上端位于口沿以下。彩绘花纹有变体俯仰三角纹、宽带纹、竖条纹等。口沿内部多绘锯齿纹。80TADM20:1,高 14 厘米,口径 6 厘米,腹径 11 厘米,周身绘四条从口沿至腹下的宽带纹饰,带纹内以斜方格纹填充(图 5①)。80TADM45:1,已残,高 12 厘米、口径 7 厘米、腹径 11 厘米。直口,内绘锯齿纹,外绘变形波纹,腹部上下两条弦纹之间绘一俯一仰对称变体三角纹,三角纹内填充竖行线条(图 5②)。80TADM33:2,已残,高约 12 厘米、口径 7 厘米、胎厚 0.5 厘米。直口,周身从口沿至腰下遍绘竖条纹饰。手制,夹砂红陶(图 5③)。

Ⅱ式 1 件(80TADMO:2),高 13 厘米、口径 8.5 厘米、底径 6.5 厘米。高颈,口沿微侈,肩部较明显,宽带状条形单耳上端直达口沿,平底,形状较粗矮(图 5④)。

Ⅲ式 9 件,矮领,颈部不明显,带状条形单耳直达口部,圆底,器形较小。花纹有竖条纹、变体三角纹等。80TADMO:3,高 6.5 厘米、口径 5.3 厘米、腹径 6 厘米。口沿内外都绘锯齿纹,腹部周身绘变体三角纹(或称柳叶状纹)。手制,夹砂红陶(图 4④)。

Ⅳ式 6 件,器形粗矮,圆底,口沿外侈,带状略呈环形单耳直达口部。花纹有三角纹、竖条纹、"人"字纹、云头纹等,少数腹部装饰有附加堆纹。80TADM6:1,高 7 厘米、口径 7 厘米、腹径 9 厘米。口沿内部绘三角或锯齿纹,周身从口沿至底部绘长三角纹。手制,夹细砂泥质红陶(图 5⑤)。80TADMO:4,高 7.8 厘米、口径 8 厘米。柄部两侧各有附加堆纹一个,周身绘"人"字纹三个。分布在柄部以外的三个方向(图 4②)。

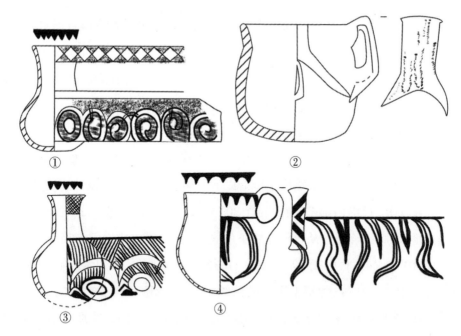

图 4 彩陶器
①③云头纹彩陶壶(M0:1、M3:1)②Ⅳ式彩陶罐(M0:4)④Ⅲ式彩陶罐(M0:3)

Ⅴ式4件,器形较大。80TADM23:1,高24厘米、口径10厘米、腹径20厘米、底径9厘米。带状条形单耳由肩部至口沿。手制,夹细砂泥红陶。口沿外部绘锯齿纹一周,腹部绘上下相对的俯仰三角纹一周,三角纹内填充竖行线条(图5⑪)。Ⅴ式罐还可以细分,有的腹部置带状环形双耳,有的装饰有半月形附加堆纹。

钵 6件。圆底,敛口,带状环形单耳直达口沿。周身绘变体三角纹。手制,夹砂细泥红陶。80TADM48:1,高5厘米、口径16厘米(图5⑥)。

杯 1件(80TADM31:2)。高10厘米、口径11厘米、底径10.5厘米。直壁平底,口微侈,单耳,手制,夹细砂细泥质红陶。彩绘已经模糊不清(图6①)。

碗 1件(80TADM43:1)。高7厘米、口径12厘米、底径8厘米。口微敛,平底。口沿内、外绘锯齿纹。手制,夹砂红陶(图5⑨)。

豆 1件(80TADM0:5)。已残,仅存器底部分,残高7厘米、足径10厘米。手制,夹砂红陶,彩绘图案残缺不清(图5⑩)。

鼎　1件(80TADM40:1)。已残,口径约25厘米、残高15.5厘米。上部为一圆底釜,下置三足。夹砂红陶,彩绘图案已模糊不清(图6④)。

2. 素面陶器共80件。器形有壶、罐、钵、杯、碗、碟、盂、盆、缸、勺、纺轮等。

壶　2件。侈口,高颈,带状条形柄位于颈部。手制,细泥灰陶。80TADMO:6,已残,仅存口和颈部。残高13厘米、口颈8厘米。

罐　37件。均手制,有夹砂或细泥红陶胎两种。可分为Ⅵ式。

Ⅰ式9件,侈口,高领,厘米带状条形柄,形状稍显瘦长。有平底、圆底之分。80TADM22:2,高13.2厘米、口径5厘米、腹径10厘米(图5⑦)。

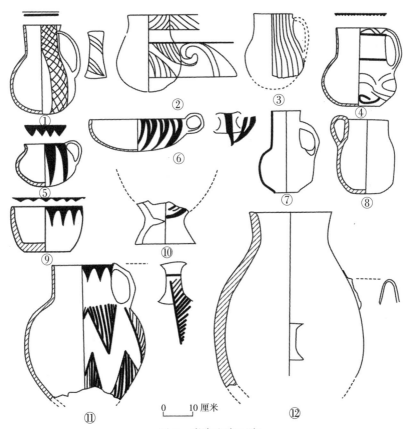

图5　彩陶和素面陶

①②③Ⅰ式彩陶罐(M20:1、M45:1、M33:2)④Ⅱ式彩陶罐(M0:2)⑤Ⅵ式彩陶罐(M6:1)⑥彩陶钵(M48:1)⑦Ⅰ式罐(M22:2)⑧Ⅵ式罐(M0:7)⑨彩陶碗(M43:1)⑩彩陶豆(M0:5)⑪Ⅴ式彩陶罐(M23:1)⑫Ⅴ式罐(M16:1)

Ⅱ式 2 件,侈口,矮领,柱状环形柄位于腹部,小平底,收腹明显。80TADM10:3,高 10 厘米,口径 9 厘米,腹径 11 厘米,底径 5 厘米。外饰红色陶衣(图 6②)。

Ⅲ式 4 件,口沿低矮,外侈,柱状环形柄,圆底,腹部近似球形。80TADM39:1,高 7.5 厘米、口径 8 厘米、腹径 10 厘米。外饰红色陶衣(图 6③)。

Ⅳ式 2 件,口微侈,圆底,腹部瘦长,略呈袋状。带状条形柄由肩部直达口沿。80TADMO:7,高 12 厘米、口径 7 厘米、腹径 9 厘米(图 5⑧)。

Ⅴ式 8 件,器形较大,平底,素面,多为粗砂红陶。80TADM16:1,残高 28 厘米、口径 14 厘米、腹径 24 厘米。腹部有对称的两个带状环耳,肩部装饰有半月形附加堆纹(图 5⑫)。

Ⅵ式 6 件,器形小巧。80TADM10:1,高 5.5 厘米、口径 4 厘米、腹径 5.4 厘米、底径 3 厘米。敛口,有对称的柱状环形小耳。外饰红色陶衣(图 6⑬)。

钵 17 件。均手制,有夹砂红陶和夹砂灰陶两种。可分为四式。

Ⅰ式 5 件,敞口,沿外折,收腹,圆底。一般外饰红色陶衣。80TADM19:1,高 5.2 厘米、口径 14 厘米(图 6⑤)。

Ⅱ式 2 件,口微敛,稍鼓腹。80TADM10:2,高 6 厘米、口径 14 厘米、小平底(图 6⑥)。另一件底略圆。

Ⅲ式 6 件,直口,大平底。80TADM9:1,高 6.4 厘米、口径 14 厘米、底径 10 厘米(图 6⑧)。

Ⅳ式 4 件,口微敛,单柄,有平底和圆底之分。80TADM41:1,高 6 厘米、口径 12 厘米、柄长 1.5 厘米。敛口,略呈圆底(图 6⑦)。

杯 5 件。直壁平底,柱状环形单耳。80TADM15:1,高 9 厘米、口径 7.5 厘米、底径 7 厘米。手制,泥质夹砂红陶,外饰红色陶衣(图 6⑭)。

碗 7 件。手制。可分为二式。

Ⅰ式 6 件,平底,收腹明显,有两个对称的附加堆纹小耳。夹砂红陶。80TADM35:1,高 8 厘米、口径 12.5 厘米、底径 7.6 厘米。敞口,平底(图 6⑯)。

Ⅱ式 1 件(80TADM1:1),高 6 厘米、口径 11.2 厘米、底径 8.2 厘米。敞口,直壁倾斜下收,底部较厚。夹沙灰陶(图 6⑩)。

　　碟　2件。敞口,平底微凸。手制,夹砂红陶。80TADMO:9,高4厘米、口径14厘米、底径7厘米(图6⑰)。

　　盂　1件(80TADM37:1)。高10.8厘米、口径18.4厘米。侈口,鼓腹,圆底。手制,夹砂红陶,外饰红色陶衣(图6⑱)。

　　盆　4件。手制,均夹砂红陶。可分为二式。

　　Ⅰ式1件(80TADM7:1),高11.5厘米、口径23厘米、底径15厘米。直壁,沿外折,平底。外饰红色陶衣(图6⑪)。

　　Ⅱ式3件,敞口,平底,有两个对称的附加堆纹小耳。80TADM22:2,高9.2厘米、口径14.4厘米、底径8.4厘米(图6⑨)。

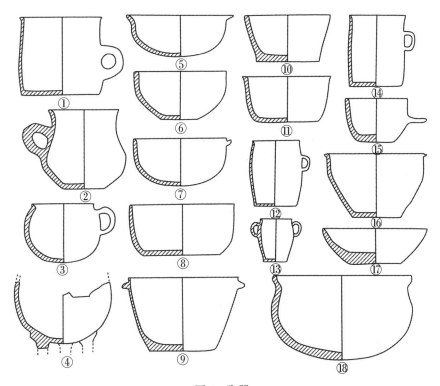

图6　陶器

①彩陶杯(M31:2)②Ⅱ式罐(M10:3)③Ⅲ式罐(M39:1)④彩陶鼎(M40:1)⑤Ⅰ式钵(M19:1)
⑥Ⅱ式钵(M10:2)⑦Ⅳ式钵(M41:1)⑧Ⅲ式钵(M9:1)⑨Ⅱ式盆(M22:2)⑩Ⅱ式碗(M1:1)
⑪Ⅰ式盆(M7:1)⑫缸(M0:10)⑬Ⅵ式罐(M10:1)⑭杯(M15:1)⑮勺(M10:4)⑯Ⅰ式碗(M35:1)
⑰碟(M0:9)⑱盂(M37:1)(①-③⑤-⑩⑬-⑱为1/4,余1/8)

缸 3件。形状较高瘦,平底,柱状环耳。80TADMO:10,高16.5厘米、口径12、底径11厘米。手制,夹砂红陶(图6⑫)。

勺 1件(80TADM10:4)。高6厘米、口径9.2厘米、底径7厘米、柄长3.2厘米。直口平底,微鼓腹,柄上有一圆穿孔,应为穿系之用。手制,细砂泥质红陶(图6⑮)。

纺轮 1件(80TADM26:1)。直径4厘米,孔径0.8厘米,厚1.4厘米。平面上刻有阴线涡纹。泥质红陶(图7⑤)。

(二)石器 共3件。

纺轮 1件(80TADM13:1)。直径4厘米、孔径0.8、厚0.9厘米。细黑石磨制而成,平面上刻有阴线符号(图7④)。

磨刀石 2件。均为沙岩,长条形,一端有圆孔可以穿系。80TADMO:11,白色,长9厘米、宽2.5厘米、厚1厘米。80TADMO:12,灰青色,长5.8厘米,宽2.3厘米,厚0.5厘米(图7②③)。

(三)铜器 共8件。均为紫铜。

带扣动物纹饰牌 1件(80TADMO:13)。长8.2厘米,宽4.5厘米,厚0.3厘米。为一件精美的艺术品。正面铸成透雕状一对卧马,马背相联,头尾相衔,背面有三个环纽,位于三个角部(图7①)。

带钩 1件(80TADMO:14)。长9.5厘米,宽0.4~1.1厘米。宽的一端有"山"字形线折和一个圆孔,另一端窄长作钩状。

素面铜镜 1件(80TADMO:15)。已破,很薄,直径为7厘米。镜边缘一处有三个小穿孔并列,似为穿系之用或系护心镜类。

铜镜残块 1件(80TADMO:16)。仅存圆形镜边缘的一小块,青铜质,边厚0.8厘米,断面分作三层,中间一层厚0.4厘米。镜背有弧形的两段属于镜边缘上的宽楞,最宽的0.4厘米,楞上似有纹饰,锈残难辨。推测应属西汉武帝时期的铜镜残块。

镞 1件(80TADMO:17)。四棱形,铤部已残,残长5.3厘米。

泡饰 1件(80TADMO:18)。直径3.9厘米、厚1.4厘米。用途不详。

簪　2件。四棱形,两端呈尖状,80TADMO:19,长5.5厘米。

（四）铁器　共7件。锈蚀严重。

刀　3件。已锈蚀残断。80TADMO:20,残长10厘米,面宽1~2厘米。

镞　3件。四棱形,链、镞身与铤分界处有一圈凸起。80TADM18:2,长5.3厘米,两棱之间距0.9厘米,出土时尚带有木箭杆的朽木痕迹。

铁泡　1件(80TADM18:1)。直径2厘米,锈蚀严重,器形不明。

（五）金器

金箔花饰　2件。系金箔压制的圆形花饰,2片的形状、花纹一样,出自同一墓葬。80TADM4:1,直径4.5厘米,重6.5克。围绕着同心圆的一周有大小蚕蛹式纹样各6个。在三个角尖处有3个小穿孔,推测可能是镶嵌在衣帽上的装饰品(图7)。另一件重6.2克。

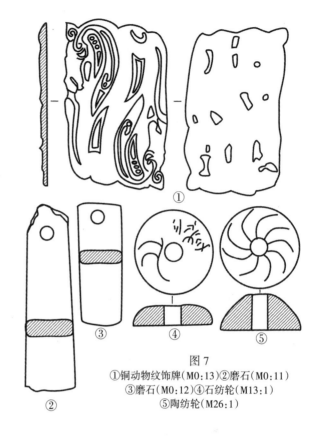

图 7
①铜动物纹饰牌(M0:13)②磨石(M0:11)
③磨石(M0:12)④石纺轮(M13:1)
⑤陶纺轮(M26:1)

三、结语

1. 文化特征及其年代

陶器中主要为圆底器和平底器,只有少量的圈足器和三足器;流行带状条形与带状环形柄,柱状环形柄也比较常见,还有附加堆纹,小耳及錾耳。器形以带状条形单柄罐、长颈壶、单耳直壁平底杯为代表。彩陶、素陶并存。附加堆纹双耳素陶碗、带状环形单耳彩陶钵、敞口折沿素陶圈底钵也具有显著的特点。陶器纹饰只有简单的附加堆纹。彩陶器的花纹主要有三角纹和变体三角纹、竖条纹、云头纹、宽带纹等,口沿多饰有锯齿纹。生产工具只发现了两件纺轮和两件可以用于生产的附属工具磨刀石和铁刀。在墓地上采集到数件长条形磨谷石器和石球,有着明显的使用痕迹,但不一定是墓中所出,推测当时的主要生产工具仍有一定数量的磨制石器。出土文物所反映的文化面貌表明了当时的经济生活是以农业为主,兼营狩猎和采集等。

过去,新疆境内发现红色彩陶便划入新石器时代,归属于原始社会。这是不符合新疆地区的历史事实的。实际情况是,新疆地区的红色彩陶器一直延续到进入阶级社会后一个相当长的时期。墓中所出素面铜镜的式样、大小,与内蒙古西沟畔匈奴墓中所发现的非常相似(见《文物》1980 年 7 期第 9 页图三十,但该铜镜已经残缺。不知是否也有三个穿孔),特别是对马纹铜饰牌的形状、纹饰与内蒙古匈奴墓中屡有发现的非常类似,显然含有匈奴人文化艺术的因素。墓中所出铜镜残块,属于西汉(前 206—8 年)时期,为这批墓葬的年代提供了一个参考的依据。《汉书》记载汉文帝四年(前 176 年)匈奴冒顿单于给汉文帝的信中说:"楼兰、乌孙、呼揭及其旁二十六国皆以为匈奴。"此后汉王朝经营西域,几夺车师,并在车师前部屯田。文献资料与考古资料正好吻合。至此,我们可以初步断定,这批墓葬的年代属于前 2 世纪—1 世纪初这一历史时期。

2. 文化性质及其族属

数量众多的陶器在当时只能是本地烧制的,并且红色彩陶在内地早已绝迹。墓中所出四棱形铁镞、铜镞都无翼,也为它处所少见。显然这批文化遗物有着浓厚的地方特征,同时也包含有一定成分的外来文化因素的影响。

查阅文献资料,这个时期吐鲁番一带到天山北部,居住着我国的车师部族,其界南与楼兰接,武帝时赵破奴破车师,"分以为车师前后王及山北六国"(《汉书·西域传》)。"车师前王居交河城"(《后汉书·西域传》)。交河故城在今吐鲁番县五星公社雅尔湖,位于这片墓地的东北,相距约 30 公里。推测这些墓葬的墓主人可能是车师部族或车师前国时期的文化遗存。

3. 和这批墓葬文化面貌相似的遗址、墓葬群,在吐鲁番盆地有广泛的分布,乌鲁木齐南山矿区鱼儿沟和鄯善县苏巴什墓葬群中出土的陶器,在器形、花纹、陶质方面都与这批墓群出土的陶器极为近似,说明它们之间有着密切的联系。同类彩陶器,曾在天山以北的巴里坤也有发现。这些文化面貌相似的遗址、墓葬,很可能同属于车师文化。

4. 由于该墓葬群已被扰乱,器物组合不太清楚。仅有 22 号墓一座保存完好。随葬品一般都不丰富,只有少数墓中随葬有金、铜、铁器。另外,有的墓中没有彩陶器,出土灰陶器,器形、纹饰也有一定的变化,这些现象除反映了贫富差别外,可能还有年代上的先后。由于这一文化类型的发掘和研究工作尚处于开始阶段,并且这批墓葬受到扰乱,对其进一步分期还有一定的困难,有待于进一步的研究。

附注:吐备番地区师范文物班同学参加了这批文物的整理工作,此致。

表 1　新疆吐鲁番艾丁湖古墓葬出土器物登记表

墓号	彩陶器	素面陶器	其他			
1	Ⅰ罐 2	Ⅱ碗				
2	Ⅰ罐钵 2					
3	壶					
4						金箔花饰 2
5		Ⅰ碗				
6	Ⅳ罐					
7		Ⅰ盆				
8		Ⅰ钵				
9		Ⅲ钵				

续表

墓号	彩陶器	素面陶器	其他			
10	Ⅲ罐	Ⅱ钵、Ⅶ罐、Ⅱ罐、勺				
11	壶Ⅰ罐Ⅳ罐					
12		Ⅰ钵2Ⅲ罐				
13			纺轮			
14		Ⅴ罐				
15		杯				
16		Ⅵ罐				
17		杯				
18					镞、铁泡	
19		Ⅰ钵				
20	Ⅰ罐					
21	Ⅰ罐					
22	Ⅴ罐	Ⅰ罐、Ⅱ盆、Ⅵ罐				
23	Ⅴ罐					
24		Ⅲ钵				
25	Ⅰ罐					
26		纺轮				
27	Ⅰ罐					
28	Ⅰ罐	Ⅰ罐				
29	Ⅰ罐2					
30		Ⅰ钵				
31	杯	Ⅳ罐				
32	Ⅳ罐2	Ⅴ罐、Ⅶ罐				
33	Ⅰ罐3					

续表

墓号	彩陶器	素面陶器	其他			
34		Ⅰ罐				
35		Ⅰ碗				
36	Ⅰ罐、Ⅲ罐					
37		盂				
38	Ⅰ罐2	Ⅳ罐				
39		Ⅲ罐				
40	Ⅰ罐、Ⅲ罐					
41		Ⅳ钵				
42		缸				
43	Ⅰ罐、碗	Ⅵ罐				
44	Ⅰ罐	Ⅶ罐				
45	Ⅰ罐、Ⅴ罐	Ⅰ罐				
46	鼎					
47	壶	Ⅰ碗				
48	钵					
49		Ⅰ钵				
50		Ⅱ罐				
采集器物	壶2、Ⅰ罐7、Ⅱ罐、Ⅲ罐6、Ⅳ罐2、钵3、豆	壶2、Ⅰ罐9、Ⅱ罐、Ⅲ罐2、Ⅴ罐3、Ⅵ罐3、Ⅱ钵、Ⅱ钵4、Ⅳ钵2、Ⅰ碗3、碟2、Ⅱ盆2、缸2、杯3	磨刀石2	带扣带钩素面、铜镜、铜镜残块、镞、铜、泡、饰、簪2	刀3、镞2	

表中罗马字为器物型号,阿拉伯字为件数,未注明件数者为一件。

（原载《考古》,1982 年第 4 期。）

博尔塔拉蒙古自治州石人墓调查简记

　　1961 年 9 月间，在昭苏县的考古工作告一段落后，得知温泉县也有石人墓葬发现，而且保存得很完整。这引起我很大的注意，因为伊犁河以南的石人墓葬，已调查了不少，而河北的分布，至今还知之不多。何况温泉县在博尔塔拉蒙古自治州，距离伊犁河南石人墓葬最多的昭苏县三百多公里，很有必要去做重点调查。因而自伊犁去博乐，又到温泉，在这两县做了一些调查。

　　博乐和温泉两县属博尔塔拉蒙古自治州，在祖国的最西北。考其历史，这一带于公元前后为北方匈奴后部或乌孙的属地。作为"匈奴苗裔"的铁勒人，于 6 世纪以前，在此放牧其牲畜。西突厥汗国兴起后，这里成了该族领土的一部分。公元 659 年唐朝建立的双河都督府可能就在这里，属于唐朝中央设在西域的北庭都护府管辖。蒙古人西征前，这里居住着乃蛮部族。元朝时代属察合台汗国属地。悠久的历史发展，遗留下了各个时代的文物古迹，这一次的调查，只不过是重点地进行了一部分。现将调查所得简记如下：

博乐故城

　　博乐故城在今自治州府所在地博乐县西 5 公里处，属星火公社三大队二小队，正处在博乐河边的高地上。从现在暴露在地面上的痕迹估计，范围为：东西 385 米，南北 280 米。南面就是崖坡，坡下是博乐河。故城的一部分早已塌毁。据说在此故城中，过去经常有人发现金银古物，盛世才在新疆时，曾派专人在故城中大规模地挖过金子。现在到处都是挖金子时开渠放水冲刷所遗留下来的渠沟痕迹。在地面上至今还散布着各种陶、瓷片和锈铁块，俯首采集，到处都是。北面有一段约长 10 米，高 1 米左右的土脊，似残垣遗迹，其余一概无存。因为这里离居民区较近，特别是过去受到破坏，所以故城的全貌已经很难看出来了。

所拾到的陶、瓷片都很碎小，无法恢复原形。从陶片看来，火候较高、陶质较硬的夹砂波浪纹饰的砖红色陶片约占多数，大多属于生活所用的缸、罐之类。这种陶片，在新疆各地的唐代古城中，都曾发现过。另有一种无砂细泥灰色陶片，也不少，一般都无纹饰，时代可能较晚。瓷片中有刻花的绛色釉碗、茶色釉壶、孔雀绿釉的小杯、豆绿釉碗等碎片。这些瓷片大致都是宋瓷。此城可能建于唐代而迄于元代。由于翻乱了地层，所以几代的遗物混杂在一起。至于是否是唐代的双河都督府所在地，需要进一步考查，因为在温泉县十月公社也有一座古城，长 448 米，宽 386 米，从采集的陶片看似唐代遗物。因未亲自去看，还不能肯定。

故城中到处都有锈铁块和残铁器。据说 1958 年，群众在此拾到了很多的废铁，现在还有一处地面上堆积的锈铁至少有一二百斤之多，估计在此附近可能有古代炼铁炉址。这种铁块一般都做圆形，直径 10 厘米左右，中间空凹，可能和当时的冶炼技术有关，即将地面挖成一个个小圆坑，把熔化后的铁水注入而成。其时代可能是元代或元以后，绝不是近百年来的遗物，因为据当地有些老年人谈，他们从小时就记得故城中没有住过人。

温泉石人

温泉县十月公社在博乐去温泉的路上，离博乐只有 46 公里。

我们这次的调查，就是在这个公社范围内进行的。事先在地头上访问了几位老年社员，他们大都是在这里住了好几代了。他们告诉我们很多关于本地历史、传说和文物古迹的情况,给调查工作提供了很重要的线索。

调查重点是在牧业大队的范围以内,一开始并不是很顺利。我和公社派来帮我翻译又带路的伊不拉音同志,按照老社员们所指的好几处有石人的地点去查访,但始终找不到。原因是草原太大了,几乎到处都是水草无边的牧场,又因为往往一个地名通用于周围几十里的地方,所以很难找到。

到了傍晚时分,我们因为整天奔走,人困马乏,就走进了乌拉斯泰草原一家蒙古族牧民茂巴同志的帐篷,想休息一会儿。主人热情地招待了我们,并挽留我们在他的帐篷里过夜。当他知道了我们来的目的后,就告诉我们说:"帐篷外面就有一个石人。"我随他走出帐篷,沿草地向西走了约 100 米远,果然屹立着一个我俩久寻未得的石雕人像(图1)。这个石雕像,面向南偏东 30 度,高出地面 96 厘米,是在一块长形沙石上雕刻着一个人像的头部,大目隆突,颧骨高起,嘴上有两撇八字形胡须。虽然只是一个头部,却雕刻得精神大方,和我在昭苏县赛木塔石所见到的只刻出一个头部的石人,基本相同。在石人身后约 1 米远的地面有很多石块堆成一个圆形的石阵,

图 1　乌拉斯泰石人

这就是石人主人的墓葬标志了。这种布局和我在其他地方所见到的石人墓形状,完全一致。

第二天,我们再往西行,在阿尔卡特草原上,发现了一处有两座石人墓,石人东西相距约 500 米。东面的石人(图2、图3)面向东偏北 5 度,高出地面 1.45 米,是用一块白砂岩石精刻的全身像:圆脸、大目、八字胡须,身穿反襟大衣、腰系宽带、右手持杯,左手杖刀,另在腰带上还佩着一把小刀。这种打扮,和我在昭苏县赛木塔石地方所见到的一个全身石雕像,几乎完全相同。其相异处只是

图 2　阿尔卡特东面石人　　　　　　　图 3　阿尔卡特东面石人

在这个石人的领下有一条很明显的项圈。石人背后 4 米处有一座南北 12 米，东西 9 米，不太规则的大卵石方阵，卵石的总数不下数百块。紧靠方阵的西面，还有一个大致用两排长短不齐的石块、相并连续砌成的围墙，围墙南北 11 米，东西 4.5 米。这种是我们在伊犁河附近各县的石人墓中很少见到的现象（图4）。

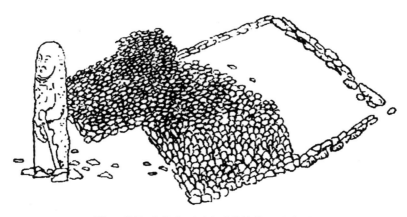

图 4　阿尔卡特东面石人及墓堆位置示意图

阿尔卡特草原上的西面一个石人(图 5、图 6)是用粗刃具线刻而成的,青砂石质,面向正东。石人大部都已剥落不清,只有头部尚见完整,除无胡须外大致与上述东面的一个略同,右手所执之物,因为不甚清楚,很难辨认,似有一剑或棍之类。在石人的身后亦有石阵墓葬,但已非常凌乱,显然为后人翻动所致。

图 5 阿尔卡特西面石人　　　　　图 6 阿尔卡特西面石人

在新疆北部草原地带,这类石雕人像分布很广,到目前为止,先后已经调查过的,东起阿勒泰,西至霍城,南临乌鲁木齐,东南直伸至巴里坤,西南到达昭苏县的天山山谷,北至塔城专区和博尔塔拉蒙古自治州,共计 60 多处,这是不容忽视的一项重要文物古迹。目前虽未正式进行过考古发掘,但是根据以往在各地所调查过的石人墓的初步研究,上述三座石雕人像应是 6 至 7 世纪,至迟到 8 世纪时,放牧在北疆草原上的西突厥统治阶级人物的墓葬。从石雕人像的风格来看,和昭苏赛木塔石地方的石人非常接近。

古石堆和石阵

在温泉县十月公社牧业大队阿尔卡特的草原上，距上述石人墓以东约 5 公里的一处高原上，发现一处南北成排，共有七个单位的石堆。每个石堆直径 7~9 米。用大卵石砌在地面上，四周围有大卵石砌起的、如同院墙一样的方阵或圆阵。方阵的每边约 35 米，圆阵的围径约 100 米。无论方阵或圆阵，两排并行的大卵石都各相距 1 米，非常整齐。

又往东行 4 公里许，翻过一条大沟，在其东岸的高地上是牧业队的一个居民区，聚集着十多顶哈萨克族社员的帐篷。就在这些社员帐篷的周围，分布着 50 多处呈方或圆形的石阵和石堆。这里的方、圆阵，既有上述的形状，又有用单行卵石砌成的，也有混乱堆成的，一般直径为 5~7 米，比前述阿尔卡特的石阵要小得多。还有只砌圆圈阵而中部没有石堆的。有的在石阵外围的地面上砌一块人工制作的约 1 米长的石板，虽然不是每个石阵都有，但显然是有意识设置的。

因为我是沿着一条线走的，所以只在所经之处发现了这些古迹，估计这一带还应有不少。这只能有待于将来普遍调查。关于这些方阵或圆阵的用途，我们曾访问了当地居民，据说数代相传，"古已有之，不知何物"。我因它同阿勒泰专区所分布的那种有石人的石砌围墙墓很类似，估计也许是一种古代民族的墓葬，只是这里还没有发现一处有竖立石人之所在，可能是属于古代另一民族的文化了。

此外，在这一带很多处的山岩上，还刻有牛、马、羊等各种牲畜形象的岩画，刻法粗放有力，又很生动。这次我未去看，附记以供参考。

（原载《文物》，1962 年 7、8 期合刊。）

博尔塔拉蒙古自治州重要古城址和古墓葬

博尔塔拉蒙古自治州地处新疆西北边界,在准噶尔盆地西端。南越天山为伊犁哈萨克自治州境,北部和西部为我国边陲,与苏联哈萨克斯坦为邻,全境面积 27000 多平方公里。共辖一市二县,即博乐市和温泉县、精河县。新疆天山以北自古以来就是一个地势险要、历史悠久、交通方便和农牧业发达、文化繁荣的地区,也是多民族聚居的地区之一。现在居住在这里的 30 万人口中,有蒙古族、汉族、维吾尔族、哈萨克族和回族等 20 多个民族。不久,乌鲁木齐的铁路将要铺到全国驰名的大风区——阿拉山口,届时将会对自治州的经济文化和民族生活产生深远的影响。

26 年前,笔者曾对博乐市和温泉县的古城和古墓葬进行考古调查①, 1987年 9 月, 州师范学校蒋学熙老师来信反映古城之内有新的发现。我和沙比提同志前往该州, 在州文管所同志们的协助下, 调查了三座古城遗址(图 1)和三处古墓

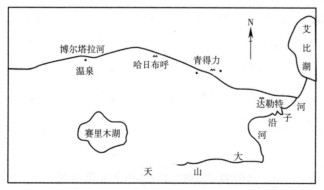

图 1 古城位置示意图

---

① 见《文物》1962 年 7、8 期合刊。

葬群，对过去的调查做了重要的补充。这三座古城遗址是：

达勒特乡古城（蒙语为肩胛骨意，俗称破城子）在博乐市东郊 29 公里处，处于博尔塔拉河和大河沿子河两河之间的三角地带。此城有内外两重城墙，内城略呈方形，北墙现长 80 米（图 2）；外城残存断断续续的南垣全长约 900 米，西垣残存两小段各 50 米左右，东垣和北垣过去曾因河水改道冲刷掉了(图 3)。调查时，只见内城东垣处的城门缺口痕迹尚存。据反映，近几年来城内外曾发现过几批重要文物，如 1987 年夏，农民在外城墙东南 1.5 公里处打土坯时

图 2　达勒特乡古城外景

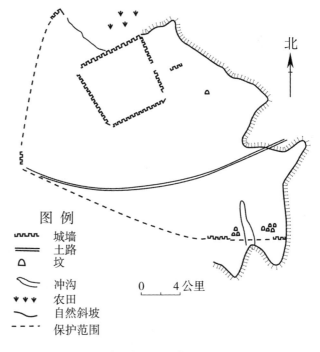

北

图 例
　　城墙
　　土路
　　坟
　　冲沟
　　农田
　　自然斜坡
- - - 保护范围

0　　4公里

图 3　博乐市达勒乡古城平面图

发现了一座夫妇合葬大墓，出土了一批金币，共 35 枚，已由州文管所征集收藏。我们根据文管所的藏品加以初步研究，这 35 枚金币中最为完整的一枚重 2.4 克，圆形而无内孔，正面压有阿拉伯文字，字行中间有一"十"。钱背面的中心处有一圆圈，圈内外亦铸文字。同墓出土的还有一对金耳环，呈插瓶形式，刻

有精细的缠枝纹。

达勒特乡古城内城外东西两侧,即城门缺口两侧,经常有遗物出土。据了解近年来出土的重要遗物中有一批金条共计9根,已被银行当作金银而收去了,这批珍贵文物几经交涉也未能追回保护下来。另一次是出土了一小袋银币,系由小学生在古城中玩耍而拾得,以为是现在的镍币散弃在沙土中。文管会同志得知前往调查时,只捡了其中三枚。这些银币亦圆轮而无方孔,每枚的图案中所铸的内环圈里都有一"巾"形纹饰,环圈以外和钱背面均压印着阿拉伯字母拼成的文字。还有一次是1985年,农民积肥时出土了一枚金币、一副金手镯和一只金饰带(图4)。这枚金币承文管所赠予照片研究,请自治区语言研究所研究员米尔·苏里塘辨识,除周围文字残缺外,中央第一行为地名"阿里玛力",下面的几行是"除安拉外别无他神穆罕默德是唯一的使者",证明这是察合台时期遗留下来的珍贵货币。手镯上印有花朵和"麻花"形纹饰,重48.7克。金饰带已破成三段,长17厘米,宽2厘米,雕有虎头状和草叶纹饰。城中经常发现陶瓷器和小铜件,我们所见的有历代陶器残片,辽金时代瓷器残片上面刻有粗线条的大朵花纹,铜币有"大定通宝"和"皇宋通宝"钱,以及阿拉伯文字。

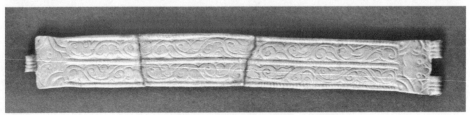

图4　达勒特乡古城出土:上金手镯、下金饰带

铜币上的文字有"大斡耳朵"等内容。

现场调查时，我们访问了一家正在附近修建新房的农民。那位农民介绍说，挖土时曾发现一口大缸、一个陶盆和几盏陶灯。在我们讲解了文物政策后，他立即表示愿将文物献给国家保存，州文管所同志给予了奖励。

青得力克(蒙语:坚固)古城在博乐市西郊 5 公里处。26 年前我曾来此城调查，但现在比过去更加残破了。现只存北段墙垣约 2 米长一段，其余都已无存。据过去对城垣范围的测量得知，其南北与东西为 280×385 平方米，呈长方形。我们现在所见到的是遍地深坑和大量弃置的各种陶片。据州文管所介绍，曾收集到在这里出土的一件马形铜符残件，符上铸有阿拉伯文字，我们分析应是宋辽时期的遗物。

哈日布乎(蒙语:黑公牛)古城位于温泉县东南 50 公里的奎屯不拉克(蒙语:冷泉)，现残存 325 米的一段南墙，每层夯土厚约 9 厘米。从残存痕迹看，此城呈方形，每边墙垣可达 500 米左右，厚约 4 米，现存最高部分只有 2 米，南墙处尚有门洞及其残存。博尔塔拉河水从城北 2 公里处流过，同时也分出一条农用水渠自西南往东北绕古城周围而流。在城内沿田间小路勘查时，发现耕地中挖出的残陶片很多，有黄褐色小口罐、青灰色大缸和陶锅等，多手制薄胎，罐多单柄，口缘处有三道弦纹。据居民反映，曾从城中挖出过大量的人畜骨架和鹿头骨角。一青年农民携一银锭请求鉴定，称出自城内农田中。银锭呈长槽形，两端隆起，长 14.6 厘米、束腰宽 2.6 厘米，两端各宽 12 厘米、高 3.5 厘米，重 1.8 公斤，底有铸文隶体"南钢州"三字。从器形看似为早期遗物，但不知所铸三字为那一时代的州府地名。此银锭已送交州文管所保管。

调查到的三处墓葬是：

(一)阿冬雀鲁(蒙语:马群石)古墓群，在温泉县以西 27 公里山坡上。这里有一条泉水自山坡上流来，灌溉着坡间的草场。加之夏季气候凉爽，嫩绿的牧草长满坡间。但九月初天气却似初冬，不时有阵阵疾风骤雨袭来，寒气逼人。草原上成堆成群的大石块散布在草丛之中。在一处散布着石块群的地方，向导告诉我们"这里是'阿晋雀鲁(蒙语:母亲石)'"，此石为牧民们最尊敬的崇拜圣物，经常有人不辞辛劳地前来祈祷致敬、祈求赐福。有许多大石上刻有原始岩画（马、牛、羊、人和野生动物），最大的可达 30 多厘米，形象挺拔粗拙。可惜天不作美，调查时正值风雨交加，雷电催人（据向导说，这是母亲石不欢迎的表示），只好依依不舍地离去。谁知行不多远天气却又晴朗宜人了。遂继续上到草坡的另一高地——察罕乌苏（蒙语：白水），这里也是大石头成堆成群，并且分布着许多墓葬，这些墓葬可分为：

石堆墓，每墓形似一座小型的山丘，丘上巨石堆积，每块石都在 1 米以上。这山丘一样的石堆墓，一般都高出草原地表 5~8 米，半径达百米左右。询问当地牧民，说是数百年前其祖先迁来此地放牧时即有此石堆墓存在。虽传说为墓，但谁也未见过能够证明是墓葬的实物。这只有待以后的田野发掘来说明了。

石墙墓，常有三五座墓连成一片，多数为长方形墓，少数为圆形墓。这种墓葬的四边都用 50 厘米×80 厘米左右的天然石板整齐地横向镶嵌在墓圈四周，每块石板宽厚为 10~40 厘米。最大的墓四周镶嵌石板四五十块，小的也在二十块左右。石墙内的地表上平整地铺有卵石（也有仅铺着卵石而无石板墙围护，可能曾被人搬走或为另一种墓葬）。这种石墙墓葬在察罕乌苏一地极目望去，四周可达二三十座之多（图 5）。

图 5　阿冬雀鲁石墙墓葬

石人墓见到两座,墓上布有石堆。石堆东侧竖立石人。其中一座的石人已倒于草丛中,通高 2.1 米,头部宽厚各 0.4 米、胸宽厚 0.8 米×0.7 米。脸部为半圆雕状,大目高鼻,唇上有八字短须。另一座墓上竖有长石一块,似未刻雕出人形模样。

方阵墓,与上述各墓夹杂在一起。这种墓葬系用鹅卵石在地表上镶嵌成双行一排的石阵形状,一般都在 23×17 平方米左右。石阵以内的地表平整,不见有隆起的封土(石)。

(二)第二处墓葬的调查地点是:

多浪特(蒙语:树多的地方)在温泉县东北 12 公里的大拉力大桥以北 4 公里处。这里据说有两座石人墓,我们只找到其中的一座。石人已被挖出,石堆也已翻乱。石棺系用石条砌成,只有东南角上的两块石条镶嵌在原地表下。每块石条大小为 1.2 米×0.7 米×0.2 米。石人为半圆雕形,高 1.85 米、底座大小 0.65米×0.49 米、头部大小 0.55米×0.49 米。胸部的雕刻已磨损不清。

(三)最后一处墓葬的调查是在阿拉套山的阿尔夏特(蒙语:温泉)草原上进行。这个宽阔的草原上零散地分布着许多墓葬,这一次我们只调查到石人墓三座(图6)、方阵墓群一处和石堆墓一处。因为这里一般没有习惯称谓的小地名,只能以古墓所处方位来推算距离。

图 6　阿尔夏特石人墓

图 7 阿尔夏特石人

我们沿着大路进入阿尔夏特草原后，行约 20 分钟，上了一处草坡，那里有座石人墓。此墓用直径 30 厘米左右的石块堆成，呈不规则的方形，东南向计 9 米×8.5 米。石人像线雕，地表以上高 1.32 米、宽 0.39 米、厚 0.3 米，大眼高鼻，唇上两撇短须，左右耳根各坠上下双圈形的耳环一个。右手当胸托高足柄，左手握长刀于腹前，缠有腰带，带上插着一把短刀（图 7）。在此墓东南亦有一座石人墓，石堆呈南北向，长方形，范围 7.5米 ×5 米。石人自肩部以上已被打掉（打掉部分现保存在州文管所），原地现存残像高 0.5 米、宽 0.4 米、厚 0.16 米，方向东偏北 18 度，圆雕；右手当胸持柄，左手握拳。另外，此墓附近又有一石人墓，石人为圆雕，高 1.15 米，宽 0.5 米，腹部 0.25 米，头部 0.18 米×0.15 米。面亦东向，身后为不规则的石棺堆积。

调查到的石阵墓和石堆墓群在这片石人墓东南约 4 公里的高坡草原上。这一墓群范围远望处可达几公里。因又遇雨未能普查，只在附近选择典型的两墓进行实测。一座是石阵墓，与察罕乌苏发现的略有不同，这里墓的中心处有隆起的或方或圆的石块堆积（似略有下陷），四周再嵌以鹅卵石，以显示埋藏墓主人的所在。鹅卵石的外围，相距 5 米处，再镶嵌着平行的两条长方形石阵，包围着墓葬的中心区。这长方形石阵为东偏北 10 度，东西长 29 米、南北长 15 米。两条平行卵石线的东侧，竖立着一块条石（是否象征着石人？），其高、宽、厚为 0.73米×0.3 米×0.2 米。从远处观望，这群石阵墓中竖立条石的现象并不普遍。或只有石阵而无墓上石堆的墓，其范围较小。调查的另一座属于石堆墓，只有石块堆积成尖堆形状，最高处距地表 0.35 米，直径 5 米左右。远不如察罕乌苏草原上石堆墓那样高大雄伟。

通过这次粗略调查，得知自治州境内至少分布着古代的石堆墓、石墙墓、石人墓、方阵墓和土墩墓(曾在圩吐不拉克公路平原上望见有七座此墓,每座相距 0.5 公里左右)等五种类型古墓,这足以说明博乐草原在历史上是多民族聚居的繁荣盛地。

上述博乐和温泉三座古城中,从出土文物分析,达勒特古城可能是一处历史较悠久的遗址。26 年前,我来博乐调查,虽限于当时的条件,未能前往达勒特查访,但根据州原文教科提供该城出土文物分析,都是唐宋时代遗物,因而怀疑可能是天山北麓双河都督府所在地。这次对达勒特乡古城调查,发现它分内外两重城垣,范围较大,出土的历代文物说明延续的时代较长。特别是地处博尔塔拉河和发源于天山北麓与之同流入艾比湖中的大河沿子河这两条河流之间,需要进行普查,很有必要结合史料对此古城做系统地分析研究。

博乐地区早在 1300 多年前属西突厥牧地,唐贞观二十三年(649 年)二月,唐王朝在天山以北之西部设置瑶池都督府, 以西突厥原叶护阿斯那贺鲁为瑶池都督。①古瑶池即今之赛里木湖。唐永徽二年(651 年)贺鲁建牙帐于双河城②。双河,即两条河流并行其左右之意,以天山西北各河流和历史上的地势交通险要来分析,只有博乐市郊达勒特乡古城具备这些条件。它地处唐代西域丝绸之路北道要地,南下金牙山或车岭直至弓月城和伊丽河,往西可以通到唐边境四镇之一碎叶城。这里地势确是非常重要,但是贺鲁竟趁唐太宗李世民已死,高宗李治即位不久无暇西顾的机会, 自号为沙钵罗可汗, 进寇庭州(今吉木萨尔),于是唐显庆二年(657 年),阿斯那弥射进军至双河城讨平了贺鲁。不久,唐政府对西突厥旧地陆续"皆分置州府,西尽于波斯,并隶安西都护府"。同时,在今博乐地区的双河城正式建立了双河都督府。③11 世纪著名的维吾尔史学家马合穆提·喀什噶尔所撰《突厥语大辞典》上的地图里也标有西盖玉克斯(双河)。

"双河"按其所标的位置,这里正处在博尔塔拉河与大河沿子河两河之间。

① 《资治通鉴》卷一九九《唐纪·太宗·贞观二十三年·二月》条,北京:中华书局,1956 年,第 6266 页。
② 《资治通鉴》卷一九九《唐纪·高宗·永徽二年春》条,北京:中华书局,1956 年,第 6273 页。
③ 《旧唐书》卷一九四下《突厥下》,北京:中华书局,1975 年,第 5187 页;[宋]王溥撰《唐会要》卷七十三下,"安西都护府"条,北京:中华书局,1955 年,第 1323 页。

这不是偶然使用的,而是唐代以后新疆人民仍在沿用"双河"这个地名。过去,达勒特乡古城中曾出土过唐宋时代文物,现在宋辽时期的文物也常有发现,更加说明这座古城的历史地位,值得被重点保护。

大约从南宋末年到元明清三代(13—19世纪)这六七百年间,"双河"这个名称被废弃了,而代之以博尔塔拉,历史上用汉文被称为"孛罗""不剌""普拉""帕剌"等名称,实际都是按双河故城原址依博尔塔拉河畔而称谓的。我们这次所调查到的三座古城,都是沿博尔塔拉河流而建筑的。达勒特古城陆续发现的金、银、铜货币,同史料记载"孛罗城迤西,金银铜为钱,有文而无孔方"完全吻合,[①]特别是上述出土压有"阿里玛力"地名的金币,显系元朝察合台汗国时的遗物。青得力克城和哈日布乎城,还有尚未调查到的古城,都应是元朝耶律楚材所称的"有不剌城,附庸之邑三五"[②]中的二邑。明清时期这些城可能还有居民,18世纪以后,各城中因经济和交通关系时有增减,直到附近新的集镇,如现在的博乐市陆续兴起后,才失去了存在的价值而逐渐变成了废墟。

从田野考古调查到撰写此稿,先后得到蒋学熙和州博物馆李有松、韩雪昆、王小红诸同志的帮助和支持,又得到新疆历史研究所巴赫同志协助研究地名,以及语言研究所米尔·苏里塘同志辨认文字,特致以深切感谢!

(沙比提、王小红摄影)

(原载《文博》,1988年第5期。)

---

① [元]常德《西使记》。

② [元]耶律楚材著、向达校注《西游录》,北京:中华书局,1981年,第2页。

新疆民丰县大沙漠中的古代遗址①

一、工作情况

民丰县是新疆和田专区最东的一个县,西近于田县,东接库尔勒专区的且末县境,南靠昆仑山脉,北面伸入塔克拉玛干大沙漠中。有一条尼雅河自昆仑山麓流来,经县城附近向北去,逐渐没入沙漠之中。在尼雅河尽头往北,经三天的行程,有一处古遗址,这就是斯坦因曾多次大量盗掘过的"尼雅废墟"。这个遗址,远处于塔克拉玛干大沙漠之中,距离现在住人的地方相当远,所以很少有人来此。

1959 年 9 月底,我队结束了在于田县的工作,来到民丰县城,稍加休息后决定前往该古城进行调查。10 月 8 日我们离开了民丰县城,乘骆驼沿尼雅河岸北行,经过三天,继续北行过滴水皆无、寸草不生的塔克拉玛干大沙漠,于 14 日下午到达了群众传说的古遗址中心"炮台"。所谓炮台,实际上是一个废庙里的土塔。我们就在土塔附近一块平坦的沙滩上露宿着,当天下午开始了调查和文物标本的采集,并且在一些重点地区进行清理工作。我们在这里总共工作了9 天。

---

① 发表时,署名"新疆维吾尔自治区博物馆考古队",由李遇春执笔撰写。

　　这个遗址大约包括南北两个部分。南边一处范围较小,处在一个深流沙沟的两旁,只有十几间房子半露在沙面,已露出沙面的房屋全部被破坏了。北边一处范围较大,房屋数百间,都是三五成群分散分布着。这处遗址东西长约十公里,南北宽四五公里,没有城墙的遗迹。南北两部分相距五六公里。我们工作的重点是北面遗址。

　　北部遗址主要是大半露在沙面上的古代房屋,但大部分已被斯坦因破坏得乱七八糟了,不过其中仍留有不少文物。由于遗址大部被盗,我们主要是对其余进行调查采集,同时也进行了重点清理(图 1)。其中有几处清理的房子值得一提,例如 MN005 房子大部分被破坏了,只有一处墙根的沙土似乎未动。我们在这里清理出来一个大残缸,缸里放着 13 块刻有佉卢文的木牍,有的还是完整的,有的已经破碎了。在 MN004 的房址里,清理出两枚很长很完整的木简和一枚小木简,简上的佉卢文字非常清楚。再如 MN003,是一处被全部破坏了

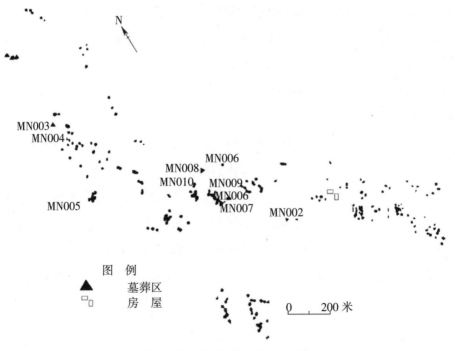

图 1　民丰县大沙漠古遗址示意图

的高大房址,在一间房子的积沙中,我们获得了一函完整的木牍,木牍上的绳子和封泥都未开启过。这可能是房主人未寄出的一封信。在同一处另一房间的地面上,积存着很厚的一层粮食(粟类),年久已成硬块,但颗粒还很清楚。在粮食堆里还发现一个残破得只剩半边的圆形陶质砚台。MN010 的房子似乎没有被破坏过(图 2),清理结果是一处南北长 9.75 米,东西宽 5.5 米的完整房屋。进门处有一个甬道,通向一间大房,沿墙周围有 1 米宽的小土炕,屋中还有一个大柱子,柱子之下有整块木头制成的木础,全长 1

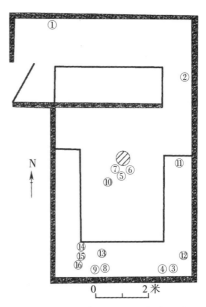

图 2　房基(MN010)平面图
①-④楔形木简　⑤有字长简　⑥⑦无字木简
⑧⑨牍板　⑩大缸残片　⑪杂件　⑫⑯残锦片
⑬残壁画　⑭有羽残箭杆　⑮骨器

米、宽 0.46 米、圆径 0.35 米,中间柱槽的槽径 14 厘米,与中原所见的石柱础类同。在这间房子里,还发现有字和无字木简、木牍共 8 枚,以及其他很多重要文物。

在遗址北约 2 公里的地方,有一个墓葬区,这里同样被破坏得非常严重。我们在这里清理出了一个完整的装有一对木乃伊的木棺,棺中放有随葬品,锦绸服饰都很完整（见新疆维吾尔自治区博物馆:《新疆民丰县北大沙漠中古遗址墓葬区东汉合葬墓清理简报》,《文物》1960 年 6 期 9 页）。

二、采集和清理的遗物

采集和清理的遗物有一千余件(包括木简和木牍)。遗物大部分是木质的,有的用途及名称一时很难确定。现分类叙述如下:

（一）木器

1. 搅拌杆　1根。头部呈半弧形,有长期使用的痕迹,长 40 厘米,头部宽 8 厘米,厚 1.5 厘米。另外,还采集到 3 个搅拌杆的头部,都有使用痕迹,大小相同。这种搅拌杆和现在牧区人民搅拌"马奶子"的木杆形状一样,古代人民是否也用其作搅拌器,尚待研究。

2. 牛羊颈拴　发现很多,形状大小也不一样,是拴在牛羊颈上绳结处的用具,现在牧区仍有使用。

3. 木针　3 枚。尾部有穿绳小孔,一般长 14 厘米。

4. 木锥　19 枚。一般长 15~30 厘米。

5. 纺轮　纺轮和纺轮用的木杆很多(图 3),采集有数十件,几乎每间房内都有发现。纺轮有木、陶和骨各种质地的,以木质较多,最大的直径 6 厘米,最小的直径 3.5 厘米。木杆长 17~25 厘米。此外,还发现纺轮用的提经 1 根,残线还绕在上面。

6. 大木篦　1 个。长 15.5 厘米,宽 10.5 厘米。这可能是用来刷牛羊毛的(图 4)。

7. 木刷　2 个。柄和齿都是木质的,可能也是用来刷牛羊毛的。一个长 23,宽 2.5 厘米;一个长 24 厘米,宽 2.5 厘米。

8. 木楦头　2 个。为制毡靴用的。一个为男用,厚 8 厘米、长 24 厘米、宽

图 3　纺轮

图 4　大木篦

8.5 厘米。一个为女用,厚 6 厘米、长 21.5 厘米、宽 7 厘米。

　9. 残箭杆　1 根。在箭尾部还残存着羽毛。

　10. 木瓢和木勺　大小不一,有圆形的,也有长条形的,一律是挖木为槽制成。有的木瓢外面还刻有符号(图 5)。

　11. 木桶　大小不一,大

图 5　木瓢外面的符号

的一个高 37 厘米、口径 22 厘米,也是用整段木头挖制而成的。

　12. 捕鼠夹子　发现很多,几乎每屋都有,大小不一,一般长 30~40 厘米,最宽处 10 厘米左右。

　遗址中分布着大量木质用品残件,有木桌、刻花残木板和木盖等。很多都不知其用途,如有大量楔形小木杆、三槽至四槽的木棒、锥形木把、穿孔小木板、束腰形小木板、木钉和木杆。这种木杆有的成束捆着,还有像筷子一样的四楞小木杆。在遗址中这种小木器残件数量最多。此外,还采集到残折箭杆很多,有的箭杆上用朱红色涂成简单纹饰。还采集有一种像玩具一样的小弓,弓背中央有箭槽,两端有绑弦槽,有用牛毛绳做成的弓弦,残头尚在,一般长 35~40 厘米。

　(二)铜、铁器

　1. 铜顶针　2 个。一整一残,和现在的顶针基本相同。

　2. 铜勺　已残,(柄)长 21.5 厘米、宽 3.5 厘米,勺长 27~29.5 厘米、宽 8.5~9 厘米。

　3. 铜镜　残片很多,多为边沿,也有镜纽座残片,铭文作"长宜子孙"。

　4. 货币　有东汉五铢钱,剪边和方孔小铜钱(图 6)。

　5. 小铁刀　1 把。刃背都很清楚,长 7 厘米。

　6. 铁镰刀　1 把。已锈损,镰刀残长 12 厘米,木把长 32 厘米。

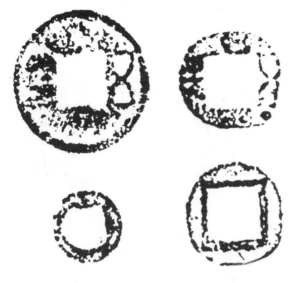

图 6　货币

7. 镀金花球　1 枚。微残,瓜子状,长 1.5 厘米、宽 1 厘米。用途不详。

此外,还有椭圆面有刻花的铜戒指、小铜环、小铜钉盖、铜饰品残件和残铁块等。

(三)陶器

1. 陶砚,圆形,只残存一半,沿高,池平,中央似残存墨迹,长径 28 厘米,沿高 3 厘米。

2. 大花缸,已残破,发现于 MN010 房屋中央木柱下,系红陶,夹有少量砂粒。颈与肩上都刻有几何形图案。肩上有耳,长 7 厘米、宽 3 厘米。

此外,还发现有绿釉陶、素红陶和划纹陶等陶片。

(四)石器

1. 石球　2 枚。用灰色细砂石磨成,直径 8 厘米,在大沙漠中其他遗址也发现此类石器,用途不明。

2. 磨刀石　一种是磨小刀用的赭色小石片,有方形和长条形两种,长度在 10 厘米以内,随身可以携带。另一种是粗石片,使用过久,中间已磨成槽状。我们采集回来的是一个两面磨过的,长 36 厘米、宽 17 厘米的磨刀石,但一般都是一面磨过,体积较大,在很多房屋中都有发现。

(五)其他

1. 毛织品残片　发现于 MN010 房屋中的土炕上,有蓝底白线圈四瓣红花图案的毛织品残片、深浅黄色组成四瓣花朵图案的毛织品残片和黄地深绿色图案毛织残片。

2. 绳头　发现很多,粗细不一,多以牛羊毛制成,麻质的很少。

3. 角杯　牛角制成,沿上穿有小孔,似为携带方便,高 19~22 厘米、口径 4.5~8 厘米。

4. 皮毛和兽骨　有牛、羊、鹿、马和鸡骨等,并有全羊骨架 1 副,埋在木柱础的南面地下。皮毛有羊毛、羊皮、骆驼毛、马皮、牛筋和猪鬃。

5. 谷物　有麦和粟,并采集到一根较完整的麦穗。

6. 骨板　发现于 MN010 房屋中,长方形,上面刻了很多圆槽和圆圈,用途不详。长 7 厘米、宽 5 厘米。

此外,还发现有贝饰和各色大小串珠。壁画残片、干萝卜及盐块等。

(六)木简和木牍

共清理和采集了 66 枚,其中大部分都书写着古佉卢文字。这里着重介绍一下几处成组发现较好的木简和木牍。

第一组　木牍 8 枚,发现在 MN006 两间房屋中,其中有三封全函(六页),两封较完整,一封长 18.5 厘米,宽 8 厘米。另一封长 15 厘米、宽 7 厘米。上述木牍,尺寸只计下页,未计上页,以下皆同。

第二组　楔形和长方形木简 7 枚,发现于 MN008 房屋内。其中最完整的一楔形简,长 21.5 厘米、宽 2.8 厘米,两面有字。完整的一枚长方形木简,长 19 厘米、宽 6 厘米,两面有字。

第三组　木牍、木简共 10 枚,其中有合页的完整木牍一函,分散发现于 MN002 房屋内,字迹清楚,计长 18.5 厘米、高 7.5 厘米(图 7)。另一牍上盖长 13.5 厘米、高 8.5 厘米,正反面都有字。一枚楔形简,长 15 厘米、宽 3 厘米。长方形简一枚,长 27 厘米、宽 5.5 厘米,两面有字。残简一枚,长 13 厘米、宽 3 厘米。牌状简一枚,长 9 厘米、宽 6 厘米,两面有字。被削成另外用具的残简一枚,残长 12 厘米、宽 2.5 厘米。

第四组　完整未启封木牍一函,发现于 MN003 大房内,除绳结牢固外,上下并有封泥两块,大小印记 3 处,全长 16 厘米、宽 5.5 厘米,中间最厚处 1.5 厘米。

第五组　木简 3 枚,发现于 MN004 房内,其中有两枚最长。一枚长 52 厘

图 7　木牍

米、宽 4.5 厘米,微有残损,一面有字。另一枚长 48 厘米、宽 5 厘米,正面有字很多,背面也有字,且字迹非常清楚,木质也完整如新。另一枚小残简长 13 厘米、宽 3.5 厘米。

第六组　木牍 13 片,发现于 MN005 房中的破缸内,其中完整者有木牍一函,共 2 枚。底长 20 厘米、高 8 厘米。牍底一枚长 18 厘米、高 7 厘米。牍盖 3 枚,一枚长 13 厘米、高 7 厘米;一枚长 11 厘米、高 7 厘米;一枚长 12 厘米、高 5 厘米,均两面有字。牍底一枚,残长 14.5 厘米、高 7 厘米。楔形且有印槽的木牍一枚,长 22 厘米、宽 4.5 厘米。

第七组　木简 5 枚,发现于 MN010 房屋内,其中有尖小简两面有字,长 14.5 厘米、宽 2.5 厘米。尖头木简一枚,两面有字,长 16 厘米、宽 2.5 厘米。楔形简一枚,两面有字,长 15 厘米、宽 3 厘米。有 V 形绳槽小简一枚,无字,两端各有三个 V 形绳槽,长 8 厘米、宽 3.5 厘米。木牍上盖三枚,散于土炕上,除一枚残甚外，其余两枚，楔形有印泥槽的一枚，长 18.5 厘米、宽 4 厘米，宽的一端有少许文字，系收信人住址姓名。长方形牍盖一枚，长 14 厘米、高 6 厘米，两面有字。

三、小结

这个遗址有人说是"尼雅废墟"，也有传说是精绝古国。玄奘《大唐西域记》中，记载的瞿萨旦那国（即今和阗专区所属各县之地）内有"媲摩川东入沙碛，行二百余里至尼壤城，周三四里，在大泽中。泽地热湿，难以履涉。芦草荒茂，无复途径。唯越城路，仅得通行，故往来者莫不由此城焉。而瞿萨旦那以为东境之关防也。从此东行，入大流沙。沙则流漫，聚散随风，行人无迹，遂多迷路。四远茫茫，莫知所指……行四百余里，至吐火罗故国……从此东行六百余里，至折摩驮那故国，即且末地也"。现在从这个遗址往东走就是一片大沙漠，中间相距好几道大沙山，行四五天，才能到达安得烈河沿岸。在安得烈沙漠里，也有好几个古遗址，我们也调查过一处汉代古遗址，地名夏炎他克。从此往东不远就是现在且末县境。我们认为这段路径和《大唐西域记》所述基本相符，可能这就是《大唐西域记》所说的古尼壤城。现在民丰县维吾尔名称"尼雅"（即很远的地方之意），民丰河名"尼雅河"。所谓"尼雅"可能是"尼壤"的转音。但是尼壤城在《大唐西域记》中并没有叙述它的历史，也没有提到在唐代时这个城里有无居民，这是一个疑问。又《魏书·西域传》上记载："且末西北方，流沙数百里，夏日有热风，为行旅之患……其风迅驶，斯须过尽，若不防者，必至危毙，是即通精绝之路也。"我们所工作的这个古城，正是现在且末西北，即古代精绝古城。又《魏书》徐松注：龟兹传云：东南接且末，南接精绝。渠犁传亦云：东南接且末，南接精绝。渠犁西至龟兹五百八十里，是知精绝国境东西长也。这个遗址基本是东西长，和上述注释恰好吻合。这些推断都是初步的，还有待进一步研究。

（原载《考古》，1961 年第 3 期。）

新疆民丰县北大沙漠中古遗址墓葬区
东汉合葬墓清理简报①

1959 年,我馆考古队在南疆一带为配合工农业生产建设,进行普查和发掘工作。我们曾根据新疆石油局提供的线索,于同年 10 月,由民丰县进入大沙漠,进行文物普查。普查时在尼雅古遗址附近清理了一个部分露出沙面的干尸棺葬,在其中发现了很多汉代锦绸服饰和其他随葬品,兹简报如下。

一、发现经过

古遗址在民丰县以北大沙漠中,要从民丰县城骑骆驼走六天才到。这个遗址被斯坦因在五十余年前,先后三次破坏过。我们这次普查时,还采集了很多佉卢文的木质简牍和其他遗物,也清理了个别房屋。这些将另有报告叙述。

墓葬区在尼雅房屋聚集遗址的西北方向, 距西北最远的几处房屋约三公里。那是在一望无际的流沙滩上,四周的范围约半里。但是绝大部分的墓葬都被斯坦因破坏过了。现在,在这一带沙面上棺木和人骨横七竖八地到处都是。被破坏过的这些棺葬,全是把一棵大树身中间挖空成槽(状如马槽),盛以人尸,上盖木板。可能因这里在古时也全是流沙,无法凿成墓室的缘故,棺木全是

---

① 该文发表时,署名为"新疆维吾尔自治区博物馆考古队",由李遇春执笔撰写。

掩埋在沙下，沙上也没有任何标记。

我们在勘查这块墓葬区时，在一处沙坡上部，发现好像是桌子腿一样的两段四棱木柱埋在沙下，沿着这段四楞木柱另一端的沙下探了探，那里也有同样的一根木腿。根据这种迹象，加以周围棺木都是马槽状的，故分析它是一个木箱。清理了"木箱"上面约70厘米厚的积沙后，发现它的体积很大，盖上铺着一个毛绳织成的毯子。这个毯子已经因年代久远而残碎得只剩下几片小块了。"木箱"四周都塞满了红柳小枝，厚达20厘米。红柳外面靠着流沙面，抹有2厘米厚的一层黄泥。当打开"箱盖"以后，才知道这是一个盛着一对干尸的棺材。棺内的全部随葬品和锦绸服饰，都非常完整。但是这时（下午三点钟）沙漠中的天气坏极了，没有太阳，大风把流沙扬起，隔约二十米远处都看不见人了。因沙漠里的条件限制，不可能仔细地在原地进行清理工作，所以在做了必要测量和记录后，我们将棺木运走，经过长途跋涉到达乌鲁木齐市，才进行了清理工作。

二、棺木及随葬品位置

棺材形状像一个有四条腿的矮长木箱，全长2米，四条木腿在四个角上，每条腿的长短略不一致，高55.5~58厘米、宽9~9.7厘米、6.3~7厘米。棺壁高36.5~40厘米、厚2.5~3.5厘米。木腿各开有一条凹槽，棺壁板嵌入槽内，并用木钉钉固。木钉一般长7.5厘米、直径1厘米。共有八排，每排数目不一，计四钉者四排，三钉者一排，五钉者二排，六钉者一排。棺盖长200厘米、宽80、厚3厘米，是用大小五块木板钉成两页盖在棺上，盖下有三条横木，各长80厘米，嵌在槽内，槽宽4.8~8.8厘米、深1.5~2.5厘米（图1）。棺材全用白杨木做成，而且制作得规格不一，板面上像是用小斧削平的，斧痕清楚。可见当时使用的工具还很简单。

随葬品全部放在棺内。女尸头部有藤制奁盒一个，内盛全部梳妆用具及残锦绸片。男尸身上放着长弓一把，箭筒一个，内盛箭四根。其余陶木制品都在脚下，另有小羊骨架一副，分放在两个木碗内（图2）。

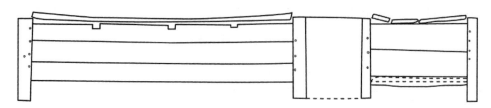

图 1　棺木立面图

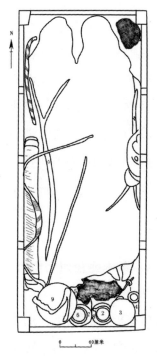

图 2　器物分布图

图 3　置于死者身下的栽绒毯

棺内男女干尸各一,是夫妇合葬,男右女左,因棺材较小,女的右臂压在男左臂上。所有服饰以丝绸、织锦和刺绣为主,布类较少。连枕头和袜子全是用锦制成。除衣服外,男女都有面罩,另外用两幅绸子,从头至脚分别盖在男女身上。身下则是一个织的粗毛线毯(图3),已经腐朽不堪。

三、随葬品

1. 木器类：

（1）带杆木纺轮一副,长 16.5 厘米,放在女尸脚下。

（2）豆状木器两个,束腰大小各一。小的无把手,高 22 厘米、上部直径 12 厘米。大的有把手,高 26.2 厘米、上部直径 16.2 厘米。两豆的上端用红色各写一个"小"字,分放在尸体脚下器物堆中。

（3）木制小直筒一个,有底无盖,两头粘有用红绸剪成的斜方块纹饰各一圈,高 10.2 厘米、口径 7.4 厘米,放在女尸脚下。

（4）有柄木杯一个,平口,腹大,有肩,圆底,高 8 厘米、口径 7.8 厘米、腹径 10 厘米。（图 4,上左）

（5）无柄木杯一个,口有裂缝,原用铜铁各一片补成。高 5.8 厘米、口径 11.2 厘米。（图 4,上右）

（6）木碗大小各一,大的高 6.4 厘米、口径 24 厘米；小的高 7.5 厘米、口径 20.5 厘米。两碗中各置羊骨。

（7）箭筒和箭,箭筒长 90 厘米、直径 8.5 厘米。稍有裂缝,外有皮饰三圈,位于两端及中部,另有皮带一条已脱落。筒内

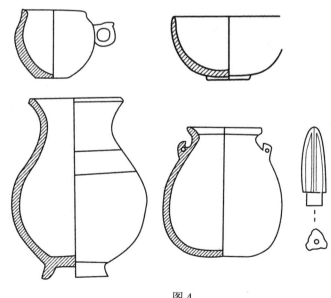

图 4
上:有柄木杯(左)、无柄木杯(右)
下:黑陶瓶(左)、红陶罐(中)、镞(右)

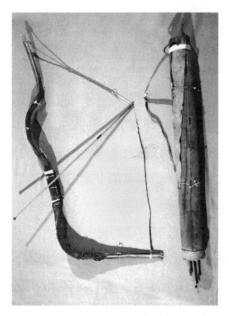

图 5　弓、箭及箭筒

有箭四根，完整，长 81 厘米，从根到头全是木制（图 5）。根部凹槽下面用麻扎着，箭头桃形，木制，长 1.2 厘米。黑色，杆上各有朱红色一段。

（8）木叉两个，分置于男女尸上，在男尸上者稍弯，长 170 厘米；女尸上者长 117 厘米。发现时叉上裹着一件淡蓝色绸的女外衣。

（9）木梳四个，两个放在奁内，一疏齿，一密齿。另外两个装在绸袋内，也是一疏一密，放在男的胸前衣内。一般都是长 7 厘米、宽 5.5 厘米、厚 4 厘米左右。

2. 陶器类：

（1）黑陶瓶一个，黑胎、侈口、束颈、鼓腹、圈足。腹上部有三角状的圆圈刻纹一周。长 22.8 厘米、口径 12.3 厘米、腹径 18 厘米（图 4，下左）。

（2）红陶罐一个，红胎、折唇、鼓腹、平底，两旁有穿孔小耳各一个。高 15.5 厘米、口径 11.2 厘米，腹径 15 厘米（图 4，下中）。

3. 铜、金、琉璃器类：

（1）镞一枚，红铜质，秃端，实体，长三棱形。根部圆形，中有小孔，孔深 2.2 厘米，以纳箭杆。通长 5.3 厘米、棱角相距各 1 厘米，根部直径 1 厘米。原放在黑陶瓶内（图 4，下右）。

（2）"君宜高官"镜一面，纽作半球状，四叶纹纽座，镜胎很薄，图案简单，直径 12.4 厘米、纽高 0.6 厘米。纽孔穿绸带一条，带有两个结头，长 25 厘米。原盛在绣花绸袋内，放在藤奁的最上层。

（3）铜戒指一枚，戴在女尸右手食指上，无花纹。

（4）金器不多，只在男尸的右眉和右眼皮上，各放着一小块金片。金片很不规则，也不像是完整的器物。

（5）项珠一条，戴在女尸的颈上，一部分缠在包头的丝或絮里。珠粒大小不一，有黑、红、金、银各色，以珊瑚石和琉璃制成。

4. 骨器、藤器类：

（1）弓一把，黑骨做帮，白骨做胎，外裹筋条，弦为筋条或肠衣制成，弓口长123厘米（图5）。

（2）骨把铁刀一把，铁刀已坏，剩下少许，骨把也坏，残长4.5厘米。原来和羊骨同放在木碗内。

（3）奁盒一个，藤条编成，高14.5厘米、口径15厘米。放在女头左侧。内盛铜镜、粉袋、木梳及丝线等（图6）。

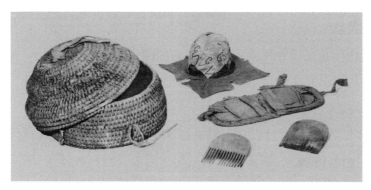

图6　藤奁及奁内粉袋、梳袋及梳、篦

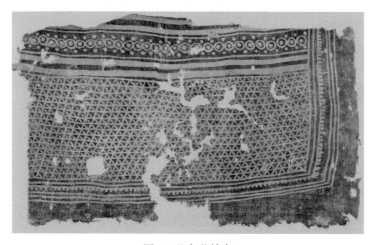

图7　蓝印花棉布

图 8　淡青色绸衣

5. 布、绸类：

（1）蓝白印花布残片两片，一片印三角和圈点纹，残长 80 厘米、宽 50 厘米（图 7）。一片印小方块纹，下部有一菩萨半体像，有背光，袒身着璎珞，手捧长形物，残长 89 厘米、宽 48 厘米。盖在有羊骨的木碗上。

（2）绸衣一件，淡青色，白绸领袖，红绸为带。通长 94 厘米，两袖端通长 168 厘米、袖口 13 厘米、领长 20 厘米、高 9 厘米、腰身 48 厘米、下摆 85 厘米（图 8）。

（3）绣花绸镜袋一个，黄绸为面并绣图案，袋边和带镶红绸。面部直径 12 厘米、镶边 6 厘米、带长 20 厘米。

（4）绣花粉袋一个，白绸面，绣"G"形图案，红绸为边。袋面直径 18 厘米、镶边宽 3.5 厘米。

另外，在男尸胸前绸制木梳袋内有一个黄绸小包，内有朱红粉少许，还有纸一小块，绉成一团，大部分涂成黑色，长仅 4.3 厘米、宽 2.9 厘米。这些文物的性质和用途，需待正式检验后，方可肯定。

两具干尸的服饰，开棺后仍很完整，也没有风化，然而所有贴身部分的衣服大都腐烂或变色。特别是压在身下那部分，已粘硬成一块。经过细心剥取和修复，主要衣服大部分还较完整。

男尸：

（1）锦袍一件，红底，黄蓝色图案，有"万世如意"隶书，全长 122.5 厘米、两袖端通长 174 厘米、袖口 17 厘米、肩 28.2 厘米、腰 59 厘米、下摆 142 厘米。另有捵袖各一段，长 41.5 厘米、宽 14.5 厘米。

（2）裤一件，白粗布为面，裤腿绿绸绣兽形图案。全长 115 厘米、宽 66 厘米、裆长 13.5 厘米、裤腿刺绣部分长 31.5 厘米、宽 33 厘米。

（3）袜一双，"延年益寿大宜子孙"锦制成。长 43 厘米、袜腰宽 17 厘米、脚部宽 11 厘米。

（4）手套一双，"延年益寿大宜子孙"锦，长 24 厘米、宽 12 厘米。

女尸：

（1）内上衣一件，黄绸面，领袖处都有鸟树刺绣，绿绸腰带每边四条，白绸捵袖。全长 94 厘米、两袖端通长 221 厘米、袖口宽 16 厘米、下摆 121.5 厘米，每条腰带长 37 厘米、宽 9 厘米。

图 9　女尸暗花绸衣上的动物图案

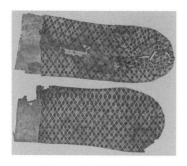

图 10　"阳"字纹锦袜

图 11　刺绣袜带

(2)外上衣一件,黄绸面,绿绸腰带每边五条。全长 120 厘米、两袖端通长 140 厘米、袖口 40 厘米、腰身 80 厘米、下摆 154 厘米。

(3)衬衣一件,粉红绸面,绿袖头。上部都已腐朽,但色泽非常鲜丽,残长 90 厘米、绿袖头长 20 厘米、袖口 17 厘米、腰身 53 厘米。

(4)裙子一条,黄暗花绸,有部分刺绣,残朽较重,全长 93 厘米、腰宽 50 厘米、下摆 130 厘米(图 9)。

(5)袜子一双,斜方格锦,锦边有"阳"字。长 37 厘米、宽 14 厘米(图 10)。

(6)袜带一双,红绸上刺绣,外加蓝绸带,长 181 厘米、宽 5 厘米(图 11)。

(7)手帕一条,黄粗布面,黄绸为边,长宽各 26 厘米。

(8)盖身绸一条,黄绸,长 184 厘米、宽 84.5 厘米。

另外男女各有菱角形枕头一个,"延年益寿大宜子孙"锦制成。长 42 厘米、高 12、宽 16 厘米。

四、几个问题

(一)从干尸华丽的服饰和随葬品(如弓箭、奁盒等)看出,他们应是当地的统治阶级。这个有四条腿的特制棺材和同一墓葬区里那些已被破坏过的、属于一般人用树身挖空制成棺的形式,也不一样。出土绸锦都是古时从中原运来新疆的。刺绣的技法、图案、衣服的样子却具有本地特色。这对研究我国悠久的丝织工艺传统技法是一批很好的材料。

(二)时代问题,从彩锦图案、隶书、铜镜形制和铭文等分析,应属于东汉时代。

(三)关于所属民族问题,需专家鉴定。男尸鼻梁高、颧骨大,女尸头发多辫,男女服装的式样都具有地方性的传统特点,所以很可能是本地民族。

总之,这些文物的发现,为研究新疆历史提供了丰富的资料。

(原载《文物》,1960 年第 6 期。)

尼雅遗址和东汉合葬墓

一、调查经过

1959 年，我和克由木·和加、阿合买提、买买提·阿吉、吐尔逊等 11 位同志，为配合在塔克拉玛干大沙漠中进行的地质勘查工作，受自治区博物馆派遣到民丰县迤北大沙漠中的尼雅古城，进行了一次考古调查和发掘。

民丰县位于新疆南部昆仑山东段北麓，属和田专区，全县面积五万六千多平方公里，居民以维吾尔族为主，另有汉族、回族和柯尔克孜族，农业和牧业并重。主要河流有尼雅河、牙尔通古斯河和安迪尔河，均为昆仑山上的融雪下泻，北流至大沙漠边缘，随即潜入沙下。

19 世纪末到 1949 年前，外国人曾以"探察""旅游"名义，到过尼雅遗址，其中英国人斯坦因曾先后三次到尼雅遗址盗挖了大量的民族文物，包括大批佉卢文木简、文书和汉文木简。

去尼雅前几天，正逢国庆节，我们利用走访的机会，向当地同志调查了关于古城的传说。有一位名叫马合买提·尼亚孜的维吾尔族老乡告诉我们：四五十年前，他曾被斯坦因雇为民工，去过尼雅古城。遗址中有的地方叫"炮台"，有的叫"帕夏扑"或"牙木勒"。后来我们才知道所谓"炮台"，实际是一座佛塔，"帕夏扑"意为官名，"牙木勒"意为官府，都指的是一些规模较大的房屋遗迹。

我们雇好了骆驼,准备了干粮和面粉,又定做了装水用的大铁桶,于10月8日上午离开了县城,沿着尼雅河的流向,往北向沙漠中走去。当天晚上,住宿在尼雅河畔的一处泥滩上。9日上半天,还不时地穿行在红柳堆和苇草丛中,下午就露宿在尼雅河的尽头。10日上午,离开了河岸,草木逐渐的没有了,开始走上一望无际、寸草不生的流沙中。但这只是流沙的边缘,这里仍然有人居住。傍晚时,我们投宿于尼雅公社的红旗大队。大队领导抽了十五名曾去过尼雅遗址的社员帮助我们,我们于12日继续前进到达伊玛木·迦法沙迪克麻札尔。据说伊玛木·迦法沙迪克是千百年以前到尼雅河流域来的伊斯兰传教士,因和抗拒信仰伊斯兰教的佛教徒作战而死,埋葬于此。离开麻札尔不久,进入了满是红柳和梧桐树的原始森林。森林里曲曲弯弯没有路径,甚至连骆驼也无法骑乘,我们只好在树隙间穿空步行,半日才走出了森林区住了下来。13日一早,我们又踏上了高高低低、满目沙丘的行程。十月份的沙漠里,天上无片云,地下无寸草,空气既干燥又炎热,连号称"沙漠之舟"的骆驼,也吃力地喘起气来。人更困难,走半小时就气喘地坐在沙上休息,但一休息就爬不起来了。只好相互拖着勉强前进。14日的行程更加困难,人畜都非常疲乏,幸好在下午两点,到达一处有十几间破屋残迹的地方,据带路的同志讲,前面不远就是"炮台"!这句话使大家兴奋异常,振作精神继续前进。日落的时候,果然到了尼雅遗址。

沙漠里的气候是反复无常的,晴朗的天空突然就刮起了大风。十月里,白天热到35℃~40℃,晚上又冷到零下10℃左右。我们除往返路程走了11天外,实际在遗址上工作只有9天,因为饮水困难和一次十级大风的影响,无法继续工作,于10月27日回到了民丰县城。

二、遗址概况

尼雅遗址处于干枯河渠纵横的一片沙丘之间,西边有一道干渠,东边有两三道干渠,都是自南向北进入离遗址不远的流沙深处。沿干渠的岸上,又有一些东西走向的支渠道,这些渠道的流水为遗址居民们提供了生活所需和农牧业生产的便利。根据现在沙面上看到的断断续续房屋遗迹分布情况,遗址面积约为南北 22 公里、东西 6 公里(最宽处)。

从遗址上的残垣断壁分析, 当初的居民住址是相当分散的, 有的是三五间,有的是七八间房聚居在一处。每间房舍就是一户人家,也有单户独家住在一处,这些住户大都是当地的贫穷人家,从这种房舍里牲畜粪和遗物的分布情况,可以推测出是半间屋住人,半间屋当作畜圈。当然也有十几、二十多间房聚集在一起的,这可能是一个村落。至于大户人家的住址,往往是多间组成的套房,或者是自成一个较为整齐的院落。

遗址西侧有一座高高耸立的佛塔。塔方座圆身,用土坯砌成,周围可能都是寺院的僧舍建筑。

有的房前花树成荫,有的屋后果园成片,用苇草和树枝编成的篱笆墙和防沙带至今还牢固地坚守在原地,防止了流沙入侵。有的屋外栏杆、室内壁炉、柱础、门扇,还和当年的位置一样,安然如故,只是这里现在静悄悄的,没有一点儿现在人的生活气息。

大部分的房舍现在都是秃墙、残柱,填满了流沙;也有的屋顶陷落,房墙倒塌而深埋在沙下。房屋的墙壁,有的是土坯建筑,有的是用红柳枝和芦苇编织的篱笆墙。篱笆墙的建筑法是先在地面顺墙埋下一根较粗的圆木(地栿),在圆木上每隔一段立一根柱子,柱与柱之间再用红柳枝条编织成隔墙,两面抹上草泥,即成经济而坚固的墙面,长达一两千年,至今不朽。这种建筑方法,在和田和喀什地区,一直沿袭至今。

遗址上的所有建筑物,大都是处在一个个孤岛似的台地之上。经过反复地观察,才明白了这里所谓的"雅丹"地貌,原先是一片和台地一样高的含沙黄土地段,是浑浊的尼雅河水流到这里后沉淀而成的。人们在这里利用地形,稀稀落落建起房屋,逐渐地聚众成村,利用河水灌溉建成了优美的生产和生活环境。不知在此已经生活了多少年,后来由于种种原因,河水流不到这里了,田园荒芜了,地皮干裂了,树木枯死了,居民们无法生活,便离开了这里迁居他乡。这"死亡"了的遗址里,在长年累月时而西北风、时而东北风的嚎叫下,刮走了房屋周围的土壤,刮来了滚滚流沙。只有房柱、树木依然不动,但填满流沙,形成了废墟上的雅丹地貌。由此可以断定,当年主要是由于干旱的原因,这个遗址才被放弃了。

三、十处房址的清理

在遗址做调查时,发现几处房舍早已被人盗掘破坏,但仍有遗物暴露在沙面上。也有几处房舍不大,是堆积较薄的废墟,我们对其进行了清理工作,共计十处,分述如下:

59MNF001　在遗址中心位置。这里有五六户散居房址,都是一至两间自成单元,但都被盗掘。其中有一间房屋,沙面上露出五根高低不齐的墙柱,坐向北偏东5度,户门开在北墙东头。屋舍东西长4.9米、南北宽1.9米。地面上铺着一层5~12厘米的牛羊粪,西边较厚,且已践踏成片。屋墙系用分段立柱和树枝编织而成,两面抹泥厚7~9厘米。此屋未被破坏,我们清去积沙,进行测量和清理堆积畜粪。我们于畜粪中和地面上清理出一些生活用品、畜牧用具和佉卢文木简,从而断定这间屋舍是人和牲畜同住的一处厩房,或者是一处饲养人员的茅舍。出土的遗物有:木质带杆纺轮一件,纺轮为半圆形状,直径5.3厘米、厚2.5厘米、木杆长30.5厘米,为畜牧业居民加工毛线的工具。纺出的毛线,可织毛布,也可合为毛绳。这种加工毛线的工具,至今在新疆牧区仍然沿用。残箭杆一根,木制、射猎工具、箭头一端已被火烧断,残长18厘米。牲畜颈部拴一个木制复合工具,分两个部件,一为弓形木板,两端和中心处各有一个圆孔。两端的为牛羊颈上系绳索的结头处。另一部件为两端粗细不等的木楔,长6.5厘米,这个木楔自上述弓形木板的中心孔内穿过后,再在较细一端系上牵引的长绳。有了这个工具,不至于因颈部绳圈过紧而勒死牛羊。捕鼠夹一个,木制,长37厘米,用长条木板刻成,两端宽窄不等。宽的一端中央有一大圆孔,孔上附一小木片。木夹顺长的中央,刻一长槽,窄的一端有一小孔。木瓢一个,状似今日民间所用的水瓢,使用时间较久,因而瓢沿上有许多磨损,发现时已破成五片,但在每片之间都有穿孔,穿孔里有毛绳缝合的痕迹,可见当年就已破裂而将其缝合在一起。此外,在柄部两侧刻有"十"字和五角星图案各一个,五角星的刻法,与今无异,但刻槽痕迹很古,且与一枚佉卢文的木简处在同一处牛粪层中。佉卢文木简三枚,一枚长方形状,一面有字三行,另一面横头上有五短行字迹。简形完整,字迹清楚,长 18.5 厘米、宽 6 厘米、厚 0.7 厘米,与上述木瓢同出一处。另外两枚俱是楔形,长短各一,两面都有文字,模糊不显,长 21~16 厘米,最宽处2.7 厘米。另有小麦和粟类粮食作物少许。散落在地面的破碎毡片和小块粗布是屋主人衣服上的破絮。

59MNF002　在上述房舍以东 700 米处,地势低洼,处在两座沙丘之间,仅此一户房舍,大小四间,呈三角形排列,门正北向。东面三间房土炕还在,已被人破坏,屋内仅有流沙,拆散了的木柱弃置遍地,只余西面一间,似未被掘,经清理积沙后,发现是一空屋,地面上有废弃的铜勺一把,勺头已残,残长 22 厘米。木棒一个,一头有尖,并有火烧痕迹,应属烧炕或灶下拨火棒,长 52 厘米、宽 5.5 厘米。木牍一盒半,均有文字,最多的有七行。

59MNF003　在遗址北一高地上。这组房为大小三间,中间较小,似为一走廊。三间房内均被盗掘破坏,只有几根秃头残柱露出沙面,高坡间散布了许多刻画的残木版,可能是房间里的装饰性部件。右间屋里靠墙处,有一土炕和炉灶,炕和炉之间有一堆积沙,清理后在墙根发现完整的木牍一盒,泥封和麻绳仍然完整地捆在上面,属于尚未开启的一封木牍,质地为胡杨木,长 16、厘米、宽 5.7 厘米,用褐色细毛绳分三道捆在牍中央的三个"V"口上。正背两面的三道绳上,各粘着一块胶黄细泥,正面泥上印有两个花押,一个方形,每边 1.5 厘米,上有八瓣花朵的图案一个;另一印是三角形状,每边 1 厘米,印文模糊不清。背面泥上的印文分左右两边,左边是一个侧身端坐、做举手动作的人形,大头、高鼻、瘦身、裸体,右边因泥损图案不清;中央有一个高大的侈口圆瓶,座下有三足,瓶内插有三只较长的可能是花枝状东西。这是一件未被打开的木牍,也是此次发现的唯一尚未启封的木牍。

左间屋内地面上堆着一层谷物,其中有麦粒,但大多数是粟类,已经压成块状。谷物堆上还发现半边陶盘,夹砂红陶质,直径 27 厘米、底厚 1.5 厘米。估计这间屋属于储藏室。

59MNF004 在 3 号以东附近又一台地上,共房三间,也都被破坏,但在流沙下面找到一枚长木简,长 52 厘米、最宽处 5 厘米,一面有字。在清除地面的一层流沙后,又发现一枚长简和一枚腰牌状的短简。一枚简长 47.5 厘米、宽 5 厘米,一面有字四行半,布满全简;另一面有字半行。腰牌状简一端圆头,另一端平头,长 9 厘米、宽 5 厘米,两面字迹均甚清楚。

59MNF005 位于 1 号遗址附近的西南佛塔旁,有房三间也全被破坏。调查时在中间屋内靠墙处有一破陶缸,缸中放有木牍一堆,大都破碎,经收回黏合后得楔形木简一套(两页)、牍板八枚、尚有不能修复的残片若干,大都有佉卢文字,只是木质已变成朽质,触手易碎,部分字迹已模糊不清。

59MNF006 在 1 号遗址北约五百米处,处于风口洼地,有屋两间,屋东面后墙外有一小片园地,用树枝编成的围墙还在,一片树林都已干枯。此屋未被扰乱,但已全部倒塌,有半面用树枝编成的屋墙也已塌向屋内。清除积沙后,在隔墙门下有按门轴窝一个,木质,一端尖而长,埋在土中,另一端有凹槽,即承受门轴处。屋内地面散弃有小弓四张,木制,长 40~55 厘米,两端削成圆头,用毛绳作为弓弦的残头仍在,弓背中央各有一个凹槽,为搭箭杆处。因其细而短,显为儿童玩具。木牍两套共四页,另外还有一片牍盖、两片牍底和两页残碎片,大都有佉卢文字,系使用以后弃置于地面的废物。

59MNF007 在 1 号西南约二百米处。这里屋舍大部被破坏,但在一间大屋中清除积沙后,竟发现木简四枚,其中二枚字迹清楚。

59MNF008 在我们考古队驻地北百米左右,也为严重破坏之屋,在沙下清理出两枚木简,均有佉卢文字。又发现麦穗一根,麦粒与麦芒俱全。

59MNF009 在 1 号西北约三百米处,为一方形大屋,清理出木针两根,长 16~19 厘米,为缝制粗毛布类或毛袋之物。另有捕鼠夹大小四个,均被散弃在地面各处,有两个夹子上还有毛绳残头。捕鼠夹用木板做成,一端呈不规则的圆形,一端窄而微尖,中间刻一长槽,圆头处开一圆洞,圆洞上横置有月牙状小木片。据群众说:"这是鼠夹。"

59MNF010　在考古队驻地北五百米处。这是又一处未盗掘过的房舍,部分屋顶塌落到地面,为苇草铺成,顶的中部有一个用木棍搭成的、56厘米见方的望天窗。这个屋宇只有一个走廊和一间大屋,墙壁用一捆捆的芦苇排成,因为跨度较大,屋子的中央和望天窗旁立着一根大柱,以配合各墙角下的小柱,共同支撑着整个屋顶的重量,大柱脚下垫着一个长方形的木柱础。柱础全长1米、宽0.46米。屋子虽只一间,但面积较大,南北长7米、东西宽5.5米;走廊部分东西长7米、南北宽3米。外屋门向南开,甬道紧靠南墙处有一土炕,长3.2米、宽1.5米、高0.4米,炕边用土坯砌起,中间填以细松黄土,上铺席毡,可以坐卧。大屋内东、南、西三面墙下也有同样高低的土炕相连。屋内遗物中在柱础旁发现狗骨架一副,可能是屋主人迁出时,把拴在大柱上的狗忘记解绳,以致饿死。此外,发现的还有陶器、毛织品、骨石器和木器之类:

陶器类发现陶缸碎片一堆,应为一大缸,在屋顶倒塌下时压碎,红陶质、侈口、大腹、平底,自外口沿以下直至腹间,刻满曲线纹、三角纹和斜方格纹饰。腹部上侧还有两个对称的环状双耳,胎厚1.5厘米,高度及腹径因未修复,尚难测量。

毛织品有彩色纹饰的有两种,即古代称作"罽"的毛布。一种是人兽葡萄纹彩罽,以彩色纬线为纹饰的图案,有两组黄色经线和两组黄、绿色纬线交织而成的纬二重组织。图案中有深目高鼻的人像,有虎头、鹿头等兽形,有成串的葡萄、叶、藤,以及小花朵等纹饰,虽已残成碎片,但图案清晰、色泽鲜艳如新。组织密度为经密20根/厘米,纬密30根/厘米,因系两组纬线交织,实为60根/厘米。另一种是连续菱格纹套四瓣花彩罽,系以纬线起花的纬三重组织,经密16根/厘米,纬密三组共为24根/厘米。图案底为蓝色,菱纹为白色线,四瓣花为深红色加白边。图案古雅,用色艳而不浮。出土时和它缝在一起的还有一片四瓣花的罽,黄底,并有一段幅边,工艺组织与上述相同。

骨石类有骨版一个,长7厘米、宽4.5厘米、厚1.5厘米。正面刻有许多且无次序的大小旋涡纹,中间刻一深槽,用牛腿骨制成,用途不详。耳坠一个,正反面镶有黑、白石珠各一,外用金箔包成,有小珠纹图案一圈。

木器类箭杆一根,已经折断,只剩尾部,残长 35 厘米,尾槽上端用动物细筋缠绕,杆上绘有黑红二色各一段并粘有三根羽毛的痕迹。

木简九枚,其中有佉卢文字的七枚,分楔形和长方形两种,均为废弃之物。

四、采集的遗物

遗址范围内,到处都有散弃的遗物,这些遗物有的是盗掘者遗弃的,有的是自然暴露的。10 月 21 日上午,天还没亮,就刮起了一场十级左右的东北大风,真是飞沙走石,天昏地暗。由于睁不开眼、站不住脚、听不到说话的声音,温度骤降到零下四度,无奈我们只能躲在被窝里饿着肚皮睡了一天,下午四点以后,风势逐渐减小。通观遗址上,到处都有遗物发现,于是我们采集了许多遗物,主要的出土物分陶器、纺织品、木器、铜器、铁器、骨器和石器等类。这对于研究遗址经济和文化生活有着重要的参考价值。

陶器类

素陶罐　夹砂红陶,侈口、圆腹、平底,有黄色陶衣。通高 16 厘米、口径 11.5 厘米、腹径 16 厘米。

纺轮　有两种。一种是用夹砂粗陶片磨制的,直径 5 厘米、厚 1 厘米,插木杆的孔径 1 厘米。另一种是专门制作的红陶纺轮,底做半圆形状,平面上刻有四角月牙形锯齿状纹,外缘有圆形树叶纹,直径 6 厘米、厚 2.5 厘米。

坩埚片　夹砂赭色,外缘有血红色痕迹,内壁上生有铜绿锈斑,系冶铜工具的残片。

绿釉陶柱　为陶器上的部件,夹砂细灰色陶,有浅绿色薄釉,与中原汉代遗址发现的釉陶相似。

印纹黑陶片　一般都是粗质夹砂硬陶。纹饰中有双线弯曲水波纹、斜方格纹、圆圈纹、短三角纹、尖桃状纹、圆花朵纹等。器形不可辨认。

划纹红陶罐　夹砂粗陶,器形多为双耳或单耳大罐,从颈至肩部刻画有许多纹饰,如双线弯曲水波纹、斜方格纹、斜形篦纹等。

甑底片 均为夹砂粗红陶,甑孔径大者 2 厘米,小者 1 厘米。

纺织品类

主要有毛、棉、丝织物

毛织杯形器 用黄色老羊毛纺成双股粗绳,再用细毛绳编织成容器,器口缘上以棕色马尾编制。器形扁而两端尖状,口缘长 10 厘米、宽 3.5 厘米、高 2.5 厘米,显系儿童练习编制的玩具。

残毛织带 一条,应属腰带的一部分,为腐烂腰带残头。系用棕、白、紫、红四色毛线织成,图案为宽、窄条纹。现存残带的一端和缨穗部分,残长 25 厘米、宽 7 厘米。

粗毛织物 用棕、白二色羊毛织成。经线较密,纬线很疏,1 厘米间约有一根明纬和两根并列的夹纬,经线有 9~10 根。纬线之粗等于经线的三倍。以色彩分析,若经线呈棕色,则纬线呈白色;若经线白色,则纬线必棕色。

毛织残片 分黄与粉红两色,都用细羊毛织成,其中以粉红色的一片最细,每厘米间经线 20 枚、纬线 13 枚左右。

拉绒织物 片幅很小,只有 2 厘米×3 厘米大小,粉红色,羊毛织物,两面拉绒,状如今日薄毛毯。

毛布 约有六片,粗细不一,均为简单的平纹组织。大部分经线的宽度大于纬线。织物表面呈横向凸纹状。

罗纹毛织物 三件,均为三梭罗,染色可分为绯、黄两种。

毛绳 用羊毛纺成,分粗、细两种,棕、白两色,也有的宽扁形,宽约 2.5 厘米,状如带子。

镶毡毛布 毛布系以棕色羊毛织成,又用白色毡剪成圆片缝在毛布上,当作纹饰图案,毡花纹的直径 4 厘米。可能是被褥之类的破片,发现于一处被破坏过的房墙根沙下,残长 40 厘米、宽 24 厘米。

回纹细毛布 黄色羊毛织成,以 2/3 斜纹为基础组织的菱形斜纹,布面薄而均匀,很像今日的毛呢料。残幅大小 8 厘米×11 厘米。

毛布　都是残片,分黄、绯两色,织法均匀,状似今之棉布。

斜纹毛布　天蓝色,以棕色线为经,但两面不显出经线来。残幅大小20厘米×10厘米。

毛残衣　绯色,平纹组织,有用白棉线缝成的边缘,还有残破后所加的补丁,应属衣服的残片,残幅大小47厘米×30厘米。

毡片　有黄、棕两色,质有薄厚,与今日的毡类颇似。

棉织物残片　系衣服上的残片,白色中微透浅红,平纹组织。

绮片　系衣带上的部分残片,染成朱红色,经线提花织物,纹饰为六棱状的连续椭圆形图案。

绢　均为残片,有的缝成带子状,有黄、褐色。

罗底纱　白色,组织疏如罗底,丝织物。似为衣服的残片,共两片,长25~30厘米、宽9~14厘米。

木、竹、藤器类

木简　共采集到三十件,其中十四件获自被盗房址附近的沙堆或地面上,经长久风蚀日晒,简形干裂、佉卢文字迹不显。其余十六件字迹较为清晰,但有的裂成小片,只有九片较为完整,可分楔形、腰牌形和四棱状三式。

楔形简　七件,都是两叶一幅,但已成失群散弃的孤简,长14~23厘米、最宽处3~5厘米。

腰牌形简　一件,略呈长方形,一个角处有一圆孔,可以拴绳,两面有字清晰,长9厘米、宽6厘米、厚0.7厘米。

四棱状简　一件,系一四棱状的短棒,部分树皮还附在简上,一端有小圆孔一个,四面均写有佉卢文字。长18厘米、厚2厘米。

镰刀柄　用树枝削成,尚未装上刀刃,柄部上粗下细,长31厘米、圆径2~3厘米。

牲畜颈栓　采自遗址各处,多达数十件,都是拴在牛羊颈上的工具。一般用刚折下的软条树枝,使树枝弯曲成三角状、半圆状,在两端刻有浅槽,拴上毛绳。长度10~18厘米。

骆驼鼻栓　均以红柳枝条制成,状如长签,穿入骆驼鼻间,在尖端处拴缰绳,长 13~15 厘米。

木栓　采集植物的一种工具。把手指粗细的树枝弯曲成半圆状或三角形状,两端拴以毛绳。这是在牲畜背上捆绑行李、柴火时所使用的一种工具,它可以使绳索勒紧不至于滑脱,而在松解绳索时又很顺利,不至于难分难解。新疆农牧民至今仍普遍使用这种工具。

木手　用圆木削成扁平状,形如木梳,一端有小柄,使用时可以手持,另一端刻成一排整齐的小齿槽,长 15~19 厘米、最宽处 8~10 厘米,系织毯用的打纬工具。

搅拌工具　细长杆,一端嵌有三角状或半圆状的一个插头,为牧民制作奶类食品(如酸马奶、分离奶油等)时的搅拌器。一般杆长 29~40 厘米、插头长 3~4 厘米、宽 5~8 厘米。

木针　与上述 59MNF009 屋内发现的木针形状相同。

楦头　制作毡鞋用的木楦头。与今日制毡筒所使用的基本相同。

木椅　发现时已残,只剩三腿。腿上略有刻花,用木钉连接。腿高 49 厘米、面宽 45 厘米 × 37 厘米。

木桶　用树身挖空,镶一木底即成,高 36 厘米、圆径 24 厘米。用作汲水、储粮。至今在塔里木盆地的居民,仍用树身挖空成桶,作汲水之用。

木勺　刻木成勺,用以取水,长 27 厘米、勺宽 10 厘米、柄宽 2 厘米。

木栅　粗细大小均不一致,但均为半圆状,最小的长 6 厘米、宽 3 厘米,只有八根粗齿,最大的长 9 厘米、宽 7 厘米。

藤制盒盖　用细藤编成,至今完整如初,圆径 10 厘米、沿高 1.5 厘米。

捕鼠夹　普遍发现,形势与上述 59MNF009 屋内清理所出完全相同。有的背面刻有"卐""十"字纹,长度 35~41 厘米、宽处 8~10 厘米、窄处 4~7 厘米、厚 2 厘米。

筷子　用木棍削成圆柱形状,两端粗细略有不同,长 20~24 厘米、圆经 0.5 厘米。

草绳圈　用软细的红柳枝交叉拧成两股状,发现时盘在一起。

撑幅　一种扁而长的木杆,两端各刻有凹槽和牙尖。长 38~54 厘米、宽 1~1.5 厘米。据当地群众鉴定为古代织土布时为使布平整而便于穿梭的撑幅。在一处发现五根,长短不一。

提经　在一根细长的树枝上,穿着一排整齐的、用细毛绳连续结成的网环。长 38 厘米,群众鉴定为织土布时用以牵引经线的提经。与上述撑幅在同一地方采集。

纺杆　用木片削成中间较粗圆、两段细长形状,中间的粗肚可以卡住纺轮,作纺毛线用。长短不一,一般 17~57 厘米。

纺轮　系用木片削成扁圆状或半球状,中间有空可以穿杆。采集到数十个,一般圆径 4~6 厘米、厚 1.5~3 厘米。

矛头工具　用竹皮削成的圆杆,一端有长尖似矛头,头上有一小圆孔,另一端残断。残长 18 厘米,经群众鉴定为射猎工具。竹制品只发现这一件。因新疆不产竹,应自中原运来。

箭筒　已残成碎片,经黏合系用圆木挖空而成。与下述东汉墓中所出土的箭筒形同。

刻花板　装饰在其他木器上的部件,板上刻有复瓣花朵一个,长 37 厘米、宽 10 厘米、厚 2 厘米。

栏杆头　发现于被破坏的一处房址残木料中,系用半圆形木柱刻成杆状,两头有铆眼,可以和其他栏杆结合,长 90 厘米、厚 9 厘米×4 厘米。

木铲　用木板削成,前端扁平,并有烟火熏黑痕迹,长 46 厘米、头宽 6 厘米、柄宽 2 厘米。经群众鉴定为牧民们用以炒面、炒麦粒时拨搅工具。

空心木杆　用长木杆一端刻尖,状如矛头,杆为空心,长 72 厘米、最宽处 4 厘米。用途不详。

尖长木杆　用树干削皮,局部树皮尚未削掉。杆的一端有削成的长尖,另一端刻有一个长方形的穿孔。长 80 厘米、直径 2 厘米。很像一根大木针,用途不详。

扫把　用芦苇花絮编成，长 37 厘米。

门闩　一端尖状，一端有拐把，长短不一，多发现于门下。

铜铁类

铜镜残片　因长期暴露在强烈阳光和风沙侵蚀磨损的环境中，只残存铜镜鼻纽周围部分。系红铜质，纽下有四个柿纹图案，并有篆体"长（宜）子孙"。为东汉时代铜镜。

五铢钱　采集六枚，多红铜质，又因风蚀而钱胎甚薄，有的字迹清晰可辨。"五"字中间两笔交叉时上下弯曲，"铢"字金头呈三角状，为东汉时所铸。

剪边钱　采集到二十枚，有的剪边太深，"五"字成半，"铢"字只存"朱"旁。

小铜钱　采集十五枚，大小不一，最大的外径 1.3 厘米，最小的外径仅 0.5 厘米。均有方形内孔，但不似五铢之磨边者，推测应属精绝古城所通行的一种地方货币。

铜泡钉　采集八枚，形状大小各异，有红铜、合金之分；形状有方形和瓜子状，图案有四瓣、八瓣花朵，规格直径为 1~2.4 厘米。

戒指　红铜质，共四枚，一种戒面为椭圆状，上有刻纹已磨损不清；另一种为铜丝套圈状，戒面为圆形并镶有一个黑色石珠。

铜顶针　宽窄二枚，都已残断，凿有横四排或斜形箆纹状的针眼。

小铜锁　红铜质，已残存一节半长，每节长 4 厘米、宽 0.5 厘米。

镰刀　圆木杆，铁质刀。刀的尾部嵌入木杆一端后再折转绕在杆上。因使用过久致使磨损，手持把柄处因长期汗水浸透而使木杆变色。杆长 31.5 厘米、圆径 2.5 厘米；刀长 12 厘米、残宽 1~1.4 厘米。

铁镞　发现四枚，三棱式，长 4 厘米、棱宽 1.3 厘米。

铁刀　大小各一，发现时通体锈重，长 7~18 厘米、宽 1~2 厘米。为农牧居民随身佩带之生活用刀。

骨、石、琉璃类

贝　两枚，大小各一，凸面均磨有圆孔，是佩饰之物。长 1.5~2.5 厘米。

带扣　牛角质，一端有圆孔六个，系缝在毛带或皮带上部分；另一端有椭圆形大孔,可容腰带穿过。长 4.5 厘米、宽 2.5 厘米、厚 0.4 厘米。

毛刷　牛角质,一端为圆形,并有一小孔,另一端月牙状,两侧有尖状小齿 23 个和 26 个,齿长 0.3 厘米;全长 12.5 厘米、宽 4 厘米。微做成弯曲状,和木质刷一样,属于刷梳牛、马毛的工具。

药勺　用牛大腿骨上段挖空制成,长 11.5 厘米、最宽处 10.5 厘米。群众鉴定为给牲畜口中灌药的工具。

角杯　发现三个,用牛角弯曲处挖空制成,大小不一。有的口缘上穿有两个小孔,可穿入细绳,挂在腰间,作为旅途中饮水之用。长 19~22 厘米、口径 4~8 厘米。

骨片　用马腿骨加工成一面平光、另一面微凸形工具,在两边棱角处有齿状痕迹,长 20 厘米、宽 1.5 厘米。用途不详。

角圈　把山羊角锯成小段,有的中间挖空,有的只锯成一半。应属制作工具的半成品材料,用途不详。

角镞　利用小山羊角的尖头,把底部磨平后凿一小孔,或完全挖空制成。发现三枚,一般长 5 厘米左右,用于射猎。

磨石　青色或赭色砂石,长条状,一端穿有小孔,可以系绳挂在腰间,生活中可以随时磨刀,一般长 7~9 厘米、宽 2 厘米左右。

磨谷石　发现三块,青色砂石质,两面都有磨用过的痕迹,因而使用部分已薄至 2 厘米,长 32 厘米、宽 13 厘米。

敲砸石球　黄麻石,略呈圆形,周身有许多敲砸过的小圆凹点。

各种串珠　零散采集于各遗址。多达一百六七十颗。其中有象牙、玛瑙、珊瑚、玉石、琉璃、石料和陶质。形状有长条、圆球、扁平、四棱、八棱、十棱、十二棱、椭圆、扁圆和六瓣梅花状,以及红圈黑睛的鱼眼纹饰。颜色有深绿、浅绿、黄、白、翠兰、深红、银灰和白色。大到 1.9 厘米的长珠,小到 0.3 厘米的圆珠,品种繁多,形状美观。

玻璃片　都属小片,不成器形,有黄、浅绿两色,气泡较小,厚 0.2~0.5 厘米。因长期经风沙侵蚀,已经失去光泽。

五、墓地调查

东汉合葬墓发现于尼雅遗址的西北郊区约两公里处，那里是一片断断续续的墓地，其中许多墓葬已被盗掘，棺木残片和散乱的骨架弃置在沙面上。这种棺木都是用沙地特产的粗壮胡杨树身，截齐两端，挖空树心而制成，长度仅能容一尸。大都埋在沙下不深处，易被发现掘出。

墓地西边的干河床，宽 4 米、深约 1 米，自南向北延伸。我们沿着河床调查墓葬区范围时，发现干河床坡岸上露出一根有棱角状的木腿，初以为是家具，待清除上面约 70 厘米厚的积沙后，发现原来是一副带有四条短腿的棺材，头向正北。因已露出沙面，不宜原地保护，遂进行清理，编号 59MNM001。

M001 向北 80 米的地方，在干河床底部的薄沙下面，也有棺木的痕迹，经清沙后，发现棺木在千百年前就长期浸于水中，已经全部腐烂不堪。这副棺木的埋葬方向为北偏西 15 度，其制作形式与上述 M001 完全相同。清理结果为棺内有骨架三副，一上两下。下右边为一男性骨架，身长 1.82 米，深目高鼻，左为一女性骨架，身长 1.63 米。在这两副骨架上的中间、头枕在两副骨架脚部的为又一女性骨架，身长 1.6 米。棺木以内全被灰沙填塞。衣服全部腐烂，清理中仅发现在灰沙中有小片绿色丝绸痕迹，触手即成灰土。随葬物中发现下部女头左侧有藤制奁具一个，奁已成灰土，其中放有残铜镜一面，镜上的图案与鼻纽都已漫漶不清。按其大小形式，应为东汉镜式。另有砂质条石一块，出自奁中。此外，在紧靠棺外的棺板上，放有红陶质单耳罐一个和已经朽烂成泥的豆一个，亦应属于此棺的随葬物。此墓编号 59MNM002。从此墓所在位置和被水浸蚀的腐朽程度分析，应当为后来的河道开凿是在早期墓葬之上。

六、一号墓的发掘

59MNM001 号墓葬实际是挖沙成坑，埋棺而已，非常简单。发掘时，在清除棺上 70 厘米的流沙堆积以后，出现一层厚约 10 厘米的短小树枝。树枝一般都长约 10 厘米，显系有意折成一般大小以掩护棺材。清除树枝后，棺上覆盖着一条棕、白二色粗毛毯残片。毯下的棺盖中间部分已向下塌陷。棺盖下横在棺壁之上有支撑棺盖的三根木棍也已弯曲。棺木为沙地胡桐木制成，木质轻而坚韧，产于塔里木盆地沙漠中，尼雅遗址里的木料多属此树。棺板系用铁刃工具砍凿而成，至今每块棺板上斧痕清晰可见。四角的木腿上端开一凹槽，棺板嵌入槽内，再用木钉加固。棺形为两端宽窄相等，四角处各有一根木腿，很像是一个长方形的大木箱。棺长 2.1 米、宽 0.8 米、高 0.56 米。从发掘时的沙面至墓底，通深 1.38 米。

棺内陈放男右女左的干尸各一具，头北向，仰面直肢。男尸身高 1.7 米，鼻高，颧突，上唇露齿，头向左肩微斜，须发全脱，胸骨高起，腹部下陷，年约五十岁。男尸身穿窄袖口、宽下摆的锦袍、布裤、锦袜，头戴绢帽，有锦制口罩和手套。右手紧攥着袖口。绢制的覆面和覆身单被之上，放着长弓一把、箭箙一个，箙内有箭杆四根。女尸身高 1.66 米，年纪四十岁上下，身躯消瘦，发辫两个盘结成团状，压在脑后枕上。女尸身穿绢质短袖长外衣，内穿长小袖口带刺绣动物纹的绢上衣，贴身穿粉红色内衣。下身着长裤，外穿刺绣花鸟纹绮夹裙，锦袜和裤口间绑有绢质刺绣腿带。头和脸部密密严严地裹有四层丝绵，丝绵以下的左眉骨上有蛆壳五个。丝绵层外，头戴锦边白绢帽，脸盖锦边白绢覆面，腰系布手帕，通身覆有"裁足盖形"的黄色绢质单被。单被之上放着三根木质、贴黄、绿绢片的棍叉，其中一根弯把棍(形似今日手杖)上还裹着一件天蓝色的素绢女长单衣。随葬藤奁一个，置于头左侧，其余随葬的木、陶明器均填塞在两尸脚下。另外还有一件木碗，内盛羊腿骨一根和骨柄铁刀一把(推测是祭祀用的肉和切肉用的刀，现只剩骨和刀柄)，其上覆盖着两层蜡缬花布，尸身下面铺有栽绒织毯一条。

值得一提的是：1. 清理时发现女尸右臂压在男尸左臂之上，说明是男尸先行入棺，女尸因棺内体积太小，才压在上面的。2. 女尸的左手平整地侧附在棺壁板上，肯定是女尸下葬时，尸体尚未僵硬。3. 男尸双手紧握，尤其是右手紧攥衣袖,可以想象临死之时的紧张痛苦状态。

清理时,所有身上衣服均较完整,身下的衣物已被尸液浸泡,朽烂不堪。

七、一号墓的出土遗物

59MNM001 号墓中出土的随葬器物主要为纺织品和木器类,其次为金属和珠饰遗物。

纺织品类可分丝、绵、毛三种。

丝织品有:

"万世如意"锦袍一件,出自男尸身上,彩锦为面、绿绢做里。开襟左衽,小袖口,下摆宽大。通长 2.22 米、两袖口间 1.74 米、腰宽 0.59 米、下摆宽 1.42 米。形式很像现在维吾尔族男性所穿的袷袢。除底襟上一片用织有"延年益寿大宜子孙"的汉文织锦拼缀以外,其余全为织有隶书"万世如意"的锦。彩锦袍面幅宽度为 47 厘米,织物结构为经线起花的平纹重组织(即复合组织),即把经丝分为三组,一组为表经,二组为里经,采用三色分区织成,每一区中不超出三种色丝(以绛、白为基本色,另加一种第三色),而锦面则显出绛、白、绛紫、淡蓝和油绿等五色纹饰。锦面显现出的密度为每厘米约含经线 56 根、纬线 25~26 根。由于它是三组经线的复合组织,所以实际上每厘米含有经线为 168 根。至于织锦的花纹循环,纬线循环约 7.9 厘米,经线循环似为横穿全幅,当在 35 厘米以上。如此,则每一纬线循环中约有百纬,半数是提花纬(即夹纬)。

这件锦的花纹图案是在绛紫色底上满布绛、白、淡蓝和油绿等色组成的图案以外,还在每一个图案的格局中,自右至左织有隶书"万世如意"四字填充其间。

"延年益寿大宜子孙"锦。这种锦的纹饰是用三色汉锦法织成,每一区都有绛、白两色的经线,另配以第三种颜色(如宝蓝、浅驼、浅橙等)。据说织这种锦的时候比上述"万世如意"纹锦还要复杂。全幅锦面上,除织有篆体"延年益寿大宜子孙"以外,还织有虎、豹、羊、鸟等八种辟邪鸟兽的形象和云纹、茱萸纹饰,图案生动,色彩鲜艳夺目。

用这种"延年益寿大宜子孙"纹锦制作的遗物有:

口罩一件,出自男尸嘴上,为单层锦制作,四周镶有绿色绢边并配有绑带。面积12厘米×18厘米。

手套一双,出自男尸左右手旁,但未套在手上。除大拇指以外,其他四指皆无指套,每件长24厘米、宽12厘米。

帽子一顶,出自男尸头上,已经残破,大致为圆形平顶棉帽,帽面为锦制,帽里为麻布之类,中间夹有丝绵。另有牛皮小带一根,串着一颗满布黄、白、赭三色斑点纹的石珠,出土时遗落在帽旁右侧,应属帽上装饰物。此帽出土时,曾紧贴在前额和脸上,高20厘米、圆径60厘米。

袜子一双,出自男尸脚上,完整,每只长43厘米、最宽处17厘米。

锦枕一对,出自男女头下各一件,为菱形鸡状,一角上用绢片贴有双眼和肉须,形似公鸡,故称鸡鸣枕,每件长42厘米、宽16厘米。

另有用这种锦剪裁成小长条或小方块,连同绿色或黄色的小绢片束成小卷,置于男尸胸前,作为富贵和吉祥的象征。还有几个小片,发现于奁内,和黄绿绢片一起压在铜镜的下面,此种织锦全部出自男尸身上,只有几个小残片放在女尸旁的奁中,从此现象推测这些手工的制作可能全部出自女尸生前之手。

菱纹锦。其纹饰正面显露的经线是每一厘米50~60根,因为它是三组经线的重组织,所以实际上每厘米有经线150~180根(靠近幅边部分较为紧密)。幅面上满布菱纹,但在菱纹和幅边之间,织有一行白色的隶书"阳"字和蓝色的四瓣花纹。其花纹图案和配色是以绛紫色为底,以蓝、白(原丝色,稍黄)相间配合而成。

用这种菱纹锦制成的遗物有:袜、帽和覆面边饰。

女袜一双,为直筒形状,每只长37厘米、宽14厘米。出自女尸脚上。

女帽一顶,出土时戴在女尸头上。帽为单层白绢制成,在帽前额沿上,横镶着一条菱纹锦作为帽上的装饰图案。这种帽式很像今天的塔吉克族妇女的夏季单帽,即帽顶平、耳缘长(可以将头发全包在帽内),帽檐上镶着红色的绢边,耳缘的下角用两条白色绢带绑起,结于额下,只能露出人脸部分。自平顶至耳缘下坠处 50 厘米,脑后缘高 25 厘米。

覆面一件,单层白色绢制作,四边上用菱纹锦镶边,白绢为带,带缝在覆面顶上的两边,而结于脑后,长 56 厘米、宽 50 厘米,出自女尸脸部四层丝绵之上。

夹上衣一件,女尸身穿的外衣。深黄色绢作面,淡黄色绢衬里,草绿色绢制作的十条腰带,分为五条一排,镶在左右腰部的衣缝之间。式样为对开襟大领垂胸,袖口肥短而带有褶子。出土时五条腰带的上三条紧结在胸前,其余两条垂在左右衣缝处。衣长 1.12 米、两袖端间距 1.44 米、下摆 0.84 米,腰间衣带每根长 36 厘米、宽 9 厘米。

棉上衣一件,出自女尸身上的夹上衣之下,用暗花绮作面,淡蓝色绢作里,夹衬着一层丝绵。长衣袖、小袖口,腰间左右两侧有四条绿色丝带,出土时最上两条紧结在胸前。在领、肩、腰和袖口上都镶着 10~20 厘米宽的蓝底刺绣,以朱红、天蓝、黄、绿和白色丝线、用锁绣法绣成花鸟纹图案。暗花绮的图案有葡萄、花树、人、鸽、骆驼、雄狮和鹿(疑或为牛)。在袖口和领边缘上都用黄绢裹边,显示出图案和配色都很华丽美观。衣通长 1 米、两袖端间距 2.1 米、下摆宽 1.2 米,腰间丝带每条长 35 厘米、宽 9 厘米。

夹裙一件,出自女尸腰间。裙面用黄色大小菱纹暗花绮制作,开缝在前腿之间,并在裙边镶着 10 厘米宽的蓝底花鸟锁绣花纹,内容与棉上衣镶花纹完全相同。裙腰用黄色细绢制作,裙长 1.14 米、腰围 0.92 米、下摆 1.3 米。出土时因尸液污染大部分残破,但凡在不贴身和有褶子的地方,绮纹组织完整、图案色泽如新。

衬裙一件,出自女尸腰间的夹裙之下。单层黄色细绢制成,下摆处镶着红色细绢开叉。出土时下段完好,色泽鲜艳。长约 0.9 米、腰围 0.97 米、下摆宽 1.15 米,红绢开叉长 43 厘米、最宽处 8 厘米。

女裤一条,出自女尸身上。鸟兽纹的暗花绮为面、草绿色绢为里。绮的纹饰有鹿、龙、凤、虎、鸭和饕餮(亦似正面的豹头)等。绮的幅宽从有两端幅边计算,宽 44 厘米。裤子式样与今日民间缦裆裤相同。裤长 70 厘米、裤脚宽 24 厘米。出土时因尸液浸腐,已不完整。

衬衣一件,出自女尸贴身处,绯色细绢制作,袖口处镶草绿色绢。袖口与下摆都很宽大,摆叉间用刺绣的小条裹边。可以推知当时的刺绣也系成匹材料,使用时可以根据所需而裁剪。出土时,胸、背部分已经腐烂,但左袖和前襟尚在,其绢料为绯红的色泽,鲜艳如新。约长 1.1 米、腰宽 0.5 米、下摆 0.96 米,袖口宽仅 17 厘米。

单衣一件,出自裹在女尸身上的一件弯把木棍之上。天蓝色细绢缝制,衣领和袖口都饰以白绢。式样颇似今日的连衣裙状。胸前为对开襟、腰间有褶,并系有红、白色带各一,裙子部分宽大,衣领为直领形状,并于领间开口处系一丝质小带。自领端到裙边通长 0.94 米、两袖间距 1.7 米、腰围 0.5 米、裙边宽 1.25 米,领围 56 厘米、高 8 厘米,袖口 13 厘米。

腿带一对,出自女尸裹腿处。中间一段用红底细绢刺绣的卷草、团花和绿、黄树叶等花纹装饰。长 21 厘米、宽 4 厘米,发现时裹在腿的外层。刺绣两边缀以天蓝色长细绢,裹在刺绣部分的下层。每条腿带长 1.81 米,宽 5 厘米。

单被两条(即盖尸长绢),草绿色一条,出自男尸身上;黄色一条出自女尸身上。每条单被,都是用双幅细绢从中间缝在一起,套头的一端又缝成三角形状。清理时,系从头至脚盖满全尸(即汉制"单被裁足盖形"的形式)各长 1.9 米、宽 0.88 米。每条绢的宽度为 44 厘米。

镜套一件,出自奁内最上层。出土时,套内裹有铜镜一面,镜套外的两条宽带绑在一起,系成一个小结。镜套圆面上是草绿色底的刺绣纹饰,用锁绣法绣成的豆荚纹和圆点纹以黄、天蓝、绛紫、黑和棕色为主,镶以绯色细绢作边,并在套口两边附着同色的两条长带。套里层为黄色细绢。镜套圆面直径 12 厘米、边宽 5 厘米,带长 25 厘米、宽 2.5 厘米。

粉袋一个,出自奁内镜套之下。出土时用绢条扎住袋口,内有少许黑色块状物,应系铅粉变质成块。粉袋系半圆球形状,在白色细绢底上绣着卷草纹和绿叶、红花、S 形等纹饰,周围镶以方形、十二个角的红色小菱纹暗花绮袋边。袋里是白色细绢，有铅粉变黑了的污斑。袋高7厘米、边宽4厘米。出土时，非常完整，色泽如新。

栉囊一件，出自男尸胸前锦袍之下，出土时，囊内装着一篦一梳。系以草绿色细绢制作，长条形状，两端各有一袋，袋内分别放置一梳、一篦，然后折叠，用囊两端的两个小带绑结。长18厘米、宽8厘米。

胭脂包一个，出自男尸胸前的梳套中。系用黄色细绢一片，内包少许朱色粉末。出土时用白色丝线捆扎。幅宽10厘米×10厘米。

丝线出自奁中，有黄、绿、紫、蓝等色。有的已乱成一团，有的缠在小木杆上。缠在小木杆上的有两束，一束为紫色线，缠在一根9厘米长的单杆上；另一束为白色线，缠在一个9厘米长交叉状的木杆中间。

丝绵团一个，出自奁中粉袋之下。直径约9厘米，出土时外粘残断的皮屑和绢块，应是原来裹在丝团外面之物的痕迹。因而推测这是粉扑。

缠头丝绵四幅，出自女尸，共分四层缠在头上。最上一层为长方形，紧裹在头和脸上，但已被蛀虫蛀破而残缺不全，清理时有虫卵壳一小堆藏在丝绵中。这幅丝绵长约1米、宽75厘米。在这层丝绵之外，戴着帽子，然后裹第二、第三层丝绵。缠裹方法是先把两个对称的角折叠在一起，竖裹在头和脸上，再把另外两角横缠在脑后。最上一层（即第四层）裹好以后，在脑后打成一个小结，用一条白绢带子自脸向脑后横绑起来。第二层幅面大小为1米×0.8米，第三、第四层大小为1.1米×1米。丝绵外面，盖着白绢覆面。

棉织品有：

男裤一条，出自男尸身上，缦裆裤形式，系用粗棉白布为面，草绿细绢为里制成。裤脚上饰草绿色细绢为底的宽边锁针刺绣。刺绣系用朱红、紫、宝蓝、海蓝、黄、白和赭色等七种丝线绣成的花草动物图案，如卷草、金钟花、豆荚和躲藏在花丛中间象征性的小白兔。裤长1.14米、腰宽0.7米、裤腿宽0.36米，裤腿上的刺绣高31厘米、长72厘米。

手帕一块，出自女尸身上夹衣腰间，白布制作，四边裹以黄色绢边，一个帕角上缝一条黄色小绢带，系在衣上。正方形、每边长26厘米。

覆面一个,出自男尸脸上,棉布制作,红绢镶边,上端对角处各缀绿色绢带一根,绑结在后脑的帽缘以外。长52厘米、宽47厘米。

蜡缬花蓝布两件,出自棺内祭祀肉盘上,清理时已经残破。系棉布织物,靛蓝色,蜡染纹饰图案。其中一件的图案内容为正反三角形,残长77厘米、高46厘米。另一件的上端残破处有佛脚、狮尾和蹄形痕迹,下边一条横格中有长龙、飞鸟,左下角有一半身菩萨(或为供养人)像,裸体露胸,颈与臂上满佩饰璎珞与臂钏,有头光,双手捧着一个喇叭口形状的长筒容器,内盛葡萄,侧身向右。残幅88厘米×47厘米,其中的菩萨半身像高21厘米。

棉花团一个,出自奁中,部分已染成紫绛颜色,疑为女尸生前化装使用的胭脂团。

毛织品有:

彩色地毯,出自棺底尸下,出土时均已成为残块。经线由驼白二色线两股合成,绒头是用稍微加捻的双股彩色毛线合成。组织法是经线和地纬相交成平纹基础组织,绒头缠绕在相邻的两根经线上,形成一种垂挂在地毯上面的缨穗状。绒头长约20毫米。所有绒头完全覆盖了基础组织,由纵面呈现地毯的图案。

藤、骨、木器类

奁具一个,出自女尸头旁,藤条编制,分底、盖两个部分,盖为三级宝塔形,顶端有牛皮条一根双折镶嵌,底座呈圆罐状,平底,直壁,四周各有皮环一个。形状极似汉代出土的陶奁。底高8厘米、直径17厘米、盖高7厘米。

弓一张,出自男尸身上,与箭箙同处,以木为表,兽骨作为内胎,外缠牛筋。弦为牛筋制成,长1.23米。

箭箙一个,用圆木挖空制成。出土时在箙上、中、下三处,各镶有白色牛皮条一根,既为装饰,为加固箙筒,防止破裂之用。另外,还有皮条带一根,附在箙的外侧。高90厘米、直径8.5厘米。

箭四根,出自箙内,木杆、木制镞头形如小桃,涂成黑色,应是模拟品。箭杆则属实用之物,杆尾有弦槽,缠兽筋一段,并用朱红色涂染两节,木镞长1.2米、箭杆长 81 厘米。

木栉四把,两把(梳、篦各一)出自男尸胸前的栉囊之内,两把(梳,篦各一)出自奁内镜下。均为半圆形状,每把高 7 厘米、宽 5.5 厘米。

纺轮模型一个,出自女尸脚下,轮和杆都是木制,而且体积较小,并非实用之物,杆长 16 厘米、轮直径 3 厘米。

木筒一个,出自女尸脚下,非实用之物,象征取水的木桶。清理时,筒边粘有一圈用红绢剪成的菱形纹花边,高 10 厘米、口径 7 厘米。

木碗一个,出自两尸脚下,用木料雕成碗形、圆底、侈口沿。口外沿上还有用墨写成的"小"字符号,高 6.5 厘米、口沿直径 20 厘米。

木盘一个,发现时置于两尸腿间,制法与木碗相同,比木碗大而沿浅。出土时内盛羊骨和残铁刀一把。高 5.5 厘米、口沿直径 24 厘米。

柄杯一个,木制,圆腹、小底、敛口、单柄。系用小刀雕刻而成。底有液体痕迹,估计在随葬时曾盛有流汁食物。高 8 厘米、腹径 9.5 厘米、口径 7.5 厘米。与内蒙古扎赉诺尔古塚中所发现的柄杯相似。[1]

口杯一个,用木料雕成。圆底、直口沿,壁厚而沿薄。杯内外都很光滑,口沿处有破裂痕迹,有用两小铜片和一小铁片先后修补过裂痕,应系生前长期使用之物。清理时,杯内有食物结块。高 6 厘米、口径 11 厘米。

豆形木座两个,大小各一。两端圆大,腰部细小。每个的束腰处都有用黑、红两色画的"小"字符号。大的在束腰处有把柄一个,出土时上面放着口杯,小的上面放着木碗。高 22~26 厘米,两端的圆面直径 12~16 厘米。

仪杖三根,两根为双头叉状,系采用树木枝丫制成,去皮后把两端削成尖状。另一根也为树枝制成,弯头如今日的手杖状。出土时每根仪杖上贴满了红、绿色三角纹长条绢带。在弯头杖上还裹着一件天蓝色细绢制成的女式单衣。

金属器物类

铜镜一面,发现于奁中,包裹在镜套之内。纽为半球状,纽孔内拴着黄色绢

---

[1]《文物》,《内蒙古扎赉诺尔古墓葬调查记》,1961 年第 9 期。

带一根。纽座四周有四蒂纹图案。周围有篆体"君宜高官"四字。圆周直径 12 厘米、沿厚 0.3 厘米。黄色绢带长 19 厘米。

戒指一枚,出自女尸右手食指上,红铜质,戒面为椭圆形状,上面刻着一朵阴纹的五瓣梅花。

铜镞一个,出自黑陶罐中。红铜质,镞身为三棱状,每一棱上有一矮翼。尾部呈圆体,平面中央有一小孔,深达 2.2 厘米。镞长 5 厘米、直径 1.3 厘米、两翼间距 0.7 厘米。

金箔两小片,赤金质,出土时分别压在男尸的眼、眉上。

铁刀残柄一把,出自盛放羊骨的木盘内,大部分已氧化,只存和刀柄相连处的一小段刃部,应属切肉小刀。

纸张类

纸一小片,出自男尸胸前,和胭脂包一起夹在栉囊之内。一面已呈黑色,面积约 5 平方厘米。

陶器类

黑陶瓶一个,出自放置羊骨的木盘之下,侈口,圈足,肩部有连续的葡萄图案一周,高 23 厘米、腹径 16 厘米、口径 12 厘米,沿厚 0.5 厘米。

红陶罐一个,出自柄杯之下,侈口,平底外口沿下两侧有两个耸起的小耳,可以拴绳提携。高 16.5 厘米、口径 11 厘米、沿厚 1 厘米。

珠饰类

长项珠一串,出自女尸项下,用赭色丝线贯串着大小圆珠 637 颗。其中主要是状如小米的石质小黑珠和蓝色小料珠,另有大如豌豆状的黑石珠,小如绿豆状的金、银、色料(玻璃)珠,分别串在每隔百粒左右的小黑石珠中间。小珠中还有翡翠珠三粒和翠蓝色小珠一粒。

短项珠一串,也出自女尸项下,系用玻璃质的大、小两种圆珠和珊瑚质长珠交叉串在一起,共有珠约 30 粒,大部分垂在项下。

散珠两颗,出土时压在男尸左眉和眼上,一颗黑石质,另一颗玻璃质银色。

八、结论

(一)尼雅遗址曾经王国维先生考证为汉代的精绝国。精绝国初见于《汉书》,是西域三十六国中介于楼兰和于阗之间的一个小国。到了后汉时,并入鄯善国。此后,再未见于史料。唐朝时,玄奘于贞观十八年路经该地,已经是"国久空旷,城皆荒芜""人烟断绝"了。王国维先生是因为斯坦因曾在尼雅残墟中发现了有西晋时代的木简,又依据从古至今和于阗(今和田)的相距路程,从而断定尼雅即精绝。其实斯坦因当时在尼雅遗址并没有发现具有汉代特征的重要出土遗物。这一次我们的考古调查,发现了两座汉代木棺合葬墓,这对于判定尼雅早在汉代就已存在提供了可靠的证据。

尼雅一号墓中出土了"君宜高官"镜。这种镜在我国东汉晚期墓葬中常有发现。但出土的"万世如意"锦,无论文字、图案和色彩搭配规律,都和内蒙古扎赉诺尔汉墓中的锦片①完全相同,使人怀疑它们可能是同一时期、同一作坊的产品,因此这两座汉墓相距的时代不会很远。扎赉诺尔墓中曾出有西汉晚期流行的规矩纹铜镜,证明墓的时代可能属于西汉末到东汉初期。我们断定尼雅一号墓葬不会晚于1世纪末到2世纪初期。二号墓的铜镜虽已锈蚀严重,但和陶罐、绢片等联系起来分析,都是东汉遗物,应当和一号墓的时代上下相距不远。至于"君宜高官"镜虽在东汉末期的墓葬里发现颇多,但它也肯定会有一个初期发展阶段,这个初期阶段应当就在1世纪末到2世纪初期。根据是:1. 尼雅这两座汉墓发现于河床以下和河岸附近,说明比开河渠的时间至少要早,如果开凿河渠距墓葬时间不远,必然会有后代子孙的迁葬活动,不可能任其祖坟埋在河床以下。2. 汉初的"万世如意"锦料,不可能晚到百年以后才剪裁成日常用的成衣。3. 只有在1世纪末到2世纪初这一段时间里,丝绸之路的南道交通畅通,两座汉墓中出土的丝绸、铜镜和藤类用品能够被运至西域,便利了少数民

---

① 《文物》,《内蒙古扎赉诺尔古墓葬调查记》,1961 年第 9 期。

族的日常生活。因为自西汉末年王莽篡位到东汉明帝永平十六年以前这五十年来中,西域与中原的交通闭塞。公元 73 年,班超到了鄯善,又经于阗、疏勒,在龟兹建立西域都护的领导机构,直到 2 世纪初的永元末年这一期间,西域交通基本上是畅行的。此后的南线交通虽也时阻时通,但时间都较简短。当然,在交通闭塞时期,也还会有民间贸易自中原进入西域,但在东汉后期的精绝故址范围里,只不过是鄯善国的一个普通居民点而已,像一号墓中锦绣缠身的统治阶级贵族人物,未必能够继续存在了。4. 两座墓棺内绝无佉卢文字的遗物存在,证明绝不可能晚到东汉以后了。

(二)关于尼雅遗址何时被废弃的问题。从过去出土的西晋泰始五年汉文木简和我们这次对遗址的调查、清理,以及遗物采集的内容分析,没有发现过三四世纪以后的遗物。因此估计遗址最后被放弃的时间应当在两晋之交至迟不晚于东晋末年。

遗址被废弃的基本原因,从我们实地调查的结果看来,主要是:

1. 天旱水少,河水流不到遗址附近,致使生产和生活都受到严重威胁。

2. 沙漠边缘的原始森林和野生植被受到大批的破坏后,造成严重的风沙入侵,沙进人退,导致遗址被废弃。

我们曾多次调查过尼雅以东的阿克尕古城堡、夏言塔格遗址,以及尼雅川西的喀拉墩遗址、屋于来克遗址、丹丹遗址和阿克斯匹尔遗址等,这些遗址和尼雅遗址一样,原来都是繁荣的丝绸之路南道要塞地区,而现在都远离人烟、被深埋在流沙之下了。虽然它们的时代和范围不尽相同,但几乎都是被干旱和风沙吞噬,而结束了生命。这对于和田地区的现在来说,仍然是需要严重警惕的,如果忽视了兴修水利和植林固沙,现在的一些居民点,仍有被沙漠吞噬的危险!

(三)斯坦因先后三次来到尼雅遗址,劫取了用佉卢文书写的木简、绢帛、皮革、桦皮和纸张文书约七百件,此外,亨廷顿也在尼雅劫取过六件佉卢文木牍。这批文书的内容,连同在安迪尔和楼兰等地所发现的总共 764 件,已经语言学家加以解读。其中大多数是契约、公文、书信、簿籍之类,对于研究古代新疆的社会、经济、文化、风俗和中外交通等,具有非常珍贵的史料价值。但是,对于这些史料的确切年代问题,一直是有待考证。马雍同志提出了"佉卢文之传入于阗地区,可能在 2 世纪中叶至 3 世纪中叶,始通行于鄯善地区。而到了 4 世纪中叶以后,无论于阗或是鄯善,都不再使用这种文字"的最新断代说[①],很有说服力。和我们对于尼雅遗址的时代分析基本相同。我们这一次所发现的书写佉卢文字的木简有 29 枚, 这是我们 1949 年以来所收藏的第一批佉卢文木简。将来语言学家对这批木简进行研究解读时,可能会对佉卢文的使用和尼雅遗址的时代下限等问题,提出进一步的重要史料。

(四)佛教开始传到我国,首先进入新疆地区,然后沿着塔里木盆地的南北从西往东传播。这是举世公认的历史事实。但是,佛教何时传到新疆? 新疆有哪些是最早期的佛教遗迹和遗物? 虽然有些学者根据新疆各佛教废址、千佛洞内容等,论证颇多,但至今还没有得出有真凭实据、令人心服的实物例证。现在,尼雅遗址出土的东汉一号墓中出土的蜡缬佛教内容的棉织品,为我们提出了有具体时代、具体内容的佛教史料。特别是下角上的供养菩萨,赤露上身,颈戴璎珞,背后有头光,手上持供品,更加说明是佛教绘画的内容无疑。它的时代,应比墓葬早,至少是 1 世纪尼雅人的供奉之物。至于它为什么会出自陈放着羊骨的木盘上? 我们认为那是在埋葬时覆盖在棺盖之下、干尸最上一层的。由此也可以证明埋葬的男女和送葬的家人都是信仰佛教的。遗址上的佛塔和墓地里发现刻有"卍"字的木碗,更加证明当地的居民当时已经普遍信仰佛教了。

(原载韩翔、王炳华、张临华主编:《尼雅考古资料》内部刊物,1988 年。)

---

① 《文史》,马雍《新疆所出佉卢文书的断代问题》,第七期。

于田县屋于来克遗址的调查和试掘①

"屋于来克"维吾尔语意为有许多古代住房的地方,又称"喀拉墩"。地处于田县西北大沙漠中。1959 年,新疆维吾尔自治区博物馆考古队派遣我和吐尔逊、阿合买提、克由木、阿吉等同志,对于田县屋于来克遗址进行了考古调查,并清理了被沙碛所埋的三间房屋遗址。现将工作概况简述如下:

一、调查概况

我们在当地工作人员和群众的协助下,于 1959 年 9 月 7 日离开于田县城,沿克里雅河畔北行。克里雅河是昆仑山北麓伸向塔克拉玛干沙漠深处、仅次于玉龙喀什河和叶尔羌河的第三条长河流。它弯弯曲曲时而偏西,时而偏东,蜿蜒北行(图 1)。我们到了克里雅河流经处,仍向西北行了两天,才找到屋于来克遗址所在。当时因条件所限,无法计算里程,共计行程 78 个小时另 40 分钟。

屋于来克遗址包括马加来克和屋于来克两个地方。马加来克仅存百米见方,位于干涸的古代克里雅河西岸。现无任何房屋遗迹,只在黄干泥地面偶尔见到一些残铜、铁块和细小的玻璃串珠之类的遗物。据说 1959 年群众查矿时

---

① 后来的考古发掘中,称此遗址为喀拉墩。此为李遇春手稿,贾应逸整理。

图 1　克里雅河流经处

在此获得铁块、串珠等物,故命名为"马加来克"。"马加"意即出现许多串珠的地方。我们在此采集到一些五铢和剪轮钱。

　　屋于来克在马加来克正北约五六公里的地方,是古代克里雅河向北断流的尽头。看来,克里雅河古代时要比现在长得多,一直流到屋于来克遗址。我们在调查中看到,在遗址中有被沙漠掩埋的干河床遗迹,并形成沼泽,又有一些细小的支流向沙漠中延伸。在我们露宿处以东的沙滩上没有发现一处房址,干河床的痕迹时隐时现。

　　这里沙碛较厚,古代房屋全部被埋在沙碛中,沙层较薄的地方仅见一排排房屋断壁的木柱半露出沙面(图 2)。

　　遗址中房屋分布疏密不等,没有规律,也没有城墙的痕迹,茫茫沙碛一望无际,干树时隐时见。由于客观条件所限,我们无法对这个遗址进行勘测,只在附近做了步测调查。我们露宿在遗址南面偏东

图 2　露出沙面的房屋木柱

一处被沙埋掉的房屋遗址处,这里仅有墙头木柱露在沙外。顺此往西 300 米处有一小高地,有残房三间,一明两暗,一家之居,积沙较少,土墙存半,木制的门板倒塌在地上(图 3),屋内积沙已被大风刮尽,空无一物。

从我们露宿地往北行约 1.5 公里,有一处房舍较多的遗址,被东西横列两条较高的沙梁所掩埋,有的可见部分木柱暴露在沙梁之外。房屋的地面可以看到散碎的陶、铜残片(图 4)。

图 3　散落在地面的门板　　　　　图 4　屋内散落的遗物

继续北行约 1 公里,又一处房舍群被埋在沙下,周径约 400 米,形成一处有规模的建筑群落。中央有一高大建筑,四周围绕着十几间小屋,部分屋架的结构尚存,部分墙壁排列整齐,很像是一座大型古庙的废墟(图 5)。从木柱头上的题字证明已遭受盗掘破坏。

图 5　残存的建筑遗址

二、试掘情况和发现的文物

在我们露宿的沙滩高地左侧 70 米处，有两所相邻的房屋，东西相距 2 米多，木柱头已露出沙面，且较整齐，不像是被盗过的，

图 6　清理房屋遗址

于是我们决定清理这两所房屋(图 6)。清理工作是沿着已露出的残墙进行的，我们将堆积 1.6 米的积沙全部清除出去，整个房址暴露出布局和规模来。

东面的一所房屋北偏东 20°，编号为 F1，通长 5.7 米、宽 3.5 米，共有一大两小间房。内间为大间(A)，有火炉一个，已毁，但其规模约略可见。有土坑一个，长 2.5 米、宽 1 米、高 0.4 米，用土坯砌成边沿，中间填满土，应是睡觉和做饭取暖的房间。外间隔一简陋墙，形成两小间(B、C)，北面的一间属于通道或客厅(B)，南面最小间(C)，可能是储藏室，清理时在这间地面上发现很多残碎遗物。

第二所房屋亦有两间，但是各自另立门户，不像是一家人所居住，根据其单元，编为 F2、F3。F2 坐南偏西 20°，面积 3.5 米×2.5 米，屋内有土坑一个，长 2.5 米、宽 1.5 米，结构与上述基本相同。F3 在 F2 背后，仅有一墙相隔，并共用后墙，坐北偏东 20°，内有土坑一个，长 1.5 米，结构与上述相同。有土炉一个，已破裂，炉面 0.6 米×1 米，烟筒立于墙壁。F3 的房基东比北宽 30 厘米，形成不整齐的墙基。这种现象在别处较为罕见，在这里我们只清理了两处房址，需今后进一步探索其原因。

两所房屋的墙壁制作法：于地面挖槽，形成墙基，横放一根直径 20 厘米左右的圆木椽，椽子上疏密不等竖立着木柱，成为墙壁支架。各柱间竖起较密的红柳支杆和芦苇草捆成的小束，再用草泥涂抹壁面，遂成墙壁，一般厚度为 10 厘米左右。这样的墙面很薄、很简易，但是都比较牢固。根据我们的调查，这要

比用土坯砌成厚25厘米左右的土墙坚固得多。

在这两所房屋中及其附近,共发现遗物约250件。大部分都是残碎的日用品,其中以F1出土遗物最多,包括屋内、屋外(即屋外露天地面上),共编135号,约200件。F2出土35件,F3仅出土9件。这些遗物中,以质地论首先大多数是木制品,都以当地的柳、桑、胡杨为原料。其次是毛织品和棉织品残片。此外,还有铜、铁、陶、石、骨器等。以用途论,有农业、牧业、手工业生产工具和生活用品。现择其要者叙述如下:

(一)木器

木泥镘(59YWF1:148),木质,前尖,后方,上置握手,形状与今日泥瓦匠所使用的泥镘基本相同。长23厘米、宽11.8厘米、高4.3厘米。发现于F1门外露天地面上,可能是工作时丢失于此。

图7 木手

木手(59YW 采:111),木质,掌厚,齿短,柄部为三角状,高20.2厘米、宽14.6厘米、厚3.5厘米,共有37齿(图7)。形似现在制造地毯的铁耙,应是织制地毯或粗毛织物的打纬工具。我们曾在尼雅遗址也发现了与此相似且用途相同的遗物,只是比这件宽大些。

鼻栓 8件(59YWF1:032、047、095、129、59YWF3:137),分别出自F1(C)和F3处。59YWF1:129有三件,应为骆驼鼻栓。59YWF1:095可能为牛鼻栓。其余的均难以辨识。

木箭杆 1支(59YWF1:112),出自F1屋内地面,杆上绘有黑红色图案。

纺轮(59YWF1:088),木质,圆形。

纺杆 8件(59YWF1:058、100、139),木质,多数保存较好。

木勺 2 件（59YWF1:009、093），把残。

木盘（59YWF1:009），出自 F1（A）处。

木梳篦 12 件（59YWF1:004、050、070、108、127），木质，圆背，保存较完整。其中梳8 件，篦 4 件（图 8）。

另有木器工具若干（59YWF1:013、040、056、090、083、094、114），皆散置于 F₁ 房址地面的堆积土内，可能是纺织机械的残散部分。由于我们不懂古代织机构造，特别是民族地区毛织工具，留待专家给予鉴别。

此外，还有纺车把（59YWF1:013）、木桶（59YWF1:113、146）、木牌（59YWF1:126）、木钥匙（59YWF1:131、59YWF3:179）等。

（二）金属器

镰刀（59YWF1:150），出自 F1 外间小屋。木柄，铁刀。木柄尾端有用利刀砍成的深槽和再折断的痕迹。

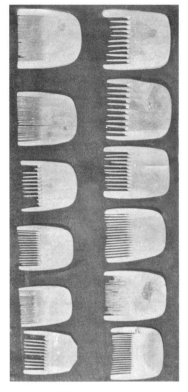

图 8　木梳篦

铁矛头（59YWF1:023）即槊，出自 F1（C），已断为三节。

铁镟（59YWF1:074、107），出自 F1 地面。锈重。

铜牌（59YWF1:029），出自 F1（C）地面，残破。

还有一些铁器和铜器残件，难以辨别器形。

（三）陶器

这几处房屋中散布的陶片较多，但都残破不堪，难以复原，仅有两件陶罐保存完好。

双耳陶罐（59YWF1:145），高 27.3 厘米，红陶，轮制，侈口，鼓腹，平底，颈腹部两侧有柱状耳（图 9）。

双耳陶罐（59YWF1:124）红陶，形制与上述相同。

图 9 双耳陶罐

（四）货币

小五铢（59YWF1：0076），稍残损。

剪边五铢（59YWF1：007），较完整。

五铢钱两枚（59YWF1：006），较完整。

（五）纺织品

这里出土的丝绵毛织物数量较多，但多为残片，难以看出原本的样式。主要有：

（1）丝织品

小团花锦一片（59YWF2：104），出自 F2 地面。

绢制小红梅花一朵（59YWF1：118），红色，五瓣。出自 F1 炕上，与棉织布残片夹在一起，似为有意储藏在棉布中间。

红色绞缬绢（59YWF2：102），出自 F2 地面，长 32 厘米，宽 8 厘米。在大红底上有白色方胜纹。经纬线均以"Z"向加捻，平均每厘米 6 圈。平纹组织，经纬线密度大致相同，平均每厘米约 28 根。

绢包一个（59YWF1：63），出自 F1 炕上。

红绢小袋一个（59YWF1：157），出自 F1 号炕上。

（2）毛织品

这里发现的纺织品中毛织遗物最多，白色毛织物就有 12 件，其中 11 片出自 F1 炕上和地下，1 件出自 F2 地面。

毛布衣前襟（59YWF1：014），发现时存两块残片，分别为 96 厘米×26 厘米，72 厘米×12 厘米。平纹组织。经纬线的纱支相同，捻度不够均匀，平均经密每厘米 13 根，纬密每厘米 11 根。一侧残存幅边，织物残宽 56 厘米，缝制这件衣服织物的幅宽应大于 56 厘米。

黄色毛织品（59YWF1：022），残长 24 厘米，宽 22 厘米。经纬线均为"Z"向加捻，单股。经线较细，加捻较紧，纬线粗松，平纹组织法，平均每平方厘米经密

16 根、纬密 12 根。织物显厚重。

红色毛织物两件（59YWF1:079），出自 F1 炕上。长 18.5 厘米，宽 17 厘米。经纬线均为"Z"向加捻，单股交织，平纹组织，平均每平方厘米经密 15 根，纬密 13 根。织成后匹染成红色。

图 10　黄棕色方格纹毛织品

黄棕色方格纹毛织品（59YWF1:80），出自 F1 炕上。残长 7.5 厘米，宽 9.5 厘米。经、纬线相同，均为"Z"向加捻，单股交织，以平纹组织法相交织。表面有黄棕色相间 1 厘米×1 厘米的方格纹，平均每厘米经密 16 根、纬密 12 根（图 10）。

蓝色印花毛织品（59YWF1:106），出自 F1，残长 11 厘米，宽 7 厘米。经纬线"Z"向加捻，平纹组织法织制，平均经密每厘米 20 根，纬密每厘米 15 根。匹染为蓝色，再用防染技法显出相间的圆点和七瓣花纹图案。

绯色毛织物一片（59YWF1:151），出自 F1。大小 11.5 厘米×12.5 厘米。平纹组织法，经线较粗，排列紧密，平均每厘米 15 根。纬线较细，排列稍疏，平均每厘米 12 根。

黄棕色小方格纹毛织品（59YWF1:161），出自 F1 房间。长 9 厘米，宽 9.5 厘米。平纹组织，平均经密每厘米 12~14 根，纬密每厘米 10 根。

原白色毛织品（59YWF1:171），大小 33 厘米×7.5 厘米。两块缝缀在一起，平纹组织法，平均经密每厘米 16 根，纬密每厘米 8 根。

紫红色毛织物（59YWF1:180），出自 F1 炕上。残长 15.5 厘米，宽 6 厘米。经纬线相同，"Z"向加捻，单股，投影宽度 0.027 厘米，捻度为每厘米 9 圈。采用一

图 11　紫红色毛织物

上一下的平纹组织法织制,平均每厘米经纬线的密度为 23 根。组织致密,色彩艳丽(图 11)。

　　白色毛织品(59YWF2:182),大小 7 厘米×10.5 厘米。经纬线相同,毛纱较粗,捻度不够均匀。平纹组织,平均经密每厘米 16 根,纬密每厘米 14 根,织物表面不够平整。

　　黄色斜褐(59YWF1:02/1),残长 12 厘米,宽 4 厘米。经纬线也是单股,"Z"向加捻。以 2/2 双面加强组织法相交织,平均每平方厘米经密 15 根、纬密 11根。

　　黄底红色斜纹毛织品(59YWF1:158/1),出自 F1,残长 9.5 厘米,宽 25 厘米。黄色经、纬线以 1/2 原斜纹组织法织成底纹。用六根红色纬线显出横向红色条纹,平均经密每厘米 15 根、纬密每厘米 13 根。

　　原黄色斜褐(59YWF1:159),残长 15.5 厘米,宽 9.5 厘米。经纬线均为"Z"向加捻,单股,捻度均匀。以 1/2 原斜纹组织法织成经向斜纹。经线密度每厘米平均 20 根,纬线密度每厘米平均 22 根。

　　蓝色印花斜纹毛织物(59YWF1:183),出自 F1 炕上。长 19 厘米,宽 4 厘米。经纬线相同,"Z"向加捻,平均经线密度每厘米 22 根,纬线密度每厘米 25 根。以斜纹组织法织制后,再用防染技法显出蓝底白色七瓣花纹样(图 12)。

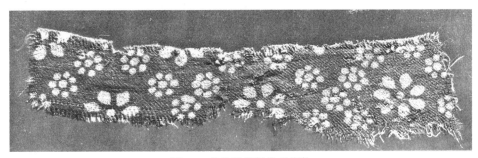

图 12　蓝色印花斜纹毛织物

（3）棉织品

棉布残片 13 件，其中 12 件出自 F1 屋内炕上，一件出自 F2。

蓝色蜡缬棉织品（59YWF1:103），出自 F1 炕上，长 11 厘米，宽 7 厘米。平纹组法。用蜡染法在蓝底上显出白色图案。

棉织品（59YWF1:153），出自 F1 炕上。

织花边残布衣一片（59YWF1:156），出自 F1 炕上。

三、小结

这次由于是第一次进入沙漠考古，经验不足，条件和设备较差，调查时间较短，所以收获有限。我们需要有一个实践，认识，再实践，再认识的过程，才能对遗址和出土遗物有进一步的深入理解。但是，这批文物的发现对于研究新疆历史，无疑是第一手的重要资料。

现就该遗址的地望、时代、经济状况等提出一些看法，为以后研究的同志提供参考。

我们调查中所发现可作断代依据的有东汉五铢，也有南北朝时期的剪边五铢、小五铢。在这个遗址上，我们没有发现南北朝以后的遗物。这说明，其应当是北朝时期于阗地区的一个居民点。《大唐西域记》中，玄奘经于阗以东地区时，传闻曾有"雨沙土，填满此城，略无遗类"的记载，说明至少在隋代和唐初，这个遗址已经没有居民了，这和本次考古发现的实际情况是吻合的。

从这些出土遗物中,既可看出当时此地以畜牧业为主、农牧结合的经济特点,也可看出我国植棉事业的悠久历史,以及新疆地区毛、棉纺织手工业的发达情况。出土遗物中丝织品虽然不多,但锦、绢、染缬等品种齐全,显示出这个遗址在丝绸之路上的重要性。特别是来自中原的丝织品和当地生产的毛织品在同一地层中的发现,反映了古代我国各族人民团结友爱的智慧结晶,雄辩地证明了新疆自古以来就是我们伟大祖国不可分割的一部分。

新疆和田地区东四县考古调查新发现①

　　1978 年 5—6 月,我去和田地区东四县做了一次考古调查,这是我继 1959 年秋冬之际,在和田沙漠中进行考古工作后的又一次田野调查工作。这一次的调查共有八个遗址,多数分布在塔克拉玛干大沙漠的南缘,即著名的丝绸之路南道上(图 1)。这些遗址的调查和采集到的出土文物,对于当前国内外正在研究丝绸之路的学者们会有一定的参考价值。现将调查资料予以介绍。

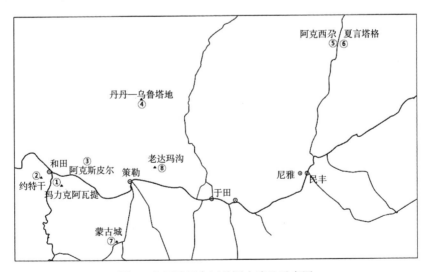

图 1　和田地区东四县调查遗址示意图

---

① 李遇春手稿,张远华整理。

这次调查正值盛夏季节,沙漠中干旱多风、特别炎热,加之交通工具的缺乏,使我几乎成为"进去了出不来"的人,仰仗当地党政领导部门和各公社干部社员的大力支持,本次任务才得以顺利完成。特此深表感谢!

玛力克阿瓦提遗址①

该遗址在和田县南 25 公里的玉龙喀什河西岸(图 2),是一片平沙地带。从遗址上各处残存的建筑分布范围观察,南北长大约 1400 米,东西两端因东面紧临弯曲的玉龙喀什河而宽窄不等,南端东西宽 745 米、北端东西宽 450 米,略呈长方形。四周不见城墙痕迹,只在遗址上遍布许多大小不一、参差不齐的高低土墩。这些土墩的断面,远望好似有夯筑层次,实际上是表面含沙较多的松软土质被常年风沙侵蚀的一种现象。其中较大的土墩周径 54 米、高达 6 米多,最小的 2 米×1 米左右,而且许多是三五成群、大小不一,毫无规律地聚集在一起。土墩周围发现许多含粗沙石的圆形柱础,每一个石础都是素面,但都经人工凿磨制作得整齐划一。石础的一面平整光滑,是承接木柱的一面;另一面边缘较薄,中心鼓出,埋在沙土之中以保持上层建筑物的稳固性。这些石础一般都是直径 50 厘米,边厚 15 厘米,中心最厚处达 21 厘米。从土墩和石础的现状观察,这些土墩可能都是高大建筑物的

图 2 玛力克阿瓦提遗址外景

① 玛力克阿瓦提遗址,1957 年公布为自治区级重点文物保护单位,称为玛利克瓦特古城,有的也写为买利克阿瓦提古城。

地面台基,石础曾分布在台基之上,经过千百年的风蚀和雨水冲刷,使台基破碎成大小不等的土墩,石础也因而散落在土墩周围。也有经后人移动集中在土墩下的,例如遗址北面有一处较大的土墩,周径约180米,高6米,土墩上面布满鹅卵大石,顶部中间低洼,有三块石础尚埋在土墩顶部,但土墩周围散见的石础多达三四十块,有的还垒在一起,显系人为而成。土墩附近还发现散在沙中的西汉五铢钱数十枚,以及坩埚、陶缸等。值得一提的是1977年冬,在此以北80米处的地下1.2米深处,发现一口大陶缸,出土时已经破碎,缸内贮存西汉时代的五铢钱,钱已锈粘成块,但仍保持着用绳串联成串的状态。全部钱币重量为45.05公斤。贮钱的大缸为浅褐色泥陶,慢轮制作,陶质不硬,厚沿微侈口,圈足,肩部饰斜形箄纹,肩下画斜方格纹,其上下各有两条水波纹,腹壁厚1厘米,口径26厘米,高56厘米。

　　遗址上有四座陶窑废址,由西向东不规则排列,距离不等,较近的相隔约50米,远的200米以上。其中较大的一座废址周径77米,高出地面约3.5米。每座窑址都似一个大土堆,在窑顶部分都有大量的壁泥,废渣和陶片暴露在外面。陶片以深浅赭色为主,少数灰黑色,素面的最多,且都羼有粗细砂粒,有纹饰的多为细泥陶质,都系慢轮制作。发现的陶器有大缸、大小罐、盆、锅、碗和灯盏等(图3)。采集到的缸罐之类的口沿多为敞口卷沿或折沿,有的沿口中央还有凹槽或双沿,说明原有陶盖覆上。有的颈部还有穿通的圆孔,应为炊具。底形

图3　陶器残口沿

有出沿的平底、圈足和似独脚杯的厚平底等。纹饰有印、划的波纹、圈点、箆、弦、莲纹和附加堆纹等。尤其是采集到一种附加在陶器上的人物雕像的装饰品,其中有肩上置罐的裸体小人、人兽头像、猴形、马头等,全系模制,体积不大但制作很精致。此外,在窑址的附近发现许多石制杵形工具和石臼。石杵全是用黑质细而坚硬的条石制成,一般长 15~19 厘米、宽 7~9 厘米。条石两侧或四侧各有 1~2 个或许多手指印的浅圆槽,两端有经过长期敲砸而剥落了的斑痕。石臼都是用扁圆的卵石将中心打磨成圆槽而成,直径 10~30 厘米,大小不等,推测这些石杵、石臼应是生产加工的工具,但它和陶窑是什么关系尚不得而知。

遗址上暴露的陶片极多,俯拾皆是,其他有珠饰、铜件(铜勺一件,柄残铜镜残钮一个)、铁块、五铢钱及磨盘等物。还采集到完整赭色单耳陶罐一件,单耳,敞口,圆底,素面大腹,通高 14 厘米,口径 8.3 厘米,腹径 12 厘米。另红陶杯一件,口残,大平底,柄部上下各有装饰,残高 7.8 厘米,底径 8.1 厘米,壁厚 0.5 厘米。可以复原的陶盂一件,宽平口沿,圆腹,圆底,高 8 厘米,口径 14 厘米。小钵一件,夹砂粗陶,敞口,平底,高 2.6 厘米,口径 6.7 厘米。这些都属于汉代和田地区的典型陶器。在遗址内还采集到唐开元钱币。在遗址北约 10 公里处曾发现女孩干尸一具,出土时身穿绿绸衣物,类似唐人的装束,发结双髻,面目清秀,姿态自然,犹如沉睡状态。最近群众上交一件唐三彩的陶罐,据说出土于遗址以南 2 公里外的一座竖穴墓中,墓内仅有骨架和这件陶罐。罐为侈口,平底,短颈,颈间有双小耳,高 12.8 厘米,口径 10.3 厘米,胎厚 0.9 厘米。颈与腹间绘上下弦纹,中间绘波纹。罐内遍施黄釉,罐外黄釉只及腹间,腹下露出土黄色陶胎,颈和上腹均涂红釉,口沿部分又施绿釉,再以绿釉竖线条画在颈腹的红釉之上,色彩非常厚实、醒目。这件唐三彩的陶器目前在新疆尚属首次发现。

根据上述现象,我们分析这个遗址上的土墩、石柱、石础分布密集,应是高大建筑群的残存。遍地发现的汉钱,特别是汉代窖藏大批五铢钱的发现,证明最初此地是汉代的一座古城。古城被废弃后又改为制陶的场地,所以有许多陶窑遗址。至于发现的唐钱和唐墓,说明唐代的少部分于阗人居住在此城内,附近也有他们的墓地。

约特干遗址

约特干遗址在和田县城西 10 公里的春花公社二管区二大队(图 4)。这里虽有许多断崖陡坡,但都一色黄土,不见有文化堆集层,仅在农田坡间的流水渠道中可以见到被冲刷出来的大量陶片和兽骨。陶片中以细泥红胎素陶为主,都不能复原成器。有纹饰的陶片中,有篦纹、波纹、圈纹、附加堆纹和"S"形图案,亦有在红色陶衣上画竖条纹的,还有肩部遍穿圆孔的陶罐(玛力克阿瓦提遗址亦有)残片。1958 年曾在这里还发现过一件金鸭,为金箔压制成两片,然后黏合在一起,体积为 3.6 厘米×3.3 厘米,器形完整,不属于其他器物上的附件,估计是一件艺术装饰品。值得注意的是,在水渠发现的大量陶片中,有附加在陶器上的各种人物雕像艺术品残件,内容有附在陶柄或肩腹部的小人、小猴、羊头等,也有以贴花形式黏在陶品上的各种人兽形状的浮雕(图 5)。这些小件的艺术品和前述玛力克阿瓦提遗址陶窑附近所发现的非常相似,很可能这些陶器艺术品就是玛力克阿瓦提遗址陶窑中的产品。1976 年 4 月,二大队八小队的社员在平整土地时发现一个破陶罐和两件人形陶注非常精美珍贵。这两件陶注都是细泥红陶空心模制,用刀在局部仔细刻画而成。两件陶注的一端都有

图 4　约特干遗址

图 5　附在陶器上的浮雕

一个深目高鼻、盘结长发于头顶、两腮胡须的胡人脸形象,颈下各有一个双角牛头,但这两件不是出自一个模中。其中一个面带微笑,另一个表情严肃。在牛嘴与人头顶上各有一个圆孔,可以从内部直通。类似这种人形陶注的残片我们这次也发现了两件,一件在约特干遗址水渠里,属于人脸的眉额和头发部分;另一件发现于玛力克阿瓦提遗址,属于人脸的嘴唇、胡须和颈部。可见这种陶注抑或属于玛力克阿瓦提遗址陶窑的产品,可以推测这类艺术陶器的制作应在汉末魏晋南北朝初期。

阿克斯匹尔古城遗址①

在洛浦县北约 40 公里大流沙中,从烽火公社十四或十九大队往北,以流沙中一棵高大孤立的胡桐树为标志,站在附近的大沙堆上,即可遥见阿克斯匹尔古城墙隐约出现于起伏不断的流沙群中。从十九大队进入沙漠不远,即可见到遍地的红色陶片,一直散布到八九公里以外的残城墙处。阿克斯匹尔为维吾尔语,即白色的墙,实际上只是古城墙的东西一段。这段残城墙似向南弯曲的弧形,说明上述遍地的陶片应在原来古城以内,这段残墙只是一座圆形古城墙

---

① 阿克斯匹尔古城遗址,1957 年公布为自治区级重点文物保护单位,称为阿克斯色伯勒城址,有的也称为阿克色皮力古城。

的北段部分。残墙初测长 104 米,中点高 12 米,该城面积约为 44241.62 平方米。这段残墙分成两层,下层为夯土筑成,土质灰黄色,夯层不太明显,高 3 米,厚 7~8 厘米;上层为黄色胶泥制成的土坯垒成,土坯一律错缝平铺,残存 20 层,高 2 米(上下两层共五米左右),土坯层的墙厚 1.8 米。墙上段每隔 3 米左右,有一个 20 厘米×16 厘米穿通墙壁的小长方孔,似为瞭望或射击的孔道。所有土坯的规格也不相同,多为 60 厘米×40 厘米或 54 厘米×34 厘米,厚度 10 厘米。尤需注意的是,我们在倒塌部分的土坯上偶尔发现有刻画的字母或符号,初以为是个别现象,经仔细查看倒塌的土坯,才知道每个土坯的一面都有这种字母或符号。我们又沿着城墙的残断或风蚀缺口观察,发现每一个土坯向下覆盖的一面都有字迹。这种有字迹的土坯,不仅是有意刻画的,而且是有意把字迹的一面覆盖在下面。这种有字土坯的制作方法是在抹制土坯时,趁着胶泥湿软的时候,用水抹平土坯的向上一面,然后用手指(个别有用树枝)画一个字母在上面。字母都画在土坯中央,一般大小为 26 厘米×16 厘米、21 厘米×13 厘米左右。我们逐个抄录了能看到且又不重复的字母有 b、w、q、c、p、d、j、v、i、d、o、s、s、l、c 等十七个字,初步分析可能是突厥文字母。将来如能将这一百多米土坯的残墙有计划地清理发掘,会对研究突厥文字和建筑此城的历史有重大的收获。

在残城墙以北,我们考察了约 4 公里见方的面积,所到之处沙堆累累、步行艰难。在起伏沙堆的空隙之间,遍地都是红色陶片,有的地方房址墙基仍依稀可见,只是经常年风沙侵蚀,所有地面建筑都坍塌了。在那高达二三十米的纵横沙梁下面,可能会有保存完好的建筑物群。这就有待于今后田野考古的继续努力了。我们在遍地的陶片中采集到的遗物有:

陶器类

有可以复原的粗陶罐、盆、盂等小件器物,有曾属于陶器上的堆纹饰片,有与玛力克阿瓦提和约特干遗址上采集同一类型的陶鸽、陶人面贴花等。不能复原的大件陶器多为夹砂红陶,有缸、盆、罐等,底多圈足,纹饰以刻画为主,并绘有类似符号的陶纹等。瓷器多为碎片,以宋代厚胎、色青的龙泉瓷片最多,器形有碗、盘,也有釉里红、绛釉印花、白瓷印花和瓷州黑釉印花等碎片。

金属类

有耳环、铁镞,以及各时代的钱币,包括汉五铢、剪边五铢、唐开元通宝、乾元重宝等。宋钱最多,采集到的钱币有 50 余枚。特别是有宋代铁钱和铁钱范的发现,值得注意。铁钱都锈重,难辨字迹,但铁范钱残块正、背两面的字都很清楚,可见的有正楷翻铸"天""元"二字。宋代的钱大都铸有年号,这个"天"字,可能属于"天禧"或"天圣"钱的第一个字,"元"字属于第三个字。宋代铁钱制作很少,极为罕见[①],在新疆的古遗址上竟有发现,非常珍贵,这对于研究我国的货币历史又多了一份难得的资料。新疆古文字(疑是回鹘文)的无孔铜钱也有许多发现,其中大小、薄厚、品种很多,且多属重锈,尚待除锈整理后进一步研究。

发现铜牌三件,除一件锈重正在清除外,其他两件中一件为三角形状,雕有阳文花朵,另一件为十字形方牌,中心雕有阴阳纹"卍"字和花纹。这些铜牌因和宋钱出自同一地区,估计是宋代和田佛教遗物。

据走访得知,在此古城西北约 10 公里以外,有一处大型佛寺遗址,地名热瓦克。因从古城去热瓦克有重重沙丘,无法通行,必须从五营区的另一条路才可到达。这次的时间和准备不足,容待今后另行补做调查。据一两年前去过那里的一位当地同志介绍,热瓦克的古寺遗址为长方形,围有长墙,每面墙的长度 30~50 米,中央有高大的佛塔,塔基方形,塔身圆形,残高约 9 米。佛塔周围靠近墙壁处都被沙埋。沙埋处有成排的泥佛像残躯,有的露出沙面,但佛头均已无存,衣纹上的浮雕图案显示出高超的手工艺水平。这里也发现五铢钱数枚。新疆博物馆于 1949 年初收到洛浦保存的佛头一个,据说为 1949 年以前某外国人所盗而未运走的文物(见《西北文化局 1953 年新疆文物调查组工作报告》未刊本)。可能即出自热瓦克古寺内。这个佛头高 40 厘米,额宽 38 厘米,肉髻端准、闭目长耳,造像艺术水平很高,是我国早期珍贵泥塑艺术品之一。

从阿克斯匹尔古城遗址的调查和采集标本可以看出,这个遗址对于研究

---

① 《文物》1978 年第 5 期,思达《宋钱》一文。

和田地区的历史演变和民族文化艺术遗产有着非常重要的意义,值得后人引起关注和规划保护,为今后有计划地发掘创造条件。

丹丹乌曾塔地遗址

丹丹乌曾塔地遗址在策勒县达玛沟公社以北 60 公里的沙漠中,沿流沙边缘的良种场北行 15 公里转向东北约 10 公里处。当地居民历来称西北遗址为丹丹,东面为塔地克来木,实际上是同一遗址的两部分,总称为丹丹乌曾塔地(图 6)。

图 6　丹丹乌曾塔地遗址

丹丹的南端有一东西走向的古河床,地名为丹丹头,一佛寺遗址处在河床南岸,沿河分布了许多房屋遗迹,西面较高,地势也平稳,朽木、陶砾遍地,并有许多泥塑佛像身躯的残块,可能是佛殿所在。围绕佛殿的房舍,从地基可以分辨出,约在 200 米×80 米的范围内到处都有枯树、朽木和红色的陶砾。沿此向西南 1 公里的沙丘间,有一处垃圾堆积,最高处 1.7 米,分布范围 20 米×13 米,堆积表层有棉、毛、毡片、纺轮、线和红陶片,估计应是一处居住废墟。西北 1.5 公里处又是粗红陶片遍地,房基痕迹约略可见。继续往西北前进,是一些无边的高低沙丘。行约 1 公里后转东南方向,见一佛塔,塔为多角形状,东北两面塔基尚完整，其他两面已遭破坏，残存高度 2.4 米，直径 3.4 米，系用黄胶泥土坯垒成。土坯长方形，大小不一，一般长度 60~35 厘米，宽 50~35 厘米，厚约 6 厘米，应是四周十六个棱角的形状。残塔西南 300 米处有一寺院废墟，地面尽是朽木、陶片。拨开浮沙，见佛殿地基和佛座台基，朽木中有残存的屋架斗拱部件，可见这座寺院曾是宫殿式的建筑。

乌曾塔地在丹丹东南三四公里，这是一座规模较大的佛寺遗址，建筑在一个高地上。高地已被常年风沙割裂成两块台地，但不妨碍我们对寺院整体状态的认识。从南北成行的一道芦苇组成的防沙院墙看出寺门的位置。寺门内两旁各有已经干枯的粗壮胡桐树两棵。向东经过一处宽约 20 米的庭院之后，进入南北成排的佛殿建筑。这些佛殿虽然都只残存墙基部分，但每间屋宇的规模仍可观察出来。南房是一间 7.5 米见方的佛殿，殿前有一条甬道，殿中央有一方形的佛座，系用土坯砌成长方形状，大小 2 米×2.5 米。佛像已毁，只有作为泥胎木芯的半截柱头插在佛座上。佛殿周围还有成排的房屋把佛殿包围起来。这排房屋以北，又是一组佛殿和房屋，系两间大殿和对面一排四大间房屋。屋与佛殿之间似有一条走廊。这些殿内也只残存佛座和墙基。墙基有用土坯砌成的，也有用草捆间隔而成的，部局都很有序。再往北是一片低洼的果园，地面上成排的枯树根清晰可见，整个庙宇为 60 米×70 米的方形。

我们在丹丹乌曾塔地遗址采集到的遗物有：

陶器类

陶器都是陶片，不能复原。大缸都为夹砂红陶，其他都以细泥红陶为主。发现的器形除大缸外，还有三系陶罐、双耳陶罐、单耳小罐和陶锅等，底部多平底和圈足，纹饰有刻或画的堆纹和圈纹，还有布局密疏的镂空器。其中一件红陶黑花的彩绘残陶小罐，只存腹部和平底部分，遍体绘有葡萄纹图案。半圆形纺轮，高 2 厘米，直径 3.5 厘米。尤其画有符号的陶片在这里也有发现，还有在陶器上装饰着人物雕像的陶片，与上述遗址所发现的同类艺术人物陶片非常相似。从一件人体右臂手部和一件猴身左臂的陶片，可以推测此类艺术陶器在当时流行的地区比较广泛。

木器四件

斗拱一件,胡桐木质,已经干朽残缺,但形状可以看出。大小为 20 厘米×13 厘米,厚 13 厘米、中间凹槽 6 厘米×7 厘米。

纺织用木刷一件,桑木质,大小为 15 厘米×11 厘米、厚 2.5 厘米、短齿 1 厘米。发现于丹丹乌曾塔地大殿佛座表土层中。

"山"形木具一件,柳木质,长 13.5 厘米、高 2.7 厘米。用途可能是牛羊的颈栓。

木梳二件,已残,一件为单面粗齿,另一件两端各有粗细齿。扫帚一把,已使用残秃,系用粟秆成束以草绳捆扎。

铜铁类

铜钱有五铢一枚,剪边钱完残六枚。

铜戒指三件,都已残断。

铁刀一件,长 14 厘米,已断为数节。

铁块若干,器形不辨,锈重。

骨石类

壳制飞鸽形配饰一件,中心有孔,可以穿绳。

海贝一件,残为一半,亦系配饰。

扁圆串珠一颗,玛瑙质,色深黄,直径 12 毫米,厚 3 毫米。其他琉璃串珠四颗,色有蓝、绿、黄色,均小如扁豆。

纺织品类

有棉线、毛线、布、毛绳和毡片等。

阿克西尕地方的圆形城堡①

和田地区最东是民丰县。由县城东行 140 公里抵安迪河边,沿河西岸北上

---

① 这里所介绍的阿克西尕地方的圆形城堡,即安迪尔阿克考其然克古城。2001 年,合并到安迪尔古城遗址,公布为全国重点文物保护单位。

40里为安迪牧场,阿克西尕还在牧场以西25公里的大流沙中。这一路上沙丘重叠,除红柳堆外再无其他草木和生物。这里处在尼雅遗址以东,7世纪初唐僧玄奘曾经过这里。他曾在《大唐域记》中写道:"从此(尼雅)东行,入大流沙。沙则流漫,聚散随风,人行无迹,遂多迷路。四远茫茫,莫知所指,是以往来者聚遗骸以记之。乏水草,多热风。风起则人畜昏迷,因以成病。"一千二百多年后旅行到此,深感玄奘的叙述并无夸张。我们越过重重沙丘,眼前出现一条南北流向的干涸河床。河床上的碱块状如龙鳞,松如白灰,骆驼横越时小腿部分会全被淹没。过河床向西不到1公里,一座古老的圆形城堡出现在眼前。1959年冬,我曾到过这里,那时除了大部分城门暴露在外,城墙以内全被积沙掩埋。近几年来因为经常有大风,城内的大半流沙已被刮走,深埋在沙下的这座古城堡才重见天日。

城堡只有一座城门,两扇城门俱全。

每扇门用六块10厘米厚的方木拼成,方木后面施横带三条,横带上各有4~6个大木钉把整个门扇加固,所以至今尚属完整,每扇木门高3.05米、宽1.59米、厚0.1米(图7)。大门以内用圆木架成城门洞,洞顶上的圆木因常年暴露已经弯曲,城门通高3.4米,门洞方形,面积4.2米×3.9米。现已露出沙面的城墙,似用淤泥块垒砌,淤泥块平侧交替放置,垒至墙顶时又夹有密集的红柳枝,这些树枝普遍都被火烧过。

图7　阿克西尕古城门

经初测,此城直径为215米,即全城面积为36286.62平方米。城里的房屋有的两间成一单元,有的多间组成一所小院,院内和门前栽有树木。大多数房屋是相互毗连,成排成行,好像是一条条街巷的布局。有的房墙用土坯砌成(图8),

有的则以芦苇扎成捆排列
为墙，内外抹以草泥，还有
用圆木排成墙面的。屋顶的
架法都是利用柱头的天然
分叉架梁，形成人字坡，上
有整齐排列的木椽，再覆以
泥土和麦草。目前，大部分
房屋都已露出沙面，大部分
房屋的房门处有四根圆柱

图 8　残屋遗址

构成门道，门扇用圆木挖成半圆形状，非常古朴。其中有一门扇是用粗壮的胡桐树身的一半挖空制成，门扇上下都刻出门轴，下轴已被磨去一半，门高 116厘米，宽 65 厘米，厚 2.5 厘米，上轴长 6 厘米。这是否为住人的房门尚不能肯定，因为它比人身低矮，出入很不方便。

这些房屋的屋顶都开有天窗以采光，个别的屋架已被大风吹散，大部分房屋内仍被积沙填满，等待清理。

因为地面有较厚的积沙，故露出的遗物并不多，散见得有棉毛布片、残木碗、碎铁块、红陶片等。

从这座城堡的完整状况观察，除城墙西面一处似有缺陷外，其他全部建筑物保存基本完整。这在我国的古城遗址中尚不多见，因而对于考古研究很有意义。当前急需防沙设备和措施，如遇倒转的风向，刮走的流沙又会刮回城堡，对今后的发掘将增加不少困难。

夏言塔格古城遗址①

夏言维吾尔语意为城市，塔格即骆驼，意为放牧骆驼的古城。实际上这一

———————————

① 夏言塔格古城遗址即安迪尔延姆古城。2001 年并入安迪尔古城遗址，公布为全国重点文物保护单位。

图 9　夏言塔格古城遗址

带是一望无际的黄沙丘陵,寸草不生。古城西距安迪河东岸 27 公里,属民丰县境。遗址可分古城和城西佛塔两个部分。古城平面为南北长方形状,大部分已残破(图 9)。南、北两墙各长 130 米,东、西两墙各长 480 米,墙垣土筑,厚约 4 米。城内大部分现仍埋在沙下,薄沙处有许多土台堆积,遍地陶片极多,以夹砂黑灰陶为主,铜铁残件及钱币珠饰,亦有发现。

城北约 80 米另有一处东西行的内墙,把城内隔开。在隔开的这一小范围内,目前只见有一佛寺遗址,殿中佛座痕迹依稀可辨。围绕着佛殿也有许多小房,全被火烧毁,木炭残渣埋在沙下,大风过后,露出层层木炭和朽木堆。还发现木质斗拱三个和烧残了的庙门木雕装饰,可见这里也曾有宫殿式建筑。从露出沙面的墙基测量,此庙宫殿式大殿范围为 20 米×18 米。据说 1974 年曾在这里一米多深的墙基下发现佉卢文木简数枚。

城外以西 350 米处,也有一高大佛塔,残高 7.5 米。塔身为圆柱状,塔基方形,边长 10.3 米,高 3.5 米,塔身全用灰白色土坯垒成,塔身土坯长 50 厘米,两端分别为 22~27 厘米,塔基土坯为长方形,厚 12 厘米。佛塔周围现有许多土墩,据推测可能是寺院的围墙残迹,与城墙北端的寺院相对而立。

我们采集到的遗物有:

陶器类:

主要是陶片,都不能复原,多是黑色或赭色的夹砂粗陶,也为轮制。器形有缸、罐、壶等,多是侈口,平底,以浅刻的纹饰为主,图案有网纹、波纹、堆纹和植物花叶等。尤需提出的是,发现大型灰色陶缸口沿上有刻画的字迹和的押印图案。图案内容有人形和山羊等，为其他遗址所未见。另有用黑陶片磨制的纺轮，大小直径 3.5~2.2 厘米。

铜铁类：

铜钱有五铢和剪边钱。

铜带勾一件，圆垂形状，大小为 3.5 厘米×3 厘米。

铜镜一枚，周围齿形纹饰，镜心有四乳钉，直径 7.5 厘米，红铜质。此镜发现于距古城五公里以外的一处遗址。

铁镞一枚，三翼形状，镞残高约 5.5 厘米。

木器类：

木雕斗拱一件，已残，约方形，每边长 22.5 厘米，高 12 厘米。

庙门上的木雕图案一件，已烧残，圆形图案直径 22 厘米、高 5 厘米。

"蒙古城"遗址[①]

"蒙古城"遗址在策勒县南 90 多公里的昆仑山下，即策勒河（又名阿西河）上游（图 10）。这里是一个孤山高坡地带，山下东临策勒河，西北为峡谷深沟，形成了南宽北窄的葫芦状。沟深 40 多米，只有北面的一条小路可通山上。"蒙古城"建筑在山顶北端，东西两面悬崖峭壁，只有南北方向各有一道长短不等的土筑城墙，部分用大卵石加固。南墙长 47.2 米，厚 1.2 米，城门开在南城墙中央，现已为 7 米多宽的一个缺口。城外有一条 10 米多宽的护城深沟，沟南是平坦地面。北墙因处在葫芦的尖顶部分，长仅 54 米，厚 5.4 米，两端有城门残迹。城门宽 4 米，门外即上下山的盘旋小路，非常陡险。

据初步测量，城内以城墙为准，南北 956 米，东西距离与城墙相等。城内地势南高北低，南墙以内 250 米比北墙以内的地面高 2 米左右。高地范围内可见房屋废墟很少，地势较低处则沿着中央大路的两旁废墟堆积非常密集。高低两

---

① 这里所记述的"蒙古城"遗址，即阿萨城堡，1999 年公布为自治区重点文物保护单位。

图 10 "蒙古城"遗址

图 11 城内的水塘遗迹

图 12 老达玛沟遗址

处的西面各有一圆形水塘,都已干涸(图 11)。城内地面陶砾一片,俯拾皆是,多为细泥素面赭色陶,个别见到涡纹的痕迹。器形都不能辨,唯有口沿部分有缸、罐的模样。

老达玛沟遗址

老达玛沟遗址位于策勒县达玛沟公社九大队以北 15 公里的沙漠中(图 12),范围南北约 3 公里。有一条干涸了的河水自奴尔河引到遗址中,这里便形成居民区。后因河水干涸而居民迁徙,逐渐成为废墟。据公社一位领导同志介绍,他的曾祖父就是约三百年以前从老达玛沟遗址迁出来的。遗址上的房舍现都已塌毁,只有用土坯或红柳苇草捆排成的残墙断壁依稀可见。从遗址中人工铺成的纵横水渠痕迹和水塘可以看出,这里也曾有过"家家流水、户户植林"的美景。处处的果园遗迹,告诉我们当初这里也曾是瓜果之乡,只是由于缺水,才变成一片废墟。遗址上遗物很少,只采集到明代彩花小瓷碗的瓷片数枚,这或许正是遗址下限时代的佐证,和传说三百年前这里才成为废墟是基本吻合的。

几点看法

这次调查未做任何试掘,但从调查和遗物采集来看,说明这几处遗址都很重要,对于和田地区的历史和民族研究提出了不少问题,这里提出一些初步的看法,请予以指正。

关于古于阗国的首府问题

研究和田历史涉及长期以来争论不休的历代于阗首府所在地的问题。按两汉时期(前202—220年),于阗王曾"治西城"(《汉书·西域传》和《后汉书·西域传》)。玛力克阿瓦提遗址上有类似汉代的建筑很多,这些土墩和石础等都是宫殿式建筑遗存。尤其窖藏五铢钱的出土,其数量之多,为其他遗址所未见。因此推测汉代的"西城"可能就是这里。至于汉代以后的于阗,"都城方八九里,部内有大城五、小城数十","城东二十里有大水北流,号树枝水,即黄河也,一名计式水。城西五十五里亦有大水,名达利水,与树枝水会俱北流"(《魏书·西域》),与今玉龙喀什河、墨玉河汇流成和田河而北流,与记载完全吻合。但玛力克阿瓦提遗址东临玉龙喀什河岸,而不是相距20里,可见汉代以后的于阗首府已经迁出西城,迁向东距玉龙喀什河20里的约特干遗址。约特干遗址中不见有汉代遗物,出土大量附加在陶器上的人物艺术品与玛力克阿瓦提遗址上陶窑的产品残片无论时代和风格都非常相似,这正说明它们之间的相互关系。约特干因与于阗音近,因而曾把它说成是于阗的首府(《马可波罗游记》第五三章注二),原因就在这里。但从出土遗物分析,它或许只是汉代以后的于阗首府所在地。至于《梁书》上关于于阗首府又以西山城的名称而见于史册(《梁书》卷五十四、列传第四十八),直至有唐一代仍用此名(《新唐书·西域传》),显然不是约特干这个单纯的文化堆积所能说明的。从调查结果推测应为今阿克斯匹尔遗址。这个遗址早期有汉代文化，可能是汉代于阗的东城所在，北魏、唐、宋至元代的遗物也非常丰富。现存的一段城墙也是唐朝以前的遗迹，所以这里应当是自北魏至宋元时代于阗政治经济文化的中心，这一遗址也处于日益发展的丝绸之路南道的交通中心。加上于阗为便于统辖东西全境，阿克斯匹尔遗址是非常理想的地方。阿克斯匹尔维吾尔语意为白墙，是以那段残破城墙命名的。我们曾向当地居民了解遗址原来有无"西山城"这个名称，据老年人说百年以前叫作"西海勒"，意为城市，不知千百年前的"西海勒"与"西山城"有无音译之间的关系，尚待进一步调查研究。

关于所谓"丹丹乌里克"的地名问题

1900 年 12 月，斯坦因曾在和田一处叫作"丹丹乌里克"的遗址上破坏了许多佛寺，盗走了大批壁画、版画和唐代于阗文、汉文文书（向达译《斯坦因西域考古记》第四章）。关于丹丹乌里克这个地名，我们经过反复地调查，终于弄清楚它是虚构的，实际上它指的就是上述丹丹乌曾塔地遗址。斯坦因破坏了这处遗址，又捏造了这个地名，致使后来的考古学者始终找不到这个遗址所在，其用心险恶，必须予以揭露。至于他说："离此（'丹丹乌里克'）南边约四十里处找到的乌曾塔地那一大堆垃圾盖满的遗址"，实际就是老达玛沟遗址，像这样颠倒错乱地乱定地名，如果不是有意的话，那么说明斯坦因的所谓"考古"是很不科学的。

参加调查人：和田文教局魏庭福、郝焕静、吐尔浑、殷　晴

洛　浦　县：李吟屏

策　勒　县：王毅钧、崔加进、崔光明、赵玉山、买吾拉音

九大队支书：亦明艾山

民　丰　县：李学华、陈善生

新疆和田县买力克阿瓦提遗址的调查和试掘①

1977 年以来，我们两次到和田地区进行考古调查，其中就去了买力克阿瓦提遗址。最近一次是 1979 年 9—10 月，我和阿合买提同志为配合地区文教局举办的文物干部训练班的田野实习，在此遗址进行了一次试掘。简报如下：

一、调查发现

买力克阿瓦提遗址在和田县南 25 公里的玉龙喀什河西岸（图 1）的一片平沙地带。河东是洛甫县，遗址西有沙山环绕，南为昆仑山麓。根据地表上残留的土筑台基分布情况，初步草测遗址范围南北长 1400 余米，东西两端由于河岸所限，南宽 745 米，北宽 450 米左右。黄文弼同志在 1958 年考查此城时写道："……古城，城墙已没，隐隐约约尚可见其城墙痕迹。城作方形，有内外二城，外城只见北面墙基，其他三面不

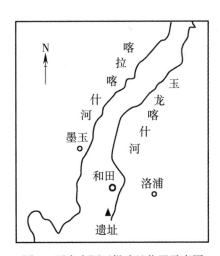

图 1　买力克阿瓦提遗址位置示意图

---

① 1957 年,公布为自治区重点文物保护单位时称为玛利克瓦特古城。

图 2　城中残存的土墩

显。"①我们调查时,四周不见城墙痕迹,遗址范围也非方形,地面上分布着许多高低大小不等的土墩,土墩剖面可看到夯土的层次(图 2)。这种土墩在西南方分布较为密集,排列不在一条线上,不像是城墙痕迹。在土墩周围,经常发现许多沙质圆形的石础,这些土墩可能为建筑物的台基,因为长年的风吹和雨水冲刷而形成不规则的土墩。

　　散布在遗址上的石础数百个,大都分布在土台基的周围。这种石础系用灰色扁圆形状的卵石略为加工制成。较为平整的一面埋在地下,另一面的中心微有隆起,一般为直径 40~50 厘米,边厚 11~15 厘米,础心隆起处厚 15~21 厘米。后来在试掘中也发现有这种石础的础心隆起的一面朝上放置的。

　　遗址中央有四座陶窑废址,南北排列,近者相距 50 米左右,最远的相距在300 米左右。其中较大的一处堆积,范围为周径 77 米,高 3.5 米。窑顶部分都较平坦,四周为斜坡形状,散有红烧土、黑色炼碴和各种器形的陶片,还有许多条石工具和石臼、石环。陶片以深浅赭色为主,也有少量灰黑色,胎内大都掺有沙砾,火候较高,多为素面。少量印画波纹和圈点、篦、弦、堆纹等,且多侈口或折沿,底多平或圆形。其中能复原的有陶盂一件,口沿宽平,圆腹,圆底,高 8 厘米,口径 14 厘米。陶钵一件,夹沙粗陶,侈口,平底,高 2.6 厘米,口径 6.7 厘米。

---

　　① 黄文弼著:《塔里木盆地考古记》,北京:科学出版社,1958 年,第 53 页、第 138 页注 8。

单耳罐一件，浅赭色陶
胎，大腹，圆底，素面，通
高 14 厘米，口径 8.3 厘
米，腹径 12 厘米。带柄杯
一件，红陶胎，口残（已被
磨成平沿），口底两头均
大，腹部收束作束腰状，
素面，柄部上下各有扁平

图 3　窑藏五铢钱

的装饰，残高 7.8 厘米，底与口径 8.1 厘米。这两件陶器的形状和柄饰近似于尼
雅遗址东汉墓中出土的陶罐和木杯的形状。1977 年在遗址北端开渠时，在沙层
地表以下 1.2 米深处，发现一口赭红陶质大缸，出土时陶缸已破碎，系慢轮制
作，火候不高，陶质很脆，圆底，大腹，厚口沿微侈，肩部斜，压篦纹，腹部为斜方
格花纹和上下两条并行水波纹，口径 26 厘米，通高 56 厘米，腹径 56 厘米。内
盛西汉五铢钱，大部分已锈粘成块状，共重约 45 公斤（图 3）。据出土器物分析，
埋藏时代不晚于西汉末年。

　　此外，还采集到附有半身人物塑像的陶片较为罕见。新疆维吾尔自治区博
物馆同志过去在此地区也曾采集到一批陶片，有人头、兽头和肩负小罐的裸体
人像等，都是细泥红陶，一般高 2~5 厘米，造型生动。敲砸工具均采用黑色的天
然条状硬质石料，未经磨制修整，但条石的两面都有打磨得很规矩的圆形浅槽
1~2 处，一般长 15~19 厘米，宽 7~9 厘米。石臼为圆卵石挖成的槽形，石环则对
凿成孔，大小直径 20~30 厘米。

　　在遗址的地表上，曾发现五铢钱、饰珠、铜件、碎玉和铁块等遗物，还有石
磨盘，直径 57 厘米，厚 12 厘米。也见到类似新石器时代的磨谷石器，最大的磨
谷器长 67 厘米，宽 29 厘米，厚 18 厘米。

　　从遗址上台基的布局分析，西南部分较为密集，似曾有许多高大建筑物疑
是王族宫院。四大陶窑所占据的地方可能是工商业生产区。东北方向的堆积属
于一般的居民点。后来试掘证明，宗教寺院也设在这里。

二、试掘结果

1979 年九、十月间在遗址北端,距窖藏钱缸处稍南约百米的卵石堆积附近试掘。试掘前地表有许多佛像的碎块(图 4)。试掘时共开 5 米×5 米的探方五个(图 5)。地表上沙土层只有很薄的一层堆积,最深处 57 厘米,再下即为坚硬而黄色的原始细沙层。堆积的文化层为杂灰色沙土质。以 T2 和 T5 为例,出土遗物为佛像残块、泥塑壁饰、壁画残片和木炭。T2 和 T3 的隔梁间发现土墙痕迹,墙下有一石础,和地表上石础完全一样。T5 探方东端,发现一根烧成木炭碎块的木柱,南北横陈,柱径 18 厘米。这些遗物表明,这里曾是一座佛寺。佛寺被毁后,佛像塌成碎块,连同贴嵌在壁上的装饰物和壁画等都散落在地面。

试掘中,以 T2 出土遗物最多。共计有:

小立佛像一躯,编号 79HMT2:031。佛像残高 10.7 厘米,胸宽 4 厘米,厚 1.5 厘米(图 6①)。佛像白石膏质,似为范制,系贴嵌在墙壁上的佛像,因佛像背面既无范痕又粘有黄泥可证。出土时佛像双脚已缺,头后背光亦有残缺,脸型

图 4　佛像残块

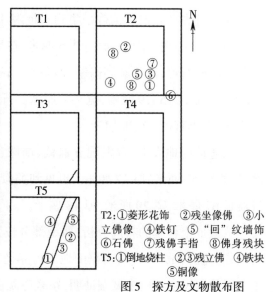

T2:①菱形花饰　②残坐像佛　③小立佛像　④铁钉　⑤"回"纹墙饰⑥石佛　⑦残佛手指　⑧佛身残块
T5:①倒地烧柱　②③残立佛　④铁块⑤铜像

图 5　探方及文物散布图

消瘦,眉清目闭,发作螺结,左臂下
垂,右手伸向右肩,头微向左肩倾
斜,身着袒右肩袈裟。出土时佛像
右脸颊上尚粘有一片金箔。

残坐佛像一躯,编号 79HMT2：
008。残高 3.8 厘米,两膝间距 6 厘
米,厚 1.5 厘米(图6②)。红陶范
制,像背亦有墙泥痕迹。出土时头
至胸间已经缺失，只存腹下部分。
双手交叉在腹前,盘膝在莲座上。

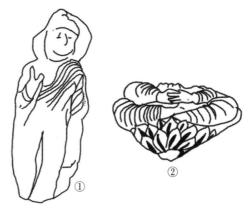

图6　残佛像
①小立佛像　②残坐佛像

小佛头一个,编号 79HMT2:043。石膏质,脸型消瘦,鼻隆目闭,发作螺结,
与上述小立佛为同一范模所出。

残佛手指一排三指。红陶质,出土时只存左手第二、三、四指头。系一大佛像的
手指,残块大小为 6 厘米×6.5 厘米。在同出的许多碎块中还有佛脸(右眉和眼)、佛
身、手臂等残块。

另有各种花纹的佛身残块,都过于残碎,不能复原。可见的花纹有八瓣团
花、多瓣团花、莲花和遍施珠纹的曲角形配饰,以及衣纹残片等。

回纹图案墙饰编号 79HMT2:005 出土很多,为红泥模印而成,背面都粘有
壁土,似为墙壁上的装饰图案(图7)。

图7　回纹图案墙饰

菱角形泥饰,先后出土四五十件,模制,背面粘有墙泥。宽整的长 12 厘米,宽 2.5 厘米,厚 1.2 厘米。

壁画残片出土数片,均为石膏质,厚 1 厘米,背面有壁土黏附。正面的绘画以土黄色涂底,土红或黑色画成粗细线条,或以灰色平涂。因过于残碎,已不能复原。

砖都成碎块,不能复原,仅能测得厚度 6 厘米,赭红色。

铁钉一枚,编号 79HMT2:036。长 6 厘米,钉盖厚 1.2 厘米。

石础一个,编号 79HMT2:043。直径 40 厘米,边沿厚度 11 厘米,础心隆起处 15 厘米。

T4、T5 探方中,也出土有佛像碎块、小铜珠、铁块等。

三、小结

(一)从调查和试掘中所出土的遗物分析,特别是窖藏钱币和散见的钱币都是早期五铢钱,证明这是一处汉代遗址。和田为汉代西域的于阗国地,据《汉书·西域传》称:"于阗国,王治西城。去长安九千六百七十里,……东北至都护治所三千九百四十七里,……其东,水东流,注盐泽,河源出焉,多玉石。"《后汉书·西域传》中也说:"于阗国,王居西城,去长史所居五千三百里,去洛阳万一千七百里。"就在买力克阿瓦提遗址以东的玉龙喀什河,自古以来以盛产白玉而久负盛名,所谓"河源出焉,多玉石"即指此河。从地理环境和出土遗物分析,这个遗址可能是于阗国的城府。

(二)玄奘于贞观十八年(644 年)春夏之交,到达于阗时听到当地的传说:"昔者,此国虚旷无人,毗沙门天于此栖止。无忧王太子在呾义始罗国被抉目已,无忧王怒遣辅佐,迁其豪族,出雪山北,居荒谷间。迁人逐物,至此西界,推举酋豪,尊立为王。当是时也,东土帝子蒙谴流徙,居此东界,群下劝进,又自称王。……东主乘胜,抚集亡国,迁都中地,方建城郭。"①毗沙门天亦称瓦依斯拉

---

① 玄奘著:《大唐西域记》卷第十二"瞿萨旦那国"。

万那或古比拉,为佛教中四大守护神之一的北方之神。无忧王即中亚孔雀帝国的阿育王。按此记载,佛教早在前3世纪之初,就传到了和田地区。

以往新疆的文物考古工作,除曾在民丰县北沙漠的东汉合葬墓中出土过有关佛画的蜡染棉织品以外,很少发现早期佛教遗物。这次试掘出土的佛像中有许多小型原始的佛像,这或系我国较早时期的佛教艺术遗物。

(三)和田地处古代丝绸之路要道,是南线有名的重镇,又是新疆一个古老的民族聚居区。学者对这里的考古研究,将进一步丰富丝绸之路考察的实际内容和为民族历史研究提供实物例证。这次对买力克阿瓦提遗址的调查,在于引起有关部门和学术界的重视,以期逐步加强对历史文物的保护和研究。

(原载《文物》,1981年第1期。)

新疆巴楚县托库孜萨来古城遗址发掘报告①

前　言

　　巴楚县在新疆维吾尔自治区喀什地区,地处喀什东北,塔里木盆地西北边沿。其地南临塔克拉玛干沙漠,北靠天山南麓,西至克孜勒苏自治州和喀什市,东与阿克苏地区邻接。这里是贯通南疆东西交通的要道,也是我国古代丝绸之路北道或中道的必经之地(图1)。在地理位置上自古至今都有重要的意义。

图1　远眺托库孜萨来遗址

　　① 这个报告初稿写成于1962年。1964年送到正在筹备的全国考古学会准备参加学术报告。后来考古学会因故未能开成,由筹备会送交《考古学报》,学报拟在1966年第二期上发表。在稿件寄回修改时,稿件未交到原执笔人手中,部分照片和绘图也遗失而无法弥补。1972年《考古学报》准备复刊时,又来函催稿,当时主要出土物已入库转移,致使研究修改工作无法进行。现在经许多同志关心和支持,此稿改写完毕,但是又过了七八年,影响了学报编辑工作和各方面的参考研究。

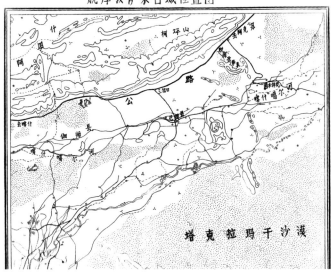

图 2　托库孜萨来遗址位置图

托库孜萨来古城位于县城东北 75 公里的垒勒山上。柯坪山是天山南麓的一支余脉,垒勒山属于这支余脉南北成行的一部分。古城位于这个山脉中断处的北山坡上(图 2)。

《新疆图志·古迹志》记述:"巴楚州,蔚头州废城,在城东北一百五十里图木休克九台北山,牧人于土中掘得开元钱,因呼唐王城。"即指此古城。据当地维吾尔族农民告诉我们,六七十年以前,古城中堆积很厚,城垣也较完整。20 世纪初,经常有外国人前来盗掘,破坏非常严重。①另外,我国学者在 1949 年以前也曾到过此城调查,并在古城以南二里外山坡古寺进行发掘。②现在此城除了山顶部分的文化堆积以外,大都成了平地。

我们于 1959 年 4 月 23 日—5 月 31 日,进行调查和试掘,共清理出北朝和盛唐时代残庙遗址各一处,晚唐和宋代残房遗址各一处,垃圾坑一处,开探沟两条,清理面积 1053 平方米。

---

① 据知,法国人伯希和(1906 年)、德国人勒柯克(1906 年)、英国人斯坦因(1908 和 1913 年)都曾到此遗址进行盗掘。

② 我国考古学家黄文弼于 1929 年在此遗址做过调查和发掘。详见《塔里木盆地考古记》一书。

一、古城状况

古城在北山断岩陡坡之间。城墙两重,内城墙从南面山顶悬岩处筑起,沿西北山坡筑至东北平地,成为马蹄形圆圈,周径 756 米。城门似有南、西两处,现在仍为横穿古城的车马大路缺口。据附近居民反映,曾在南门处发现过门扇下面的一个石础。外城墙由西面山腰延续至东南坡,再转到悬岩下面平地处,与西面山腰的墙垣上下相接,周径 1608 米。靠外城的东北平地上,又有一圈城墙,周径 1668 米,可称北城(图 3、图 4)。除内外城墙为重城关城以外,北城和重城是什么关系,因地面遗迹和这次发掘未涉及这个问题,我们还不清楚,留待以后解决。黄文弼在《塔里木盆地考古记》中述及"托和沙赖"(即托库孜萨来)"计城三重"[1]似不确切。我们认为应属于内外城和连城之分。这些城墙都为不规则的椭圆状,除山顶悬岩上和内城西面部分城墙尚残存外,其余都已坍塌,仅从断续墙基痕迹能够辨认。以内城南面墙壁为例,墙基建在山顶悬崖之上(图 5),崖高百余米,上下陡峻,无处攀登,崖上建城,真有雄关险寨之势。现存较高的墙壁长 3~4 米,厚 1.8 米,系用一层树枝一层红泥依次反复垒起,非常坚固。每层树枝厚达 5~10 厘米,红泥层厚 90~120 厘米。沿坡下的城墙,则树枝层逐渐减少,部分夯筑土层也被土坯所代替,这种现象,应认为是后来补修城墙缺口的结果。土坯较大,也不一致,大小一般为 35 厘米×24 厘米,厚 7 厘米,系以两层平铺,两层竖起,依次垒筑。现残存最高 1.6 米,厚 60 厘米左右。从此山此城的整个形势看,南面最高最坚,城内建筑都在北面,可见当年的防守主要是在南面。南面山下的城墙外不到一公里处,有唐代寺院一座,面积约 5000 平方米,寺内残房密布(图 6),当年的建筑规模依稀可见,但已全被破坏。寺院附近的山坡间,还有许多僧坟,也都被盗掘殆尽。除此,再无其他建筑痕迹。

---

① 黄文弼著:《塔里木盆地考古记》,北京:科学出版社,1958 年,第 61 页。

图 3　托库孜萨来古城遗址外景

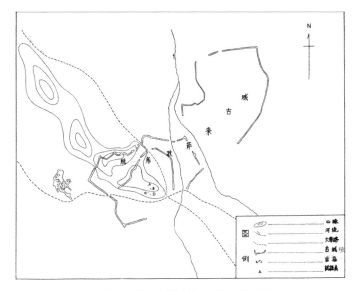

图 4　托库孜萨来古城遗址平面图

图 5　山顶悬崖上的建筑遗址

图 6 城下残存的寺院遗址

东城墙壁内外,大部分垦为农田,不见任何建筑或废墟堆积,可知开垦年代已很久远。据农民反映,他们只偶尔在耕地时发现有红陶片、纺轮等小件遗物。在我们调查时,有农民挖井于泥水中发现了一座墓葬,系土圹营建,有人骨及黄绿釉图案的陶碗碎片出土,与元代新疆各地出土的釉陶相同。初步估计,北城可能要比山坡上的内外城墙建筑晚些,但又是同时被废弃的。

二、试掘结果

我们将发掘地点选在内城山坡之间,因为内城城墙是依坡势而建筑的,所以城内形成了南高北低的地势。凡低平地方的堆积已被破坏殆尽,只有山坡上较高处尚有文化层可寻。这些堆积又被常年的雨水冲刷,到处都是沟渠断壕,给选点发掘带来不少困难。我们经反复调查研究,在劳力和时间有限的条件下,开始从一处曾被取土而暴露的房屋(即晚唐房屋)痕迹进行清理。在清理中又发现下层还压着另外一处佛寺的遗址(即盛唐残庙),且有盗坑,局部翻乱了上下不同时代遗址的地层关系,我们遂依遗址单位分层揭露的方法,揭示了四个不同时代的遗址堆积,后来又开了两个探沟,以校订各层文化的地层关系。

所有的清理发掘,按照不同地区,分别为 A、B、C、D 四个点进行。为便于叙述和分析研究,现以遗址时代先后报告如下:

(一)北朝残庙遗址

北朝残庙遗址东、北两面是山坡崩塌和雨水冲刷而形成的深沟,西面被一个后期的垃圾坑阻隔,仅存的只有一排房屋的残余部分和一处夹道走廊(图 7)。在走廊以南 6 米外的天井里,发现一个长方形的窖穴。清理时,除窖穴以外,堆积层都很薄,一般只有 30~45 厘米,属于大火烧毁的残存部分。夹道走廊东西残长 11 米,间距 1.1 米,南墙较厚,达 30 厘米,因为墙外就是露天的院落(图 8)。北墙较薄,只有 12 厘米,隔墙是一排房屋。这种建筑墙壁的方法为,南北两面的墙基都是根据需要采用粗细不等的圆木,顺墙平埋在土中(称为"地栿"),圆木上面立有一定距离的木柱,柱与柱之间以树枝交叉编排成墙面,然后在两侧涂抹 4~5 厘米厚的细草泥①。以南墙为例,沿着墙基的横木,每隔 2 米左右,竖着一根木柱,残存部分共有 5 根木柱。木柱直径为 20 厘米,牢固地榫在墙基横木卯中。这些墙壁因以木结构为主,所以全被火烧,只有距地面 25~40 厘米高的大部分幸而残存。我们清理时发现南墙西边的第一根柱头上,还有刀

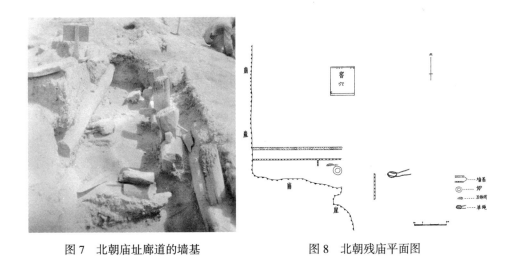

图 7　北朝庙址廊道的墙基　　　　图 8　北朝残庙平面图

① 现在新疆考古界将此种建筑法称为"木骨泥墙"。

刻的一个"卍"字。在这处夹道走廊草泥砌成的地面填土中,有大量从墙壁上掉下的红烧土块、树枝、木炭等,其中还有一处用半圆木雕成的刻花木板,已被烧成了木炭,估计应是屋顶梁间的一部分图案装饰。此外,在清理地面时还出有吐火罗龟兹语木简、五铢钱和极小的琉璃珠饰等。

和夹道走廊只有一墙之隔的北面是一排房屋,但是这排房屋除被火烧以外,东面、北面大部分崩塌;西面压在另一排晚期房屋之下。经我们仔细清理,从残断的隔墙分析,似为三间一排的残屋,计中屋残存大小为 7 米×5 米。西墙地面一排放着五把单耳灰陶壶,都已压成碎片。临近南墙地面有圆形土炉一座,发现时,已全部被压碎失形,经仔细观察,系用草泥筑起高宽各达 10 厘米的一个圈沿,圈沿直径 90 厘米。炉内全是白色木灰。炉沿和附近地面有许多铜汁锈痕。炉旁堆着大量的小铜钱,已锈成块状,还杂有炼铜用的坩埚残片和"五朱"钱泥范残片等。东边一间最宽处残存大小为 8 米×3 米,在南墙角下发现一对凌乱的灰色旧砖,大部分是 30 厘米见方,厚 3.5 厘米的方砖,但也有几块条砖,长 30 厘米,宽 15 厘米,厚 3 厘米。砖缝里发现方棱形白玉簪一枚。地面上还有泥质小佛头、泥像残块等被到处弃掷。另外散见的有白玛瑙画押和用布条串在一起的两枚五铢钱。西边一间房的墙界不清,面积无法计算。地面上发现盘结成堆的草绳,散见于土中的有铜押和灰质童子头范各一。估计这排房屋可能是储藏室,但有佛像发现,所以它应是一座庙宇的一部分。特别是中间房内有铸造钱币的火炉、坩埚、钱范残片和大量的小铜钱堆,更进一步说明了它的用途。

窖穴系从地面直上直下挖成。南北略呈长方形,口径大小为 3.6 米×2.8 米,深 3.4 米。四壁上下笔直,也无脚窝痕迹(图 9)。可能为防止窖口塌陷,在南北两面的窖口上各横镶着粗细不等的木椽一根。然后沿着木椽从窖口到底部,竖立着几根木柱,南面五根,北面一根。

我们清理发现,窖里填满了灰黄色的垃圾土,也掺杂着完残不等的吐火罗龟兹语木简(图 10)、残纸、封泥、五铢钱和毛织物碎片。有一个红泥质的童子头像,系从上述储藏室西房中发现那一件童子头范中模印出来的。这完全证实了

图 9　残庙窖穴发掘现场　　　　　图 10　龟兹文木简出土时

窖穴与上述残房的关系。在窖穴底部发现许多马、羊和猪的头骨。①我们认为,这个窖穴最初曾作储藏之窖穴,后来废弃,成为填垃圾的坑。

从残庙现状和位置判断,现存这些残房都是庙宇后半部分。其主要建筑应在以北的临坡地方,或者是庙门、殿宇都在坡下,后因崖崩塌毁,仅存现在的这一部分。

出土主要文化遗物:

1. 木质类

木简,28 件。分有字、无字和简梯三种,都是使用过的废弃物。有的被削成残头或折断,有的把用过的字面削了下来(即“梯”),准备另一次通讯时使用。其中有字简 15 件,字为吐火罗龟兹语文字(也称乙种吐火罗语)。最长的为 BTB 庙 2:003,长 28 厘米,宽 4.5 厘米,厚 0.5 厘米,一面有字三行,另一面模糊不清。出土时一端有折断痕迹。(图 11)

圆木盖,3 个,为小型器物的木盖,BTB 庙 2:12,制作精致,边沿较薄,中央隆起成尖状。外表涂成黑色,黑色下层曾绘有金色图案已剥落,只残留少许金

---

① [唐]玄奘撰,季羡林校注:《大唐西域记》卷一《屈支国》,北京:中华书局,1985 年,第 54 页。

图 11 龟兹文木简

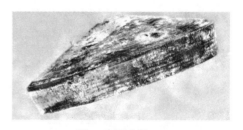

图 12 圆木盖

图 13 木梳

星斑痕,高 3 厘米,直径 6.5 厘米。(图 12)。

木碗,2 件,均残。一件破成数片,一件剩底部。前者敛口,平实底,碗外口沿下有三条横旋纹。后者为空心状底。

高脚杯,仅剩杯壁部分残片。其形状似与下述晚唐时房屋中出土的高脚木杯相同。证明这种形式的木杯沿用时间悠久。

木勺,3 件。用木片刻成,柄残,勺部微做凹状。

木梳篦,7 件,均残,可分单面与双面两种:

单面的有 3 件,又分为二式。Ⅰ式齿分粗细:BTB 庙 2:52(图 13),面窄齿短,高 7.5 厘米,宽 6.5 厘米,背作半圆形,与汉式完全相同。Ⅱ式为面宽,齿长而密,背梁很窄,约残存一半,如恢复完整是横长方形式,高 7.5 厘米,长度在 13 厘米左右。

双面的有 4 件。两端有齿,均残存一端。两端齿各分疏密,中间以横梁相隔。有的横梁很宽,约占面积的三分之一。其中 BTB 庙 1:10/2,横梁上有阳文 wwww 和 ▲▲▲▲ 等类似锯齿纹等图案(图 14)。BTB 庙 1:10/3 木梳横梁上的图案仅存边框(图 15)。

纺杆,2 件 纺轮,1 件,分别出土于不同地点,均已残。纺轮系用木片刻成,略呈圆形,中间有穿杆圆孔,与一般陶制纺轮形状相同。

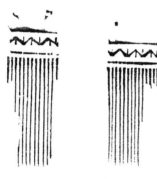  

图 14　木梳（BTB 庙 1:10/2）　　　　　图 15　木梳（BTB 庙 1:10/3）

木器腿，共二式（图 16）。发现于不同地点。Ⅰ式 2 件：BTB 庙 4:50，呈四棱形，下端雕刻成骆驼蹄状。高 15 厘米，棱宽 4 厘米。Ⅱ式 1 件，BTB 庙 3:83，腿雕成微曲形，上端有榫，下端雕成四指的兽蹄形。高 18.5 厘米。

彩绘木片，BTB 庙 2:33，一端有榫头，一端做三角状，用黑线绘有流水漩涡状的图案。长 7 厘米，宽 5 厘米。可能属于木制用品的一个部件。

雕花残木，BTB 庙 1:16，可能属于房屋梁上刻花装饰建筑的一部分，一处已烧成木炭状，但刻花似很清晰，中央部分刻成槽形，内刻菊花纹，边缘部分刻

  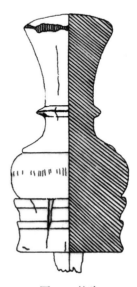

图 16　木器腿　　　　　　　　　图 17　柱头

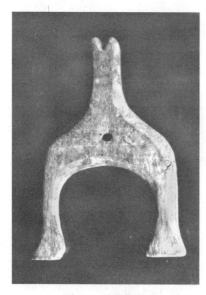

图 18 乐器部件

鱼鳞纹。残长 25 厘米，宽 16 厘米，厚 7 厘米。

栏杆柱头雕刻，BTB 庙 4:56 一件（图 17），系用圆木镟制，下端有榫头，嵌在柱端，有火烧残痕，高 31 厘米，直径 14 厘米。

菱形木片，两端尖状，一面半圆形，并有凹槽，长 5 厘米，宽 2 厘米。用途不详。

齿状刻木，3 件。其中 2 件系用圆木半径制成，另一件用木片刻成。都是各在一边缘部连续刻成大小一致的锯齿状。最长 26 厘米，宽 3 厘米。

乐器部件，2 种 2 件。一件为弦纽，楔形，长 9 厘米，两端粗细不一，似琵琶颈部调丝弦的弦纽。一件为弦柱 BTB 庙 2:23（图 18），用木片刻成"人"状。上端有撑丝弦的凹槽，似为古琴上的丝弦支柱。高 7 厘米，宽 5 厘米，厚 1.2 厘米。

"卍"字残柱，被火烧残的一处木柱，"卍"字系用刀刻在柱头上。

2. 陶泥类

"五朱"钱陶范，残存 4 小块，大小不一。其中两块上有"五朱"字迹，最大的钱范 BTB 庙 1:15 ，外径 2 厘米，内方孔每边 0.8 厘米（图 19）。另一块小"五朱"范（图 20），外径 1.9 厘米，内径 0.6 厘米。这两块的钱形和字体都似魏晋的沈郎五铢。其余两块上印无字钱模，可能是钱漫的一面。范上每一个钱模外径只有 0.9 厘米，内径 0.4 厘米，比上述有字的钱模小。应属于又一种小钱的范（图 21）。

坩埚，BTB 庙 1:012（图 22），大半残存，余为碎片。胎壁薄厚不均，并呈白色，外表有血红斑痕。埚内尚有黑焦渣和铜锈。口直底圆。与钱范、钱堆和火炉发现于同一地方，应为铸钱的坩埚。

陶罐，分单耳、双耳和四孔三种形式。

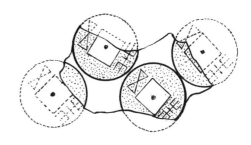

图 19　五铢钱范

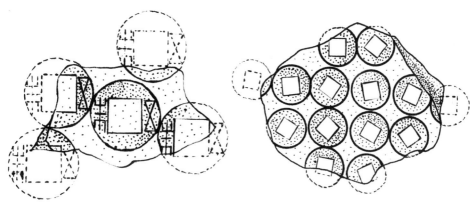

图 20　小五铢钱范　　　　　　　图 21　无字钱范

单耳罐，分黄、灰陶质两种。黄陶质 1 件，BTB 庙 4:20（图 23），侈口，鼓腹，单耳，平底，素面，高 11.5 厘米，腹径 11 厘米，口径 7 厘米。灰陶质发现 5 件，俱已压碎，只收集一件。BTB 庙 1:008（图 24），长颈，圆腹，自口至肩有单耳（柄）一个，素面。发现时颈及腹部俱有烟熏痕迹。通高 27 厘米，口径 6.5 厘米，腹径 2 厘米。

双耳罐，只存颈部，双耳，红陶质，侈口。耳为圆柱状，素面。

四孔陶罐，细红陶质，残圆腹，短颈，侈口。肩部一周凿有四个直径约 4 毫米的小圆孔。罐口径 10 厘米。

陶碗，2 个均残半。一件红陶质，BTB 庙 3:20，敞口，斜壁，浅腹，圆底，口沿有烟油，似曾作灯盏用，高 3.5~4 厘米，口径 13 厘米。另一件，BTB 庙 2:026，侈口，平底，素面。

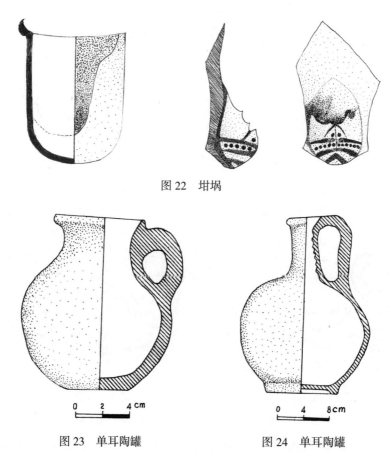

图 22 坩埚

图 23 单耳陶罐   图 24 单耳陶罐

漏孔陶炊具残片,2 种。一种为灰陶质残片,上有许多小孔,应是甑具。一种为夹砂红陶质,只剩残腹与足部分。空心足附加在腹部处凿穿许多小孔。亦属炊具。

印纹陶片,BTB 庙 2:73,为陶缸残片,壁厚 1.5 厘米,夹砂红陶质,外表遍印圆形纹。

五指印盖柄,为陶缸上的盖。已破碎,只剩盖中央的柄部。柄上印有五个指印的凹槽,恰好手插入指槽中可以揭起,质地很轻,似用碎布树皮等杂物混成浆状制成。

兽形陶器柄,BTB 庙 3:38,只剩陶器口及柄部残件。红陶质,柄上端塑一圆眼宽嘴的兽头。

童子头像,发现于不同地点。BTB 庙 4:21,范似石灰质,直径 12 厘米。像为土红色泥质。童子像系自范模中印出,圆脸,短发齐耳根。

泥封,4 枚,红泥、圆形。其中 BTB 庙 4:30、BTB 庙 3:25,直径 3 厘米。印有圆押,图案已模糊不清,印痕直径 1 厘米。泥底有绳印痕迹。

鼓风泥嘴,2 个,大小各一。用泥条盘成,中间自成圆孔,孔中有烟熏痕迹,孔外有焦渣和铁锈,长 1.5~3 厘米,直径 2.5 厘米。属于炉灶鼓风用具的部件。

泥灯盏,发现一堆数十个,土红泥质,圆形。大小形式不同,有束腰型、钵型和侈口碗形,个别还有流嘴。口缘及流嘴处大都有油烟痕迹,一般高 1.5~2.5 厘米,口径 3.5~4 厘米。属于佛堂使用的灯盏。

泥塑残佛头像,高 40 厘米,宽 27 厘米,厚 23 厘米。头顶肉髻已无,仅存面部。面型宽颐,双目微睁,嘴微闭,两角凹下,略带微笑。

小佛头像,有两个较为完整,BTB 庙 1:01、BTB 庙 1:21(图 25),土红泥质。系在木杆上裹泥,然后模印制成,均高 9 厘米,面宽 5.5 厘米。头顶小髻,浓发,脸呈长圆形,额宽,颚窄,似为鸡卵。细眉,高鼻,闭目,嘴微闭。

3. 铜铁类

五铢钱,10 余枚,散见于各屋和夹道走廊的地面。多属系延环钱,大小不一致。直径 2~2.4 厘米。多数字迹模糊,也有内外轮廓和字迹清晰的。BTB 庙 1:015,"五"字两笔画不弯曲的,应是西汉遗物。有两枚延环五铢,BTB 庙 4:33,外径 1.9~2.1 厘米。出土时用白布条穿在一起(图 26)。

图 25　佛头像　　　　　图 26　五铢铜钱

小铜钱,一大堆数万枚,发现时堆积在墙角。铜锈严重,已粘在一起。另外也有9枚零星的散见于地面。大小也不一致,一般直径1~1.5厘米。

铜押,BTB庙4:17(图27)。红铜质,椭圆形,背上有薄而高的鼻钮,钮中有小孔一个,系拴绳用。押面阴刻一个小兔(?),尾长,后腿弯曲地站立着,前腿一上一下舞蹈状。高1厘米,长2.5厘米,宽1.7厘米。

铁刀,残存一段,刃背都很清楚,残长8厘米,宽2厘米。

图27 铜押及线描图

4. 纺织品类(分丝、棉、毛织品)

染花色绢,残存一小条,黄底染蓝花纹。花纹因太残难以辨认。

丝线束,系白色丝线,缠在一根苇秆上,丝线已成淡黄色。

绢制花,BTB庙1:27(图28),在细树枝外缠红、黄色绢,再用黄、蓝色线扎成的花枝,共有五枝。每枝上有花苞二、四、五个不等。长22厘米,宽6厘米。

绢帷,残片,为极薄的白绢,还有一段缝制的包边。可能是帷幕的残片。其绢丝细而均匀,平均每厘米经密56根,纬密50根。

棉布,出土时包有黄色粉末的包布,为斜纹组织法。

方格纹布,发现两片,均匀棉织物。BTB庙2:067,为小方格纹。另一件为黄底双层蓝色大方格纹,残长30厘米,宽13厘米,每一方格约为1.5平方厘米和2.2平方厘米见方。布上有线缝和火烧的痕迹,应是衣物的残片。

毛绦带,BTB庙3:42(图29),残存一段,残长50厘米,宽4厘米。系用毛线编织而成,上面有用黑墨绘画的细方格纹饰。每隔一段留有一个很规矩的缺

图 28　绢制花

图 29　毛绦带

口,缺口上饰有红色线头。初步研究可能是佛龛上用作帷幕的一段残条。棉绳结,BTB 庙 3:19(图 30),棉线制品。已经朽断成若干小条。但绳上依次打满了状如珠或米粒大小的圆结。

菱格纹栽绒毯,2 块,同为一件上的两块残片。其中 BTB 庙 3:41A(图 31),残存 19 厘米×12 厘米见方,以原白色经线和棕色纬线交织成平纹基础组织,用剪刀扣拴结绒头,以棕、黄、蓝、红色绒头显出四个相邻的大菱形,再在大菱形格内显出对称的四个小菱纹,美观大方。

毛织带,BTB 庙 3:006,以白、棕二色毛线织成,质地粗糙,残长 50 厘米,宽 17 厘米。应属于腰带的一段。

粗毛布,BTB 庙 3:56,白色毛线织成。残存大小 15.5 厘米×5.6 厘米,平均

图 30　棉绳结

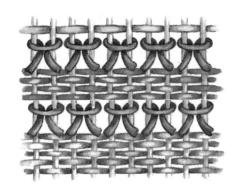

图 31　栽绒毯组织法

每厘米经密 5 根,纬密 9 根,平纹组织法。

毛布残片,BTB 庙 2:20,残存大小 8 厘米×5.5 厘米,平均每厘米经密 9 根,纬密 18 根。平纹组织,表面呈横向凸纹。

黄色斜褐,BTB 庙 3:39,残存大小 11.5 厘米×9.5 厘米,2/2 斜纹变化组织,仍留有幅边,平均每厘米经密 15 根,纬密 10 根。

绯色斜褐,BTB 庙 3:192,残存大小 24 厘米×18 厘米,组织法同上,平均每厘米经密 12 根,纬密 9 根。

BTB 庙 3:71,带字绢片。

5. 农作物类

麦穗,BTB 庙 4:55(图 32),已成赭色。无芒,穗长 6 厘米。麦粒稍有脱落。

大麦,发现一小撮,未脱壳,色黄。

核桃,BTB 庙 4:46(图 33),两个,一个完整,3 厘米×2.5 厘米。

6. 骨、石、琉璃类

骨栉两件,BTB 庙 3:13(图 34),较完整,双面小栉,每端有疏密齿各一排。粗齿 11 个,完整细齿 16 个,已残一半。中间隔梁约占体积的三分之一。长 3 厘米,宽 2.2 厘米。体积很小,可能是梳胡须的工具。

骨笛,BTB 庙 4:54,残断一节,长 10 厘米,圆径 1 厘米。空心,有三个圆孔,

图 32　麦穗

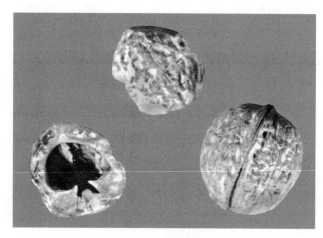

图 33　核桃

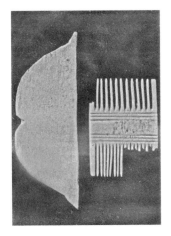

图 34　骨栉　　　　　　　　　图 35　鹿角

内外相通。经初步鉴定系山羊小腿骨制成,可能是古代的羌笛。

大骨针,BTB 庙 4:52,一端呈尖状,另一端圆钝,并有一小孔穿通。尖头一端稍歪,似用山羊角制成。

骨刻槽,BTB 庙 4:27,用骨刻制,形成一个弧形小槽,槽底部凿一圆孔。长12.5 厘米,最宽径 2 厘米。用途不明。

鹿角,完残各一根,为天然鹿角。其中 BTB 庙 4:57(图 35),枝杈五出,长80 厘米。

骨珠,BTB 庙 1:6,残存一半。呈椭圆状,上下横直都有凿穿的圆孔,共六面,高 2.5 厘米,宽 2 厘米。

珠,两颗,圆形。一颗玛瑙质,为奶白色半透明;一颗红珊瑚质,色为石榴籽红。直径 1 厘米。

串珠,除散见于地面的散珠外,主要有两组:

一组 BTB 庙 2:13,一串琉璃质珠饰,共 71 颗。出土时用丝线穿成一串,以黄、蓝、黑色为主,个别有绿色的。以蓝珠较大,大如黄粟,黑珠最小,有蓝珠的一半大。71 颗珠穿在一起,全长 9 厘米。

另一组 BTB 庙 2:14,为镶在一片多角状粗布上的珠饰,共 50 颗。分黑、蓝、绿、红四种颜色,每颗珠的体积只有上述蓝珠的四分之一左右。

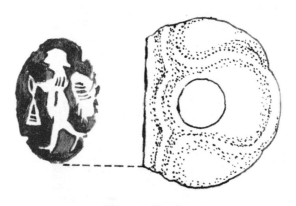

图 36　人像画押

人像花押,BTB 庙 4: 35(图 36),半透明体,似白玛瑙质。押背为半圆形状,刻有对称的叶状图案,中间有一系带的大圆孔。押面阴刻一个高鼻、大腹的侧身人像。此人头戴半圆形宽边帽,足蹬高跟长靴,肩上扛担,担前似一交叉形工具,担后之物模糊不清。高 2 厘米,长 2 厘米,最宽面 2.5 厘米。

花押,BTB 庙 4:32(图 37),红色石质,未刻。花押形式与人形花押相同,未刻任何花纹。高 1.5 厘米,长 1.3 厘米,最宽面 1.7 厘米。

图 37　花押及平剖面图

三足石香炉,BTB 庙 4:42(图 38),残损,仅存三分之一,白石质。复原后为三足香炉,足部刻成牛头形状。高 6 厘米,口径 6.5 厘米。

磨石,BTB 庙 4:07(图 39),共 2 块,长条形。一端有磨痕,另一端有圆孔可以系带。长 6 厘米。

残石斧,墨玉质。刃端已残断,四周扁平磨光。残长 9 厘米、厚 2.5 厘米。发现于墙基土中,可能建筑取土时,挖取了原遗址中的堆积,所以此墙带有这件

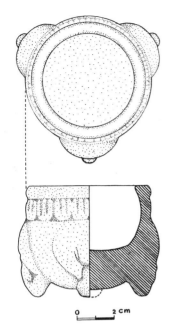

图 39　磨石

图 38　三足石香炉

图 40　龟兹文残纸

石器工具。

玉簪,一根,昆仑白玉质,四棱状,一端有钝尖,长 6 厘米,宽 0.4 厘米。

7. 纸张类

龟兹文残纸,BTB 庙 3:186(图 40),共 2 片,各成残半。其一有字五行,长 5 厘米,宽 9 厘米;其二有字三行,长 5 厘米,宽 11 厘米,发现于窖穴废土中。

(二)盛唐残庙遗址

在上述北朝残庙西北面的山坡腰部,盛唐一座残庙的后殿墙壁正压在这座北朝残庙的西端。原系挖开北朝残庙堆积和地层的断面而出现的后殿墙壁,所以此盛唐残庙的地基反而比北朝残庙的地基低 3.65 米。显然是在北朝残庙毁弃之后,重新建起的另一座庙宇(图 41—图 43)。

这座残庙现存后殿及其相连的几间房址。后殿略呈方形,面积 4.7 米×4.3 米,门开在西南面墙,门向 50°,门宽 1.6 米,残高 0.95 米,木构门框全被火烧。可见此庙亦曾被火毁。

图 41　盛唐残庙遗址发掘现场

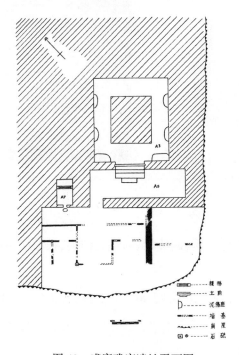

图 42　盛唐残庙遗址平面图

　　中间是土块结构的方柱型建筑,面积 2.65 米×2.3 米,残高 2.37 米。方柱四侧在距地表 35 厘米处各有一个小龛,上圆下方,最高处 60 厘米,宽 32 厘米,深 15 厘米(图 44)。龛中多被油烟所熏,似为放置香火油灯之处。因此,这个方柱上端似有已毁掉的佛像。

　　后殿四壁除门壁外,西北和东南两面墙上,各有两尊高大的泥塑佛像。发掘时佛像已全被盗,只剩长约 30 厘米的泥脚和脚下半圆形的土台痕迹残存。

图 43　发掘后的盛唐残庙遗址

图 44　佛殿内的中心柱

图 45　残存的泥塑佛教

塑像前面有木框结构,高 1.2 米,似为护佛像的设备。西南墙上似有粗线条的彩色壁画,颜色为土红、黑、白三色,但已全部剥落不清,只有一些彩色斑点。佛像背光亦为上述三色彩绘,但从刀痕观察,皆被盗掘者挖去。另外,在北墙和南墙角上,各有一个 1 米×0.5 米,高 45 厘米的长方形土台,台上也有被盗走的塑佛残脚(图 45)。还有泥质灯盏,盏下有一半圆形木托。土台上还有泥质小杯(与灯盏同一式样),杯内各放桃核一颗(桃子皮肉已腐烂),属供品之类。

后殿门槛处，有三级土阶，接着是 1.6 米×5.5 米的夹道。墙面全用白灰刷过。在距地面 90 厘米的墙壁上，贴有一条围绕四周墙面黄泥横条，黄泥上连续印有"卍"字纹图案。西墙角堆放着一批泥制小灯盏或供杯。夹道东侧是出入口处，向右拐，踏上一块椭圆形（40 厘米×28 厘米）的卵石，又进到一个小型楼梯间。

这楼梯间坐向与后殿相同，面积仅 0.9 米×1.4 米。四壁和地面全用黄泥涂抹。墙面泥厚 2 厘米，地面约 6 厘米，靠后墙的一端立有木梯一个。所有木梯和门框，全被火烧，只有紧贴地面约 65 厘米高的最低一层木梯，尚有黑色焦木残存。木梯横距 90 厘米，宽 15 厘米。在木梯后面地表土层中清理出一枚婆罗米文书写的木牍，可能是早被遗弃在那里，被多年的灰尘掩盖，因而免遭火烧。在清理楼梯间的上层约 1.7 米的烧土黑灰层中，有一层约 50 厘米厚的黄灰土夹苇席杂草层。其中清理出散见的汉文和用婆罗米文书写的文书残纸多片，以及残陶砚、苇笔、锦片和木栉等物，可能是楼上的建筑因被火烧塌下的积压层。

在楼梯间门外约 1 米距离处，有寮房数间。这些寮房都是以树枝作墙，间距很小，面积不过 2 米×0.8 米，只有居中一间为 2 米×2.15 米，较为宽大，墙基角下还有雕刻成外方内圆的木质柱础，估计这是一间通往后殿的过厅，所以比较宽敞。过厅两侧都是间距不大的小房。但在过厅西侧，紧靠小房处，却另有一排大屋，因过分残破，面积无法测量，残存部分估计至少有两间。这排房也被火烧毁，只能见到残墙厚达 27 厘米，为土块垒成。土块为 25 厘米×26 厘米，筑法为一层平砌，一层竖砌法。满地是泥佛头身碎块，在地面灰土中也清理出婆罗米文和汉文残纸片数张，其中"西逃避"的汉文残纸，尚存五行二十字。所有原来有房屋建筑的地方，现在都已沦为斜坡和沟渠了。估计这座残庙的前半部分在崖的边缘或者是就在崖下，因为年久塌毁，水土流失，只残存这少量后殿和少许房址。

出土主要文化遗物

1. 木质类

木牍一枚，长方形，大小为 26 厘米×7 厘米，厚 0.5 厘米。一面有婆罗米文书写的文字五行。牍板边缘的中部各有一个 V 形槽，系未启封以前用以捆扎线绳所用。

木柱础两个,一圆、一略呈方形。BTA3:01,圆形的刻工简单,只在平面中央刻一榫槽,圆径 24 厘米,高 40 厘米。BTA3:53(图 46),略呈方形的外方内圆,似为莲蓬形状,在每一棱角处刻一瓣莲花瓣,共计四瓣。莲花瓣中央包着似为莲蓬形状的圆平面,高 22 厘米,每边 28~33 厘米,圆平面的直径 30 厘米。

乳钉饰圆木片,发现有 3 件,分别出土于后殿墙基土中。以标本 BTA3:015 为例,系在小半圆形的木片上,遍布木制乳钉 16 个(另一件多至 20 个),外涂白粉,圆径 10 厘米,用途不详。有认为系佛头顶的螺结发式,尚难肯定。

木钥匙,BTA3:33(图 47),状如木裁尺的一根木条,大小为 28 厘米×2 厘米。在木条一端相距 7 厘米之间有两根木钉。用以开启一种木制的锁子,这种木锁,18—19 世纪时,在喀什、和田地区仍在使用。

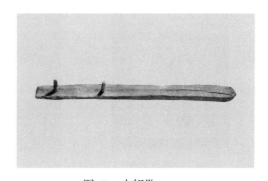

图 46　木柱础　　　　　　　　　　　图 47　木钥匙

灯托,BTA3:04(图 48),发现于后殿墙下。像一个覆置的碗状,上小下大,直径 8~16 厘米,厚 5 厘米。上面呈凹状,可以放泥质灯盏。下端的平面中央有一个方形槽孔,可以安插木杆。

木栉,3 件,二式,均残。一式为单面,细齿,高 5 厘米。一式为双面,疏细齿各占一端,高 12 厘米,宽 7.5 厘米。

木勺,2 个,BTA5:03,BTA7:04,勺部呈椭圆形而带尖状,轻巧质薄,柄部已残。除残柄不计外,勺长 7 厘米,宽 4 厘米。

图 48　木灯托

图 49　木提

图 50　松塔纹木雕

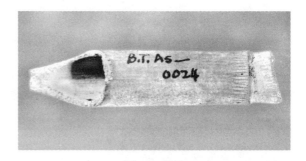

图 51　苇笔

　　木提，BTA7:82（图 49）。状如今日民间使用的计量油、醋的提子。通长 62 厘米。

　　木针，长 9.5 厘米，尖端较圆锐，末端平扁有小圆孔穿通。

　　松塔纹木雕，BTA5:18（图 50），长 5 厘米，圆径 2 厘米，两端平削成齐头，中间雕刻出状如松子般的图案。可能是一种木工具的部件。

　　苇笔，BTA5:024（图 51），长 5 厘米，宽 1 厘米，苇秆中空，一端削成斜角状。系古代居民使用的一种苇笔。

　　葫芦，BTA6:37（图 52），发现于楼梯间土台上。束腰状，似曾用以盛油，口

图 52　葫芦

图 53　罄硾

缘处因使用过久已非常光滑。最高处 15 厘米,腹径 10 厘米。

木镞头,BTA4:37,圆体,削制光滑,尖部锋利,尾部微敛。长 4.5 厘米。

箭杆,分木制(两根)和竹制(一根),均残。存箭尾的一端,其中木箭杆末端凹槽部分涂成黑色,残存缠扎的细麻线。竹制杆空心有节,残存的杆上连续相间涂一段红色和一段黑色。

纺轮,用葫芦皮制成,圆形,直径 3.5 厘米,中间有圆孔。

罄硾,BTA6:24,用四棱形的一段长方木片制成罄硾。中心凿孔,孔中穿木杆。锤长 4 厘米,宽 1 厘米。杆长 15 厘米。另一件 BTA6:36,罄硾系用木杆削成(图 53)。

2. 陶泥类

陶壶,2 件,BTA7:53,BTA7:56,两种形式,均残。一件为褐色陶,细颈。颈部有绳纹和堆纹,腹部有两条突起旋纹。另一件为深红胎,粗颈,唇上有波纹,颈上堆纹。

陶盆,BTA7:149,夹砂红陶,敞口,平唇,平底,无纹饰。已将碎片复原。口径 32 厘米,底径 16 厘米,高 9 厘米。

灯盏,20 多个,大小形式不一。泥质,一种为半圆形,一种为束腰形。与北朝灯盏的形式大小基本相同。BTA3:05,高 2~4 厘米,直径 3~7 厘米。口缘处大都

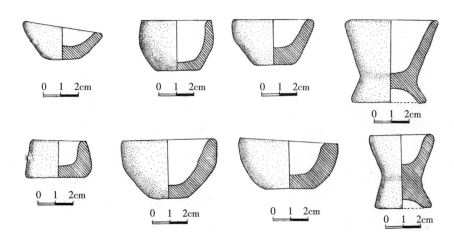

图 54　各式陶灯盏

图 55　墙饰图案

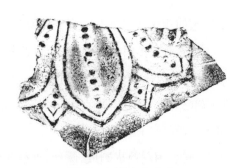

图 56　绿釉印纹陶片

图 57　绿釉印纹陶片

有油烟痕迹。(图 54)

墙饰图案,BTA7:71(图 55),残片,泥质印纹,略经火烧,为镶在后殿前面夹道墙壁上的装饰。发现时已大部剥落在地上。内容为连续"卍"字套四瓣(忍冬)花朵。高 8.5 厘米。

绿釉印纹陶片,2 片,为缸罐等生活用具的残片,其纹饰图案较有特色。BTA7:0014/3(图 56)存两层莲花瓣纹。BTA7:0014/1(图 57)为蝶(或蝉)纹,类似动植物形的印纹陶

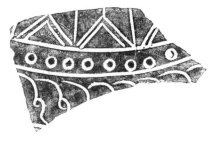

图 58　划纹陶片

图 59　橘瓣珠

片。在古城遗址内还采集了许多,可以为新疆古代图案艺术的研究做参考。

划纹陶片,BTA7:77(图 58),刻画有圈点、勾纹和树纹。树为一杆双叉,一正一侧,交叉排列。类似的图案陶片在古城内也采集了许多。

陶砚,BTA5:8,细泥硬陶,手制,已残成一半。为桃状的圆池形。出土时尚有墨迹。残存部分大小为 6 厘米×8 厘米。复原后有似凤字砚形。

橘瓣珠,BTA3:13(图 59),两颗,似石灰质,四周刻成橘瓣纹,直径 1 厘米。

刻花纺轮,为半圆状,制作精致。平面处刻有较细的图案。直径 3.5 厘米。

小佛头像,发现 8 个,大部分残破。BTA3:007(图 60),长圆脸型,额宽颊窄,头顶肉结,发式波纹,闭目微笑状。高 8.5 厘米,额宽 5.5 厘米。下颚较小,与魏晋残庙中出土的小佛头很相似。

残泥佛身像,BTA5:02(图 61),无头部,身残缺。立佛,着长袍,右袒肩,全

图 60　泥塑佛头像

图 61　残泥佛身像

身曾涂土红色,后又涂一层灰色泥浆,但灰色泥层多已剥落,露出胎部的密纹衣褶。残高 24 厘米、最宽 11 厘米。

3. 铜铁类

铜勺,青铜质,柄残,勺心薄而边厚,不算残柄部分,长 8 厘米,宽 5.5 厘米。

铁矛头,刃部尖锐,尾细长,平扁状,已残为三段,长 21 厘米,宽 3 厘米。

4. 纺织品与无纺织类

纺织品

锦,除太残、太小无法分析的以外,主要有四种,均为残片。

条纹丝织品,BTA7:135(图 62),残存大小为 3.2 厘米×2.5 厘米。呈黄、绛褐色条纹状,每条宽 0.2 厘米。底纹为平纹组织,绛褐色条纹为 2/1 经斜纹组织。织物的正、背面条纹相同,平均每平方厘米经密 57 根,纬密 16 根。

大联珠纹锦,BTA7:142(图 63),残存大小为 21 厘米×22 和 6 厘米×4 厘米两件标本。二重三枚纬斜纹锦,其组织法 1/2 纬斜纹。平均每平方厘米纬密 37 根,经密 45 根(包括双股夹经在内),组织致密,厚重坚实。与吐鲁番阿斯塔那墓葬中出土的大联珠禽兽纹锦相似。

团花纹锦,BTA7:136(图 64),残存大小为 3.5 厘米×3 厘米,二重三枚经斜纹锦。其组织法为 2/1 右向经斜纹组织,平均每平方厘米经密 36 根,纬密 36 根

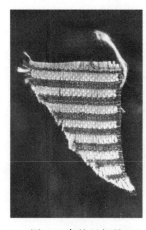

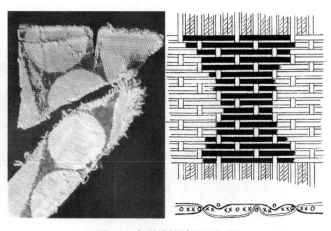

图 62　条纹丝织品　　　　　图 63　大联珠纹锦及组织图

图 64 团花纹锦及组织图

(包括夹纬在内)。由经线在黄色底纹上显出宝蓝和蓝色圆圈,其上织有黄色小联珠,中间添以对禽纹锦。此锦与《新疆出土文物》图版 147 团花纹锦相同,可能是"蜀锦"。

梅花纹锦,残存大小为 5 厘米×3 厘米,二重三枚纬斜纹锦,平均每厘米经密 28 根,纬密 26 根(包括夹经在内)。浅蓝色底纹上显黄色梅花纹饰。

绫,均为两色绫。图案为植物纹,共 3 件。

黄色植物纹绫,BTA7:91(图 65),残存大小为 13.5 厘米×3.5 厘米和 9.5 厘米×3 厘米的二片标本。其组织法是一种斜纹变化组织,由黄色经线和豆绿色纬线组成。绿色底纹为 3/1 纬斜纹组织,黄色花纹为 1/3 经向斜纹。织物背面和正面形成花纹相同、色彩相反的图案。平均每厘米纬密 28 根,经密 43 根。

紫红植物纹绫,绛褐色底上显出紫红色植物纹,组织法同上。平均每厘米经密 30 根,纬密 20 根。

绮,平纹地上起斜纹的绮,俗称单色暗花绸,共有 7 种。

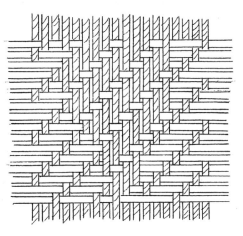

图 65 黄色植物纹绫组织图

1. BTA7:141，紫色，植物纹，出土时与红绢缝在一起。

2. BTA7:144，黄色，菱形回纹，残存 3 小片幅边部分。

3. BTA7:137，红色，连续人字纹。质地较细。

4. BTA7:143，黄色，菱形图案，残存 3 小片。

5. BTA7:140，黄色，已缝成小带，带上打成 5 个小结。

6. BTA7:067，绯色，原为黄色，染成红色，菱形四瓣花图案。

7. BTA7:040，紫褐色，原为黄色，染成紫色，几何形图案。

缣，质地厚密，经纬线都很均匀。主要有两种。

1. BTA7:128，黄色，发现时系打成结一小条。

2. BTA7:145（图 66），黄色缣，发现时缝成一条小带。

绢，有疏密 5 种两式。

1. BTA7:126，黄色，疏松，状为细罗底。每根丝的粗细都不一致。

2. BTA7:123，黄色，质地较密，经纬都很均匀。

3. BTA7:125，浅黄色，一侧保存幅边。

4. BTA7:124，蓝色，质地紧密。

5. BTA7:002，印花绢，绢质细薄，在蓝色底纹上显白色四瓣花纹图案。

丝线和蚕茧 BTA7:133（图 67），丝线一团，并存三个蚕茧。线较精，每一股用 11 根丝拧成。丝绳分粗、细两种，都成断头。原为红色，后用矿物颜料染成紫色。

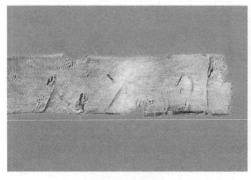 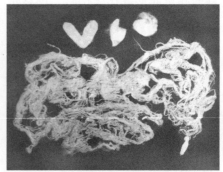

图 66　黄色缣　　　　　　　　图 67　丝线和蚕茧

丝绳,分粗、细两种,都成断头。

1. BTA7:129,黄色,细绳。都已打成距离不等的小结。

2. BTA7:139,赭色,粗绳。打成很密的小结,状为串珠。

佛龛帘,BTA7:134,黄底绢染成红色。把一段绢的纬线抽去,而形成垂絮状。左是佛龛上的帘幕,幕上还有一行用婆罗米文书写的字。残长 48 厘米。

布片,BTA7:139,白色,残存一侧幅边,平均每厘米经密 18 根,纬密 9 根,似今之帆布状,正反面都显芭斗状纹。

残布衣共 2 件:

1. BTA7:062,蓝、红两色粗布,缝补在一起,出土时弃置成堆。

2. BTA7:070,可能是一件以绢为面、布为里的衣服。现仍有残线头缝在一起的痕迹。

毛布,系用棕、黄二色羊毛织成。经线显示出宽条纹饰。质地粗厚,状为今之毛织袋。

毛绳,以棕黄二色毛拧成的绳。残长 17 厘米。

罗底,马尾制成。破后经多次修补。

毡衣,黄色羊毛制成,裁剪处用毛线缝合。已成残片。

绣花毡片,BTA 6:17,残片大小 20 厘米×8 厘米。上层棕色,下层白色的两层毡。上面用白、绿和蓝色线绣成图案。

麻绳,双股细麻绳。残长 50 厘米。

5. 农作物类

粟,发现时曾附在一个木质圆片上。已成空壳。地下土中也存许多,但已成灰烬,都无法收集。

菠菜籽,二三十粒。发现时包在一个小布包内。

另有葡萄籽、甜瓜籽和杏核等。

6. 石骨器类

磨制小石片,黑色,椭圆形。四周磨制很光滑,似为泥塑佛像的眼珠饰物。

鸡心状饰,发现 2 枚,都做鸡心形状(图 68)。半透明,橘红色中透出许多金黄

图 68　鸡心状饰

色斑点。尚未鉴定,质地很轻,似为琥珀色。最大的长 2.5 厘米,最宽处 1.5 厘米。较小的一枚外表似磨过,已失去光泽。

贝饰,BTA 4 :16, 长 1.5 厘米。背面有大穿孔。似作珠饰之用。

骨饰,BTA5:17,2 件,环状。一件直径 1.5 厘米,上刻螺纹。另一件直径 1 厘米,上刻圆圈纹。

弓形骨器,长形薄片骨器,残长 8.5 厘米,宽 1.5 厘米,最厚 0.5 厘米。微作弧形,表面经过磨光,两侧各有用利刃刻成大小、深度不均匀的三角状齿槽。用途不详。

7. 字画类

汉文,共发现大小 12 片,均残,都是纸质。发现于楼梯间上层的灰烬中,应是火烧后残存之物。从这些残存的文字内容分析,可能是积存档案资料的一部分。

“西逃避”残信,BTA 6 :050(图 69),残片,大小为 7 厘米×16 厘米,存五行二十字,行书。

1. 简悉发作
2. 具钱自限
3. 西逃避一仰
4. 有患赵此(?)
5. 自知奴(?)

这件文书应是来往信件中的一页。从其中“西逃避,一仰……”几个字分

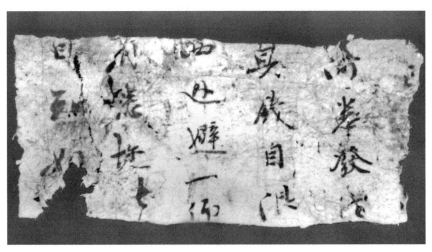

图 69 "西逃避"文书

析,应是关于请捕逃犯的内容。唐代有关追捕逃犯的事,在史书中曾屡有记载。

三字残片,仅存一小片,3 字,行书。

"曰娑奴"

租蒲桃园契约,BTA7∶116,残片,最长最宽处各 16 厘米,存 7 行、40 余字,行书。

1． 蒲桃圆一所

2． 七日白向冝黎为自无田

3．　平章两家火下

4．　向冝黎出人力至

5．　已上并停分官有

6．　税粮并向冝

7．　　日　多

这应是一件关于典租蒲桃圆的契约。"蒲桃"即葡萄,是唐代关于葡萄名称的特用字。在书中有几个别字,如"平章两家火下",应是"凭"章两家"伙"下。

"停分"意为平均分配,契约的大意是:佃户白向冝黎向别人租入了葡萄园一所,名义上是与园主人合伙经营,劳动的果实将各得一半,实际上全部劳动和应缴的税、粮杂捐,俱由冝黎一方承担。这是唐代西域地区的一种地主阶级剥削形式。另外,从向冝黎这个名字分析,可能是一位汉族劳动者。可见汉族人民早在一千多年以前就和新疆各少数民族人民共同生活、劳动。

"信使往来"残信,BTA6:181(图70),残片,大小为12厘米×15厘米,存5行、27字,楷书。

1. 信使往来皆
2. 季春极暄惟
3. 　使将军四朗动
4. 手当路长钦政
5. 耗阻以沙塞

图70 "信使往来"残信

"审思之"残信,BTA6(图 71)残片,大小为 14 厘米×22 厘米,存 9 行、54 四字,楷书。

1. 审思之秋中
2. 动覆清适庭
3. 欲和同何得有少
4. 听亦无此言望知
5. 昨得守(木足)申称补尔
6. 叶护与尔卑旧有言
7. 得否请与董使审
8. 各限公守
9. 遣将军

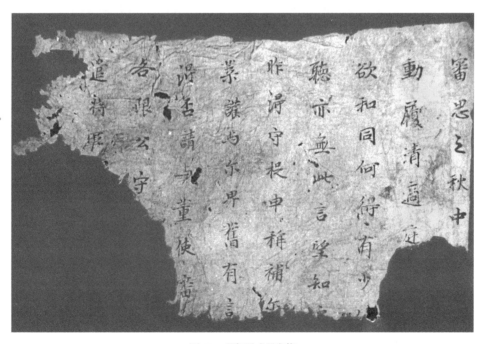

图 71 "审思之"残信

(一)此件信笺,小楷工整,笔画不苟,字迹清秀。文中提到的"守浞"即守捉,为唐代守卫边疆地区的军事设施。《新唐书·兵志》称:"唐初,兵之戍边者大曰军,小曰守捉、曰城、曰镇,而总之曰道。……此自武德至天宝以前边防之制。"①这件文书中所称的守捉,想来应在该遗址(唐代的据史德城,属于龟兹西境)附近。但是根据《唐书·地理志》的记载,龟兹所在的守捉名称和位置,皆在安西府以东,如龟兹以东一百二十里至焉耆铁门关以西二十里有赤岸、西夷僻、东夷僻、龙泉、榆林和于术等六守捉。龟兹以西出柘厥关,渡白马河,过沙碛,凡知名的地点,都以城、馆命名。如俱毗罗城、阿悉言城、拨换城。拨换西北为小石城、大石城、顿多城(即汉赤谷城)至热海和碎叶城。西南各站均以馆、城命名,如济浊馆、达幹城、谒者馆至据史德城。不见有守捉之称。至于开元年间所建立的葱岭守捉,应在唐疏勒镇(今喀什)西南六百里地以外,且不属龟兹所辖。那么,这里的守捉何指?不得而知。若参考当时于阗以东的坎城、兰城西镇,史料中常有混称守捉之例,是否据史德城或附近各馆,亦有称守捉的。如是,则此文书已可补史料之漏。

(二)关于"叶护"问题:"叶护"是突厥的官称之一,其"大官有叶护,次设,次特勤,次俟利发,……皆世为之。"②常以可汗子弟及宗族为之。而这样的大官,又常常是要由唐朝庭诏赐册封的。可汗死后,叶护可以进袭为可汗。

唐初,龟兹国王也有叫"叶护"的。贞观二十一年(647年),昆丘道行军大总管阿史那社尔进讨龟兹时,"社尔立(诃布黎失毕)王弟叶护,王其国,勒石纪功。"③至唐高宗时,始复立诃布黎失毕为龟兹王。

这里所指的是哪一个叶护呢?因笺残文不全,不好判断。从不全的文意推测,这应是一封上级官府给下级的官信,据史德城或附近的军事设施,同属设在龟兹的安西都护府管辖。而据史德城又为龟兹属地,和西突厥首领或无直接的信约(文内称"叶护与尔卑旧有言")关系。因而疑为龟兹王的叶护名字。

---

① [宋]欧阳修撰:《新唐书》卷五十《兵志》,北京:中华书局,1975年,第1328—1329页。
② [唐]李延寿撰:《北史》卷九十九《突厥传》,北京:中华书局,1974年,3287页。
③ [宋]欧阳修撰:《新唐书》卷二二一上《西域传·龟兹》,北京:中华书局,1975年,第6231页。

"十三年"残状,BTA7:112(图72),纸质,已朽。出土时已残成碎片,现又缺了一些字。据出土时的记录整理,当时存10行29字,正楷。

1. 城女　　　十三年被贱
2. 　　　　　辨
3. 　　　　　　卖外
4. 立白　升　　待赎
　　　　　　（钱）
5. 　　见　　至死
6. 　　早典王
7. 城　女
8. 家作奴
9. 郡僧
10. 女

图72　"十三年"残状

　　这件文书从内容分析应是一件讼状。因出土时纸已腐朽,这是根据出土时的文字次序录文。文中"十三年"之上缺失年号,但从贞观十四年(640年)平定高昌,贞观二十一年(647年)迁安西都护府于龟兹,贞元六年(790年)吐蕃乘塔里木盆地唐廷兵力空虚而攫取安西、北庭,自此以后,中原与西域隔绝止,有十三年以上纪年的,只有开元(713—741年)、天宝(742—756年)和大历(767—779年)三个年号。其中,天宝三载(744年),唐玄宗诏令改"年"为"载",此后,凡天宝年号的,一律称"载",不可能再有"天宝十三年"的纪年。且库车(即龟兹)早年曾有过"□(天)宝十三载三月十五"的题记,足证当时当地已知改"年"为"载"之事。所以这件讼状残纸的时代应属于唐玄宗开元十三年(725年)或唐代宗大历十三年(778年)两个时期。

　　"惟"字残纸,残片,存2行5字,正楷。大小为8厘米×5厘米。

　　1. 惟
　　2.　动心万旗
　　　　?

　　"六月中",BTA7:108,残纸,小字行书,残存6行16字。

　　1.　　六月中
　　2.　余草为萤
　　　　?
　　3.　除丰申
　　4. 除足下
　　5.　　　　岁
　　6. 思念

　　骑缝残纸,2件,均残。字写在骑缝间,似为信封皮。一件仅存2字。

1.　　　性 收

另一件存 4 个半字。

1.　副使侍进左

六字残纸,仅存 2 行 6 字,行书。

1.　　亲勿鸡　羡
2.　　　　　是

"苗李已来"残纸,存字 2 行 10 字,正楷(图 73)。

1.苗李已来多少
2.　　护家将等

绘画残片,似绘人马等内容,但已只剩两前蹄,涂红颜色。人站在马旁,只
残存一段衣角部分(图 74)。残幅大小为 16 厘米×19 厘米。

图 73　"苗李已来"残纸　　　　　　图 74　绘画残片

墨涂纸,全用黑墨涂抹。残幅大小为 25 厘米×25 厘米。

这批汉文文书和绘画残纸是在我国西陲的遗址上首次发现的,库车唐代汉文文书的发现以后,在新疆地区塔里木盆地西缘又一处发现,对于研究唐代新疆的历史又增添了一批珍贵史料。

婆罗米字母文书残纸,全是残片,其中篇幅较大、文字较多的有 7 件。

1. BTA7:096,残成两条(图 75)。一条篇幅大小为 4 厘米×22 厘米,存字 3 行;一条篇幅大小为 2.5 厘米×21 厘米,存字 2 行。

2. BTA7:106(图 76),为全幅纸张下端的一部分,最后一行字接近底边。篇幅大小为 8 厘米×22 厘米。存字 3 行。

3. BTA7:100,已残成三小片。其中最大一篇幅大小为 8 厘米×12 厘米,存字 3 行。

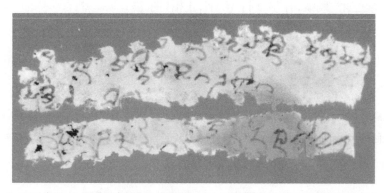

图 75　婆罗米字母文书残纸

图 76　婆罗米字母文书残纸

4. BTA7:94,篇幅 11 厘米×12 厘米,存字 5 行。

5. BTA7:095,篇幅 18 厘米×15 厘米,存字 6 行。字上有用墨涂的痕迹。

6. BTA7:098,篇幅 9 厘米×12 厘米,存字 4 行。

7. BTA7:050,篇幅 6 厘米×22 厘米,残存较完整的 3 行字。

8. BTA7:101,残成四小条,每条各有一行字。

(三)晚唐房屋遗址

此房系压在上述两个残庙部分遗址上层的一排房屋。因附近居民取土,翻开了部分废土堆积,暴露出了残墙间的短柱(图77),因此,最初即以此定点发掘。这层堆积很薄,仅有 20~35 厘米就见到房址的地面。房址共有三间,呈东西排列,间距不等(图 78)。残存的墙基很不规则,既不见土块也不见夯筑痕迹。似乎是在废墟土堆上先挖地窝样的三间房基短墙,再在短墙上面立柱,柱与柱之间再以树枝交叉成墙,两面涂以草泥,架顶成屋。清理之前就发现有两根短残柱头暴露在外面,柱与柱之间交叉的树枝,

图 77　残墙间的短柱

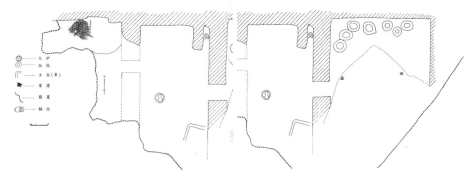

图 78　晚唐房屋遗址平面图

有的还成排倒塌在土中。废土堆积中大多为灰土夹杂着芦苇、草席等，都可能是屋顶塌下来的堆积。

这处房址的墙厚度不等，一般为 15~20 厘米。西屋与中屋间的墙壁上，在距南墙 5 米的地方开一小门，门宽 1.25 米，没有木框和门扇。东屋与中屋之间的墙基大部分已经塌毁，但从痕迹分析，也似有门相通，设在距南墙 3 米左右处，门宽 95 厘米。因此这三间房屋是相互贯通的。

西（东）边的房屋较宽，东西 9.1 米，但在距南墙约 2.5 米以外，全被盗坑所破坏。此盗坑中间就是上述盛唐残庙后殿的中心方柱顶部。盗掘者沿着此方柱的边缘挖下，盗取了后殿里的泥塑和其他，然后填塞了盗坑，致使地层堆积完全混乱，特别是破坏了这间西屋的大部分地面。我们所发掘的只是此房东南与西南的两个墙角。这里大部分地面又是被七个灶坑所占。这些灶坑用土块垒成，大小不等，口缘直径 90~120 厘米，厚 20~25 厘米，高 50~75 厘米。灶门北向或偏东偏西。

每个灶坑里都堆集着大量的木炭灰和烧成焦黑色的牛、羊骨，以及陶锅、罐等碎片。还有一个灶坑里堆放着尚未燃烧过的马粪。各灶坑间距不等，一般 20~30 厘米，最远的一个相距 70 厘米。东南角上的三个灶坑还紧紧靠在一起。地面上曾用 4~8 厘米厚的红胶泥平铺过一层，但大部分都已踩坏，露出了松土。在西南第一灶坑口缘上放有一枚开元铜钱。各灶坑周围的地面上散弃的遗物有麦穗、成堆的棉籽、瓜果核、磨石、破葫芦、木制的水桶、木勺、毡衣片、断毛带等。此外，还在西南一灶坑的地面 1.7 米处，发现一个人的右臂和五指手掌骨节。这可能为《魏书·西域传》和《北史·西域传》中记载关于龟兹制度中"劫贼则断其一臂"的遗存。[①]

中屋间距 6.1 米，南北残长 10 米。南面亦经红胶泥平铺，除西南一隅外，大部分都已剥落。屋里布局是西南墙角有一长方形炉灶。灶口径 40 厘米，烟囱在紧贴南墙处。临近东墙的地面上有一圆形火炉，系用 10 厘米的红胶泥条在地

---

① ［唐］李延寿撰：《北史》卷九十七《西域传》，北京：中华书局，1974 年，第 3217 页。

面上盘成一圆圈，直径 85 厘米，高 6 厘米。出灰口向东。炉内除两块烧成红色土块（似作支架用）以外，全是木炭屑和白灰。另在紧靠两墙角有一处挖于地面 20 厘米深，略呈方形的平坦台面。这个台面南窄北宽，残存面积 1.8 米 ×2.4 米，围有宽约 20 厘米的泥质台沿（现仅存完整的两边）。台

图 79　平台上的堆积物

上放着陶质油灯、油葫芦、布质天秤、盐块、纺锭、木质花押和残布衣等物（图 79）。很像今日桌子的用途。此外，地面上凌乱弃置着许多小件遗物，如纺轮、铁小刀、木碗、草扫帚、箭杆、筷子、木器短腿、木杯、高脚杯、毡片、破衣、绢片，以及书有回鹘文字的残纸片等。

　　东（西）屋大部分都因山坡坍塌所毁，仅有西墙附近的部分地面和靠南墙的土坑残存。土坑高 60 厘米，炕上铺着用芦苇编织的残席。席上有一堆棉籽和散弃的两根小麦穗、布衣、蚕蛹和回鹘文残纸等。炕下地面也是红胶泥平铺。地面上散弃着少许果核、陶灯、皮靴、镞头、纱锭、玻璃和陶片，以及布、绢残衣等。

　　这三间房屋的用途，估计西（东）屋似厨房，甚至是市镇上的一处小饭铺。中屋系主人日常活动场所，东（西）屋是寝室。废弃的时间应是春夏之交，当地杏子成熟的时候。

　　主要文化遗物：

1. 木器类

绘彩木杯，两个均镟制。大小及形式略有不同。BTA2:093（图 80），高 5.5 厘米，口径 5.5 厘米，底径 6.5 厘米，敛口，腹鼓。外表用黄、黑、红三色相间遍体涂成七道弦纹。

高足木杯，BTA2:105（图 81），镟制，稍裂，底残损。状如今之玻璃高足杯。

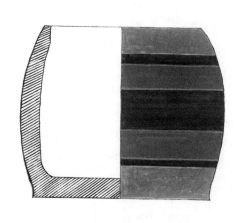

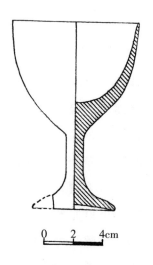

图 80　绘彩木杯　　　　　　　图 81　高足木杯

通高 12.5 厘米,足高 5.5 厘米,口径 8.5 厘米,杯壁厚度 0.2~1 厘米。

花押,BTA2:037,长方形,盝顶,顶端有小孔,出土时仍穿有残棉线。正、背部都刻有对称三角纹图案。长 3.5 厘米,宽 2.2 厘米,高 1.5 厘米。

木桌短腿,BTA2:69,三条,似为炕桌的腿及残件。刻木简单,且无榫卯。或为半成品料。高 20 厘米。

筋,一双,木条削成圆杆,长 21 厘米。

纺锭杆,发现许多,都已断折。BTA2:044,两端均细而锐,中部鼓腹,长 25 厘米。

齿状木件,有片状与半圆状两式,均残。片状的中间较厚,至两侧渐薄,两侧均有齿状刻槽。半圆的一边有刻槽,长 10 厘米,半径 2 厘米。用途不详。

镞和箭杆,BTA2:93,发现于不同地方。镞有颈有刃,长 4 厘米,宽 1 厘米。箭杆已残存根部一段。端有凹槽,并缠有植物薄皮,绘黑色线条。

扫帚,集芦苇花絮部分以草绳绑成。

编筐,用树枝编成。内盛棉籽、桃核,已被火烧残。

木桶,用木片排列成帮和底部,高 19 厘米,口径 21 厘米。

2. 陶器类

陶锅,大部分发现于灶坑内,都成残片,仅个别可以复原。以质论,可分红褐色和夹砂质硬陶,一般都有左右两个耳。耳又可分横式和竖式,都附在腹部上端。BTA2:102,敛口圆底,高 24 厘米,口径 36 厘米。

陶壶,长颈,侈口,自口沿至肩有柱形柄一个,柄下端多有模印的兽头。红褐陶质,壁上多有烟熏痕。出土时多成残片。类似兽头形的陶器柄部,在古城中采集到许多,有猴、猪、狼或狐狸等头形。

陶缸,红褐色夹砂硬陶,直口,微侈,胎厚 1~1.5 厘米,已成残片不能复原,但从口径和厚度分析,高度一般都在 1 米以上。

陶灯 BTA2:63(图 82),红陶绿釉、圆腹长颈,柄上有印纹图案。全长 16 厘米,腹径 7 厘米。

纺轮,2 件,BTA2:055(图 83),灰陶,略呈圆形,状似算盘珠子。刻有树枝状纹饰。穿孔中尚有折断木杆,残长 13 厘米。出土时残杆上还缠着一段棉质双合绳。纺轮高 2 厘米,直径 2.5 厘米。另一件 BTA2:092,只有纺轮,无纺杆。纺轮陶质,图案为四个对称的圆圈花。

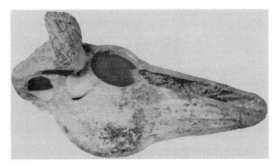

图 82 陶灯

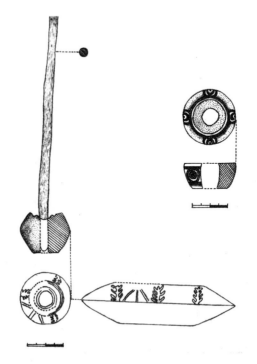

图 83 纺轮

图 84　"开元通宝"铜钱

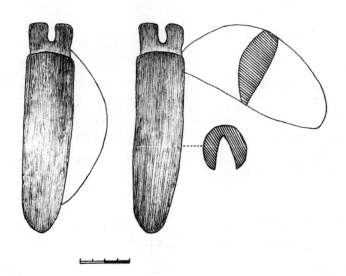

图 85　双刃铁刀

3. 铜铁类

"开元通宝"铜钱,出土时钱面微呈赭色蓝锈,直径 2.5 厘米(图 84)。

双刃铁刀,BTA2:098(图 85),在一把木柄凹槽内有两个铁质刀刃。刃作半圆形,可以折叠入槽。木柄长 8 厘米,铁刃圆半径 18 厘米。

4. 纺织品和无纺织类

锦片,BTA2:003,蓝黄二色丝,织成黄底蓝色花纹锦,仅留火烧过的残头,纹饰不辨,其组织法为纬二重平纹组织。

缣,BTA2:049,蓝色残片,质似今日府绸。

绢衣,残片,质粗,丝粗细不一。似今日之和田绸。残存大小为 20 厘米 × 10

厘米。中间有用线缝过的痕迹。

蚕茧,BTA2:60(图86),发现四枚,均压成扁状。一端似有残口,可能是蛾飞出时咬破的孔洞。长2.5~3厘米,宽3厘米。其中一蛹上还有正抽出的乱丝。

丝绳,双股,每股由42~45根单丝组成。残长53厘米。

丝线,一根,色黄,长95厘米。

丝线球,中心用植物皮缠成圆芯,外用丝线织成网套,已残。直径4厘米。

丝织带,长30厘米,宽约2厘米,由紫红和蓝两种颜色丝线编织成网套状。

丝绵混合织物,残存幅画大小为15厘米×10厘米,经重平纹组织,黄色棉线为经,绯色丝为纬,平均每平方厘米经密18根,纬密38根。

丝绵混合条纹织物,BTA1:81,丝经、棉纬,经线显条纹,用3/1经斜纹组织法交织成黄、蓝、绯色条纹。

蓝白色棉织品,BTA2:100,蓝底白线织成对称的图案,纺织上称为提花织物。残幅大小为12厘米×8厘米。

棉布背心,BTA2:52(图87),棉粗布质。经多次修补。左襟上有三个小布纽。左右间距49厘米(为原布的宽幅),长38厘米。

布衣,一包,曾被火烧,尚未清洗,估计不是一件。

图86 蚕茧

图87 棉布背心

条纹棉布,两件,均为蓝、白色条纹。一件残存大小为 8 厘米×8 厘米,以平纹组织法织成约 0.2 厘米宽的蓝白色条纹。另一件组织法与上述丝绵混合条纹织物相同,仍残留幅边。

格纹棉布,均为蓝白色方格纹。BTA4:046 为白底显边长近 1 厘米的蓝色方格。另一种为蓝白线相同的小方格纹。

织花棉布,残存大小为 14 厘米×14 厘米,黄底蓝红色条纹,平纹组织法。每隔 1 厘米宽的底纹织一排二重组织的花卉图案。

百褶裙,细白布,已残,存 44 厘米一段,但褶达 240 有余。

棉织袋,残片,状似今之线织袋布。系用蓝、红、黄三色线织成条纹。

棉花,BTA2:20,重 0.595 克。白细中微泛黄色。棉绒清晰可见,一般都在 2 厘米以上。

天秤,BTA2:34(图 88),木杆,两个托盘,呈簸箕状。托盘用白粗布制面,中间夹有毡片。布面上用蓝、红、黄色线绣成对称的图案。每一托盘大小 14 厘米×13 厘米,用四根双股白丝线做系绳,绳长 20 厘米。横木杆长 30.5 厘米,宽 1.5 厘米。一端上有折断处,并用线捆扎。

棉纱锭,BTA2:44(图 89),纺线车上的纺锭。与民间家用的纺车线锭相同,纺杆上缠的棉质单股白线仍然完整,而且色泽如新。杆长 23.5 厘米,核桃木质。

图 88　天秤

图 89　棉纱锭

粗毛布,BTA2:48,残存大小为 40 厘米×34 厘米,平均每厘米经密 2 根,纬密 2.8 根,纬线由两股合成一根,织物表面呈横向凸纹。

长角形纹缂毛毯,BTA4:080,残存大小为 6 厘米×3 厘米和 2 厘米×4 厘米的碎片。平均每厘米经密 3 根,纬密 11 根,平纹组织法。在蓝底上呈红色三角形纹饰,中间为棕色。

绣花毡片,BTA6:017,棕色毡片,用黄色丝线以锁针绣法绣植物的茎叶,以平针绣法用蓝和深蓝色两种丝线绣叶纹。

毛织带,残头。先用毛捻成双股绳,再手工织成带。带边沿为黑色毛,中间为白羊毛。残长 18 厘米,宽 4 厘米。

叉式带,羊毛织成的粗带,一端织成叉形,似为牲畜夹尾处所使用的带子。

毛袜,用白色羊毛挑织的一只童袜,只残存脚掌与脚面部。

毡靴,BTA2:43,一只,靴底和靴面全是毡缝在一起,长 23 厘米,宽 9 厘米。

5. 农作物类

棉籽,每间屋内都有发现,有的已变成灰黄色颗粒,有的呈黑色。但有一堆棉籽仍然保存较好。如标本 BTA4:019,壳表面有细绒毛,壳内有籽,经自治区农科所鉴定,系紫绒草棉。

小麦穗,共两穗,BTA415(图 90),一穗双头。出土时芒、茎俱存。

大麦,已成灰褐色空壳。

糜子,色红,壳空。

苹果,皮呈黑色,干瘪。

核桃,外有绿色干皮,只存一半,大小为 3.5 厘米×3 厘米。

图 90　小麦穗　　　　　　　图 91　巴旦木果

甜瓜籽,已成腐朽渣块,经辨认系甜瓜籽。可能是收集贮存的种子。

巴旦木果,发现一颗,BTA7:59(图91)。

杏核,各屋中均有成堆发现。

种子,发现时包在一个黄绢包内,鉴定为韭菜籽、糜子籽各数百粒。可能是收集的种子,多数已朽,少数完整。

骨石类:

骨勺,杆部已折,椭圆形,干裂为四五层,残长7厘米,直径4厘米。

骨饰,一件。

食盐,块状,已成灰黑色。

玻璃,碎片,含气泡很多,分蓝、茶、绿、黄等色。

串珠,七颗,分石、玛瑙、猫眼与陶质。形状有圆、条和柱状。

6. 字画类

残纸,发现时包在一个小白布包内,已成碎片,无法复原,但纸质较白,纸上有字迹,但模糊不清。

回鹘文,发现三小片,其中BTA2:119(图92)上尚有字六行。

图 92　回鹘文残纸

（四）垃圾坑堆积

在晚唐残屋遗址以南 90~150 厘米处，有一个不大的土堆。为弄清其与残屋的关系，我们开挖大小为 2 米×10 米的探沟两条和 2 米×5 米的探沟三条。结果发现是一个不规则的南北窄而东西长的垃圾坑，面积约 6.5 米×14 米。

这个垃圾坑隔断了北朝残庙遗址的西边屋基和一部分走廊。坑形为上大下小，四壁斜坡形，地表至坑底最深处为 2.5 米。以 T1 北壁剖面为例，土质可分四层（图 93）。

第一层表层从东至西逐步加高形成地表的土堆，厚 15~55 厘米，土质浅灰黄，为杂草、灰烬，并有宋代钱币和少量褐色陶片。

第二层堆积占深沟大半，厚 0.2~1.2 米，土质深灰黄色，含大量草末，有破尖瓶底、陶片、玻璃、果核，以及许多撕成碎片的、用古阿拉伯字母书写成的文字残纸。

第三层堆积主要在深沟东部，最厚处 1.4 米，主要为白色灰烬，还有家禽羽毛、杂草、土块、破席、木屑和少许陶片。

第四层厚 0.20~1.25 米，土质褐色，内有破芦苇、杂草、碎陶片、骨木小件、布片、锦片、骨块、羽毛、皮革和小片的回鹘文残纸。

第五层即生土。

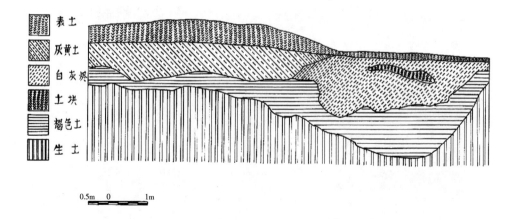

图例:

表土

灰黄土

白灰烬

土坑

褐色土

生土

0.5m   0   1m

图 93　垃圾坑剖面图(T1 北壁)

从此坑的环境位置分析,它处在上述晚唐房屋遗址后和一处宋代房址西北。再从此坑内堆积物分析,显然不属于一个时代的文化遗物。如第四层出土成批的回鹘文残纸,与晚唐房址中的回鹘文无论从书法和纸质都非常类同。而第二层内出土的用阿拉伯文书写的文字残纸,亦出自宋代残房址中。加之第一层中有宋代钱币,因而我们分析,此坑原为修建晚唐房址时取土挖成,后来利用它填充垃圾。到了宋代人居住在附近时,才陆续把此坑用垃圾填平了。

第四层中出土的主要文化遗物:

1. 木器类

牲畜栓,放牧牛羊时拴在前蹄上,以防走失的工具,木质。分两式:一式扁平,如菱角状,大小 6 厘米×7.5 厘米,有一段毛绳残头仍拴在上面。二式为两头刻成的圆形木棒状,长 6 厘米。有 26 厘米长的一段皮条附在上面。

纱锭木杆发现 5 根,多残断。标本 BTT5:351,完整,长 20 厘米,核桃木质,两端呈尖状,中间粗而圆。系纺车上缠线所用的纱锭木杆。

木勺,柄已残。勺为细长形,勺沿微微隆起,刻工朴素而细微,残长 6 厘米,宽 2.7 厘米。

有齿木件，BTB3：28，状如木梳而齿短，有 18 根齿。或为牲畜梳毛的工具，长 9 厘米，宽 3 厘米，厚 0.5 厘米，齿长 0.3 厘米。

木碗，BTB5：336（图 94），旋制，碗内尚可看出曾涂有一层红漆，高 10 厘米，口径 14 厘米，底径 8 厘米。

小木碗，旋制，侈口，平底，碗心很浅，亦可视作木碟，口径 10 厘米，高 3 厘米，底径 6 厘米。

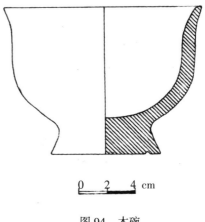

图 94　木碗

2. 陶器类

碗，侈口，圆底，红陶质，高 3.5 厘米，口径 14 厘米。

锅，敛口，大腹，肩部有两条旋纹和月牙形耳。黄陶质，高 25 厘米，口径 26 厘米，腹径 39 厘米。形式与晚唐房址内的陶锅相同。

人头形陶片，红陶质，器形不辨，只剩下有人头的部分。头顶残，眼、鼻、口、髯均清楚，为胡人形象。

3. 纺织品类

滴珠鹿纹锦，BTB3：244（图 95），残存大小为 15 厘米×3 厘米，纬二重平纹组织，黄色底纹部分为简单平纹组织，绿色滴珠及鹿纹饰部分为有两股夹经的平纹组织。当绿色纹纬与经线交织时，黄色底纬线便被盖在织物下面，组成背面花纹，因而织物正背两面花纹图案相同，颜色相反。

红底巴旦木刺绣，BTB1：001，残存大小为 13 厘米×6 厘米，为红色羊

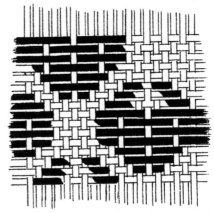

图 95　滴珠鹿纹锦组织图

毛平纹织物,仍残留幅边。在幅边附近用黄色丝线绣出一排相对的巴旦木图案,其刺绣法为平针绣。

双色锦,BTB3:165(图 96),残存大小为 12.4 厘米×7.3 厘米,纬起纹组织。在蓝色经重平纹组织的底纹上,再用黄色纬线以 1/3 斜纹组织和 1/1 平纹组织法相间,再与蓝色经线交织花纹图案,底纹和花纹形成两层,但因只一组经线,使两者紧紧连在一起。这可能是我国纺织工艺中早期挖梭工艺标本。平均每平方厘米经密 36 根,底纹纬密 32 根,纹纬密度 18 根。

云纹锦,BTB2:133(图 97),残存大小为 27 厘米×3.7 厘米,二重三枚纬锦。其基础组织为 1/2 斜纹组织,夹经为双股。平均每平方厘米经密 21 根,纬密 66 根。在黄色底纹上满布绿色流动云气纹。图案生动流畅。

婆罗米文字母锦,BTB5:320,残存大小为 11 厘米×8 厘米。二重三枚纬斜纹组织。在黄色底纹上织两排蓝色条纹,蓝色纹上再显黄色变体四瓣花纹和婆罗米文字母。

龟甲纹锦,残存大小为 20 厘米×12 厘米,在蓝色底纹上显出黄色龟甲纹图案,似为 1/2 斜纹组织。

图 96 双色锦之正反面

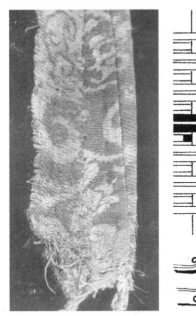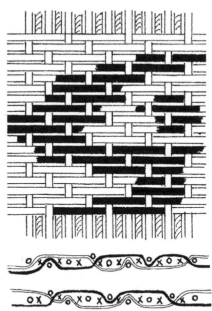

图 97　云纹锦及组织图

丝织带,两件,均为经丝,棉纬,重平组织法。BTB3:78(图98),残存大小为20
厘米×9厘米,由紫、红、蓝、绿色经线显出条纹。BTB3:232,残存大小为8厘米×4
厘米,由黄、蓝、茶色经丝显出黄底茶色条纹和蓝、黄色小格纹。

人字纹绫,黄色,残衣小片。

百衲衣残片,BTB3:182。只残存蓝、红色绢和黄色绮、棕黄色条纹等三角形
小片,有的仍缝缀在一起。其中棕黄色条纹残留幅边,由经线显示条纹,为3/1
折向经斜纹组织法,平均每厘米经密45根,纬密46根。

印花绢,残存大小为9厘米×9厘米,在黄色底纹上显白色枝杆,蓝色叶纹
图案。

蚕蛹,BTB5:349(图99),两枚、色黄,已经残破,发现时破口处尚留有蛹
壳,已成褐色碎片状。蛹长2.5厘米,宽2厘米。

丝绵混合织物,丝经,棉纬,由红、黄、蓝色丝线显现条纹、斜纹组织法,残长
21厘米,宽18厘米。

方格纹棉布,三件,均为平纹组织法,BTB5:387(图100),为白底上织有1

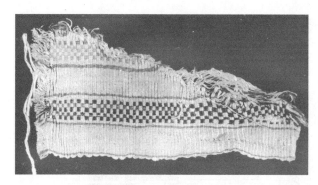

图 98　丝织带

图 99　蚕蛹

图 100　方格纹棉布

厘米×1 厘米的蓝色小格纹。BTB5：316，为蓝白色小方格纹。BTB5：452，格纹棉布是由大小不同的蓝、黄、红三种方格相间组成，显得生动活泼。

条纹棉布，三件，有白蓝色条纹，蓝红色条纹，还有一件是在蓝白色条纹布中织有一条宽 0.8 厘米的红色丝线纹饰。

印花棉布，BTB3：249（图 101），残幅大小为 15 厘米×7 厘米。系在白布上印蓝色六边形框格，框格中显现出原白色梅花图案。正面蓝色轮廓清晰，背面色泽浸润，模糊不清。应是用直接印花方法制成。

缂毛毯，该垃圾坑堆积中出土了四件用通经断纬法织制的缂毛毯，古代时称为"氍毹"。这几件遗物的经线均由原白、褐色毛拈成，纬绒是染过色的彩色毛绒，以平纹组织的通经回纬法，显出底纹和图案。

花卉纹缂毛毯，两件。BTB5：314，残存大小为 39 厘米×9 厘米，用红、蓝、

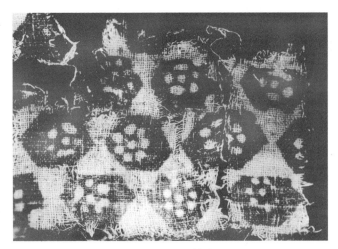

图 101 印花棉布

棕、深蓝四色显出红、蓝色花朵,中间再填以棕或深蓝色花纹。BTB1:80,比较残破,不易辨认。

禽纹缂毛毯,BTB2:117,残存大小为 19 厘米×9.5 厘米,在红底上显出蓝色禽纹,棕色饰羽毛。

六瓣花纹缂毛毯,BTB5:386(图 102),残存两片,大小分别为 35 厘米×4 厘米和 21 厘米×4.5 厘米。在蓝色底纹上显出六瓣白色花朵,以黄色填花蕊,每朵花纹之间以红色纬线相间。

蓝黄色条纹毛布,BTB1:089,残存大小为 6 厘米×6 厘米和 4.5 厘米×4 厘米。平纹组织法,平均每厘米经密 4 根,纬密 8 根。

平纹粗毛毯,BTB5:383,残存大小为 28 厘米×27 厘米和 25 厘米×22 厘米。平纹组织法,平均每厘米经密 2 根,纬密 3 根。

图 102 六瓣花纹缂毛毯

缀花毡片,残存大小为40厘米×15厘米。深红色底上用白色丝线缝缀着蓝色条纹,上饰白点,很像织锦中的联珠纹。另外,还缝有红、黄色毡残片,因大半脱落图案无法辨识。

4. 骨器类

骨簪,用兽骨刻制,作扁四棱状,已残,但尖部似很锐利,残长10厘米,最宽处0.5厘米。

有齿骨片,BTB2:128,半透明的薄骨制成,有齿七个,齿作曲线状。长9.3厘米,宽2.3厘米,厚0.2厘米,完整无残。

牛角杯,用扁形牛角削平,利用中间的空心作为饮具。杯口上穿一小孔,为拴绳携带之用。长10厘米,口径5厘米。

5. 字纸类

回鹘文残纸,发现50多片,大部分为残碎片,其中篇幅较大、字行较清的有下述8件:

B.T.5:392A(图103),略呈方形,残幅大小为13厘米×12.5厘米,两面有字,一面有字10行,另一面字7行。

BT5:393,残幅大小为13厘米×25厘米,一面有字,存字4行。

BT5:394,残幅大小为8.5厘米×27厘米,一面有字,存字3行。

BTT1:092,残幅大小为18厘米×13厘米,一面有字,存字6行。

BTT1:047,残幅大小为16厘米×16厘米,一面有字,存字15行。

BTT1:010,残幅大小为15厘米×12厘米,一面有字,存字9行。

BTT3:224,残幅大小为14厘米×14厘米,一面有字,存字8行。

BTT3:225,残幅大小为19厘米×13厘米,一面有字,存字9行。

此外,尚有许多过残的碎片,不能成句,内容不清。

还有纸片,如BTB5:388(图104),已被剪成纸花使用。

第一至第三层中的主要遗物:

1. 陶器类

尖底陶瓶,发现许多碎片,大部分不能修复。陶质有浅绿色和灰色,标本

图 103　回鹘文残纸

图 104　回鹘文残纸

BTT5:346(图 105)灰陶质,口小,底尖,腹圆。唇作半圆,大于颈,似可以在颈部绑绳提携。肩部有附加堆纹,三条竖起对称排列。在堆纹之间刻有三组团花纹。腹部有两组 3~4 条旋线纹。两组旋线纹之间为斜篦纹。尖状底部也有 2 条旋线纹。通高 17.5 厘米,腹径 13 厘米,胎厚 1 厘米、口外径 4 厘米,内径 0.8 厘米。

陶灯,已残,黄釉,形式与晚唐房址中所出土的相同。

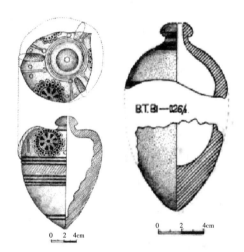

图 105　尖底陶瓶

2. 石和玻璃器类

饰珠,散见于土中,质地有石、绿松石、琥珀、琉璃等,形状有圆、椭圆、长条形等。色泽有红、黄、绿、蓝、白底黑花等。

玻璃残片,发现许多,皆不能修复。标本 BTT2:102 为高脚杯的玻璃柱部分。

图 106　皮刻图案

3. 皮革类

皮刻图案,BTB3:210(图 106),以牛皮刻成不规整的圆形图案。直径 5~6 厘米。状似三只羊头,头顶结在一起,形成中心圆孔。

皮套鞋,BTB3:274,一只,长 24 厘米,是套在皮靴外面的浅鞋。今新疆人民仍习用此套鞋。

高腰皮靴,BTB3:275,一只。黑色,牛皮制,单层,脚底部分系用鞋帮延伸至脚心处缝合。高 16 厘米,长 23 厘米。

4. 字纸类

出土残碎片 20 多片,上有古阿拉伯字母。据初步研究,书写并不流利,特别是许多字的上下点,位置不甚准确,常有用错的,不易辨认。故认为系阿拉伯文初传至新疆时的书法。

BTT5:428,为一完整文书,篇幅大小为 29 厘米×14 厘米,有字 13 行。发现时叠在一起,故保存完整。

BTT2:122,残片,存字三行。

BTT2:121,祝福用词。

BTT2:168,残损。内容为卖地契约。

BTT5:406,残损,有字三行。

BTT3:217(图 107),残幅,有字四行。纸左下角有八角图章一个。

BTT2:124,残破,有字四行半。

此外,还有一批残幅,其中多

图 107　古阿拉伯字母文书

为阿拉伯文。

5. 农作物类

西瓜籽,色白,似尚未成熟,长1.1厘米,宽0.6厘米。

甜瓜籽,色黄,长1.1~1.3厘米,最宽处0.5厘米。

葡萄籽,色黑,粒大,系圆葡萄籽。

葱头,色白,兼有赭红色,根须尚存。

洋葱,色赭红,只存皮和根部。

图108 "皇宋通宝"铜钱

6. 铜铁类

"皇宋通宝"铜钱,字为正楷,外轮径2.4厘米,内孔每边0.7厘米(图108)。该铜钱为宋宝元二年(1039年)开始铸造,说明当时我国西域也和中原一样,以这种货币作为交换的媒介。

(五)宋代房屋遗址

为勘察垃圾堆1~3层中倾倒废物的来源,我们又在周围进行了勘测,结果在距离垃圾堆西南15米的一个小坡上面,发现有似为墙基的火烧层堆积。这里地势较高,常年的东南风吹走了上层的表面堆积。我们把堆积土清理后,露出20~25厘米厚的黑灰和木炭残屑,下层就是居住房屋的地面。房屋系用草末细泥抹成,厚4厘米。为大小七间连合在一起的一套房屋,分左、中、右三排。中排为东西贯通的三间小房,大门安在最西墙的中间。左排大小屋各一间,右排为两间大屋。各屋之间都有小门相通,为人口较多的一户家庭单独住宅。(图109)

屋内的面积和布局:中排西间面积2.5米×3米,通向宅外的大门开在西墙上。中间屋面积2.3米×2.6米,东屋面积2.6米×3.9米。东屋内除1.2米为地面外,其余被一个大土炕所占据。土炕表面已经塌毁,只留炕基部分的土坯层、草木灰与地面上不同的土质。土炕外沿系用土坯垒成,从痕迹分析,土炕高为40厘米。

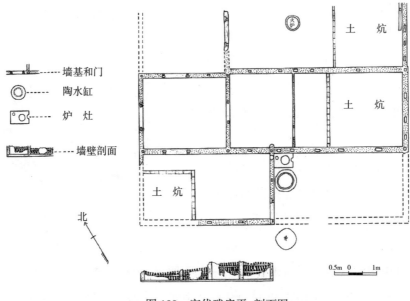

图 109　宋代残房平、剖面图

　　左排北头一小间,面积 2.5 米×3 米。东面一大间,面积 4.9 米×6.5 米,地面也有一个土炕,面积为 2.5 米×2.5 米。炕下有一火炉,圆形,直径 50 厘米,四周用草泥圈起,高 9 厘米,炉内尽是白色木灰和木炭屑。

　　右排为两间大屋,面积为 2.3 米×4.6 米。北头一间的两墙角下,有一土炕,面积 1.75 米×1.9 米。东面一间北墙角下有用土坯砌成的锅灶,面积 50 厘米×70 厘米。灶旁有一大口陶水缸,大部分埋在地下(图 110)。

　　在右排房屋的南墙外,有一口水井,井口 85 厘米,已被灰土埋满。估计在此墙间,应另开有后门,可从墙外汲水,但此墙基已毁,不见门框痕迹。所有墙面的筑法,都是在墙基以下埋有直径 15~20 厘米的圆木

图 110　埋在灶旁的陶缸

(或方木),圆木上每隔 1 米左右凿一方槽,上立木柱,各柱之间用树枝或木条编成篱笆形状,然后两面涂草泥即成墙壁。

这座房内的遗物全毁于火。清理后只在地面层的废土中发现少许文书残纸、陶瓷片、绢片等物。

1. 陶瓷类

小陶碗,一个,红陶素面,高 3.5 厘米,径 10 厘米,口沿上有烟熏痕迹,应是曾作为灯盏之用。

陶灯,一个,黄釉红陶,高 8.5 厘米,形状与上述遗址中出土的相同。

瓷片,两小片,白色薄胎,内外都有翠绿色瓷釉及冰裂纹,经鉴定为北宋民窑之物。

独脚杯,两残片,BTC:11,玻璃质,只存腿柱及底座部分,残高 7 厘米,出土时遍体银白、紫、蓝红色锈片。

2. 纸张类

古阿拉伯文字母写成的残片,共两片。BTC:19,未残,有字两行。BTC:18A(图 111),已成残片,有字两行半。

3. 丝毛织品类

染花绢,共发现三种,均为残片:

1. 织物幅边,缝在衣缝之间,以棉线作纬,丝线作经,丝极细,染成浅蓝色,但部分脱色出现黄底。

图 111　古阿拉伯文字母残纸　　　　图 112　蓝印花绢

2. 蓝印花绢,BTC:36(图 112),残存 8 厘米×5 厘米。在蓝色底上衬托出棕白相间的大团花。现花纹只残存一小半,可能是直接印染。

3. 黄色绢片,BTB2:049,疏密不均,印有成排的白花点,可能是纺染印花,即在染黄色之先,用蜡或粉剂制成小点最后加染显花。

三角纹缂毛毯,BTC;39,残存大小为 4 厘米×3 厘米。黄底大红色三角纹,花色鲜艳,织造精细。

骨石类

骨圈,共 17 个,很细薄,椭圆形,似为自然的圆圈状骨质。

(六)探沟地层堆积

距宋代房址东南 18 米,又一高坡。坡上呈 18 米×37 米大小的一个平坦台地,文化堆积暴露明显。为弄清与上述发掘地区的地层关系,我们开挖了大小为 2 米×10 米、2 米×5 米的探沟各一条。其中 2 米×10 米的探沟共分四层(图 113)。

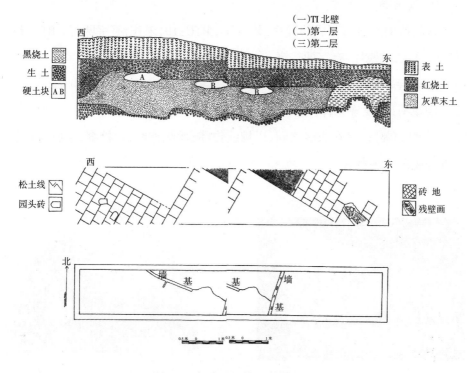

图 113　探沟地层堆积平剖面图

第一层,表土深度 15 厘米×70 厘米处出现残房地面,铺有方砖,与无砖处的松土界线很整齐。部分砖上铺苇席残片,另有圆头条砖数块散在地面,可能是从墙头塌下。地面有阿拉伯字残纸一片。还有残壁画一块,残存大小为 1.3 米×0.5 米米,为白粉底上画黑色图案。

第二层,厚 35~60 厘米,浅灰色烧土,土中掺有许多未烧焦的小片残文书和陶器碎片。地面上有两段墙基的枕木,分别在不同的方向,上面还有方形槽孔,应是篱笆式隔墙的下部。

第三层,厚 60~120 厘米,为浅灰色烧土,其中有许多陶器片和五铢钱、木简等。

第四层,黑烧土,只占探沟一小半。以下为生土层。

根据出土遗物分析,第一层相当于宋代堆积;第二层为唐代烧土;第三层为北朝时代遗址,为一灰坑的边沿部分。这些层次的堆积顺序和上述发掘遗址的时代完全相符。

主要出土遗物

1. 木器类

木简,BTD:52,长条形,有龟兹文 2 行。出土于第三层浅灰色烧土中。

2. 泥石陶类

圆球,分泥、石、陶质三种。表面都很圆滑,为有意加工制作的。直径 1.5~20 厘米。或系玩具。出自第三层中。

小碗,红陶,圆底,口沿上有油熏痕迹,应是用作灯盏。出自第二层中。

陶杯,BTD:62,已残,陶质,有平板式柄,和民丰汉墓的木杯耳部及约特干遗址北朝红陶杯耳部完全相同。出自第三层中。

陶片,可分三种纹饰,均为红质细陶。

刻纹陶片,一种为斜条纹,另一种为斜方格纹。

印纹陶片,印有小圆圈、三角形图案及刻纹小方格图案。另一种为绿釉陶,红色陶胎,表里均涂绿釉。

独脚杯,BTD:48,只剩腿柱及底座。玻璃质,呈浅绿色,柱高 8 厘米,出自第二层。

纺轮,夹砂红陶,磨制得非常光滑,外径 6.5 厘米,内孔 0.8 厘米。出自第三层。

石轮,BTD:29,白石质,磨制很光,沿薄,而圆中心厚 4 厘米,直径 7.5 厘米,内孔 1.6 厘米。似纺轮而体积厚重。

小山羊配饰,BTD:53A(图 114),石灰质,似用小刀刻成,羊角上有小孔,可以佩带,非常精致。高 2.5 厘米,长 3 厘米。出自第三层中。

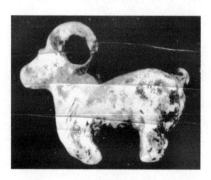

图 114　小山羊配饰

图 115　刻画墙皮

刻画墙皮,黄泥质,略经烧制,背面有火烧痕迹,图案为卷叶纹,似为墙壁边饰(图 115)。出自第一层砖上。

3. 铜铁类　均出自第三层

"五铢"铜钱,"五"字宽大,"铢"字金头为三角形,但外轮极窄,似曾略经剪边。

剪轮钱,共发现 3 枚,两枚仅存方孔,状似鹅眼。另一枚钱边略似剪过,字迹不清。

铁块,已氧化成小块。

4. 纸张类　均出自第二层

汉文残纸片,BTD:4(图 116),都已朽成碎片,不能成句,但字迹很清楚。残留"谒者""除前"等字。从字体分析为唐人字迹。而"谒者"残纸，应指史称的"谒者馆"。

婆罗米文残纸，都已朽成碎片。

5. 骨类

图章，1 枚，兽骨刻成，深红色，长四棱形状，未雕刻文字，长 2 厘米，宽 1 厘米。出自第二层中。

图 116 汉文残纸片

6. 纺织品类　均出自第三层中。

棉絮，与烧过的棉布混在一起，棉布已成灰烬，只余少许棉絮，可能是棉衣残片中的棉花。

毡带，已残，毛织物，和粗布缝在一起，中间用粗棉线缝成，仅宽 1 厘米。

红毡片，一小片，红色，薄而软。

（七）地面采集的重要标本

古城遗址的地表上，因为长年风吹雨淋，水土流失，暴露在地面上的小件零星遗物很多，尤其是各种陶片，俯拾即是。每遇工暇，我们便进行采集，也有附近居民交给我们的。兹择有时代依据且较为重要的标本，简述如下。

1. 木器类

龟兹文木简，BT 采：414，一端削成楔状，另一端被火烧残，文字较模糊，可见有 3 行。与北朝残庙中的发掘品完全相同。

天秤木杆，BT 采：501，1 件，圆杆而两端微削，呈向下弯曲状，并有绳拴的凹槽。木杆中央有一穿通小孔，系悬吊时穿绳处，通长 35 厘米。和上述晚唐房址中出的天秤木杆相同。

木花押，3 枚。其中一枚为方形，背作覆斗状，尖段有系绳的孔眼（图 117）。正面中心为四瓣花一朵，四周作对称的叶纹状图案。每一边沿有一个半圆形凹

图 117　木花押

槽,每边长 4.5 厘米,高 2 厘米。与上述晚唐房址遗址所出的木花押形状虽不相同,但制作和纹饰都较为近似。类似的花押在古城内也采集到两枚,均为盝顶。其中一枚呈半圆形,图案似蝶状。押面大小 4.9 厘米 × 3.8 厘米,高 1.8 厘米。

残箭杆,BT 采:493,只残存箭尾一段。尾部扣弦的凹槽以上缠有 1.5 厘米长的禽兽筋一节,并绘有黑色弦纹四圈,残长 13 厘米。经分析应为唐代遗物。

纺织木杆,共采集 17 根,分花、素两种。与遗址所出晚唐遗物基本相同。

2. 泥陶类

彩绘陶片,3 片。一片为黑陶质,陶衣为褐色,绘有白色条纹。一片为陶壶(或瓶)口部,黑陶质,有褐色陶衣,绘有长短不齐的白色竖条纹。一片为红陶质,绘有白色图案,但图案不完整,仅能看出三角形一部分。

陶人,BT 采:121,身穿长袍,已残,左臂置胸前,右臂做高举之态。红陶质,残高 3.5 厘米,宽 3 厘米。似为陶器上的装饰部件,与和田约特干遗址所出相同,应为北朝时代遗物。

陶羊,1 件,角和后腿均残。红陶质,长 7.5 厘米,头至足部高 4.5 厘米,与上述探沟中的石灰质小山羊相似,但属于陶器上的装饰物,应是北朝遗物。

陶鸽,1 件,灰陶质,已碎成一半。周身羽毛用菱形方格纹加小点表现出来。非常美丽,残长 3 厘米,高 2.5 厘米,亦属陶器附加装饰部件,时代北朝。

附器柄部兽面,采集 10 余件,BT 采:283、286~296,均为柄下端的印纹兽头,时代北朝。

陶小罐,BT 采:573,黑陶质,圆腹,平底。高 2 厘米,圆径 3 厘米。非常精巧,可能为酒杯或玩具。时代北朝。

陶模,可能为制陶器的印纹模。一件石灰质,中有长形槽,槽中刻成排的小点纹;另一件用砖刻成条纹。

小钱范,残片,印有大小不等的小钱模型,可能是北朝时代本地铸钱的模,与上述北朝残庙所出的钱范同时代,亦采自该庙附近的悬崖处。

陶罐,BT 采:164(图 118),红陶质。侈口,平唇,圆腹,小平底,单柄,柄上有平扳,肩上刻弦纹。高 18 厘米,口径 9.5 厘米,腹径 17 厘米。柄的形状与民丰汉墓的木碗杯极似。上述探沟第三层中出土的陶杯亦与此完全相同,应属北朝遗物。

陶鼎,BT 采:166(图 119),红陶质,底有三足,自肩以上残,与汉陶鼎相似,至少应属北朝遗物。

陶瓶,BT 采:167(图 120),红陶质,单耳、圆腹、平底、口残,高

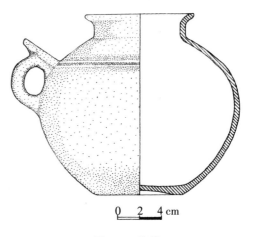

图 118　陶罐

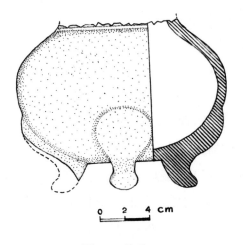

图 119　陶鼎

30 厘米,腹径 25 厘米。

纺轮,较多,都是用红陶片磨制而成,直径 1.5~2.5 厘米,与上述探沟第三层物相同,时代北朝。

黑陶罐,BT 采:165(图 121),口大,鼓腹,底下有三个矮足,单柄,高 20 厘米,腹径 12 厘米,口径 9 厘米。

陶片,采集数十片,分灰、红、黑陶质,是唐宋时代遗物。刻或印有各种植物纹图案和纹饰,非常精致。从中可以看到古代新疆民间工艺美术图案的一种独特风格。(图 122①—⑰)

陶碗,2 件,已残。一件红陶质、薄黄釉,印有花草图案,底部中心亦印有多角纹图案,口部有烟熏痕迹,似作灯盏之用。口径 14.5 厘米,高 3.5 厘米,底径 8 厘米。根据曾在库车采集到的一件完整器,其形状、纹饰都类似,应为宋代遗物。另一件红陶质、平底,状似钵,素面,口径 21 厘米,高 9 厘米。时代亦同。

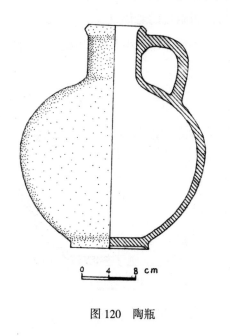

图 120　陶瓶

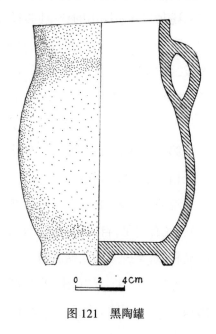

图 121　黑陶罐

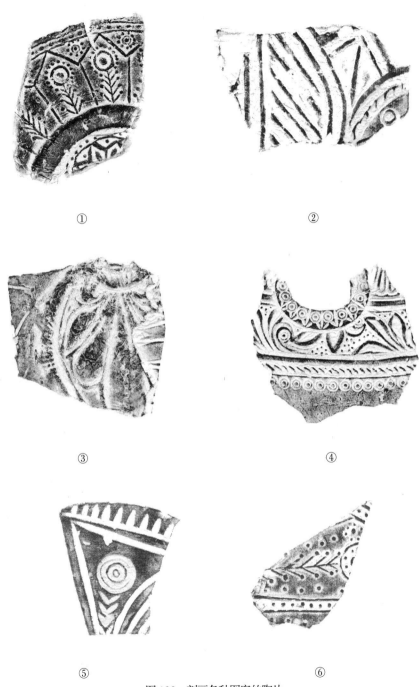

①

②

③

④

⑤

⑥

图 122　刻画各种图案的陶片

图 122　刻画各种图案的陶片

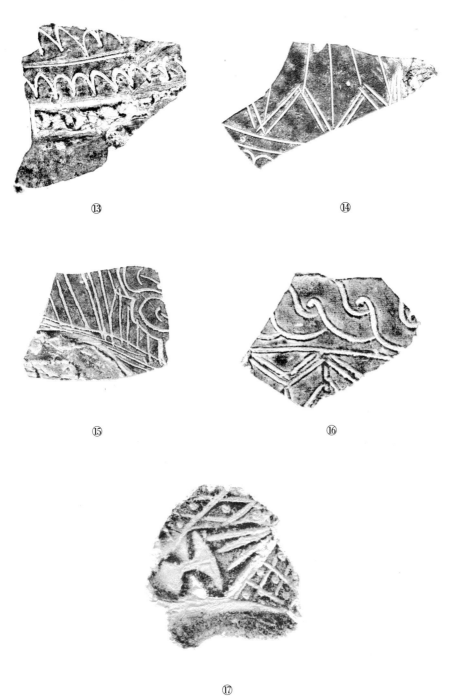

⑬ ⑭ ⑮ ⑯ ⑰

图 122 刻画各种图案的陶片

3. 铜铁类

铜佛，BT采:517(图123)，头顶上有肉结，闭目，长耳，衣纹多褶，左手挡胸，右手扶腿，结跏趺坐，高 6.5 厘米，最宽 5 厘米。典型的北朝造像。

图 123　铜佛像

五铢钱，发现完残多枚，BT采:559，BT采:562，为东汉钱币和"鹅眼"钱。

小铜钱，3 枚，均有内孔外廓。外径 1.4 厘米，内孔 0.5 厘米。BT采:557，BT采:558，2 枚，一面似有古龟兹字两个，左右对称排列。经辨认可能为龟兹语"五铢"二字。以往似为发现过。《大唐西域记》称:屈支国"货用……小铜钱"①，焉耆亦同。因疑"小铜钱"或即此钱。黄文弼发现的"鹅眼"钱定为"龟兹小铜钱"，可能不妥。

唐钱，有"乾元重宝"大钱，BT采:56，外轮径 3 厘米，内孔每边 0.7 厘米。

图 124　无孔铜钱

无孔铜钱，在距古城遗址约 10 公里处发现一个钱窖，内藏无孔铜钱数百枚。BT采:556，红铜质，体型厚重，两面有压制的维吾尔古文字。据初步分析为宋代喀什地区的遗物(图 124)。

铜灯，2 件，2 式。

① [唐]玄奘辩机原著，季羡林等校注:《大唐西域记校注》卷一，北京:中华书局，1985 年，第 54 页。

Ⅰ式，状如小勺，短柄深腹，长8厘米，宽3.5厘米，高2厘米。可以手执夜行，分析似唐代遗物。

Ⅱ式，BT采:023(图125)，有长颈，桃形小流，腹上有盖(已失)，腹下有高座，遍体有浅刻的细纹图案。口沿部分似有古体龟兹或阿拉伯文字，高8.5厘米，颈长10厘米，腹径6.5厘米。亦属唐代遗物。

铜壶，高25.7厘米，口带小流，长颈，鼓腹，圆底。

其他如铜戒指、铜泡、铜扣、环铁钩等都为残碎，系唐宋时代遗物，从略。

铜手镯，一件，BT采:54，亦残成一半，锈重。

图 125　铜灯(灯盏及底座)

4. 纺织品类

分丝、毛、棉、麻四种

黄底丝绵锦，BT采:369，残存5.5厘米×5厘米。棉纱作经线，黄、红色丝线作纬，以纬二重平纹组织法，在黄色底上显出红色花朵。平均每厘米经密24根，纬密30根。

花卉纹缂毛毛毯，BT采:374，残长34厘米，宽15厘米。以红、蓝、黄、白、棕、藏青等彩色毛线，用通经回纬法缂织出花卉图案。平均每平方厘米经密3~4根，纬密11根。

毛织带，以白、棕二色羊毛制成的宽带，似为束腰之用。残长76厘米，宽18厘米。为晚唐时代。

鞋，分两式。Ⅰ式为白布制成，状如凉鞋，长25厘米;Ⅱ式为麻绳编织，长23厘米。为晚唐时代。

5. 玉、石、琉璃、骨器类

玉簪,白色玉,七棱形,一端尖状,长3厘米,棱宽0.3厘米。与上述北朝残庙所出的玉簪为同一时代。

玉牌饰,白玉,长方形,一端为尖桃形状,凿有三个小孔,一孔在排尖状处,两孔在另一端左右分开。长3.8厘米,宽1.5厘米,厚0.5厘米。似为衣帽上的装饰物,亦北朝时代。

石球,分磨光与打制,粗砂石质,大的直径为6厘米,小的直径为1.5厘米。

圆石片,BT采:339,均打制,直径5~7厘米,时代用途不详。

串珠,数十颗,大小、质地、色彩不同。质地有石、玛瑙、蓝琉璃、贝等。色彩有红、白、蓝、黑、黄。有圆形和长形。最大的BT采:520,直径为1.3厘米。BT采:522,长形琉璃柱,翠绿色,周身黄色波纹,长2.6厘米,宽0.6厘米。BT采:500,黑琉璃长珠,周身浅灰色波纹,残长23厘米,圆径1.3厘米。

琉璃残片,很多,以黄和浅绿色为主,气泡很多,器形可辨者为独脚杯,有厚达2.5厘米的似盘碗类。

骨角杯,系用牛、羊角制成,削平挖空,口沿部分有小孔,可以携带,为游牧人外出的饮器,最长10厘米。

弓形骨片,略呈弧形,两端较厚而窄,呈四棱状,中心平坦而宽薄,边沿有许多不规则的凹槽,残长23厘米,用途不详。

骨圆饰,兽骨磨成,中有圆孔,外圆沿上有五个小圆圈纹,外径1.7厘米,内径0.5厘米。

结束语

托库孜萨来古城处在古代丝绸之路北路的交通要道上。此地依崖凭水,北依天山,南临大漠,只有东西大道可以通行,地势非常险要。两汉时属西域都护府统辖下的尉头国境;西晋至北朝时,尉头国地"役属龟兹";盛唐时期,龟兹与

疏勒之间有一座"据史德城,龟兹境也。一曰郁头州,在赤河北岸孤石山"①上,
属于安西大都护府管辖范围。"赤河来自疏勒西葛罗岭,至城(疏勒)西分流,合
于城东北,入据史德界"②。赤河即今喀什噶尔河,其上游仍称克孜尔(意即赤
色)河,发源自帕米尔以北乌恰山中,古时流至托库孜萨来古城南后入沙漠,至
今旧涸的河床,沿途仍有发现。以环境和地理考证,托库孜萨来古城正是史书
上所记唐代的据史德城无疑。

史书记载中的尉头国或据史德城,往往都是一笔带过,非常简略,因而历
来研究新疆历史者,对此很少注意。这一次我们的调查与试掘,时间虽不太长,
范围也很有限,但从各个地层废址中清理出来的大量遗物证明,这个古城遗址
实际上是非常重要的,它有着从北魏迄唐、宋近千年历史文化层的堆积,不仅
地层时代关系清楚,而且有着各个历史时期丰富的出土遗物,这在新疆各地的
古城遗址文化堆积中是不可多得的。

上述古城发现的这些遗物充分表明,古代巴楚文化植根于中华文明沃土,
是中华文化的基层部分。如大量的残纸文书,不但出土的地层关系和时代依据
清楚可靠,而且有不少重要的内容材料。其中,汉文文书中的官方书信和契约,
证明了中央王朝对古代新疆的有效管辖,同时也证明汉文是当时通行的文字。
各种铜制钱币,如"五铢""开元通宝""皇宋通宝"等,是当地通用的货币。这里
出土了许多历代的民族文字,有龟兹文、佉卢文、回鹘文和阿拉伯字母拼写的
古维吾尔文,还有汉文的"向冝黎佃种蒲桃园契"等,证明历代聚居在此地的包
括汉族人民在内各族人民共同生活,一起从事生产、劳动,创造着这里的文化,
建设并保卫着祖国的边疆。

古城中出土的许多丝织品,填充了丝绸之路上发现实物地点的一个空白,
各种毛、棉织品,特别是彩色毛毯和本地制造的丝织品,大大丰实了新疆纺织
工艺的悠久历史。再如"五铢"钱范和龟兹小铜钱的发现,为我国的货币史增添

---

① 《新唐书》卷二二一上《西域传·龟兹》,北京:中华书局,1975 年,第 6231 页。
② 《新唐书》卷四十三下《地理志七下》,北京:中华书局,1975 年,第 1150 页。

了新的资料。各个时期的经济生产生活资料、文化和工艺品,以及宗教艺术品遗物等的大量发现,不仅为学者研究提供了一定数量的实物标本,还丰富了人们对古代各民族民间生产、生活情况的认识,为新疆各民族的历史研究工作补充了一批新的内容。

参加者发掘者:李遇春　　克由木

阿合买提　　阿吉

吐尔逊　　司马义

米吉提　　乌首尔

纺织品鉴定和绘图:贾应逸

执笔者:李遇春

1962 年 9—12 月初稿

1979 年 4 月修改稿

托库孜萨来古城中最近又出土了一批重要文物

托库孜萨来古城自 1959 年调查试掘以来,已经过了二十年。1979 年秋,我和阿合买提又去古城调查,发现古城面目全非。古城的山下部分,除盖了许多居民点外,其余全部辟为农田。山坡上的文化堆积,也已大部分做肥料了。经向喀什专署文教局、巴楚县委、人委请示,我们共同向古城附近的生产建设团场宣传保护古城的重要性,又恢复了保护人员,建起了保护标志,希望山坡上剩余的文化层能够继续得到保护。

据当地群众反映,他们在山坡上挖取肥土时,发现了许多陶器、木简、文书、铜铁器等文物,特别是在山下一所佛庙里挖出的塑像最为珍贵。这批佛像造型非常优美、形态动作传神,和二十年前清理的北朝时代一座残佛庙中所出土的佛头,非常相似,估计属于同一时代遗物。

兹将征集到的重要文物描述如下。

1. 陶质、石膏质类

佛头,2 个。发现于外城垣的一座佛寺堆积中。其一,头顶有肉髻,发纹为螺丝钉状的小圆旋纹,细眉闭目,端正小口,脸型为上宽下窄的瓜子状。自颈部以下皆缺,残高 16.5 厘米,颊宽 11 厘米,厚 10 厘米。其二,头顶上已残缺,发纹为水波纹,额正中镶椭圆形白石珠一颗,眉梢细长并加以黑墨勾画,脸型长方,颈下已缺,残高 14 厘米,颊宽 12 厘米,厚 10.5 厘米。

菩萨头像,1 个。出土地同上,面部表情和悦,长发以波纹状散披于耳后两

图 1　菩萨头像

肩。两耳轮下各饰有梅花状耳珰。脸型长方,高 12 厘米,宽 11 厘米,厚 7 厘米(图 1)。

供养天人半身像,1 个。出自同一佛庙中,石膏质。为少数民族人像,头发高耸,发梢梳于脑后,双手拱于胸前。穿圆领小袖口的套头式上衣。身背后面平坦,似为贴在墙上的肖像。高 21 厘米,胸宽 15 厘米,厚 7 厘米。

供养人全身像,1 个。出自同一庙中,石膏质。双脚残缺,脸方形,深目高鼻,嘴上蓄有短须,长发披在肩后,两腿交叉状站立,双手拱在胸前,手中握一似长棍状物,竖立在两腿之间。身背后面平坦,亦为贴在墙上的肖像。残高 24 厘米,胸宽 14 厘米,厚 7 厘米。这两个少数民族的供养人像,都似用手捏成,造型生动、形态逼真,反映了新疆地区古代信仰佛教的真实状况,为其他地方佛教艺术品中所罕见。

小佛像,1 躯。出土地同上,石膏质。似有模范,印成椭圆状半身像,背后平坦并粘有草泥墙皮。佛像头戴花冠,头后有光环,双手捧一条有方块纹饰的带状物,作弧形,垂在腹部和胸部两旁;带下有一圈莲花瓣纹。高 21 厘米,最宽 13 厘米,厚 5 厘米。

象头,2 个。出土地同上,石膏质。为同一印模翻制,面平坦无纹饰,且有泥土黏附,推测应曾贴附在佛座立面之上。象鼻处理成弯曲形状,面部戴有织带状龙套。高 17 厘米,面宽 12 厘米,厚 8 厘米。

陶罐,1 个。出土于内城山坡上。单耳,红色素陶质,侈口,口部有残,平底。与北朝残庙中曾出土的陶罐一致,应属同时代遗物。高 16 厘米,腹径 23 厘米。

陶灯,1 个。出土于晚唐时代堆积中。长颈,圆腹,平底(已残),口有烟熏痕迹,长 21 厘米,腹宽 10 厘米,高 8 厘米。

2. 铜器类

铜罐，1 个。出土于山坡上北朝时代遗址中。系生铜分段铸造，底部和腹颈均有铸造时接口痕迹。高颈、直口、平底，腹呈圆桶状，口至肩部有单柄的残缺痕迹。通体绿锈、无纹饰，应属水罐用具，高 47 厘米，口径 12 厘米，腹径 27 厘米，底径 18 厘米。

3. 木器类

龟兹文木简，1 片。出土地同上。残存一小段，两面均刻有水波浪纹图案三组，估计应属于木器用具上的装饰配件部分。残长 12.5 厘米，宽 2.2 厘米，厚 0.7 厘米。

木盘，1 个。出土于宋代房屋堆积中。完整、浅沿、平底，除外沿有一道弧纹外，别无纹饰。

4. 纸张类

阿拉伯字母文书，共 2 件，出土于山坡顶上一宋代遗址中。其一，发现时卷在一起，局部有虫蚀现象，纸张较厚，颜色发暗灰黄色，正面有字，横书 31 行，背面亦有字 11 行。经初步辨认为喀喇汗朝时期的字体。全长 66 厘米，宽 22.6 厘米。其二，为残幅小片，有字 4 行，残幅 12 厘米×15 厘米。

遗址几乎被盗掘殆尽，除此，再无其他建筑痕迹。

东城墙壁内外，已大部分开垦为农田，不见任何建筑或废墟堆积，可知开垦年代已很久远，据当地农民反映，偶尔在耕地时有红陶片、纺轮等小件遗物发现。

新疆三仙洞的开窟时代和壁画内容初探

一

三仙洞开凿在喀什北郊的悬崖间。喀什噶尔,古代称疏勒,位于我国最西的一个古老重镇,是塔里木盆地中最大的一块绿洲。它西枕帕米尔高原,东临塔克拉玛干沙漠,北接天山,南隔昆仑山脉与西藏为邻。远在两千多年前,它既是我国丝路贸易出境以前的聚集点,也是西方经济文化进入我国后第一个交流融合的地方。

佛教传入喀什的年代,史书文献都没有明确记载。但有一些间接史料,还是提出了可供参考的线索。例如唐代著名旅行家、佛教大师玄奘在《大唐西域记》一书中就曾写道:"闻诸先志曰:昔健驮逻国迦腻色迦王威被邻国,化治远方,治兵广地,至葱岭东,河西蕃维,畏威送质。迦腻色迦王既得质子,特加礼命,寒暑改馆,冬居印度诸国,夏还迦毕试,春秋止健驮逻国。故质子三时住处,各建伽蓝。……其后得还本国,心存故居,虽阻山川,不替供养。"①

《后汉书·西域传》记载,汉元初时(114—120 年)"疏勒王安国,以舅臣磐有

① [唐]玄奘撰,季羡林校注:《大唐西域记》卷一《迦毕试国·质子伽蓝》,北京:中华书局,1985 年,第 138—139 页。

罪，徙于月氏。月氏王亲爱之"。①迦腻色迦是公元二世纪时的大月氏贵霜王，与
后汉安帝大致同时。疏勒臣磐徙于月氏，正是月氏贵霜佛教兴盛的时期。月氏
王为这些国外来客"三时住处，各建伽蓝"，以至他们回到国内时，仍"心存故
居，虽阻山川，不替供养"。以此看来，喀什人始信佛教和兴建伽蓝，至迟也应在
公元二世纪初期。

二

在喀什与克孜勒苏一带，分布着许多古代佛教寺院的遗址，根据对这些地
区多年的考古调查，现存较早的佛教遗址之一，应当是喀什市与阿图什县之间
的三仙洞石窟寺。

三仙洞位于喀什北郊约 18 公里的伯什克里木河南岸的悬崖峭壁间。《回
疆通志》卷七记述"回城北三十里上下，有清泉甚甘洌。迆北陡壁之半崖，有石
洞三。三洞中置石像"②，即指此三仙洞。因为三仙洞开凿于崖石峭立如壁的半
山腰间，自河岸至崖顶高达 40 多米（图 1），无论从河岸或崖顶，都很难进入洞

内，所以多年来很少有人能
入其内。我于 1979 年秋天，
幸得当地有关部门的大力
支持，才艰难地进入洞内，
做了一次较为详细的考察。

三仙洞有三窟，东西排
列（图 2）。三个洞窟口原曾
装有木头门框，现已全毁，
只有石壁上的门槽凿痕犹

图 1　三仙洞石窟外景

　　①《后汉书》卷八十八《西域传·疏勒国》，北京：中华书局，1965 年，第 2927 页。
　　②《回疆通志》卷七。

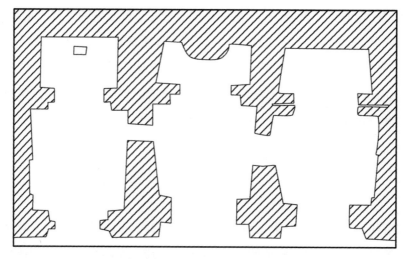

图 2　三仙洞石窟平面图

存,可以判断出门框的规模形状,高约 2.25 米,宽 2 米,厚 0.7 米。三个窟门东西全长为 10.65 米左右。

三个洞窟门口下沿石壁间,现有等距离的一排柱槽,东窟壁间直至西窟壁

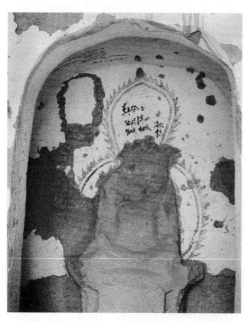

图 3　石雕佛像

下也有弯曲倾斜的一排柱槽。这应是架梯铺路的痕迹,即在崖石上凿孔插柱,柱与柱间架设木板和木梯,凭借梯架僧侣们才能够上下攀登,出入佛洞。

每个窟内分为前后两室,中间有石墙相隔。前室为纵券顶,后室略小,呈横券形状。前室间距约 2.8 米,顶最高约 2.5 米。中间一窟的后室南壁正中凿有一尊释迦牟尼石胎坐像,残高 1.2 米,两膝间距离 1 米。束腰须弥座,像高 0.9 米,宽 1.4 米,厚 0.47 米(图 3)。东

西两窟的后室并无石像,只有石台各一,台高 0.3 米。另在东窟前室东壁和西窟前室西壁间,各有一浅龛,高 2.2 米,宽 1 米,深 0.1 米,这两个浅龛遥相呼应,用途不详。依此可证明三个洞窟是统一设计开凿的。

三个洞窟的前室券顶和后室东西侧壁上原都绘有壁画。现在唯东窟壁画尚有部分残存(定为第一层壁画)。中窟里的第一层壁画已被粉刷掩盖,仅后室石胎坐佛身后白垩土刷过的南壁上,另画了火焰纹项光和身光(定为第二层壁画)。西窟壁画已荡然无存。

东窟里的第一层壁画内容,只能依据残存状况做些分析。

前室纵券顶部中央绘有天象图案,在一片浅灰色底上有隐约的群星,群星围绕着一轮用红色勾画出的圆月,星月外为一淡蓝色作底的方框,框外似有乳白色多角光焰一周,最外一层由四个淡青色半圆圈围绕①。天象四周各有一尊身穿赭衣、结跏趺坐于莲蓬之上的佛像。北面两侧各有释迦立像一尊,均为面南侧身姿态。立像两侧又有小佛二三个。各佛像身后和项后均绘有深红、绿、黄、白和土红等色背光和项光。西面坐佛两侧,还各有一尊坐佛,身着赭、蓝、绿

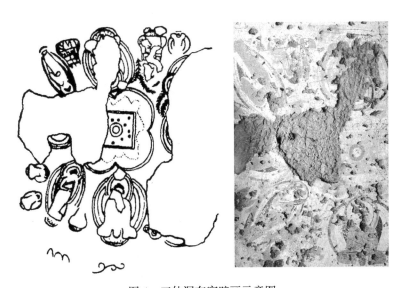

图 4 三仙洞东窟壁画示意图

① 关于这幅天象状的图案,原曾疑是莲花装饰图案,但又不尽相似。或许为天象与莲花相结合的形式。

图 5　佛像

三种色块组成的袈裟，其中一像身处菩提树间。从现在残存迹象可以看出，有尊像共 14 尊（图 4），其中最高的约 50 厘米，最小的 20 厘米。在窟顶角间还绘有简单的忍冬纹边饰。门内两侧和门框壁上都绘有小型坐佛。按窟顶之天象和诸佛壁画分析，所描绘的可能是释迦降生的故事。[①]

后室东西壁两侧各绘一佛二菩萨，门楣和两侧壁间亦有同样的佛像。

这里的壁画艺术风格是以浅色淡彩为主，多为烘染和平涂色块，线条使用很少，却细如盘丝，刚劲有力，给人以明朗清爽的感觉（图 5）。与克孜尔石窟那种重彩平涂、装饰性较强的壁画风格比较，显得古朴而单调，犹如汉代石刻那样的庄重有力。从壁画效果看，艺术家们是想通过概括的手法，把佛陀庄严而慈祥的风貌尽可能表现出来。三仙洞的壁画不同于克孜尔壁画那种技巧熟练、色彩强烈的艺术风格，它给人们一种原始粗犷、构图简单、变化不多的感觉，但两者又有着明显的承继关系。

三

三仙洞所处的山面石质比较坚硬，而且悬崖断面平整如削，是凿窟造寺最为理想的地方。但是为什么在那么大的一片断面上，只开凿了三个洞窟呢？我

①《魏书》卷一百十四《释老志》，北京：中华书局，1974 年，第 3025 页。

以为这可能和佛教传来喀什之初当地社会对它的态度有关。三仙洞的开凿时代，从其本身考查，除了一些近代游人题名以外，没有发现任何原始题记，历史资料上也没有关于三仙洞开凿年代的记载。仅有《新疆访古录·喀什噶尔山洞石窟古画》中所引用"《槐西杂志》云，喀什噶尔山洞中石壁劅平处，有人马像。回人相传云是汉时画也，颇知护惜，故岁久尚可辨。汉画如武梁祠堂之类，仅见刻本，真迹则莫古于斯矣。后戍卒燃火御寒，为烟气所熏，遂模糊都尽。惜初出师时，无画手橐笔摹留一纸也。"①按此说法，三仙洞当是汉代的产物。

三仙洞的洞窟形制与新疆各地的现存石窟比较，它与库车县库木吐拉千佛洞的第68—72号五个窟是非常接近的。这五个洞窟地处渭干河龙口，即库木吐拉石窟群的最北端。从库木吐拉现存所有的洞窟形制来分析，这五个窟应是开凿得最早的一组。这五个窟也是开凿在半山腰间，石质坚硬，断面平整如削。具体情况是从渭干河岸起，在石壁上凿了一段石阶，通向一个长长的石廊，石廊临河西侧开了几个采光的明窗。五个洞窟依次凿在石廊东侧。各窟大都分内外二室，其中的一窟凿有一尊石胎释迦坐像。这和三仙洞在半山开窟，通过阶梯走廊进入洞窟，以及两室间凿一石像等完全相似。至于五窟中的壁画、刻在石壁上的汉僧题名和龟兹文字，多是后来人的作品。因为沿此五窟往南四五公里的沙质山崖间，现在残存的七十余窟的开凿时代都较这五窟晚。后人在另开新窟的同时，也将这五个旧窟重加装饰，以昭信仰，是必然的事。库木吐拉除此五窟以外，较早的建窟形制和壁画风格与克孜尔千佛洞中同期的内容相比较，约在3世纪末至四4纪魏晋时期，因而这五个窟的开凿年代，至迟也应在3世纪的上半期，即东汉末年到三国时期。所以，三仙洞的开窟和第一层壁画的年代也应当是这个时期。

三仙洞的第一层壁画就残存情况看，主要是立佛和坐佛像，既没有新疆其他石窟壁画中常见的飞天、伎乐、供养人等图像，也没有菱格图案中的本生故事或佛传题材，更不同于后期石窟中的千佛图案。绘画技法主要是平涂烘染，

---

① 王树枬撰：《新疆访石录》卷一，聚珍仿宋印书局印，第8页。

间或使用粗细线条。色彩上很少使用复合颜色,多为单纯的赭、蓝、黄、绿、红、白等。在人物形态上,它与和田县玛力克阿瓦提佛寺遗址中出土的东汉初期的泥塑小佛像非常类似。根据洞窟形制,以及壁画内容、艺术风格分析,它应是新疆地区佛教艺术初期阶段的产物。与米兰佛寺遗址出土的相当于 3 世纪时的壁画相比较,则更有着原始朴素的民族艺术特色①。

<h2 style="text-align:center">四</h2>

三仙洞中窟内的第一层壁画被覆盖而另行粉刷,仅在后室南壁石胎像背面,另绘黑红二色火焰纹背光底色后,即骤然中辍废弃,这不是偶然的。尤其应予注意的是,东窟洞顶和壁画上的佛像全都被铲掉了脸部。

伊斯兰教是最初传到喀什噶尔地区,逐渐传遍全疆各地的。据有关专家研究,伊斯兰教首次进入喀什噶尔的年代是 8 世纪中期,约在 751 年以后。当时唐朝的安西都护高仙芝,在怛罗斯地方与大食国军队一战失利,伊斯兰传教士们即一度进到了喀什噶尔②。10 世纪时,喀什噶尔的居民们,在当地伊斯兰教教长苏里堂·萨图克布格拉汗的倡导下,纷纷皈依伊斯兰教。自然,随着佛教的衰败,三仙洞也因此失去了佛教信徒而被废弃。直到 18 世纪末和 20 世纪初,才有人攀入洞窟,并签名留念。这就是现在题在粉壁之上乾隆和嘉庆年间八旗军人的笔迹和英、法、德、日各国"探险家"们的题名。

<h2 style="text-align:center">五</h2>

综上所述,我的看法是:

佛教最初传到喀什噶尔的时间,至迟应在 2 世纪初期。

---

① 向达译:《斯坦因西域考古记》一书中唐朝佛寺出土的壁画图版。
② 参阅羽溪了谛著,贺昌群译:《西域之佛教》第六章。

　　三仙洞石窟寺的开凿和窟中第一层壁画的时代当为东汉末年到三国时期。三仙洞里第一层的残存壁画是新疆地区原始且朴素、具有民族风格的艺术作品之一。三仙洞石窟寺大约在十世纪因喀什噶尔居民普遍信奉伊斯兰教以后才废弃的。

（平面图为阿合买提同志测绘）

（原载《文物》,1982 年第 4 期。）

新疆乌恰县发现金条和大批波斯银币

新疆维吾尔自治区交通厅基建处驻喀什某工程队于 1959 年 5 月 21 日，在克孜勒苏柯尔克孜自治州乌恰县以西的深山中发现了金条和大批波斯银币。此时正值我队在喀什专区工作，我们闻讯后立即去该地进行调查。兹将现场调查和发现经过，简报如下。

乌恰县是我国最西的一个县。该县三区名老乌恰（即乌鲁克恰提），附近是一片山地。

1959 年 5 月间，修路工人在距老乌恰 9 公里，90 多米高的山崖下筑路时，突然发现斜坡土中有金银露出。仔细检查后，才发现有大批的古波斯银币和金条从一个石缝中露了出来。工程队领导当即保护了出土物和现场。

发现银币和金条的石缝附在高山底部的一个大石墩上。这个石缝最宽 10 厘米，深 35 厘米，距地面 125 厘米，形成一个斜坡状。当工人们把斜坡下面的土挖掉后，银币和金条就从里面露了出来。出土时，金条、银币夹在一起，很多银币都锈成一块。银币当时可能放在袋囊或包袱中，但这些袋囊或包袱现已朽腐无踪。

石墩、石缝和石缝下面斜坡中的土，甚至这一带几公里路的山崖和地面，都是深土红色。我们在周围附近做了详细调查，这里并无一点古建筑遗迹或文化堆积的样子。走遍了附近，只在距这里半公里处的一个 2 米深的天然石洞里，发现有烟熏的痕迹，别无其他。

这批金条和银币，因发现后多次传看，其中一些已破碎了。

金条，共发现 13 根。这种金条的质量很好，达 97 成，但是制作很粗糙，似在沙土中挖一长条小沟灌注而成，所以大小粗细都不一致。共计重量为 1330 克，平均每根为 102.3 克。其中最长的一根长为 11 厘米，最宽处 1.6 厘米，最短的一根长 9.8 厘米。

银币，先发现 941 枚，其中完整者 878 枚（图 1），已残碎者约 63 枚。我们于调查时在倒土的路基里又清理出 6 枚，共计 947 枚。在所有完整的银币中，除锈成一块尚未分开者外，其中属于 6 世纪中叶波斯库思老一世的有 2 枚；属于 6 世纪末到 7 世纪库思老二世的约 567 枚；属于 7 世纪 60 年代到 8 世纪初阿拉伯翁米亚朝时所谓"库思老二世式样"的 281 枚（图 2）。941 枚（包括约 63 枚残碎的）重量为 3800 克，平均每枚 4.038 克，这不是绝对精确的平均重量，因为残破的一包中可能不止 63 枚，但每枚银币重 4 克左右是可以肯定的。

这批银币中，库思老二世时期的银币上有以下特点：1. 有些银币正面边沿上，压印着各式图案的小圆记号，如人像、文字和各种简单图案等；2. 有些银币背面边上有用墨笔书写的文字，或者银币中央画着一个圆圈。有一处还看得很清楚，但这都是后来描绘在银币上的。

图 1　乌恰出土波斯银币　　　　　图 2　库思老二世银币

这批波斯银币中，数量最少者为库思老一世的，最多的为库思老二世的；其中年代最迟的为阿拉伯翁米亚朝时期。阿拉伯翁米亚朝铸"库思老二世式样"银币(图3)，系从公元651年开始，正是我国唐高宗李治的统治时期。这时，我国和西方邻国在经济文化交流方面正处在繁盛时期。这批银币和金条，应是7世纪后半叶埋藏在乌恰山中的。

图3　阿拉伯翁米亚朝铸"库思老二世式样"银币

从发现金条、银币的附近环境来看，地处古代葱岭以北。这深山谷中，流水岸旁可能是一条中西交通古道。我们估计可能是唐代一位在我国和西方（中亚、波斯、大食）之间做国际贸易的商人，在旅途上遇到了强盗，仓促逃走时将所带金条、银币埋在路旁。后来，这位商人可能遇害，所以这批文物一直保存到现在。

在我国境内发现的一批波斯萨珊朝晚期和阿拉伯翁米亚朝时代的银币和金条，对进一步研究古代丝绸之路，以及我国和西方之间的古代交通史，又提供了重要的实物资料。

（原载《考古》，1959年第9期。）

新疆焉耆县发现吐火罗文A(焉耆语)本
《弥勒会见记》剧本残卷①

　　1974 年冬季,在新疆维吾尔自治区焉耆县的七个星千佛洞附近,农场工人取土时发现一沓吐火罗文 A,即焉耆语文书残卷(图 1)。次年春,新疆博物馆文物工作队在该县进行文物普查时,对发现地点做了调查。

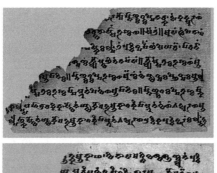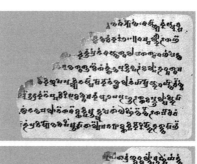

图 1　焉耆语本《弥勒会见记》剧本残卷

---

① 与韩翔先生合撰。

　　七个星千佛洞位于焉耆县城西南约 30 公里处，焉耆—库尔勒公路以北。其东面约 6 公里有一座"唐王城"，是自治区重点文物保护单位。东南约 12 公里是古焉耆国都城和唐焉耆都督府的所在地——博格达沁古城遗址[①]。西面是一条由西北流向东南的古河道。

　　七个星千佛洞原称锡克沁千佛洞，维吾尔语意为一千间房子，是一处晋至唐宋的佛教遗址，现在是自治区重点文物保护单位。这里的佛教建筑有三类：一类是各种类型的洞窟，或依山崖开凿，或在平地用土坯垒砌。一类是佛塔，都用土筑。一类是寺庙，土木结构，夯土筑墙。这些建筑估计在八九世纪已被废弃。由于多年的风雨侵蚀，绝大部分洞窟、土塔和寺庙已经坍塌，只有基础尚存。残存的几处洞窟内有少许壁画，泥塑则已荡然无存。

　　千佛洞地上文物虽已毁坏，但地下埋藏的文物还很丰富，并且经常有所发现。1907 年，英国人斯坦因曾在这一带盗掘[②]。1928 年和 1957 年，黄文弼先生曾两次在此进行考古发掘[③]。当地老乡在生产劳动中也常掘出文物。这次发现的吐火罗文 A 本文书残卷，其数量之多和内容之丰富都是前所未见的。这是1994 年以来我国新疆地区考古工作的重大发现之一。这批文书现收藏于新疆维吾尔自治区博物馆。

　　文书出土于千佛洞最大的遗址之一北大寺前的一个灰坑内，在距地表 0.5米深处成沓放置，已被烧残，上压一彩绘泥塑佛头（取出后破碎，已无法复原）。文书纸张质地较厚，呈赭黄色，两面都很光滑，有横排密布的条状纹饰，颇似帘纹，每页纸角都呈圆弧形。文书残卷大小共 44 页，残页高 18.5 厘米，长 32 厘米。每页两面都用工整的婆罗谜字母写成，共 88 面，每面有字 8 行。字行之间隐约显出似用铅条划的乌丝栏隔线。有一页只有字 7 行，是被撕去一行的缘故。44 页中有 37 页的左端约三分之一被火烧掉，还有 7 页已成碎片，大小为

---

　　① 韩翔：《焉耆国都、焉耆都督府治所与焉耆镇城》，《文物》1982 年第 4 期。
　　② 向达译：《斯坦因西域考古记》，第 196—197 页。
　　③ 黄文弼：《塔里木盆地考古记》，第 1 章，北京：科学出版社，1958 年；《新疆考古的发现》，《考古》1959 年第2 期。

14 厘米×21 厘米或 6 厘米×8.5 厘米。书写文字后,似曾涂抹一层黏质液体(疑是蛋清)加以保护字迹,因此至今字迹清晰,墨色如新。

七个星千佛洞发现的这批吐火罗文 A 本文书,经季羡林同志鉴定,除少数几页尚需研究外,绝大部分属于该文书第一页(76YQ1.11/2)上自称的《弥勒会见记剧本》。

《弥勒会见记剧本》在新疆已经发现了两种回鹘文本。1949 年前,德国人勒柯克从吐鲁番木头沟千佛洞盗走的大批古代文书中,就有回鹘文本《弥勒会见记剧本》。1959 年,哈密县天山公社发现回鹘文古文书,经研究也确认为《弥勒会见记剧本》。20 世纪初期,欧洲的所谓探险家从新疆盗走一些吐火罗文 A 本《弥勒会见记剧本》残页,数量虽不大,但至少可以判明属于不同的两种与弥勒有关的书。连同这次发现的吐火罗文 A 本《弥勒会见记剧本》残卷,迄今在新疆已发现了两种古文字、多种写本的《弥勒会见记剧本》。

焉耆是我国古代西域重镇之一,地处丝绸之路要冲,东临车师,西接龟兹,经济、文化都曾比较发达。《北史》记其"文字与婆罗门同。俗事天神,并崇信佛法也"[1]。唐初,仍是"文字取则印度,微有增损"[2]。这种文字,就是用婆罗谜字母书写的吐火罗文 A 体文字。

吐火罗语文书史料和经卷,20 世纪初在新疆地区已有发现。按照发现地点和文字的异同,有关专家们把它们分为吐火罗文 A(焉耆语)和吐火罗文 B(龟兹语)。吐火罗语属于印欧语系中一个新发现的语族。解读和研究这种文字至今仍然是语言学家和历史学家需要解决的课题。这次发现吐火罗文 A(焉耆语)本《弥勒会见记剧本》残卷,为研究吐火罗语文提供了极有价值的实物资料。对于我国民族史、戏剧史、宗教史等的研究也是弥足珍贵的。

(原载《文物》,1983 年第 1 期。)

---

[1] 《北史》卷九十七《西域传·焉耆国》,北京:中华书局,1974 年,第 3216 页。
[2] [唐]玄奘撰,季羡林点校:《大唐西域记》卷一《阿耆尼国》,北京:中华书局,1985 年,第 48 页。

汉长安城考古综述

长安是世界闻名的古都,至今已有二千多年的光辉历史,在西汉时期是中国政治、经济、文化的中心,它和西方著名的罗马城遥遥相对,是当时国际上最大最重要的城市之一。汉长安城在中国历史上有着重要的学术价值,这样一个规模巨大的历史名城,是值得从考古学方面加以专门研究的,因此全面勘查和发掘该城,对研究当时社会的政治、经济、文化、军事等都有着十分重要的意义。

1949 年以后,中国社会科学院考古研究所有计划地对汉长安城进行了一些大规模的勘查和发掘,如勘查和发掘了城墙、城门、武库及城外的礼制建筑等。这些工作为汉长安城今后进一步开展发掘研究提供了很好的基础。

汉长安城的修建主要可分为三个阶段。西汉高祖刘邦时修建了长乐宫和未央宫。惠帝刘盈元年至五年(前 194—前 190 年)筑造了四面的城墙。汉武帝刘彻时(前 140—前 87 年)西汉王朝的经济有较大的发展,国库充实,文化、建筑也相当繁荣。这一时期又大规模增建宫殿,城内兴建了桂宫、北宫和明光宫,在城西兴建了宏大的建章宫,在城外广修上林苑,大建离宫、别馆,在上林苑中开凿范围较大的昆明池。至此,汉长安城的规模已大体完备。

勘测弄清了城墙的范围,计东墙 5940 米,西墙 4550 米,北墙 5950 米,南墙 6250 米。城周围长 25100 米,合汉代六十里,这与今本《汉旧仪》城方六十里的记载最接近,与《史记·吕后本纪》索引、《后汉书·郡国志》注引、《汉旧仪》城方六十三里的记载稍有差别,与《三辅黄图》说周围六十五里相差较多。

城墙曲折的状况,是当时充分利用自然地势的原因。这种做法起源于战国。利用地势筑城,是充分考虑到施工的经济,既节省工程,缩短工期,同时也可节省劳动力。北墙有六处曲折,这显然是迁就渭河的原因。南墙中间有一段向外凸出,是先建长乐宫和未央宫的缘故,而非有意修成斗城。至于"斗城"则是后人的说法。

汉长安城城墙的修筑,文献有记载。《汉书·惠帝纪》:"惠帝(元年)春,正月,城长安。三年春,发长安六百里内男女十四万六千人城长安。(三年)六月发诸侯王列侯徒隶二万人城长安。(五年)春正月,复发长安六百里内男女十四万五千人,城长安。(五年)九月,长安城成。"由以上的记载可知汉长安城的城墙是汉惠帝元年—五年修筑的,到惠帝五年才筑成。由此可见,修筑城墙的规模是巨大的,花费财富和劳动力也是很可观的。

汉长安城每面三个城门,四面共有十二个城门。东墙的城门由北而南是宣平门、清明门和霸城门。北墙的城门由东而西是洛城门、厨城门和横门。西墙的城门由北而南是雍门、直城门和章城门。南墙的城门由西而东是西安门、安门和覆盎门。1957年对直城门、西安门、霸城门和宣平门进行了发掘。

汉长安城每个城门有三个门道,每个门道各宽 8 米,减去两侧立柱的 2 米,实宽为 6 米。在霸城门内发现当时的车轨痕迹,宽为 1.5 米,可知每个门道可容四辆车,三个门道可容十二辆车。

城门门道之间用 4~14 米宽的夯土墙隔开,其中霸城门和西安门的隔墙宽 14 米,直城门和宣平门的隔墙宽 4 米。城门均未用砖,门道两旁设置柱础石,可在其上建筑木结构的城门楼。

发掘的霸城门、直城门、西安门和宣平门等都毁于农民起义的战火中。这些城门被毁后,大多数废弃不用,只有个别城门如宣平门被毁后,从东汉魏晋到隋一直沿用,并对其不止一次地修复重建。由宣平门的发掘,也可以进一步了解整个汉长安城的兴废历史。

文献记载汉长安城内有八条大街:华阳街、夕阴街、香室街、藁街、尚冠前街、尚冠后街、章台上街、章台下街。勘探结果长安城内恰好有八条大街，证实文献记载是可信的。

城内大街都有三途(三道)并列组成，大道的宽度与城门的门道相同，大道三途与门道相连接。三途中的中央一条是皇帝专用的驰道，当时任何人不能越过驰道，包括太子在内也不例外，这也为封建等级制度打上了很深的烙印。

城内有长乐宫、未央宫、桂宫、北宫和明光宫，城西还有建章宫。长乐宫和未央宫范围已勘探清楚。长乐宫是汉高帝布政的地方。著名的未央宫是汉高帝以后各代皇帝向全国发布号令的场所，它延续时间长，尤其重要。未央宫遗址内现在有几个夯土台，其中最大的一处是前殿遗址。前殿遗址南北长约300米，东西宽约100米，北部最高约10米。游人登上前殿北部最高点，向北可以远眺渭水和汉陵。在城西南隐约望见巍峨的未央宫前殿夯土台遗址，气势宏伟。由前殿向北(即今小刘寨北，未央宫小学内)有一个夯土台，相传为天禄阁。前殿西北(即今柯家寨西北)有一个夯土台，相传为石渠阁。天禄阁、石渠阁都是当时存放图书和档案的地方。在夹城堡东面有一个夯土台，大概是桂宫的明光殿遗址。在双凤寨村东南有两个小夯土台，是建章宫的北阙即双凤阙。孟村以北有一个方形夯土台，也是建章宫内的重要的宫殿建筑遗址。

在汉长安城的中南部(即今西安市西郊大刘寨东面)发现武库遗址7处。

发掘证实武库遗址有围墙，东西长710米，南北长322米，中有一内隔墙。武库遗址有两组建筑，内隔墙以东1~4处遗址为一组建筑，内隔墙以西5~7处遗址为另一组建筑。

武库遗址是汉长安城内的重要建筑群之一，它的规模相当大。各遗址大体相同，如都有隔墙廊道等，由于用途不同，建筑形制也略有区别，如第一、三、四、七为库房遗址，二、五、六为驻兵住房遗址。第七遗址是武库遗址中最大的一个遗址。遗址规模大，门多(16个)，隔墙多而宽，每个大门外又有一小夯土垛，可能是守门兵站岗的地方，这些都是武器库房遗址的特点。建筑结构复杂，特别是夯土隔墙和夯土墙垛上面发现柱础石实为罕见。

第七遗址房内发现大量木灰和柱础石及兵器，房内放了大量兵器架，存放的兵器均放在架上。

第一遗址发现大量铠甲，第七遗址发现大量铁镞，这一情况反映武库各库房是分类存放武器的。

由第一和第七遗址发现的武器看，以铁武器为主，铜武器次之，反映铁武器逐渐代替铜武器的情况，同时反映西汉武帝盐铁官营以后，铁武器有了更进一步的发展。

在长安城的南部发现了当时的礼制建筑遗址十多处。在南郊枣园、阎庄附近即长安城西安门和安门平行线内共发现 14 座，其中的一组建筑共 11 座，外面有一大围墙，其建筑形式、平面布局、规模大小大体相同，但内部结构又有一定的不同。这一组建筑群是王莽当权时修建的宗庙。

在南郊安门外东南大土门附近发掘一座建筑遗址，建筑平面布局和王莽九庙相似，唯一不同的就是圜水。这座建筑应是明堂、辟雍之类。

通过对城郊礼制建筑遗址群的发掘，我们一方面了解了西汉建筑技术。这种中心为夯土台的建筑形式以中轴线为基础，到西汉末年已经发展到相当成熟的阶段。另一方面也反映了我国古代劳动人民的智慧和创造才能。在当时的技术水平条件下，能修建这样大规模的建筑遗址群，充分说明广大劳动人民的力量是无穷的。

1949 年以来，汉长安城的考古勘查和发掘取得了较大的收获，获得了一批宝贵的实物资料。今后汉长安城考古工作的重点，首先是有计划地全面勘查和发掘未央宫遗址，以便进一步了解宫殿建筑的形制、布局及内涵，并对其他宫殿遗址选择重点几处进行发掘。其次发掘城内的街道、手工业区、商业区、官府、贵族宅第和一般居住区，最后还要把工作范围扩大到城外的离宫别馆和陵墓等。由于汉长安城的范围大，工作量又多，过去的工作有限，今后还需较长时期对其进行勘查和发掘，才能完成这一巨大的任务。

（原载《考古与文物》，1981 年第 1 期。）

探讨与研究

1949年以来新疆地区民族考古发现与研究

新疆地区历史上是我国东西方交通的必经之路。对相继活动在这一地区的古代民族文化遗存,1949年以来在历年的考古调查和发掘研究中都不断有新的发现。本文仅依据一些重要的考古资料进行综合性地介绍和论述,不当之处,敬请有关专家予以批评指正。

一

新疆的旧石器时代文化遗存,过去一直未被发现。直到最近几年才发现了属于旧石器时代晚期的吉日尕勒遗址和阿图什人头盖骨。吉日尕勒遗址位于塔什库尔干县提孜那乡的吉日尕勒,共分五个自然堆积层。文化遗存物在第三阶地层的原生堆积中,地质时代为晚更新世。发现的遗物有人工用火遗迹、动物烧骨及肢骨碎片,还出土一件打制的砍砸石器和若干碎石片。[1]阿图什人头盖骨发现于阿图什县阿尔古乡阿其克村布尕孜河东岸的坡地上。头骨顶部狭厚而隆起似有畸形,眉骨微突,两侧呈扁平形状,下颌骨已失。经专家初步鉴定,似为年轻女性,时代为距今约一万年的旧石器晚期。

---

① 新疆维吾尔自治区博物馆、北京自然博物馆等:《塔什库尔干县吉日尕勒旧石器时代遗址调查》,《新疆文物》1985年第1期。

属于中石器和新石器时代的文化遗存,已发现的大约有 60 处,但多数还限于地表调查采集,缺少地层关系的考古依据,因而目前进行科学的分析研究尚有困难。

位于天山东部的七角井遗址,是比较典型的细石器遗址。考察人员在这里陆续采集到不少的标本,有石核、石片、石镞、石钻头、石叶和刮削器,而以一种船底形石核较为典型。不见陶片共存,应属于中石器时代的一处细石器遗址①。

东部地区的新石器遗址,比较重要的有伊吾县卡尔桑、巴里坤县石人子乡、吐鲁番县阿斯塔那等遗址。卡尔桑遗址的石器以打制或琢制品为主,也有磨制器,还有骨角器、陶器和铜器。石人子遗址在开掘的一条探沟中发现石磨盘、磨棒、彩陶和夹砂粗细红陶片,并出土碳化麦粒和小铜块。阿斯塔那遗址在戈壁滩上,曾采集到属于细石器的各种工具达 760 余片,多是用燧石、石英、玛瑙和矽质板岩等制成。同时还发现有打制、琢制石器,以及装饰品和玩具的小石件。也发现有少量夹砂陶片。②近年在伊吾军马场发现的一处遗址③中,采集的标本有彩陶片、夹砂红陶片和石器。彩陶为红胎,绘紫色弦纹、网格三角纹。素陶多呈红色,火候较高,可辨认的器形有瓮、折腹罐、瓶或壶等。石器有磨石、石臼和石球。上述这几处遗址的时代是否有早晚之分,尚需正式发掘的结果才能确定。

天山迤北的阿勒泰、伊犁、吉木萨尔、木垒等地都有新石器时代的遗物出土。已发现和发掘的重要遗址有:

乌鲁木齐市柴窝堡有两处遗址,各集采到细石器标本 400 件和 200 件。④这些细石器可分为石核、刮削器、雕刻器和石镞等,还有通体加工的石叶、双刃石刀和用大石片打制的砍砸器、尖状器和刮削器,同时也发现有夹砂的红、灰色陶片和彩陶片等。

---

① 《中国大百科全书·考古学》,第 720 页。
② 吴震:《新疆东部的几处新石器时代遗址》,《考古》1964 年第 7 期。
③ 新疆维吾尔自治区博物馆:《伊吾军马场新石器时代遗址调查》,《新疆文物》1986 年第 1 期。
④ 新疆社会科学院考古研究所:《柴窝堡湖畔细石器遗存调查报告》,《考古与文物》1989 年第 2 期。

1977 年发现的木垒县四道沟遗址，是一处面目比较清楚的遗址。①它的总面积约一万平方米，文化堆积有五层，分早晚两期，并有早晚期的灰坑、灶址及柱洞等。早期出土物以石器为主，磨制石器较多，有锄、磨盘、杵、棒、锛、球、纺轮和细石器的石核等。其次是骨器（针、镞、梳）、陶器（容器和炊具）和铜器（刀、笄）。共出的彩陶为红底黑彩的网纹、菱纹、弧线纹和回纹。晚期石器有磨盘、臼、球、锄、锛等；陶器有容器和炊具，出土的彩陶为红底绘黑、朱二色的垂帐纹，直线纹等；铜器分刀、环和饰件。同时在该遗址上发掘的四座墓葬也分早晚期。早期为竖穴土坑，晚期为洞室墓，两期各墓均无随葬物。经碳 14 测定年代数据，为早期距今约 3000 年，晚期距今约 2400 年。

天山南麓有和硕县新塔拉遗址和曲惠遗址，此外还有库车县哈拉墩遗址和阿克苏县城东喀拉玉尔衮遗址。新塔拉遗址②的文化堆积分上下两层，上层是土坯建筑物残迹，下层是含有石器和陶器的文化层。从下层出土的有打制刮削器、琢制石盘、石棒、石球、石范和石质的锄形器、碾磨器等。陶器有许多彩陶片，也有素陶，器形有双耳平底罐、小陶杯，还有印戳纹、划纹的陶片，均夹砂质，手制。彩陶片多数施白陶衣绘紫褐彩，小量施红陶衣绘黑彩或橙黄陶衣施褐彩及灰陶衣施紫褐彩。口沿处纹饰多为几何纹、三角纹、宽带纹或竖线纹。器表有倒三角纹或内填平行竖线、平行折线纹；器柄绘竖线纹，另外还有少量的鱼、鸦纹形象等。曲惠遗址也出土有与新塔拉遗址相类似的石锄、磨盘、棒、杵、石球及彩陶片、素陶片。这两处遗址出土的粟标本，经碳 14 测定距今约 3300 年。

塔里木盆地西陲喀什地区疏附县，发现有阿克塔拉遗址、温克洛克遗址、库鲁克塔拉遗址和德沃勒克遗址，这几处遗址属于同一类型。以阿克塔拉遗址为例，石器基本上是磨制的刀、镰、斧、杵、纺轮、镞、球、磨盘等，陶片多夹砂，手制，火候不高，可辨器形有圆底钵、罐、盆、瓮、杯等。陶器的特点是大都在口沿部分有一圈小洞或乳钉。发现红铜刀形器，不见彩陶。

---

① 新疆维吾尔自治区文管会：《新疆木垒县四道沟遗址》，《考古》1982 年第 2 期。
② 新疆文物考古研究所新疆维吾尔自治区博物馆：《和硕县新塔拉和曲惠遗址调查》，《考古与文物》1989 年第 2 期。

塔里木盆地南沿,曾在皮山县藏桂乡、和田、洛浦、于田、民丰、且末和若羌等地,都发现过磨制石器。在罗布卓尔和博斯腾湖畔发现过散存的细石器遗物,但这一带我们尚未做过系统的调查工作。

1949年以来,在阿勒泰山、天山和昆仑山北坡,都发现古代岩画。这些岩画大都是狩猎游牧人的文化遗迹,时代的跨度可能很大。其中昆仑山北坡的皮山桑株岩画和阿尔金山木里恰河岸的岩画可能较为原始,内容比较丰富。①阿尔金山的岩画内容有各种野生动物、驯化家畜、狩猎、牧放场面,有日月星云等天体图像,有部落之间的战争、持弓射箭的武士、舞蹈场面、原始居室和各种符号。岩画所在地附近还发现天然石洞和墓葬,估计可能与岩画的时代有关。

二

原始社会解体后到公元前60年(西汉神爵二年)设置西域都护以前的新疆考古发现中,以罗布卓尔孔雀河下游的古墓沟民族墓葬较为久远。②这里已发掘墓葬42座,分为两种类型。第一类墓葬发掘36座,其特征是大部分无地表标志,少数墓两端各有一根木桩露出地面。均为竖穴沙室,葬制有单人葬,也有2~3人男性合葬,均仰身直肢,头东向,沙室四周用木板隔挡,顶亦盖板,板上覆羊皮或草编物。死者裹身用毛毡,戴插翎羽的尖顶毡帽,足穿皮毛鞋,饰品有玉、骨、珠类。胸前往往放置一个麻黄碎枝的小包,还有一个草编小篓,内盛麦粒或糊状物(疑已干的奶汁)。部分墓内还有殉葬的木质或石质雕成简单的俑人,其他木质随葬品有盆、碗、杯等,还有兽角杯和锯齿形刻木,个别死者身上有石镞和小铜圈。第二类墓葬发掘6座,这类墓在地表上置有七圈环列的木桩,圈外有放射状四向展开的列木,墓穴置于圈内并深埋于地下,死者均为男性,葬式同前。随葬器物有少量锯齿形刻木、骨珠、骨椎、木雕俑及小件铜饰。出

① 克由木·霍加:《且末县古代岩画艺术》,《新疆文物》1986年第1期。
② 新疆社会科学院考古研究所:《孔雀河古墓沟发掘及其初步研究》,《新疆社会科学》1983年第1期。

土的五件木俑中四件为女性。死者均深目高鼻,据人类学技术分析,属古欧洲高加索人种。①据多次碳14进行年代测定,最后,确定第一类墓葬为距今3800年左右。就上述情况分析,我们认为可能是一种当地较早的民族先古文化。

巴里坤县的南湾墓地,近年来发掘过百座墓葬。这批墓皆竖穴土坑墓,多有木椁。墓中骨架基本上都是侧身屈肢葬,头东向,有单人、双人和六人合葬,也有二次葬。出土物有石斧、彩陶、红陶、铜扣(多出自脚面)、铜耳环(男女都有)、铜戚、铜刀(弧背直刃)和素面铜镜。彩陶为红底黑彩,图案有三角纹、网纹、十字纹等。发掘报告正在整理研究中,其中的第66号墓已发表简报②,为长方形竖穴土坑墓,出土两具骨架。一具成年男性,骨架发现于木椁中,侧身屈肢,随葬有石珠串饰、小件铜饰,扣,耳环等。另一具成年男性骨架葬身于葬具以上的填土中,无葬具,亦无随葬品,半侧俯身屈肢葬法,面向右呈偏下,头部被夹在大卵石之间。这种现象可能其属于被殉葬的奴隶。其时代为距今3000年左右。巴里坤地区在战国秦汉时期地属匈奴或为汉匈争夺之地,但此以前的民族属性尚缺乏史料研究。这批发掘资料将为以后学者的研究提供很有价值的参考。

地处帕米尔高原塔什库尔干县香宝宝古墓群中,发掘了40座墓葬,③这批墓葬分火葬(19座)与土葬(21座)两种,均于地表堆石成垣以为标志。其中较清楚的土葬墓为竖穴土圹,葬具有以木作框架,有坑底铺树皮编织物,上置1~2骨架。葬式有仰身直肢、侧身屈肢、俯身屈肢和二次葬。部分墓内有殉葬现象。出土文物不多,有实用的圆底夹砂灰陶器、铜铁器、金器、串珠和毛毡,还发现钻木取火的工具。经对出土的头骨标本鉴定,"属欧洲人种的印度—阿富汗类型"。④

吐鲁番盆地和乌鲁木齐地区的古代居民,史料记载称为姑师(西汉时改称车师)人。他们的文化遗存,近年来在乌鲁木齐南山矿区、乌鲁木齐南郊乌拉

① 韩康信:《新疆孔雀河古墓沟墓地人骨研究》,《考古学报》1986年第3期。
② 常喜恩:《巴里坤南湾墓地第66号墓清理简报》,《新疆文物》1985年第1期。
③ 新疆社会科学院考古研究所:《帕米尔高原古墓发掘报告》,《考古学报》1981年第2期。
④ 韩康信:《塔什库尔干县香宝宝古墓出土人头骨》,《新疆文物》,1987年第1期。

泊、吐鲁番艾丁湖和鄯善苏巴什等地,陆续都有发现。南山矿区的鱼儿沟—阿拉沟一带,已先后发掘过一百多座墓葬。早期墓葬(第一类型)为卵石砌成的竖穴墓,墓室顶以圆木铺盖,然后填土起封,死者多为成年男女,每墓有骨架数具至数十具,在墓室内叠压成三四层,仰身直肢或肢体不全者均见,有的头骨及肢骨上有刀砍痕迹。①出土文物有彩陶(绘倒三角纹、网纹、涡纹等)、木器(盆、盘、勺)、钻木取火器、铜铁器(圆铜牌、铁刀)。中期墓葬(第二类型)除与早期相同者外,出现了"棚架式"葬具,骨架置于其上,出土物主要是灰红陶(有豆形)、漆耳杯、丝绣等织物②。晚期墓葬(第三类型)为竖穴木椁墓,共发掘7座③,每墓1~2人,仰身直肢,头西向,个别头骨完整的可见有5毫米的小钻孔。随葬品有陶器、金银器(虎纹金牌、对虎纹金箔带及兽纹银牌等)、铜器(双狮铜方座)、漆、丝、铁镞等物和少量陶器,还有大量马、羊骨。其相对的时代,早期墓可到春秋(前7世纪至前4世纪),中期为战国(前4世纪至前2世纪),晚期约为战国至西汉(前2世纪至1世纪)。④乌鲁木齐南郊乌拉泊发掘的46座墓⑤,类型分竖穴土坑和石棺墓两种,葬制分单人与合葬,出土物有素陶(罐、壶、釜、盆、钵、碗)、铜铁器(铜刀、镜、马衔、铁刀、锥)及石臼等。骨架脚下常置牛、羊肉食。时代为西汉(前2世纪至1世纪初)。吐鲁番艾丁湖和鄯善苏巴什这两处遗址墓葬也为姑师人文化遗存。⑥艾丁湖墓为竖穴土圹,出土有彩陶和红陶,动物纹铜牌、铁镞及金箔花饰。苏巴什墓分竖穴土圹和竖穴偏室,出土彩陶、红陶、漆、铁、银、骨器及毛制品等。时代也在战国至西汉时期。关于上述乌鲁木齐南山阿拉沟—鱼儿沟的晚期竖穴木椁墓,发掘的另一篇简报中说共为四座,据所出"方座承兽铜盘"认为属塞种人文化遗存。⑦我们认为不能以个别出土物,怀疑

① 《文物考古工作三十年》新疆部分,北京:文物出版社。
② 《文物》特刊第4期,北京:文物出版社,1977年12月15日。
③ 《文物考古工作三十年》新疆部分,北京:文物出版社,第173页。
④ 《文物考古工作三十年》新疆部分,北京:文物出版社。
⑤ 新疆文物考古研究所:《乌鲁木齐乌拉泊古墓发掘研究》,《新疆社会科学》1986年第1期。
⑥ 新疆博物馆吐鲁番文管所:《吐鲁番艾丁湖古墓葬》,《考古》1982年第4期;吐鲁番文管所:《鄯善县苏巴什古墓群》,《考古》1987年第6期。
⑦ 新疆社会科学院考古研究所:《阿拉沟竖穴木椁墓发掘简报》,《文物》1981年第1期。

其族属姑师人,它可能是当时塞种民族间互赠之物。

和静县察吾乎沟口发现的大面积古墓群,分三个墓地千余座墓葬①。一号墓地已发掘近百座,多是竖穴土圹,用卵石砌筑墓室,上盖石板,地表有石块封堆。周围还附有儿童葬和牛马头蹄的祭祀坑。随葬品有陶器、木器、骨器、石器和小件铜铁器等。有些陶器的肩颈部位绘有红、黄色的方格纹、波浪纹、网状纹和三角纹装饰。青铜器有镞、刀、马衔、耳环、戒指等。二号墓地发掘十八座,多是石堆墓,少数为石环墓(墓上不堆卵石),封堆以下是竖穴石室。多数为丛葬,即每墓二三具至数十具骨架不等。墓旁亦有儿童墓和祭祀坑。随葬物以陶器为主,并以单柄的罐、杯和壶类最多,同出土的有小件铜铁器和毛织物。三号墓地发掘了二十座,主要是竖穴墓,少数属洞室墓。不同于前两墓地的是,出现了木棺和槽形木棺,少数有类似尸床和木椁的葬具,并以单人葬为多,也有 2~3 人合葬的。随葬物有陶器、青铜、铁器和丝织物。这些墓群中,一号墓标本碳 14 测定年代为西周至春秋,二号墓为战国,三号墓属西汉时期。和静县处汉代西域焉耆境,这些墓葬的出土物对研究当地汉代以前的民族属性有重要的参考价值。

近些年来考古工作者在伊犁尼勒克县发现一处奴拉赛沟古铜矿遗址②。经碳 14 测定年代为距今 2500 年左右,应与当时的塞种人生产生活有关。该铜矿遗址上有采矿和冶炼痕迹,发现的矿井达十多处,均为竖井。竖井上下有大量的矿石和采矿的粗重石器。井壁用许多根圆木做横撑支柱,有的井深达 20 米左右。冶炼场距矿井不远,堆积着许多炼铜的杂渣,内有矿石、木炭、动物骨和经过粗炼的白冰铜锭。采矿使用的粗重石器工具,说明当时体力劳动十分繁重。这个古铜矿的发现,和在伊犁地区各县境内不断发现的各种铜器所使用的铜料有直接关系,从而丰富了后人对生活在当地的塞种人、大月氏和乌孙人生产、生活的认识。

---

① 《中国考古学年鉴》1985 年。
② 《中国考古学年鉴》1984 年。

伊犁地区分布着许多大小的"土墩"墓,从多年以来对其中一些墓的发掘研究结果看,主要属于乌孙人的遗存。这种墓葬竖穴土坑,以一墓双室或四室为多。葬式均仰身直肢、头西向,死者裹以毛毡。可分为早中晚三期。早期的墓室以生土为壁,墓口盖木,底铺木板,或置数根圆木。随葬陶器手制,无加工痕迹,仅在口沿内侧施土红色陶衣。主要器形有罐、钵、碟,多置于墓室四墙角或沿南壁排列。中期有完备的木椁室,椁室壁间用铁钉挂着毛毡。陶器制作较细,并刮磨加工,除出现有早期的器型外,还有碗、盘、烛台。铁器有犁铧。金器有戒指、耳环等。晚期的椁室结构同于中期,陶器轮制,器形较以前进步,主要有盆、壶、罐。①

对阿勒泰地区的考古调查,发掘了克尔木齐的三十二座墓葬②,可分为坟院与单葬两种。在十个坟院中共有墓二十四座,其中无封土墓十七座,有封土墓七座。无封土的为竖穴石棺,有封土的又分为石棺和竖穴土坑两种类型。单葬墓中也有石棺葬与土坑葬之分。前者分有封土和无封土两种,后者都有封土堆。部分的单墓和坟院墓前还立有石刻人像或石条。形制复杂,葬式也不统一(屈肢葬、仰身直肢和乱葬等)。石棺墓中多是乱骨葬,有骨架交错叠压(有的多达二十多具骨架),有杀殉现象(为身首分离、双脚被缚、骨盆上有刀痕等),可能是惨死的奴隶。出土物有陶器(圆底罐、壶)、石制器(罐、钵、杯、灯、镞、俑、范等)、铁器(刀、剑、锛)、骨器等。这种现象反映了不同时代、不同民族的社会生活,他们随畜逐水草,交往频繁,特别是沿天山以北各地区,大都有石人、石棺墓文化的发现。所以这种墓葬可能不只属于其中的那一个民族(如突厥)的遗存。

和田地区洛浦山普拉古墓群中,已发掘了四十九座③,这批墓葬的葬具有槽型和船型两种,有母子合葬、多人合棺葬、殉马坑及百人以上的大型丛葬墓。

① 《文物考古工作三十年》,新疆部分,北京:文物出版社。
② 新疆社会科学院考古研究所:《克尔木齐古墓群发掘简报》,《文物》1981年第1期。
③ 新疆维吾尔自治区博物馆:《洛浦县山普拉古墓发掘报告》,《新疆文物》1989年第2期。

主要出土物有大量的毛织物和丝织物。毛织物中有多色平纹、斜纹、拉绒、缂毛等、毡毯、毛褐、毡衣等。丝织品有飞凤纹锦、蔷薇纹锦、双面提花锦、群猴对象锦等。此外,还有花押、珠饰、手杖、摇扇、铜镜(包括镜袋)、漆奁、香袋、陶器、木器、弓箭、狩猎工具袋、鼓风囊、鞍鞯等。反映出当地人民生产生活方面的概况。其所处时代为西汉到南北朝时期。

三

汉通西域以后到初唐时期的民族考古,主要是对地处丝绸之路各绿洲上的"城郭之国"一些重要文化遗迹进行的调查和研究。

在楼兰古城内调查采集的大批文物,如:汉文和佉卢文木简,汉代和贵霜王朝钱币,玻璃制品、金器、铜器、玉石饰品和工艺品,都为人们了解这个神秘的古城遗迹,提供了很有价值的资料。两次发掘古城东郊的九座东汉墓葬,揭开了楼兰王国的真实面貌。这批墓葬无地面标志,皆为竖穴,在墓底铺设木板,上铺芦苇,尸体置于其上。墓口系用数十根圆木覆盖,再铺芦苇封严。皆为丛葬,即不分男女老幼皆葬于一座墓穴中,有一穴八具尸体的,也有十二具尸体的,即同一墓中除墓底五具尸体整齐并列,仰身直肢,头北向外,上部的人骨十分散乱,无规律可循。随葬物有木器(盘、碗、杯、钵、梳、纺轮)、毛织品(毡、毯、布等)、棉织品和大批丝织品,还有漆器、铜件、金器(耳环)、五铢钱和弓箭等。[1]其中锦、毛织物的质地、工艺图案和绚丽的色彩,显示出当地民族畜牧经济的发达和手工业的特色。据人类学测量鉴定,这批居民人种属"另一种欧洲人种,即长颅型印度—阿富汗类型"。[2]

民丰县北沙漠深处的尼雅遗址,是汉代精绝国所在地,遗址上南北十几里间有断断续续的居民聚居区。在这里的考古调查获得了许多有价值的研究资

① 吐尔逊·艾沙:《罗布淖尔地区东汉墓发掘及其初步研究》,《新疆社会科学》183 年第 1 期。
② 韩康信:《新疆古代居民种族人类学初步研究》,《新疆社会科学》1985 年第 6 期。

料,发掘清理过十套居民房舍①,出土了一些遗物也了解到当时居民的生活状况。出土文物(包括佉卢文简牍)近千件,有各种生产生活的木器用具,如搅拌杆、牛羊颈栓、针锥、纺轮、篦刷、瓢、勺、水桶等。铁器有锛、镰、刀。铜器有镜、勺、顶针、五铢钱。还有毛织品、丝织品及谷物、皮毛兽骨等。出土的一函佉卢文木牍,系用细绳扎紧,两面都贴有精美图案的泥封,至今尚未开启过。有的细毛织物上织有人物、葡萄、异常精美。大量牧业及加工业资料说明,畜牧经济当时曾占主要地位。在遗址北郊发掘的东汉合葬墓中②有夫妇干尸,深目高鼻,非常完整,男的身穿民族式样的"万事如意"锦袍和棉布刺绣裤;女的穿着用暗花丝织品(绮)裁制的衣裙。随葬物有各种木制碗、盘、杯、豆,有弓箭武器,有梳妆奁具和"君宜高官"铜镜,还有一件用棉布染缬的佛教供养菩萨像织物。尼雅遗址考古工作对于研究汉晋时期丝绸之路南线上的民族历史有重要的意义。

两汉以后,吐鲁番地区曾为前凉、后凉等少数民族的势力范围,北凉的沮渠无讳于442年率部进入吐鲁番自立为凉王,460年柔然人立阚伯周为高昌王,直到唐贞观十四年(640年)平定高昌建立西州止,这里是多民族的活动区。著名的高昌故城就曾是当时的政治经济活动中心。对高昌故城外的哈拉和卓和阿斯塔那两处墓葬群四五百座古墓的发掘,是研究这一时期多民族文化的丰富材料。墓葬时代可分为早期(晋至十六国)中期(北魏至初唐)和晚期(贞观十四年以后)。这批重要的出土文物,将是我们研究多民族历史的珍贵遗产。

龟兹是两汉以后地处丝路中道延续时间最长的一个大国,今库车及其附近各县仍保存着许多龟兹时期的重要遗址,如新和县的三重城遗址、库车县的皮浪古城遗址、库木吐喇、克孜尔尕哈、森木塞姆和克孜尔石窟寺等。在龟兹西境的今巴楚托库孜萨来古城曾发掘出一批珍贵的龟兹语(乙种吐火罗文)木简,同时发掘出制造"五铢钱"的钱范和大批龟兹文铜钱(资料存新疆博物馆),这说明五六世纪时,在我国西陲的少数民族经济文化区,同样铸造和通行着全

---

① 新疆维吾尔自治区博物馆考古队:《新疆民丰县大沙漠中的古代遗址》,《考古》1961年第3期。
② 新疆维吾尔自治区博物馆考古队:《新疆民丰县大沙漠中古遗址墓葬区东汉合葬墓清理简报》,《文物》1960年第6期。

国统一的货币。

在木垒四道沟发掘出一座彩绘木棺墓,埋一男性老人,随葬有弓箭和镖,并有木碗、陶碗、铜石饰物、铁器和丝织品等。①值得注意的是棺木是用木框架和抛光的木板装拼而成,上面用红和少量黑色绘成各种人物图形。其中狩猎图内容为:有十几只奔跑的大角羊和鹿群;有一只大角羊面对着引线待发的弓箭;有男女相对而坐,一妇女怀抱婴儿;有各种古老的建筑房舍和符号形式,等等。绘画手法简朴古拙,极似原始社会的岩画。据研究鉴定应属魏晋时期(三至四世纪)当地游牧民族的文化。

和田地区发现了不少属于南北朝至初唐时期的造型艺术品②,主要出土于和田约特干遗址、玛力克阿瓦提(玛利克瓦特)遗址、策勒的丹丹遗址。这种艺术小品多为陶器上的附加堆纹饰,内容有少数民族人物形象、牛、虎、猴、狗和禽鸟等。特别是约特干遗址中出土的两件牛首人头形红陶器,属于完整的个体艺术品,每件高 19.4 厘米,宽 6 厘米,系用红泥模制,在精细刻画后烧制而成。人头像高鼻深目,美髯,长颈,头上盘结着粗长的发辫,颈下塑一牛头。牛嘴通向人头顶部,属于空心容器,外形颇似辽宁省北票县冯素弗墓出土十六国时期的鸭形玻璃注,非常罕见。用途尚待进一步研究,属这一时期新疆少数民族非常精美珍贵的美术工艺品。

四

唐至元代这六七百年,对于新疆后来各主要民族的形成和发展具有重要且深远的影响。这时在天山南北先后有乌孙、突厥、吐蕃、回鹘、可萨、咄陆、努失毕、西辽、粟特、蒙古等诸少数民族或部族。

突厥人的文化遗存,主要是天山以北草原地带的石人墓和石堆墓,但这些

---

① 黄小江,戴良佐:《木垒县发现古代游牧民族墓葬》,《考古》1986 年第 6 期。
② 李遇春:《约特干出土的陶制人物》,《美术研究》1980 年第 4 期。

石人石堆墓,如上所述并不都是突厥人的遗迹。其中的早期墓(如上述阿勒泰克尔木齐墓)可能属于另一民族的遗存外,其他大部分应属于六至八世纪突厥(或哈萨克)人的遗迹,有些石人相貌和装束有典型的草原民族特征。石人像的雕刻有简有繁。简单的仅雕出人的头型,复杂的如昭苏县小洪海石人,头戴高冠,背后垂着许多条发辫,左手扶刀,右手捧杯,胸下至腿部有许多粟特(?)文字。雕刻的手法有线雕与圆雕。从为数不多的发掘内容看,可分土葬与火葬,以火葬为多。突厥文字题记在吐鲁番雅尔湖石窟寺壁上也有发现①,内容记述可汗的亲军头目,在当地被一个叫 külüg 的人医好了病,于时任命其夫人为水主(管理农业用水的官员),由可汗的中锋传令官刻字于壁上以纪其功。

巴音郭勒自治州若羌县的米兰戍堡内,发掘出大量属于吐蕃人的遗物。②这是一个呈斜坡状不规则的建筑。考古发掘了建筑戍堡内四十三间房舍,出土了大量的毛、棉、丝织物和木、铁、陶、石制品等,生产和生活用具。还有家畜骨骸、谷物、蔬菜和鸡蛋。出土的甲胄片为矩形,朱漆绘彩。出土吐蕃文木简、文书达三百余片,经研究考证属九世纪时种植、耕作和服饰等生活生产物品。据史料记载,有唐一代,吐蕃人大都在新疆驻有部队,有时天山南北都控制在吐蕃人手中,回鹘人与之抗衡,并将其击败。③这批出土物正与吐蕃在新疆的驻军生活有关。

焉耆七个星佛寺出土了隋唐时期的吐火罗文 A(焉耆语)本《弥勒会见记剧本》残卷抄本。④吐火罗语属于印欧语系中一个新发现的语族,在回鹘语和阿拉伯语未普及新疆以前,天山南麓东起吐鲁番,西至巴楚各地,曾流行过吐火罗语(包括焉耆语和龟兹语),解读和研究这种文字,至今仍是国内外语言学家和历史学家努力解决的问题。这次共出土了四十四页,合八十八面,对于专家们

---

① 冯家昇:《1960 年吐鲁番新发现的古突厥文》,《文史》1963 年第 3 期。

② 穆舜英等:《建国以来新疆考古的主要收获》,《新疆考古三十年》,乌鲁木齐:新疆人民出版社,1983年,第 17 页。

③ 《新唐书·吐蕃传》《资治通鉴》《册府元龟》、王尧著《敦煌本》"吐蕃法制文献"详释中,关于新疆藏文简牍考述释例。

④ 李遇春、韩翔:《新疆焉耆发现吐火罗文 A（焉耆语)》,《弥勒会见记剧本》残纸,《文物》1983 年第 1期。

的研究工作,可以说提供了非常丰富的内容。更为可喜的是,同样内容的回鹘文剧本,在哈密县托米尔底北坡一个佛寺废址的藏经洞中被发现了,数量多达二百九十三页,合五百八十六面。这部回鹘文本是在晚唐至宋代依据吐火罗文而译抄的。这都是空前的发现。现在,专家们将在相互参照这些古代文字抄本的研究中,对民族文学和语言学做出巨大的贡献。

公元九世纪中,回鹘汗国的一支势力从漠北西迁至新疆,与当地原有的回纥部属和土著居民融合,逐渐发展成为后来新疆的主体民族。早期回鹘人的历史文化遗存,分布在全疆许多地方,比较集中的地区有,一是高昌回鹘王朝统治下的东疆(包括吐鲁番盆地和哈密地区)和北疆(主要是吉木萨尔县),一是喀拉汗王朝统治下的喀什噶尔地区。

吐鲁番地区 1949 年以来,考古证明回鹘王朝的王宫就设在高昌城内,称"亦都护城"。回鹘人初来新疆时信奉摩尼教,后来又接受了佛教。至今高昌城里仍残存着摩尼教的遗迹,而火焰山中的柏孜克里克石窟寺里有许多洞窟就是回鹘高昌时期开凿的。高昌故城内还发现了元代回鹘文善斌卖身为奴契约等五件[①],这是研究当时回鹘高昌社会生活和阶级关系的一批重要资料。

吉木萨尔县的北庭故城,六世纪时是突厥汗阿斯那贺鲁的牙帐,后来唐王朝在这里建立了北庭都护府,成为北疆地区的政治军事中心。高昌回鹘时期这里又成为狮子王阿斯那汗的避暑行宫。近年来在北庭故城的西郊发掘出一座高昌回鹘时期的佛寺遗址[②]。从它残存的遗址上可看到山门、庭院、正殿、配殿、僧舍和库房的位置。正殿和各配殿里的泥塑坐像和敷彩都还残存。壁画中较完整的有东配殿壁上的《八王分舍利图》。壁画中还绘有回鹘装束的男女供养人像,榜题是回鹘文"神圣的亦都护之像""长史"和"公主"等。显然系回鹘上层统治者阿斯那汗或其后代出资营建的寺院。

---

① 冯家昇:《回鹘文契约两种》,《文物》1960 年第 6 期;冯家昇:《回鹘斌通(善斌)卖身契三种》,《考古学报》1958 年第 1 期。

② 中国社会科学院考古研究所新疆工作队:《新疆吉木萨尔高昌回鹘佛寺遗址》,《考古》1983 年第 7 期。

喀什噶尔是喀喇汗王朝的中心城市之一，这里有"皇宇"古城遗址，有沙迪克·布格拉汗的陵墓，有《突厥语大辞典》作者麻赫穆德·喀什噶尔的墓地。在阿图什县叶尔干地方出土了大批喀喇汗朝时期的钱币。这批钱币共计一万七千余枚，采用压印法制造的无孔铜钱。钱币上的铭文绝大部分是古代科斐体阿拉伯文字，个别有回鹘文的铭文。制造的时代绝大部分是十一世纪。有的钱币上还印有"喀什噶尔"地名，有的压印着"桃花石通宝"的内容。[①]这无疑是研究回鹘时期经济和历史的重要资料。

契丹人的西辽势力控制新疆，从十二世纪开始到十三世纪初，接着即被蒙古汗国的统治者所取代。西辽文化的有关发现是一些压印着年号的无孔钱币，尤其是在伊犁发现两个铸有契丹文字的铜印[②]，印面和印背为篆文。

蒙古察合台汗国的政治中心在伊犁霍城县阿力麻里遗址。该遗址上出土过当时的大小银币，币面上压印着"阿力麻里"的制造地点，据考证制造的时间是公元 1327 年。在这里还发现过两处瓷器窖藏，出土了大批元代的龙泉瓷大盘、枢府和钧窑生产的元代瓷器，尤其出土的一件景德镇生产的元代青花高足碗，比较珍贵。还出土一件高足铜碗，碗外沿刻有一圈古阿拉伯文字的祈祷文，系用银箔镶嵌，并在每一个字母的起笔处雕出一个人形头像（个别为蛇头），共三十八个，颇为精美罕见。[③]

若羌县巴什夏尔（即瓦什峡）遗址，是汉唐以来的一座古城，唐代的粟特人曾居住此地。这里出土过汉、唐时代的货币、铜、铁、陶和金器首饰等，也发现过宋末元初的玻璃器生产作坊，并清理出完残不等的四件玻璃罐形器和一件细长口颈而圆腹的玻璃瓶。十三世纪时，元朝政府对西北蒙古诸王军事行动中有关文书残件的发现，是我们对这座古城遗址在元代的作用有了新的认识。这两件文书一件是当地驻军上报其部下逃跑的"状申"书稿；另一件是管军副元帅

---

① 《新疆社会科学院首届学术报告论文集》1980 年。
② 李遇春：《两颗契丹文铜印》，《文物》1959 年第 3 期。
③ 新疆博物馆：《新疆伊犁地区霍城县出土的元青花瓷等文物》，《文物》1979 年第 8 期。

的公文。①

　　元代新疆的棉纺、织金锦和皮革生产工艺都很发达,这从乌鲁木齐盐湖附近出土的一座元代墓葬遗物中就可见到实例。②这位武士身穿棉织衣服,外套黄色油绢织金的锦边袄,脚穿缂丝牛皮靴。织金的锦袄,在袖口、领和肩部都织有金边裥,并在袄上以片金和捻金织成各样花纹图案,显得绚丽辉煌、耀眼夺目。织金锦工艺是当时新疆回鹘人的擅长,吉木萨尔又是这种织造业的主要产区,所以这座墓出土的武士锦袄就产自新疆地区。

　　明清以来,新疆逐渐形成了以维吾尔人为主体的包括其他十几个少数民族在内的我国多民族聚居地区之一。各民族都有自己悠久的历史和丰富灿烂的民族文化,从而成为中华民族伟大的文化遗产组成部分,对此,这里不再赘述。

　　　　　　　　　　　　　(原载《民族研究动态》内部刊物,1987 年第 4 期。)

---

① 黄小江:《若羌县文物调查简况》,《新疆文物》1985 年第 1 期。

② 王炳华:《盐湖古墓》,《文物》1973 年第 10 期。

从出土文物看新疆和祖国的历史关系

新疆维吾尔自治区的境内,有着我国几千年悠久历史的文化遗产。1949 年以来,在党和政府的关怀重视下,凡经重点调查的主要文物,都得到了适当的保护。这些出土文物,是新疆自古就属于祖国大家庭的见征,是我国各族人民团结友爱历史关系的见证。

从原始社会起,新疆和祖国中原就存在着密切联系

新疆境内的"细石器文化"遗存,是我国北方各省细石器文化的一个组成部分。它分布很广,东起三道岭、七角井、吐鲁番县和吉木萨尔县;西至喀什西北区、阿克苏河;南沿昆仑山西北部、罗布诺尔湖台地;北至伊犁哈萨克自治州的伊宁市郊[①]。这一地区,即包括在我国自东北北部起,经内蒙古、宁夏到新疆一带漫长的细石器文化区[②]之内。这条细石器文化区长数千里,是我国古代多民族聚居区。在新疆出土的许多细石器遗物,与内蒙古、东北的出土物质料、制作、用途完全相同,证明当时各民族间联系甚密。

新疆的新石器时代遗址中,有以磨制石器为主的文化遗存。磨制石器中,

---

① 李遇春:《建国以来新疆维吾尔自治区考古工作概况》,载《文物》1962 年第 7、8 期。
② 参见《新中国的考古收获》一书。

图 1 石斧

两面凿孔的石斧最多,它的特点是孔大、面宽(图 1),与其他各省出土的两面穿凿成孔的石斧大同小异。在同一类型的文化遗址中出现的彩绘陶器,在制作、形制和彩绘上,都接近于甘肃、青海一带的彩陶。尤引人注意的是:哈密专区巴里坤哈萨克自治县石人子遗址中,出现了两尖状黑陶器,它和陕西宝鸡北首岭仰韶文化(半坡类型)中船形壶①的形制非常相似。

以上这些事实,足以说明新疆与中原远古文化间的渊源。

新疆自古就是祖国多民族大家庭成员的历史见证

早在殷周时代,新疆就是我国羌族等民族的居住地。汉代,新疆地区见于历史文献的记载已很多。西域人早已对汉朝政府和中原人民有着深刻的印象,只是"欲通不得"。汉武帝时,曾派遣张骞两次出使西域,与西北各族(国)建立了密切联系,史书称:"于是西北国始通于汉矣。""西域"之称,亦自汉始。②

自张骞通西域后,西域各国大小官员所用的印章,都由汉朝统一颁发,以

---

① 《新中国的考古收获》一书中图版陆之二。
② 关于汉代"西域",我认为主要指今新疆,特别是塔里木盆地一带。据《汉书·西城传》称:"西城……本三十六国。其后稍分至五十余,皆在匈奴之西,乌孙之南,南北有大山,中央有河,东西六千余里,南北千余里,东则接汉:限以玉门阳关,西则限以葱岭。"又西汉时称东北地区为东域,西南为南域,新疆为西域,是历史上的习惯。

为"征发符信"。据《汉书·西域传》称:元凤四年(前77年),汉昭帝策立尉屠耆为鄯善(即楼兰,遗址在今巴音郭楞蒙古自治州罗布诺尔附近)王时,"为刻印章,赐以宫女为夫人,备车骑辎重,丞相(将军)率百官送至横门外,祖而遣之"[1]。又说:西域各国"自译长、城长、君、监、吏、大禄、百长、千长、都尉、且渠、当户、将、相至侯、王,皆佩汉印授。"[2]1949年后,我们在阿克苏专区沙雅县境于什格提遗址考古,证实是一处汉代龟兹国的故城。1953年,在这座古城里出土了一颗汉代印玺,铜质,龟钮,阴刻汉文,文曰:"汉归义羌长",这可能是龟兹王的印玺。据《汉书》记载,龟兹是汉代西域的大族(国)之一,与中原关系很密切。汉宣帝时,其王绛宾娶解忧公主之女弟史为妻,元康元年(前65年),夫妻一道入京(长安)朝见天子,汉赐王及夫人印授,封夫人为公主。绛宾死后,其子丞德为王,自称是汉天子的外孙[3]。这颗"汉归义羌长"铜印的出土,不仅证实了史书有关龟兹和汉朝密切关系的记载,也证实了两千多年前,汉朝政府为西域各族(国)颁发印绶的记载属实。

汉代曾在西域进行军垦屯田,这是为符合祖国统一的长远需要,也符合古代新疆地区各民族的利益。鄯善王尉屠耆就曾请求屯田,他向汉宣帝奏道:"国中有伊循城,其地肥美,愿汉遣一将屯田积谷,令臣得依其威重。"[4]汉代至唐代这种屯田的遗址,在焉耆地区、库尔勒至轮台一带都有发现[5]。特别是1959年在和田专区民丰县境内尼雅遗址,发现了阴刻汉文"司禾府印"汉代图章[6],进一步证明了汉兵在这里屯田的事实。尼雅是汉代西域三十六国之一的精绝国,地处鄯善、且末以西,距汉兵屯田的伊循城不远。汉在西域屯田积谷,说明中原与西域联系紧密,这时匈奴的势力逐渐削弱。在此之前,匈奴还控制着天山北路。神爵三年(前59年),汉宣帝封郑吉为安远侯,使领护天山以南、以北各地,

① 《汉书》卷九十六上《西域传上》,北京:中华书局,1962年,第3878页。
② 《汉书》卷九十六下《西域传下》,北京:中华书局,1962年,第3928页。
③ 《汉书》卷九十六下《西城传下》,北京:中华书局,1962年,第3916—3917页。
④ 《汉书》卷九十六上《西城传上》,北京:中华书局,1962年,第3878页。
⑤ 黄文弼:《塔里木盆地考古记》,1957年,北京:科学出版社,第3—31页。
⑥ 史树青:《谈新疆民丰尼雅遗址》,《文物》1962第7、8期。

即西域都护府。西域都护府设在乌垒城。从此，新疆各族摆脱了匈奴贵族落后制度的束缚，与中原的关系进入了历史新时期。从汉、唐至明、清，历代朝廷设在新疆的行政领导治所，曾多次易名和更改驻地①，但是，代表历代中央政府统辖新疆地区的国家行政管理机关的作用，是始终如一的。

乌垒本亦西域三十六国之一，地处龟兹、渠犁与尉犁之间，西距龟兹三百五十里，南距渠犁三百三十里，东距尉犁三百里，"与都护同治"，遂成为西域的政治活动中心。但乌垒国的范围很小，只有"户百一十，口千二百，胜兵三百人"。其遗址应在今巴音郭楞蒙古自治州轮台县野云沟和柴达雅两镇附近。考古调查时，在这一带发现了好几处遗址。野云沟附近有两处，一在村南，一在村东北。这里发现的碎残铁块很多，素红色和青色剔花的陶片遍地。墓葬所出的红色素陶器，与甘肃民勤县沙井子遗址所出者相似，显然为汉代初期的遗物。柴达雅镇西北约二十里河畔有一遗址，并无城墙，只有已倾圮的房屋数处②。至于哪一处是汉西域都护府治所的乌垒故城，尚待进一步证实。

乌孙最初居住在甘肃境内的祁连山一带，汉朝初年随畜游牧迁至伊犁河流域（其范围包括今伊犁哈萨克自治州各县及其附近地区），成为古代镇守祖国西北边境的一个强大民族。汉通西域后，乌孙与汉朝关系最密切。汉朝曾先后将细君公主、解忧公主嫁到乌孙。乌孙地产名马，为我国的优良马种。1963 年

---

① 西域都护府初建于乌垒，元帝初元元年（前 48 年）设置戊己校尉，屯田于车师前王庭。竟宁元年（公元前 33 年）迁己校尉屯田姑墨（今阿克苏）。阳朔四年（前 21 年），因西域各族之请，段会宗再次出任都护时，诸国子弟及乌孙小昆弥"至龟兹谒"，可见这时的都护府已迁至龟兹。王莽时，都护府先在焉耆，后在龟兹。东汉明帝永平十七年（74 年），复置都护府于焉耆，置戊己校尉于金满（吉木萨尔），己校尉于柳中（今鄯善县之托克逊地，与高昌壁相近）。班超任都护时，驻龟兹它乾城，长史驻疏勒，戊己校尉驻高昌壁。和帝永元十二年（100 年），都护府又移驻疏勒城。安帝元初元年（119 年）西域长史屯驻伊吾。延光二年（123 年），西域长史驻柳中。桓帝时，长史进驻于阗，戊部校尉驻北疆之且固城。唐太宗贞观十四年（640 年），安西都护府驻于西州交河城（吐鲁番县）。647 年，迁都护府于龟兹，650 年又迁驻于西州（高昌城），658 年又迁至龟兹，670 年吐蕃陷龟兹，都护府迁西州。693 年收复四镇后又迁驻龟兹。702 年建北庭都护府于庭州，唐玄宗开元十五年（727 年），分为伊西（后又称安西）、北庭两节度使，781 年又改为北庭大都护、安西大都护，各驻原地。元明时，北疆阿力麻里（今伊犁霍城县境）及别失八里为西北诸宗王海都行营的政治中心。乾隆二十四年（1759 年）新疆总统将军府建，下属两参赞大臣，一驻乌鲁木齐，一驻喀什噶尔。光绪九年（1883 年）建新疆省，治乌鲁木齐。

② 黄文弼，《塔里木盆地考古记》，北京：科学出版社，1957 年，第二章。

冬,在伊犁昭苏县乌孙古墓中出土的铜带扣上的马形,头小、颈曲而有力,可见乌孙马的形状;同墓中还有铜剑,乃汉代中原传入乌孙的重要遗物。

唐贞观十四年(640年),唐灭高昌,建安西都护府于西州。647年迁于龟兹。安西都护管辖着"四镇之地"即今塔里木盆地的焉耆、库车、喀什与和阗(即焉耆、龟兹、疏勒、毗沙。那时南疆的主要大城镇就是这四处)。西突厥降服以后,于长安二年(702年),设北庭大都护府于庭州,统辖天山以北各州、县政事。唐朝的安西与北庭两大都护府的建立,进一步巩固了祖国的统一和民族间的亲密关系。

北庭都护府是原西突厥部落旧地。唐高宗永徽五年(654年)曾建立金满州,公元662年又扩大而设金满都督府,702年设北庭大都护府。遗址在今昌吉回族自治州吉木萨尔县北国庆人民公社,俗称唐王城,距城约十五公里,遗址的范围很大。清乾隆四十年(1775年)时,就曾在此城内发现过金满县碑。1949年以来,屡次发现开元钱和唐长安城出土过类似的花方砖、金器、铜器及陶器,证明这座古城在唐代不仅是北疆地区非常繁荣的城市,也是传播中原先进文化、沟通汉族和新疆各族联系的重镇。

现在昌吉回族自治州各县境内,大都有唐代遗址,仅吉木萨尔县境内就有不少,如卡子湾古城、八家地古城,都是唐代遗址,也是一千多年前民族团结、祖国统一的历史见证。

新疆各地的古城遗址非常之多,据考古调查所知,这些遗址总数不下百处,可见历代政府对新疆地区的城市建设及新疆与中原的经济、文化交流,是非常重视的。从这些遗址中出土的文物也非常丰富,其中尤应注意的是,历代钱币的普遍发现,如西汉五钱、王莽货泉、东汉五铢、"綖缳"钱、唐代的开元钱、乾元钱和有宋代年号,如淳化、咸平、天禧、治平、熙宁、元丰、元祐、崇宁等的钱币等。至于说宋以后的货币更是屡见不鲜了。

我国历史上,以金属铸制货币大约起源于春秋时代,到战国时期已普遍流通。由于国内政治形势处于长期分割的局面,因此货币没能统一。到了秦末汉初,还存在着民间自由铸钱的状况。汉武帝时,社会经济得到了繁荣发展,祖国统一局面和中央政权也得到进一步巩固，使货币的彻底统一成为迫切需要和完全可能。元狩五年（前118年），由汉朝廷专门铸制并颁发到全国通行的一种钱币——"五铢"出现了。从此废除了私铸钱币，全国统一货币的历史自此开始。两千年来，货币变化不小，但中原和边疆一直以流通国家统一货币为主。新疆地区出土了大量历代钱币，有力地说明，新疆一直是伟大祖国的一个重要组成部分。

新发现的中原和新疆经济文化交流的历史遗物

汉通西域后，发展了新疆与中原的经济、文化交流。除各民族间的自由往来外，汉廷组织了大批商队，从长安出发到新疆去做生意。除此而外，中原生产的贵重物品还经常以"赠""赐"等形式输入边疆，汉唐时期，这一活动最频繁。新疆各族向中原王朝"贡献方物"（即地方特产），更是从未间断过。1949年以来，文物考古工作者曾获得了这方面的丰富资料，这里仅就一些重要文物做一介绍。

（一）从中原交流到新疆者

丝织品，以尼雅、楼兰汉墓和高昌墓中的出土物最为典型。尼雅遗址（在和阗专区民丰县北大沙漠中）即汉西域三十六国的精绝故地。1959年，在这个遗址中清理出一座汉墓，出土物最为集中，有彩丝织成的鸟兽纹饰和写着汉文隶书"万世如意""延年益寿大宜子孙""阳"字等吉祥文辞的锦袍、枕头、口罩、手套、袜子，有单色素绸衣服，有各种刺绣的裤边、粉袋、镜套，有汉绮（一种暗花绸）制作的裙子等①。这些文物，考古学家已正式鉴定为东汉时期的遗物。这些绸、锦和刺绣的原材料都是从中原来的。高昌是北魏经隋到唐初新疆地区的一个大族（国），故城在今吐鲁番县火焰山人民公社。当时，因其地处中外交通要

---

① 新疆维吾尔自治区博物馆：《新疆民丰县北大沙漠中古遗址墓葬区东汉合葬墓清理简报》，《文物》1960年第6期；夏鼐：《新疆新发现的古代丝织品——绮、锦和刺绣》，《文物精华》第二集，北京：文物出版社，1963年。

道,经济非常繁荣,是当时丝绸之路对外贸易的集散地,所谓"无数铃声遥过碛,应驮白练到安西"(唐朝诗人张籍《凉州词》)。1949 年以来,在高昌古墓区发掘出很多属于北朝至唐初由中原运输到西域的丝织品遗物,甚至还有中原织工们专为供给边疆兄弟民族而特制的民族纹饰和织有"胡王"字样的锦片①。

纸,尼雅汉墓中发现一片残纸标本②。这证明蔡伦在中原刚刚发明造纸术不久,纸就传到了新疆。

藤器,在尼雅汉墓中发现了一个汉代的藤制的奁具。这显然是我国南方的特产,这件珍贵文物被完整地保存在新疆地下将近两千年之久。

铜器,伊犁哈萨克自治州新源县出土了不少乌孙时代的铜器。这些铜器中的水牛造型,证明南方特有的动物早为西域人所喜爱了。汉唐时代的铜镜,在

图 2 伏羲女娲绢画

新疆遗址中屡见不鲜。像尼雅汉墓中的"君宜高官"镜,哈密拉甫桥克唐城(即唐伊州所属三县之一的纳职县遗址)出土的"镜发菱花净月澄华"镜,吉木萨尔县北庭古城出土的菱形禽兽葡萄纹铜镜,都是中原同时代遗址中所常见的。

艺术,伏羲女娲是我国民间流传的神话故事人物,古史上有很多记载。两千多年前的汉代石刻、砖刻,很多都以此为题材。传说中的伏羲女娲,乃大贤大德之神。在高昌墓中也出现了大批"人首蛇身"的绘画(图 2),这种绘画,一般每墓一张,悬挂墓室顶上。这也是汉魏时期祠堂、墓室壁画装饰的一种发展。另外,在高昌墓中还出现过道

---

① 新疆维吾尔自治区博物馆:《吐鲁番阿斯塔那—哈拉和卓墓葬发掘简报》,《文物》1973 年,第 10 期。

② 新疆维吾尔自治区博物馆:《新疆民丰县北大沙漠中古遗址墓葬区东汉合葬墓清理简报》,《文物》1960 年第 6 期。

教符画,这也是受中原的影响。

　　高昌墓中还出土了大批的泥俑(一种为死者殉葬用的泥人、泥兽等),它的种类和造型艺术与中原唐代墓中的出土物几乎完全一样。这些泥俑,除有新疆少数民族的形象外,还有汉族的形象。

　　生产工具,尼雅遗址出土的汉代镰刀和今天关中地区农民使用的镰刀形状相同。焉耆发现的铁铧①和中原出土物几乎一样。更值得注意的是克孜尔千佛洞第 175 窟壁画所绘的铲锄形状(图 3)②,就是中原传统的古老形式。这些都说明,在长期历史过程中中原经济、文化对新疆产生了很大的影响。

　　(二)新疆的民族文化影响于中原

　　我国是印染工业发展最早的国家。印染

图 3　耕作图壁画

工业在过去和现在都在人民生活中占重要地位。印染技术发源于少数民族地区,而始于何时,没有记载。尼雅墓中出土了两大幅蓝印花布残片,证明早在东汉时期新疆就流行着印花技术了。

　　中原地区种植棉花的历史自宋元始③,而史载高昌人在南北朝时就已特产"白叠"④。托库孜萨来遗址中出土了唐代棉籽、棉布标本,证明当时新疆植棉已很普遍。尼雅汉墓中出土了粗布裤子和手帕,经初步鉴定,是用草棉织成的,这一材料说明新疆植棉可能开始得更早。

---

　　① 黄文弼:《新疆考古的发现》,《考古》1959 年第 2 期。
　　② 闫文儒:《新疆天山以南的石窟》的插图,《文物》1962 年第 7、8 期。
　　③ [明]邱著:《大学衍义补》:"汉唐之一世,远夷虽以木棉入贡,中国未有其种,……宋元之间,始传入中国。"所指"远夷"即民族地区,"中国"即中原地区。引自《农政全书》。
　　④《梁书》卷五十四《诸夷传·西北诸戎·高昌》:"高昌国……多草木,草实如茧,茧中丝如细糸+卢,名为白叠子,国人多取织以为布,布甚软白。"北京:中华书局,1973 年,第 811 页。

西域画派是我国历史上有名的一个画派。相传唐代名画师吴道子、阎立本等人的画法，都曾受西域技法的影响。所谓："行笔磊落挥霍，如纯菜条圆润，折算方圆凹凸，装色如新。"①古代西域的凹凸画法，在今天新疆各地保存下来的石窟寺壁画上还可以看到。凹凸法不同于单线平涂法，而是以晕染为主，生动地表现出人物的立体感来，所绘人物"身若出壁"②，成为我国美术史上一个重要流派。

西域音乐在我国有悠久的历史。南北朝至唐时，龟兹乐、疏勒乐、高昌乐最负盛名。东晋孝武帝太元七年（382年），秦王苻坚以骁骑将军吕光平龟兹，得龟兹音乐传入内地。相传"横笛"是龟兹乐中的特有乐器，西域各部乐中都有这种乐器，所谓"羌笛"是也。但是最古的羌笛，过去只在壁画上见过。1959年，新疆巴楚县脱库孜萨来的北朝遗址中，发现残骨笛一支，空心，三孔，似为一羊腿骨刻成，乃是研究早期西域音乐传入内地的一件珍贵文物。

大量新发现的历史文物证明：自古以来，中原先进的经济、文化对促进新疆的社会发展，加强民族团结，起了巨大的推动作用。古代新疆各族的经济、文化，也同样地影响到中原乃至全国，从而成为我国悠久历史和优秀文化遗产的组成部分。

汉族自古就是新疆多民族大家庭中的一员

据历史文献记载，汉族迁往西域，远在公元前二世纪就开始了。有的因作随从人员到了西域，如公元前110—105年武帝"遣……细君为公主，以妻（乌孙王）焉……，为备官属宦官侍御数百人"③。这些随从人员日久便落户于乌孙。有的因屯田到了西域，如公元前77年"汉遣司马一人，吏士四十人，田伊

① 向达：《唐代长安与西域文明》，上海：三联书店出版，1957年，第59页。
② ［唐］段成式撰，方南生点校：《西阳杂俎·续集》卷六《寺塔记卷下》，北京：中华书局，1981年，第257页。
③ 《汉书》卷九十六下《西域传下》，北京：中华书局，1962年，第3903页。

循"。①又，前62年以后，"置戊己校尉，屯田，居车师故地"②。

史书上也有关于西域有汉族的记载。如《北史》说："高昌……国有八城，皆有华(夏)人。""文字亦同华夏，兼用胡书。有毛诗、论语、孝经，置学官弟子以相教授，虽习读之，而替为胡语，……其刑法、风俗、婚姻、丧葬与华夏小异而大同。"③隋炀帝末年，中原混乱，西北各省人民纷纷逃往突厥，有很多人西出敦煌、玉门，逃到高昌地区，高昌王麹文泰"皆拘留不遣"④。

新疆地区的考古资料也充分印证了史书记载的历史事实。在和阗县境内的古于阗国的遗址上，发现了不少东汉时代的汉佉二体铜钱(图4)。这种钱币分大、小两种，大的一面铸有当时于阗国所流行的佉卢文字，另一面铸有汉文篆字一圈"重廿四铢铜钱"六个字；小的一面也铸有汉文篆书"六铢钱"三个字⑤。这种钱币的出土，证明了两个事实：一、汉时中原与西域的关系异常密切，西域的一些大族(国)在货币的计算单位上，已经仿照了中原的统一制度。二、这种钱币当时只在于阗境内居民中流通，其他地区至今尚未发现，如果当时当地没有大量汉族人居住，在铜钱上铸制汉文篆字就完全没有必要了。

阿克苏专区拜城县为汉代龟兹属地，县东北约一百公里喀拉山麓的博达

图4 汉佉二体铜钱

---

① 《汉书》卷九十六上《西域传上》，北京：中华书局，1962年，第3878页。
② 《汉书》卷九十六下《西域传下》，北京：中华书局，1962年，第3924页。
③ 《北史》卷九十七《西域传·高昌国》，北京：中华书局，1974年，第3215页。
④ 《旧唐书》卷一九八《西戎传·高昌》，北京：中华书局，1975年，第5294页。
⑤ 夏鼐：《和阗马钱考》，《文物》1962年第7、8期。

克拉克沟的岩石上,凿有汉文隶书摩崖两处,即刘平国治关城诵题记。其文:

壹、"京兆长□

淳于伯隗

作此诵"

贰、"龟兹左将军刘平国以七月廿六日发家

从□人孟伯山狄虎贲赵□卑□羌

□□□程阿□(羌)等六人共来作□□□

关八月一日斫岩作孔□□日

□固万岁人民喜长寿亿年宜

子孙永寿四年八月甲戌朔十二日

乙酉直建纪此东乌累关城皆

将军所作也□披□"

汉永寿四年(158年),时汉人刘平国已官居龟兹"左将军"之职,其斫岩作孔的工人中,有孟伯山、狄虎贲、赵□、程阿□,以及作诵人"京兆长□(安)淳于伯隗"等,都是近两千年以前就定居在今库车地区的汉人。

图5 唐武悦墓志

高昌的历史文物证明,这里在经晋、南北朝、隋、唐到宋以后的悠久岁月中,都居住着大量的汉族人民。据专家调查,高昌故城中:"宫城在北,内城在南,有大面积的高大建筑物,与唐代长安城的宫城、皇城的位置相同,……至于外城东南和西北的寺院和工商业的坊市遗址,又与唐长安外廓城的平面布局是相当接近的。"①可

---

① 阎文儒:《吐鲁番的高昌故城》,载《文物》1962年第7、8期。

见吐鲁番盆地的古高昌人和中原关系是多么密切。

高昌王自北魏开始就是汉族。历经阚氏、张氏、马氏、麴氏，直至唐灭其国，一直如此。高昌古墓里出现过大量的墓志砖，全为汉文书写(图5)。其中除了麴氏时代采用自己独特的年号外，都是以中原朝廷年号为准，如十六国前秦的"建元"，西凉的"建初"，唐朝的"贞观""永徽""显庆""龙朔""麟德""咸亨"等。墓志上的死者姓名，也都是汉人。出土的契钓(图6)、经书及生活用具，都和中原同一时代的文物完全相同，可见这里的汉族人民自古就是累世聚居。

吐鲁番地区在明朝初年还有相当多的汉人居住，这可以从一张十四世纪医者大师李义和蔡氏离居字据①中看出。这张字据为回鹘文和汉文并书，但这并书

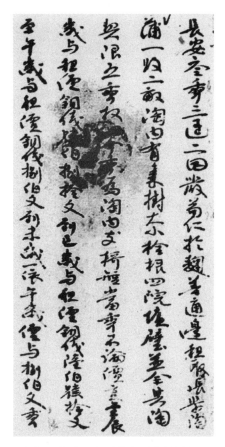

图6　长安三年严苟仁租葡萄园契

的两种文字内容，不是互相对照的。其中的男方"李义"，女方"蔡氏"，可能都是当地旧居的汉人。这张字据证明，当时汉文和回鹘文同时被人民采用。

喀什地区巴楚县托库孜萨来遗址中，也曾出土过一些唐初的残纸。其中有一"租蒲桃园"契约②，是一个当地的汉族贫苦农民"白向宜"承租葡萄园的契约。从这张残纸来看，新疆地区不但自古就有汉族，而且汉族劳苦人民和其他兄弟民族劳动人民一样，共同受到上层阶级的残酷压迫、剥削。

---

　①　冯家升：《回鹘文契约二种》，《文物》1960年第6期.
　②　蒲桃园契约残纸①文为："(一行)蒲桃园一所(二行)七日白向宜黎为自无田(三行)平章两家火(伙)下(四行)向宜黎出人力至(五行)已上并停分官有(六行)……粮并向宜(七行)……多。"

结　语

上述事实告诉我们,从遥远的古代起,新疆就是我们伟大祖国不可分割的组成部分。在漫长的历史过程中,汉族人民和各民族兄弟,共同生产、生活在祖国西北的这块土地上。历史上,特别是近百年来,新疆各族人民为反对帝国主义、封建主义和官僚资本主义的压迫剥削,进行了长期的艰苦斗争。1949 年在伟大领袖毛主席的领导下,获得了解放,这正是我国历史发展的必然结果。帝国主义、各国反动派和现代修正主义者妄图破坏这个团结的阴谋,都是徒劳的,必定遭到失败!

（原载《中国民族》《民族团结》,1964 年第 9 期。）

尼雅遗址的重要发现

在举国欢庆中华人民共和国成立十周年时，我和自治区博物馆南疆考古队的克由木、阿合买提、吐尔逊、阿吉等十一人，第一次经历了长途跋涉，深入塔克拉玛干大沙漠南缘的尼雅遗址进行考古工作。就在那时，我们发现了东汉初期的一座贵族夫妇合葬墓，在那里出土了大批的丝织品遗物。这些近二千年前的遗物中，锦袍色泽之鲜艳，刺绣织品图案之秀丽，以及我国最早的棉花织品和佛教艺术品等，为过去新疆考古发现之少见，因而一时轰动了全国考古界。

尼雅遗址位于和田专区民丰县境北，昆仑山北麓的沙漠深处。公元前后数百年间为西域三十六国之一——精绝国的首府。《汉书·西域传》记："精绝国，王治精绝城……户四百八十，口三千三百六十，胜兵五百人。……地阨陕，西通扜弥四百六十里。"正处在丝绸之路新疆段南线大道上。

19世纪初，英国人马尔克·奥莱尔·斯坦因（1862—1943年）曾三次来到尼雅以考古为名在这里到处乱挖，先后搜劫去了大批的沙埋遗物，其中尤以佉卢文木简被劫去的最多。我们这次进入遗址后，就曾看到斯坦因盗劫土物时破坏的痕迹。触目惊心，倍增义愤！

我们动身去尼雅遗址前，在民丰县城里也做了有关历史调查。

在准备好饮水和粮食后，我们沿着尼雅河水的流向往北向沙漠深处进发。一路上，有时在河滩过夜，有时远离河水而住宿在丛林中。第三天的傍晚到达红旗大队,这是沙漠边缘的一个居民点,在队长的支持下,挑选了十五位熟悉沙漠气候和去过尼雅遗址的老乡给我们作向导,又增添了些水和粮食,继续向北前进。第五天到达伊玛木扎法沙迪克的麻扎,这是几百年来最后一处曾经居住过人的地方。再向北进,就完全是寸草不生的大沙漠了。20 世纪 50 年代中期,县上把麻扎附近的居民全集中到红旗大队居住,这里遂成为无人居住区。

离开伊玛木扎法沙迪克麻扎,又穿过森林地带,骆驼群踏上了忽高忽低、满目沙丘的沙漠。第六天下午到了一处有十几间破房屋的地方,带路的老乡说前面不远就是"炮台"(佛塔)了!这便大家异常兴奋,振作起精神,继续前进。日落时,果然到达一处遍布废弃破屋的地方。

遗址概况

尼雅遗址处于早已干枯的纵横河渠与沙丘之间,西边有一道干渠沟,东边有两三道宽窄不等的沟渠,都是自南向北进入离遗址不远的沙梁处而消失了,明显这是千年前尼雅河的故道。当初就在这个河流终点沼泽地里,人们聚集起来建成了一个近五百户、三千多人的精绝王国(图 1)。

根据遗址上断断续续分布着的大小房舍分析,南北长大约 22 公里,东西以河渠为界,最宽处长 6 公里左右。住户或三五家、八九家聚居在一处,或一家一户单住一处。有的人家只有一间住房,半住人半圈养牲畜,这从房地面上一半有破布烂毡片、木或陶器的生活用具,一半地面堆积着厚达 10 厘米左右的牛马粪,就可以一目了然。大户人家的房舍都有许多房屋排列,自成一个较为整齐的院落或村庄,例如示意图编号 8-29-44 的一处废址,那是全遗址里一处人烟稠密的地方,至少有一百多间房舍毗连,街巷贯通,附近还有厚厚的土筑墙垣围绕。这也许就是精绝首府的所在,而且这里距离一座有高大建筑的遗址不远。这可能就是贵族们的住所。可惜这片房舍的大部分都已被挖掘破坏了。

编号 31 是一座高高耸立的残佛塔(图 2),方座圆体,土坯砌成,周围是寺院建筑。编号 1 是一座多间的套房。而编号 3 即所谓的"中央大厅"。斯坦因

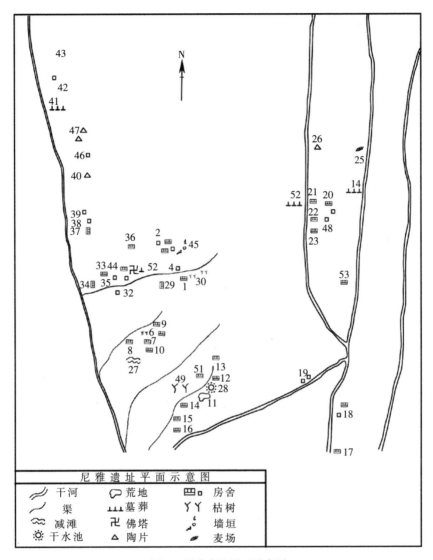

图 1　尼雅遗址平面示意图

曾于 1901 年 1 月在前者(所谓的"官署")挖出了数百件属于备忘录、账簿、公文和私函之类的佉卢文木质简牍。后者是所谓的"中央大厅",他在这里挖去了精美的雕刻艺术品、毛毡、文房用具和狮形木椅等珍贵遗物。

　　遗址上,设有打麦场、涝坝、陶窑、畜圈、田园、林带、烤饼的馕坑,有的房前绿树成荫,屋后果园成片,用苇草、树枝编成的防沙围墙至今仍在原地阻挡着

图 2　尼雅佛塔

流沙入侵。屋外乘凉的栏杆和室内取暖的壁炉乃至柱础、门扇等,都保留在原处,周围静悄悄的,连一个蚂蚁或麻雀都难看到,没有一点儿生活的气息。

大部分的房舍,除了曾被盗掘得凌乱不堪外,其余都已是秃墙或残柱,地面上堆积着厚厚的沙土。有的屋顶陷落,墙壁倒塌,深埋在沙下。有用土坯砌成的墙屋,也有用柳枝芦苇编成轻巧的篱笆墙。

粗略统计,这里最后的住户近千家,比西汉时期的居民多出一倍。依出土有纪年的遗物推断,废弃的时代不晚于三世纪末至四世纪初。根据现场分析,废弃的原因,主要是上游河水流不到这里以后,植物逐渐干枯,生产生活无法维持,于是居民们纷纷南迁至有水草处。斯坦因曾分析说:"中国军队从这些地方撤退之际,在政治上同经济上必随着起了很大的变乱,不能不使人以为遗址之放弃,必是直接或间接与此事有关。"(参考向达译《斯坦因西域考古记》第五章)还有人说,因为大风沙淹埋了遗址,遂成废墟。

清理发掘房舍遗物

随着风势遗址上的流沙到处流动,有的房舍被堆成厚厚的沙包,有的则积沙吹尽,露出地面的遗物,而遗物中如残破的丝毛织物也随风飘荡。看了这种情况,不禁令人惋惜,我们二十多人实在无力对所有的遗址进行周全的保护。于是选择了几处可以清理的残屋进行发掘,以便掌握第一手资料,对尼雅的兴废和当时社会经济生活进行科学研究。

我们共计清理了十座残屋,主要是清除沙土,测绘室内布局和保护出土的遗物。

第一处清理的房舍（编号 59MNF001），在示意图编号②的一百二十多间房屋的西北角上。这里约有五六户散居的人家，都是自成单元的一两间房屋，但大都被破坏。其中一间房舍在沙面上露出几根高低不等的秃柱头，坐向北偏东 5°，房门开在北墙东头，屋内东西 4.9 米，南北 1.9 米。清沙以后，发现地面上积压着一层 5~12 厘米厚的牛粪，以西部分粪层较厚，且已踩踏成片。在牛粪层里和地面上清理出一些牲畜用具和佉卢文木简，从而断定为厩房，它是饲养员和牛共同生活的一间茅舍。房墙系用圆木埋入地表下作为地栿，上用红柳树枝排列成墙面，再抹上 7~9 厘米厚的黄泥墙皮。

这间房内清理出的遗物有：木制带杆纺轮一件，杆长 30.5 厘米，木纺轮直径 5.3 厘米，厚 2.5 厘米。残箭杆一根，残长 18 厘米，箭杆一端被火烧断。木制牲畜颈栓一件，为弧形木板，两端和中心处各有一圆孔。捕鼠夹一件，长 37 厘米。木水瓢一个，口缘处多有磨损，并破裂为五片，每片上有用毛绳穿孔缝合痕迹，木柄两侧各刻有"十"字形和状似五角星一个，与一枚佉卢文木简同出土于牛粪层中。这枚木简为长方形，两面有字各 3~5 行，长 18.5 厘米，宽 6 厘米，厚 0.7 厘米。同屋另出的两枚木简都是楔形，两面皆有文字，但已模糊不清，最长一枚 21 厘米，短的一枚 16 厘米，宽各为 2.7 厘米。另有少量的小麦和粟（系从地面捡起），以及破碎的毡片、粗布等。

第二处清理的房舍（编号 MNF002），在上述以东约 700 米，地势低洼，处于两个沙包之间，仅一户人家，大小四间房屋，三角形排列，门正北向，东面一排的三间房里，土炕沿着墙基已被挖掘破坏。屋内到处堆满流沙，折断的残柱弃置于地。只东西一间似未被挖，清去积沙发现系一空屋，地面弃置断柄铜勺一把，残长 22 厘米，拨火木棒一个，宽头处有烧痕，长 52 厘米，宽 5.5 厘米。木牍一盒半（三片），最多的存字六行。

第三处清理的房舍（编号 59MNF003），为示意图编号 39 处。这是一处高地，有房三间，中间一间较小，似为两房之间的一条走廊。均被盗严重，只有九根秃柱头露出沙面。高地上沙层中弃置了许多残断的刻花纹木片，应是房间里的装饰物。东面一间有土炕和炉灶。清理墙根处的一层积沙后,发现了放在墙角的一幅完整木牍。这幅牍上下两页仍合在一起,系用胡杨木制做,长 16 厘米,宽 5.7 厘米,外面写了几行佉卢文,用三道细毛绳捆扎,麻绳上正反两面各粘有一块黄泥封,正面印有两个花押,一押为方形,每边 1.5 厘米,为阳文八瓣花图案,另一押三角形较小,每边 1 厘米,印纹模糊。背面有泥封两个,左右排列,左边是一个侧身端坐,做举手动作的人形图案,头大、鼻隆、瘦身、裸体;右边泥封有损伤,图案不清,约略可见中心处有一侈口花瓶,下设三足,瓶内插着三个较长的东西。这是一幅盗掘时未被发现的木牍,在斯坦因盗去的几百件简牍中,很少未启封者。我们于获得以后为保持原状,始终未予以拆开。

在西面房内地面上,堆积着一层谷物,大部分是粟米,少量小麦,已挤压成块状,谷物中还夹有半边夹砂红陶盘。

第四处清理的房舍(编号 59MNF004),为示意图 33 号屋,三间房舍全被破坏,唯在沙堆中清理出一枚长形木简,大小为 47.5 厘米×5 厘米,一面写满了佉卢文,另一面只写了半行字。在另一墙角沙下清理出又一枚长简,大小为 52 厘米×5 厘米。这枚长简上的一面共写了四组短行文字。一枚圆头牌状小简,大小为 9 厘米×5 厘米。牌状小简两面存有清楚的佉卢文字。

第五处清理的房舍(编号 59MNF005),为示意图中统一编号的第 34 处房屋,房三间全被破坏,清理时中间屋内墙角下有一破陶缸,缸内竟保存着一堆残破简牍,经携回黏合整理后得楔形简一套(两片),牍版八枚,大部分有文字,但木质太朽,字迹不清。估计这些缸中的残简都是被捡去完整的后遗留下来的。据向导反映,1906 年斯坦因来这里时,让雇工们到处捡集简牍,太残的不收,完整的每枚付一些零钱,所以许多残简都被弃置。

第六处清理的房舍(编号 59MNF006),在示意图 2 号群屋东北角上,处于风口洼地,屋两间,屋后东墙外有一片小园地,树枝编成的篱笆墙还保留至今。园地里有几棵干枯了的小树,可想见这所房舍环境曾十分优雅。屋内似未被破坏,树枝编成的墙壁已倒塌。清除泥沙后,在树枝编成的墙面塌陷处放置着四张小木弓,长 40~55 厘米,两端削成圆头,毛绳编成的弓弦仍拴在两端。因其细短,疑为儿童玩具。另有木牍一堆,系完整的两套,一枚牍底版和两片残简都写有文字,系使用以后弃置于门后的废物。

第七处清理的房舍(编号59MNF007),在示意图编为2号群舍的东南面,这里的房址全被破坏,但我们竟又获得了四枚木简,其中两枚字迹很清楚。

第八处清理的房舍(编号MNF008),在示意图29号处,破坏严重,沙下亦清理出木简两枚,均有文字,还发现麦穗一头,麦粒与麦芒俱全。

第九处清理的房舍(编号MNF009),在示意图6号处,为一座方形大屋,清理出木针两根,长16~19厘米。大小鼠夹四个。

第十处清理的房舍(编号MNF010),在示意图36号处,是一处未被盗掘的房舍,苇草搭成的屋顶已大部坍塌在地面上。此屋四墙由苇草捆扎成,墙高约2.1米,已经大部分倒塌。原先只有一个中心木柱支撑着房顶,木柱已不知去向,唯柱下埋入地面的木础尚在,天窗开在房顶中南侧,方孔每边65厘米。此房只一间大屋,通过一个小走廊进入室内。大屋南北长7米,东西宽5.5米。走廊处南北宽3米,东西长7米。外屋门向西开,走廊的南墙处砌有大小为3.2米×1.5米×0.4米土炕一个,炕边用土坯砌成,中间填以干黄土末,光滑松软,上铺席毡,可以坐卧。大屋内沿东、南、西三面墙基皆砌有土炕,制法和规模与走廊之土炕相同。清理时发现大房中间原有大木柱下的柱础旁边有一具完整的狗骨架,屋内地上、炕上共发现有残破大陶缸片一堆,红陶质、侈口、圆腹、平底,口沿至腹部刻有曲折纹、三角纹和斜方格纹。毛织品有三种残片,一种是人兽葡萄纹彩罽,系以彩色纬线起花,由两组黄色经线和两组黄绿色纬线交织而成的纬二重组织。图案中有深目高鼻人像、虎、鹿等动物头形,有成串的葡萄、叶藤和小花丛纹饰,出土时图案清晰、色泽艳丽。组织密度每平方厘米经密20根,纬密30根。因系两组纬线交织,实为每平方厘米60根。第二种是连续菱格纹套四瓣花彩罽,系以纬线起花三重组织,每平方厘米经密16根,纬密三组共24根。底色蓝,菱纹白色,四瓣花系深红色加白边,图案古雅,色艳而不浮。第三种系四瓣花罽,黄底无纹饰,有一段幅边,工艺组织与第二种相同。出土时与第二种彩罽缝在一起。同屋出土还有佉卢文木简九枚,其中七枚有佉卢文字,分楔形和长方形两种,零乱地分置于土炕各处。有折断的箭杆一根,残长35厘米,杆尾有弦槽,用兽筋缠绕并绘黑、红二色各一段。耳坠一个,正反面镶黑白石珠各一,外用金箔包裹。还有一件牛腿骨制成的骨版一个,长方形,大小为7厘米×4.5厘米×1.5厘米,一面刻有许多大小不一又无次序的旋涡纹。

从清理的空房屋中的废弃物可以看出,居民们应是迁离出遗址的。同时,各个房舍里都有佉卢文简牍遗物,说明当地普遍使用着这种文字。

采集的遗物

遗址上到处都有散弃的小件遗物。这些遗物有的是被破坏者遗弃的,有的是大风过后从沙下显露出来的。塔克拉玛干大沙漠里的风,每年从春季开始刮到秋末冬初。随着风向,流沙不停地转移。今年见到的沙包,明年再来时可能会露出原来的房舍遗址。我们在遗址上调查时,遂采集了看到的遗物,共得陶、木、铜、铁、骨、石、纺织品、玻璃等遗物数百件。陶器类有素红陶罐、印纹、划纹、彩釉等黑红陶片。纺轮有的制作精致,在6厘米×2.5厘米的面积上刻着弯弯的月牙和树叶纹饰。有的坩埚残片上留着铜彩锈斑。木器类有各种完残简牍、镰刀柄、牲畜颈栓、鼻栓、纺织用的木手、木针,制作毡鞋袜用的楦头、木桶、木椅、木勺、柟、藤盒、鼠夹、弓箭、矛头、刻花木板、栏杆残头、门闩、扫把等。纺织类有马棕和毛绳编织物杯形器(长10米,宽3.5米,高2.5厘米)、毛织腰带、衣物残片、毛布、罗纹毛织物、毛绳、回纹或细毛布、毡衣残片,棉衣残片和丝织品绢、绮等残片等。铜铁类有"长(宜)子孙"汉镜残片。五铢钱、剪边钱及小铜钱,铜泡钉、戒指、铁镰刀、刀、镞等。骨石类有贝饰、骨毛刷、药勺、角杯(发现三个用牛角制成,缘上两端各穿小孔,似饮具,长19~22厘米,口径4~8厘米)羊角镞。磨石、磨谷石、石球、串珠(零散捡得,多达160余颗,其中有象牙质、玛瑙、珊瑚、玉、琉璃、石、陶等,形状有长、圆、扁、四或八棱、椭圆、扁圆、六出梅花状和红圈黑睛鱼眼纹等。色泽有深或浅绿、黄、白、翠蓝、深红、银灰和白玉色。规格大的直径为1.9厘米长球,小的直径为0.3厘米的圆珠等)和玻璃残片(分黄色、浅绿二色,气泡少,厚 0.2~0.5 厘米)等。

墓地发掘

遗址西北约 2 公里处,即示意图编号第 41 点干河渠系东岸,有一片墓地。墓地上有些残棺木已露出沙面,骨架被风沙吹散。这种棺木是用沙地特产的胡杨树截去两端,挖空了树心而制成的,长度仅能容尸,很像一个独木舟,大都埋在沙下不深处。

墓地西侧的枯河床,宽 4 米,深约 1 米,我们沿着河床向北调查墓地范围时,发现在一处坡地沙堆一侧露出有棱角状木腿痕迹,经清理掉上面约 70 厘米的积沙后,原来是一副带有四根木腿的棺材,因已露出沙面,我们遂对其进行清理,编号 59MNM001。在 1 号墓以北 80 米处沙下又发现另一座墓棺,清理后发现因过去长期被河水浸蚀,木棺和棺内骨架衣物等全部腐朽。棺内葬有三副骨架,一上两下。下边的右为男性,身长 1.82 米,深目高鼻;左为女性,身长 1.63 米,头均西向。上面的骨架为女性,头东向,枕在下面两副骨架的脚间,身长 1.6 米,棺内所有空隙全被淤泥填塞,衣物已经腐烂,只在淤泥干层中发现一些小片绿色绢绮痕迹,手触即成灰土。随葬物有女头左侧一个藤奁。奁内,除一块锈重并已磨成光面的铜镜和一块沙质条石外,所有葬物和藤奁一样变成了块状干泥。另在棺外东侧贴在棺板上有一个红陶单耳罐和已朽成泥块的木豆,这应是埋葬时因棺内已无空隙而置于棺外的随葬品。

1号东汉墓的清理和发现

编号 59MNM001 墓地也是挖沙成坑,并无墓室。我们清理掉沙堆后,出现一层 10 厘米厚排列得比较整齐的 6~10 厘米的短树枝。树枝层下即覆盖在棺盖上一条棕白二色粗毛毡(已成残片)。棺盖下沿着左右棺板上横放着三根木杆。棺板全为沙地胡杨木,用金属工具加工而成,所以每块板上斧痕很多。所有接榫之处全用木钉加固。这种棺木两端宽窄相等,四角处各有一根木腿。高出棺底 18 厘米,状似一个长方形木柜。棺木规格为 2.1 米×0.8 米×0.56 米。

棺内左右有女男两具干尸并陈,仰身直肢,头北向。男干尸身高 1.7 米,鼻隆颧宽,上唇露齿,面带痛苦状,头向左微侧,须发全脱落,胸部高起,腹部下陷,年约 50 岁。上衣穿着一件"万世如意"锦袍,左衽,窄袖口,束腰 0.59 米,宽下摆,长达 2.22 米,下摆宽 1.42 米。锦袍底襟上还补缀着一条"延年益寿大宜子孙"纹锦。腿着布裤,裤脚缝缀有绿色花草动物纹刺绣。另穿"延年益寿大宜子孙"纹锦袜,戴黄绢单帽和锦制的口罩和手套。右手紧攥着袍袖口。绢制覆面和绢衾覆身,绢衾之上,陈放着一把长弓和箭箙。箙内存箭四根,木制镞头,涂成黑色,箭杆尾缠筋,用朱色染两节,通长 81 厘米。弓为兽骨作胎,外缠兽筋,弦亦兽筋制成,长 1.23 米。

女干尸身高 1.66 米,年约 40 岁,发辫两根,结成团状,压在脑后枕上,身躯消瘦。上身穿绢制短袖长罩衫。衫腰两端各有四根宽绸带,其中两根绑结在胸前。内穿窄袖纹绮长棉袄(图 3),袄长 1 米,下摆 1.2 米,腰间两旁亦各缝四根绿绸带,同样有两根绑结在胸间。领口和袖口,以及两肩垂腰处均镶动物纹刺绣。这件绮的图案为葡萄、花树、人、鸽、骆驼、雄狮、鹿(或牛)等人兽花鸟纹(图 4)。镶边的刺绣以 10~20 厘米宽的天蓝色为底,以朱红、宝蓝、深黄、草绿和乳白色丝线用锁绣法绣成的各种花鸟纹饰,并用黄绢裹边,华丽美观。腰左侧衣上缝布质方手帕一个,边长 26 厘米。贴身处穿粉红色绸衬衣。下身穿鸟兽纹暗花绮制成的长夹裤,裤长 70 厘米,宽 24 厘米。这件绮的纹饰中有鹿、龙、凤、虎、鸭和饕餮(或豹头)等。裤外穿夹裙一件,裙面系黄色菱纹绮制作,开缝在两腿间,并镶有 10 厘米宽的蓝底花鸟纹锁绣图案边饰,长 0.92 米,腰围 1.14 米,下摆 1.3 米。锁绣纹饰与绵上衣花边刺绣内容相同。出土时除血水污染处变质腐烂外,未贴身处的工艺组织和图案色泽均完整如新。脚穿的"阳"字纹锦袜裹在裤下,并绑着一对天蓝色细绢腿带(1.81 米×0.05 米)。腿带间裹在最上面的一段为卷草、团花和绿黄叶纹相间的红底刺绣纹饰。女覆面为白色细绢,四边镶有菱纹锦边,面积为 56 厘米×50 厘米。女帽单层,白绢,平顶,缘上镶红绢边,

图 3 绮长棉袄

图 4 鸟兽葡萄纹绮图案

前额上横镶着一条菱纹锦作为装饰。颈上戴长短项链各一副。长项链串着大小圆珠 637 颗。最小的状如粟米,有黑、蓝、绿、金银色,有玻璃质、翡翠质等,大的如黄豆。大小交叉串在一起。右手食指上戴铜质戒指一枚,上刻五瓣梅花纹图案。头和脸上用丝绵裹缠。丝绵底层里的左眉骨间发现五个蛆壳,证明是死在夏秋之交的蝇虫季节。

男女头下各有鸡鸣枕一只,"延年益寿大宜子孙"纹锦制,每只大小为 42 厘米×16 厘米。

女头左侧置藤质圆奁一个,直径 17 厘米,底高 8 厘米,盖高 7 厘米,内置(自上而下)"君宜高官"纹东汉铜镜,铜镜置于刺绣的镜袋内。镜袋为草绿色绢底,上面以黄、天蓝、绛紫、黑和棕色丝线锁绣的豆荚、圆花等纹饰,周围镶嵌绯色绢边,黄色细绢衬里。用两条两端缝在镜袋口缘上的长绢带绑结,镜袋直径 12 厘米,带长 25 厘米,宽 2.5 厘米(图 5)。刺绣粉袋一个,高 7 厘米,每边宽 4 厘米。粉袋的白绢底锁绣出卷草、绿叶、红花和 S 形纹饰。内盛黑色块状物少

图 5　镜袋

许，应是铅粉。木枋一双，梳篦各一，均做半圆形，高 7 厘米，宽 5.5 厘米。丝绵团一个，附有皮屑及绢残片。乱丝线一束，有黄、绿、紫蓝等色。其中有的线一束紫色和白色还分别缠在两个小木棒上。另外，还有剪成小片的织锦碎屑若干。

在清理男尸时还发现头上戴着一件圆形平顶、锦面、麻布为里，中间夹着丝绵的棉帽。帽上有一根牛皮小带串着一颗布满黄、白、赭三色斑点纹的石珠，出土时已坠落在头侧。左右两眼眉间各贴小金箔一片和黑石珠一个。锦袍以下胸间放置一副绢制枋囊，囊内两侧有粗细木枋各一，并夹有一小片（约 5 厘米）涂黑了的纸屑和一小包用白线扎住的小绢包，包内为少许朱红色粉末。另外，男尸身上洒了许多碎锦小片或裹在一起的小锦卷。这种小锦片（5~7 厘米）与藤奁内的一些碎片同属一片锦上剪下之物。

女尸通身覆盖着"裁足盖形"的黄色单绢衾，上陈置三根用树枝削成的棍叉，其中两根上一端为"丫"形叉，一根为弯把状手杖形。每根棍叉上都遍贴黄、绿色绢片剪成的三角形小条，并在弯把形手杖状的棍叉上裹着一件天蓝色素绢制成的女单衣，通长 0.94 米，腰围 0.5 米，下摆宽 1.25 米。这件单衣的衣领和窄袖口上饰以白绢，开襟于胸前。

两尸双腿之间覆盖着两层蜡缬蓝色棉布单，布单上一角放着一只木碗，碗内盛有羊骨和一把甚锈的骨柄铁刀。两件蜡缬棉布单中的一件残幅大小为 88 厘米×47 厘米，内容为佛教绘画，上端残破存一只佛脚、兽蹄和一条兽尾，下端有长龙和飞鸟，左侧有半身供养人像。供养人裸体露胸，颈和臂间满佩璎珞，头后有背光，双手捧着一件尖长状容器，内盛葡萄供品，侧身向右。另一件布单残幅大小为 77 厘米×46 厘米，内容主要为通幅横排的三角形图案。

两尸脚下的空隙处,置有小木桶一个,应为明器,口缘处贴一圈三角形彩色绢片。还有木碗一个(口径 20 厘米)、木盘一个(口径 24 厘米)、木杯两个。其中,一件木杯高 8 厘米,口径 7.5 厘米,另一件高 6 厘米,口径 11 厘米,口缘处有破裂,并用铜和铁片补修过。豆形木座两个,高 22~26 厘米,直径 12~16 厘米,出土时一个置于口杯之下,另一个上置木碗。纺轮(明器)一个,杆长 16 厘米,轮径 3 厘米。黑陶瓶一个,高 23 厘米,口径 12 厘米,肩部刻连续葡萄纹图案。红陶双系罐一个,高 16.5 厘米,口径 11 厘米。

两具干尸下的棺底铺有地毯一条,出土时已破成小块。地毯系用驼、白二色线合股成经线,经线和地纬相交成平纹组织,绒头缠绕在相邻的两根径上,形成一垂挂形缨穗状。绒头系稍加捻的双股彩色毛线,每根绒头均长 20 毫米,所有绒头全覆盖了基础组织,由纵面显示出地毯上的菱形图案。

在清理两具古尸时,发现男尸左臂压在女尸的右臂之下,而女尸的左手心和五指向外正贴在棺壁上。据分析,前者证明是男尸先行入棺的,而且男尸右手紧紧摸着袍袖,面部有紧张痛苦的表情,这或与其死因有关。后者表明女尸入棺之前尸体尚未僵硬,而且她死时头上缠裹着四层厚丝绵,很有可能是窒息致死。

一、这一次对尼雅遗址的考古工作我们积累了丰富的资料和沙漠考古工作的经验,为以后丝绸之路新疆境内的考查,培养了一批当地干部。

二、出土的遗物较为丰富,尤其是一号东汉墓中出土大批的汉代完整且内容丰富的丝织品,遗物之多,较为罕见,对于研究汉代各种丝织工艺获得了重要的标本。其中的"万世如意"锦袍,著名考古学专家夏鼐先生已经在工艺方面和图案纹饰方面都做过详细的考证研究,(见《考古学报》1963 年 1 期)认为"万世如意"和"延年益寿大宜子孙"两种锦都是东汉时期复杂组织的织物。

三、出土的佛教内容缬染棉布,是我国迄今发现最早的佛教遗物之一。说明早在汉代我国就有佛教传入,同时在新疆地区当时已经种植棉花,并知道用棉花来织布。这在全国来说,是迄今为止我国历史上最早的棉花产品标本。

(原载《新疆社会科学》,1988 年第 4 期。)

试论敦煌石窟艺术和新疆石窟艺术的历史关系

一

我国自古以来就是一个地域广、民族多的国家。从有史记载到两千三百多年以前,河西走廊各地就居住着以狩猎和游牧为生的许多少数民族(部族或部落)。由于经济发展的程度不同,一些民族逐渐发生了族内族外的经济和权力利害的冲突。其中的大月氏和乌孙民族,先后被迫西迁,游牧于新疆天山以北到巴尔喀什湖地区。匈奴民族的休屠王和日逐王等部落,趁机进入了河西走廊。汉武帝于公元前 121 年统一了河西,先后在该地区建立了酒泉、敦煌、武威和张掖四郡,并迁徙了一些中原地区的居民到这里来定居。还在张掖以北的居延,设置重兵,以防御匈奴重新南下。从此,不仅丝绸之路畅行无阻,而且河西一带的经济生活也由畜牧业逐渐转向了农业和农牧并行,当地居民的文化生活也发生根本性的变化。河西走廊 1949 年以来出土了大批汉魏晋时期的木简、壁画和其他文物[1],证明中原地区的文化艺术已在河西普遍流行和发展。

敦煌莫高窟地处河西走廊西端,与新疆东部紧紧相连。远古时代,新疆(古称西域)和田(古称于阗)特产昆仑白玉,就是经过敦煌的玉门关输入到中原。

---

[1] 张朋川:《河西出土的汉晋绘画简述》,《文物》1978 年第 6 期。

同样，内地的特产丝绸锦绣，也是西出阳关，聚集到塔里木盆地西端的喀什噶尔(古称疏勒)，然后通过丝绸之路输送到中亚、西亚和欧洲各地，以供各国欣赏和使用。由于丝绸之路的交通便利，印度的佛教最初传到新疆，再东传到河西走廊以至内地。古代佛教艺术至今还在这些地方保留着许多珍贵的遗迹和遗物。唐高祖时的太史令傅奕曾说："佛是胡中桀黠，欺诳夷狄。初止西域，渐流中国。"[1]可见佛教传来我国，新疆比其他地区为早。

二

西汉时期的佛教遗物，由于年代久远，加之当时宗教活动的范围较小，新疆地域辽阔，至今在考古调查中尚无发现。希望新疆的文物考古工作者今后在田野工作中予以重视。东汉时期的佛教遗迹和遗物，就其重要者而言，已经有了好多处：

民丰县精绝遗址里，1959 年一号东汉合葬墓中出土过一件棉织布，上面印有蜡染的供养菩萨和可能有双狮座的大部分残缺的佛像。出土了大量绢锦刺绣和铜镜等遗物，证明这件佛教艺术品的棉织物，至晚为一二世纪东汉时的遗物。

20 世纪初，在若羌县米兰遗址发掘出一座古佛寺，出土了六尊等人高的泥塑彩绘大佛和精美壁画。这座佛寺的废弃时代，经考证定为三世纪左右[2]，那么初建此寺，至迟不晚于东汉中期。

近年来在古楼兰遗址出土了贵霜王朝的铜钱，钱上铸有释迦佛像，并印有婆罗米字母拼写的"佛"字。这种钱币为迦腻色迦王在位时期所铸，说明这种铸有佛陀的钱币曾在 2 世纪时就经由丝路传入我国新疆。

库车县及附近各县是两汉时期西域龟兹国的中心地区，那里佛教寺院遗

---

① 《旧唐书》卷七十九《傅奕传》，北京：中华书局，1975 年，第 2717 页。
② 向达著《斯坦因西域考古记》，第七章。

迹很多。据碳 14 对出土朽木和木炭标本的测定,森木赛姆千佛洞第 36 窟后室墙上毁弃的泥塑中的木楔距今为 1890±120 年,树轮校正距今为 1845±125 年。苏巴什佛寺东寺的朽木,经测定为距今 1780±75 年,树轮校正距今为 1730±80 年。克孜尔千佛洞第 47 窟前室西墙木楔经测定为距今 1785±75 年,树轮校正距今为 1730±80 年。苏巴什佛寺西寺中间佛塔底部墓葬中的棺木经测定距今为 1750±65 年。这些数据表明,库车县苏巴什佛寺遗址的东、西寺,森木赛姆和克孜尔两处千佛洞中都有东汉时期开凿的洞窟和艺术品。

龟兹地区在东汉时期就已有了佛教和佛教艺术品,这并不是偶然的事情。如上所述,据藏文本《于阗国授记》记载,和田地区在西汉时期就有了佛教的传播。喀什地区佛教最早传播的时代至迟也在东汉。据《后汉书·西域传》和《大唐西域记》的记载,一二世纪贵霜王朝迦腻色迦王大兴佛教之时,疏勒国臣磐正在迦毕试图受到贵霜王的尊重和优待,并为之兴建伽蓝。回国以后还"虽阻山川,又替供养"。据考证喀什地区三仙洞石窟寺的开凿和窟中第一层壁画的时代,约为三世纪,是新疆早期的石窟艺术之一。

最近在整理吐鲁番县安乐古城佛塔基层出土的一批佛经时,发现其中有《道行般若经》一残卷,经请中国佛教协会专家周绍良和刘锋研究鉴定,认为可能是东汉灵帝光和二年(179 年)支娄迦谶的译本。西晋时,竺法护所译经名《道行般若》,东晋时鸠摩罗什所译经名《小品般若》均有译本流行,但都在支娄迦谶之后,而且比支娄迦谶的译本成熟,广行于后世,支娄迦谶译本遂不复见。安乐城佛塔塔基中出土的《道行般若经》内容,与两晋以来的流行本并不相同,所以推测为二世纪时支娄迦谶的译本。

同时出土的还有《无量寿经》一残卷。据《开元释教录》称,《无量寿经》从汉迄晋,有六种译本,即东汉桓帝时安世高的译本,题名《无量寿经》。同时还有支娄迦谶译本,题名《无量清净平等觉经》。三国孙权、孙亮时支谦译本,题名《阿弥陀三耶三佛萨楼佛檀过度人道经》。曹魏嘉平四年(252 年)康僧铠译本,题名《无量寿经》。甘露三年(258 年)白延译本,题名《无量清净平等觉经》。其中安世高、白延和法护的三种译本,久已失传,其余三种现今尚存。此安乐城佛塔基层出土的《无量寿经》残卷,与今存本的译文均不相同,可见是一部久已失传而今新发现之本。这部新发现的残经,与支娄迦谶所译《无量清净平等觉经》的语句,虽不尽相同,但是文意和段落却基本一致,故而推定可能是安世高的译本。安世高与支娄迦谶为同一时期人,先后来到中国,他们译经所依据的梵文本应当是同一种梵文本。这份残经既与支娄迦谶译本语句相同,则应属于安世高的译本。

塔里木盆地中各主要的沙漠绿洲,都有二三世纪佛教遗迹和遗物发现。这说明东汉时期,新疆南部的佛教已很普及,我认为《于阗国授记》中所说前一世纪八十年代即西汉昭帝时期,佛教即已传到了新疆和田是比较可信的。正因为于阗传入佛教学说最早,并在中原地区已有传闻,所以魏甘露五年(260年),朱士行才不畏艰难,远涉于阗,“写得正品梵书胡本九十章六十万余言”的真经,成为据今所知的中原地区前往西域取经的第一个求法者。

三

敦煌石窟的开凿时代,据唐武周圣历元年(698年)李克让修莫高窟佛龛碑的记载:“莫高窟者,厥初,秦建元二年(366年)有沙门乐僔,戒行清虚,执心恬静,尝杖锡林野,行至此山,忽见金光,状有千佛……造窟一龛。次有法良禅师,从东届此,又于僔师窟侧,更即营建。伽蓝之起,滥觞于二僧。”于是敦煌佛窟自此为始而延续开凿一千余年。

乐僔和法良最初所开凿的是那些洞窟,由于年代久远,新旧交替,已经不知所在了。敦煌文物研究所多年来对莫高窟内容和艺术进行研究,进而又对全部洞窟做了科学的编年排列,推定现存洞窟中最早的为十六国北凉时期,现共存七窟,其中编号267—271为一洞五窟,除第268为主室外,其余四窟皆为坐禅之窟,实为五窟。这五个洞窟的主室为甬道形式,甬道尽头处(即第268窟西壁圆券龛内)塑一身交脚弥勒像,甬道两侧墙间,各有两个坐禅的小窟,每窟仅能容一人。窟顶绘有斗四藻井图案。在古龟兹境内,与此相类似的禅窟,现存库车县苏巴什佛寺遗址西寺悬崖间的一处，亦为甬道式的主洞和两面侧墙各有两个禅窟。主洞壁上的图案，虽已模糊不清，但风格古朴、色彩线条肃穆，可推知造窟的时代较早。距此禅窟不远的一座废寺遗址颓墙间采集到朽木标本，对其进行碳14测定，可知该朽木距今为1570±80年，树轮校正距今为1505±90年。禅窟的建筑时代，估计应与废寺的建筑时代相去不远，亦为东晋时期。与敦煌的267—271窟的时代相比较，似为较早，或系这种禅窟先在龟兹产生，而后又传到了敦煌。

禅窟和礼拜窟的建筑，同时同地参差排列开凿，在莫高窟是这样的，在龟兹地区一些石窟寺中也大都是这样的，例如库木吐喇、克孜尔尕哈、森木赛姆和克孜尔千佛洞等。以克孜尔千佛洞的第38窟为例，这是一个礼拜窟寺，围绕此窟的侧旁和下层，就有第34—41号大小不等的七个禅窟。尤其从38—40号窟的外檐楣间，凿有约40厘米宽的一条横槽，这表明这三个窟（一个礼拜窟，两个禅窟）既是同时开凿的，又是彼此关联的。在这个横槽以下的悬崖上，当初曾有一个木质结构的建筑物，或者是可供进出这三个洞窟相互连通的栈道。

这种禅窟同苏巴什佛寺遗址那种一洞四窟的形式和内容，不完全相同。这种禅窟一般都是在甬道的尽头凿一个可容人身的小型禅窟，甬道的左侧或右侧开凿一间较大的方形石室。石室四壁平整，并凿有火炉和低矮的土炕。在面朝悬崖的壁间，凿一方形窗孔。这种石室不只是坐禅，可能一切起居生活都在其中。克孜尔第80窟，就是礼拜窟与禅窟为一个洞窟的实例。这两个作用不同的洞窟，都是通过中间的一条甬道出入的。

森木赛姆第42窟为纵券顶礼拜窟，隔壁的第43窟是一个禅室，取暖的壁炉凿在左侧墙间，前后墙角各有一个小土炕。这可能属于两僧合用的一处禅室。第44窟是一座小方形禅室，墙间凿有两个小龛。这一个礼拜窟和两个禅室，是通过一条甬道而依次进入第44、第43和第42窟。另第45和第46窟亦为禅室，在第44窟外檐下层，由此经过一个小土阶进到第44窟。这五个洞窟为同一时期凿成，构成一座石窟寺院。这样由几个单元所组成的寺院形式，龟兹境内各个石窟寺大都如此。克孜尔千佛洞由成组的洞窟构成的石窟寺院至少有一二十处。莫高窟的早期洞窟中,上述一洞五禅窟的成组洞窟,我推测可能就是一座石窟寺院。

古代龟兹,在一处山区修建着许多伽蓝(即寺院),大概就是指的这种以洞窟群为形式,实际上包括了独立单元的石窟寺。《出三藏记集》卷十一就有这样的记载:

"拘夷国(龟兹异译),寺甚多,修饰至丽。王宫雕镂,立佛形象,与寺无异。有寺名达慕蓝,百七十僧。北山寺名致隶蓝,六十僧。剑慕王新蓝,五十僧。温宿王蓝,七十僧。右四寺佛图舌弥所统,寺僧皆三月一易屋、床坐,或易蓝者。未满五腊,一宿不得无依止。王新僧伽蓝,九十僧。有年少沙门字鸠摩罗,乃才大高,明大乘学,与舌弥是师徒,而舌弥阿含学者也。阿丽蓝,百八十比丘尼。轮若干蓝,五十比丘尼。阿丽跋蓝,三十尼道。右三寺比丘尼统,依舌弥受法戒。比丘尼,外国法不得独立也。此三寺尼,多是葱岭以东王侯妇女,为道远集斯寺,用法自整,大有检制。亦三月一易房,或易寺。出行,非大尼三人不行。多持五百戒,亦无师一宿者辄弹之。"①

敦煌的早期五窟,尤其是北魏时期的洞窟形制,多以中心塔柱和人字披为主。人字披显然是中原建筑形式向西的延伸,而中心塔柱的形式,我认为它是参考了龟兹洞窟的形式,又结合莫高窟的具体情况因地制宜创造的。

所谓的龟兹窟型,即在纵券顶的前室的横券顶的后室之间,凿成一个一面或数面开有佛龛的建筑物,并在靠前室的一面顶部塑成了万绿丛中的须弥山,飞天乐人等围绕其间。佛龛两侧各有一条甬道以连通前后两室,同时作为礼拜者右旋绕龛一周做功德的通道。这实际上既参考了古时印度支提窟佛寺的凿窟形式,又适应了龟兹当地疏松沙质结构不适宜营建高大洞窟而创作的一种

---

① [梁]释僧祐撰,苏晋仁、萧鍊子点校:《出三藏记集》卷十一《比丘尼戒本所出本末序》,北京:中华书局,1995年,第410—411页。

特有佛窟。古印度支提窟平面大都是长马蹄形状，洞口和窟内两侧都有一排石柱，窟深处有一个覆钵形状的塔婆（窣堵坡），站着释迦佛像。印度石窟都开凿在石质坚硬的山崖间。龟兹地区就没有那种石质坚硬的山崖，都是较为松软粗糙的积沙崖层，不可能开凿高深洞窟，因而创造了这种特有的龟兹形式。

莫高窟的地质虽然也是积沙结构，但较为坚硬，于是既参考了西方建窟的形制，又结合当地的地质特点，演变成中心柱的敦煌形式。这种形式后来东传，遂成为六朝佛教寺窟的主要建筑形制之一。从印度覆钵型窟发展成中国龟兹型窟，又经敦煌创造了中心柱洞窟，进而传遍了全国，遂成为固定的形式。

库车一带千佛洞中除了龟兹式礼拜窟以外，还有少量的中心柱式、内外套间式和方形窟等。这些窟的开凿时代，目前尚未有确切论断。从全国来说，内外套间式洞窟可能有早有晚，不能一概而论。我疑中心柱和方形窟很有可能也是从敦煌发展而来的。如从敦煌洞窟时代来看，现存隋代的七十七个洞窟，主要是方形倒斗式。到了唐代，方形窟更是普及于敦煌，于是在贞观年间，随着安西都护府的建立，内地僧人西行传教，方形窟适应于龟兹沙质而不致塌方又便于开凿，因而也时兴于龟兹各地。这从库木吐喇石窟方形洞窟中的唐代壁画和汉文榜题中，可以印证到这一点。

新疆最早的佛窟，并不仅仅是龟兹式洞窟，我看至少同时有两三种以上的形式，诸如内外套间式和高大穹顶形等。这些问题有待进一步的专门研究。

四

敦煌石窟的早期壁画，以本生故事画为其主要内容。如北凉时期的第275窟，后室为双狮座塑佛像，北壁绘有尸毗王割肉救鸽、毗楞竭梨王身钉千钉、虔阇尼婆梨王身燃千灯、月光王施头等故事。北魏时期的第254窟中有难陀出家缘、尸毗王割肉救鸽、释迦降魔、萨埵那太子饲虎等故事。这些内容在库车、拜城县各千佛洞中的两晋南北朝早期的洞窟壁画中也是普遍存在的。新疆石窟这个时期的本生故事，都是画在洞窟券顶的一个个菱形斜角框中。这些菱形框都排列整齐,大小一致,每一个菱形框内各画一个故事内容的片段。菱形是用树叶纹或山峰样的图案所组成,表示每一件故事都发生在山间林野中。有的窟顶虽只遍绘千篇一律的贤劫千佛,但也都是各处一个个菱形框内。莫高窟第420窟(隋)南北两壁龛上、龛外两侧的墙上所绘的白、黑、绿色,呈斜柱状排列,形成一道道的贤劫千佛,又形成白、黑、绿间隔的斜柱状色带。第407窟顶四披的千佛,亦形成斜柱状色带。这些很像龟兹洞窟菱纹图案的效果,可能是菱格图案的一种演变。

但是,龟兹壁画中每一个本生故事的画面都很简单,以致许多内容往往使人难以辨认,不像敦煌的本生故事画把许多内容一连串地加以描绘。如敦煌第301窟(北周)有一幅萨埵那太子本生画。它好像连环故事画一样(1)兄弟三人骑马出游;(2)一群山羊在山间吃草;(3)隔山处一对大角羊在抵角斗戏;(4)三兄弟狩猎时小鹿惊悸状;(5)遇饿虎时的怜悯情景;(6)投崖时的姿态和山间骆驼吃惊地引颈观望。这种连环式壁画很有可能是敦煌画师们创造的。这个故事在龟兹壁画中,只画一幅饿虎扑食的画面,并在同一幅画面里画出投崖与虎食两个内容,显得既单调而又古拙。

龟兹的这一时期壁画,凡是画佛或菩萨形象大都比较简单。如克孜尔第8、第17、第47第、48和第60窟窟顶上的故事画中的佛或菩萨,头部以粗线条画成圆圈状,身躯自胸至腹部画成上下两排,每排三个粗线条的圆圈。四肢很像是粗莲藕,简单粗犷而富有健康美,给人以刚劲有力之感。手掌、肩头和膝盖关节等处,也都画成小圈状。这种造型在敦煌早期壁画上也有,如第272窟的菩萨和伎乐天,头部也都是一个圆圈,胸间双乳成并排的两个圆圈,腹部画成一个大圆圈。

龟兹壁画关于佛体肌肉晕染设色的方法也很别致,即沿着线条用本色由浓到淡地晕染开,或一面晕染,或两面晕染,这种晕染设色的效果给人以肌肉隆起而丰润之感。敦煌早期壁画也多是这样一种设色法。据说,这是古代"凹凸法"在佛体上的运用。"凹凸法"在隋唐时,曾由于阗人尉迟跋质那和尉迟乙僧传到了唐都长安,为世人所重视,画师们相继传习。《阿旃陀》佛画中也有这种晕染设色画,一般为两面晕染法(见《阿旃陀》AFANAPLATES,1955)。由此看来,"凹凸法"或许还是古代传来我国的"天竺遗法"呢。

总之,北凉时期的敦煌壁画艺术风格,同彼时彼地的民间世俗画的绘画技巧是截然不同的,而同那时龟兹佛窟的艺术风格在许多方面有密切关系。敦煌早期的窟型和艺术,似由新疆龟兹东传到敦煌,在敦煌与中国民族民间传统艺术相融合而发展成为敦煌的形式,从而随着时代的变迁推移,最后成了中国特色的佛教艺术。

五

东汉末年至两晋南北朝这三百多年里,我国处在社会分裂、阶级斗争和民族关系非常复杂尖锐的时期。统治阶级为了巩固自己的统治,镇压各族人民的反抗斗争,利用佛教来麻痹人民的思想。经年不断的天灾人祸,使社会经济凋零,民不聊生。劳动人民深感前景无望,也依托佛教以求"来世"的幸福,或者遁入空门,清静无为地了却一生。因而佛教在我国大为发展。隋朝统一了全国后,又大兴佛教。到了唐朝新兴的教派林立,佛教又盛极一时。佛教虽是外来宗教,但到了盛唐则完全演化为中国式的宗教了。丝绸之路是当时我国通向国外进行商业贸易、文化交流和友好往来的交通要道。河西走廊和新疆正处在丝路的重要地段,佛教艺术也跟着在这些地区进一步繁盛起来。这个时期的莫高窟艺术,比之以前在各个方面都发生了显著变化。如塑像增多了,而且千姿百态,生动活泼,形体有大有小,脸型有胖瘦,表情有喜怒哀乐等,与现实生活中的真人,毫无不同之处。壁画内容与以前大为不同,往往是通壁大幅的经变故事画,富丽堂皇,引人入胜。据统计,唐代前期127个洞窟中,经变画达153幅。特别是塑像和壁画中佛、菩萨、飞天、供养人等的相貌面容,都演变成了我国汉族和少数民族的形象,衣着服饰也都是中国式样。佛教艺术在我国已经发展成人神相结合,内容与民间社会生活完全一样的一种宗教艺术了。

从唐代开始,中国式的佛教艺术逐渐西传到了天山以南,从而使新疆原先的石窟艺术增添了新的佛教艺术内容。这也是和当时的政治形势密切关联的，贞观十四年（640 年），唐朝设安西都护府于今新疆，丝绸之路又成为空前繁荣的交通要道。龟兹是丝路的重镇之一，又是当时新疆政治、经济和文化的中心，宗教寺院林立。何况安西都护府尚未迁到龟兹以前，那里已是"伽蓝百余所，僧徒五千余人"，"诸僧伽蓝庄严佛像，莹以珍宝，饰之锦缛，载诸辇舆，谓之行像。动以千数，云集会所"。尤其是"常以月十五日晦日，国王大臣谋议国事，访及高僧，然后宣布"①。这实际上已经是政教合一了。

克孜尔、森木赛姆和克孜尔尕哈等处少量洞窟里存留着唐代的壁画艺术，库木吐喇和托乎拉克埃肯等千佛洞里也大量留存着。库木吐喇千佛洞现有洞窟七十余窟，大部分洞窟为龟兹形式，一些壁画还是北朝时期的艺术风格，属于北朝或者北朝以前开凿之窟，其中有许多洞窟，是被唐人涂掉了原先的壁画而重新绘制的。第 10 窟为龟兹式洞窟，窟顶的千佛图和两旁供养僧众，却都是唐代壁画。第 11 窟为纵券顶式洞窟，窟室中心有须弥座，顶绘千佛，正墙绘说法三佛、华盖和飞天，侧墙上画大幅佛传故事画，也都是唐代风格。第 12 窟的壁画技法也属唐人笔法。第 14 窟的弥勒变、降魔变及鹿野苑说法等和第 16 窟的西方净土变、药师变都是和敦煌唐代同一题材，构图内容也都一致，有的可能是敦煌粉本或是同一画工的作品。至于壁画上的汉文和龟兹文题记并列，说明莫高窟唐代壁画上的榜题形式已经西传到龟兹地区。

新和县托乎拉克埃肯千佛洞只有十余个洞窟，其中的壁画大都是唐人的作品。

新疆吐鲁番县的柏孜克里克千佛洞的壁画，专家考证认定大部分属于盛唐、晚唐、五代（或回鹘高昌）时期②。据研究，曾被德国人窃走的柏孜克里克原编号第 11、第 40 号的法华经变，与敦煌第 220 窟的"几乎完全一样"。敦煌第 220 窟的门楣上有"贞观十有六年敬造"的发愿文题记，那么柏孜克里克的唐代

① ［唐］玄奘撰，季羡林校注：《大唐西域记》卷一《屈支国·大会场》，北京：中华书局，1985 年，第 61 页。
② 孟凡人：《新疆柏孜克里克窟寺流失域外壁画述略》，《考古与文物》，1981 年第 5 期。

壁画,可能在安西都护府设立之初就已有了自敦煌西传的画本。

焉耆七个星佛寺遗址有南大寺、北大寺和石窟群。①现在除石窟壁画外,佛寺都已被毁。北大寺的壁画设色等技法,都和莫高窟唐代壁画相同。据碳14对北大寺已毁的建筑残木进行测试,其距今1255±70年,树轮校正为1190±75年,可见北大寺的壁画是属于唐代艺术品。

六

两千年来,佛教艺术在我国发展变化,形成具有我国民族特点的佛教艺术。敦煌和新疆各石窟壁画,以及炳灵寺、云冈、龙门等石窟寺的佛教艺术作品,都不同程度地记录了各个历史时期佛教艺术的主要特征及其传承关系。过去认为佛教及其艺术品传到了中原,才算是传到了中国,显然是片面的。早期中国的佛教艺术不是完全照搬了外国的样本,而在传入内地之前,就在我国新疆、敦煌地区传播着,而且互相影响传承。特别是在传入新疆和敦煌之初,佛教艺术就同我国的民族艺术相融合,使之成为具有我国民族特色的中国式的佛教艺术之后,才得以发展,并源远流长。

(原载《1983年全国敦煌学术讨论会文集 石窟·艺术篇》下册,1985年。)

---

① 《美术研究》,1983年第1期封底。

新疆各地发现的一部分历代印章

　　十九世纪末以来，在新疆维吾尔自治区的各地遗址中，就经常发现有历代的公私印章，可惜当时都被各帝国主义的"文化扒手"们所掠夺。[①]我国考古学家黄文弼先生曾于1958年先后在新疆进行考古时，在各地遗址中也发现过许多古代印章。[②]这里，我仅就1949年以来所见到新疆各地出土的一部分历代公私印章，做一介绍和初步的研究，其中有不妥之处，敬希专家和新疆地区知情的同志们予以批评指正。至于我所未见的出土印章和其他同志曾经发表过的有关新疆印章，除个别因与原出土地点不符，需要加以纠正和说明的外，其他一律不予涉及。

　　居延丞印，一枚，红铜质，鼻纽，方形，高2.3厘米，印面2厘米见方，为汉字篆体白文（图1）。凿刻而治，笔画轻细，似因使用过久，印面四角上的文字笔画有许多磨损。1980年发现于哈密县扣门

图1

---

　　① 例如英国斯因坦自1900年以来，先后四次到过新疆，盗走过我国大批的历史文物。其中所盗的部分印章，可查阅该人所著《古代和阗考》一书的有关章节。

　　② 黄文弼著：《塔里木盆地考古记》，北京：科学出版社，1958年。

子天山公社农牧场地下。从此印章形制和篆体刻工分析应为西汉晚期的官方印。

居延地处今甘肃河西走廊的张掖县迤北额济纳河流域下游尽头,古称居延泽。汉武帝太初年间置居延县,为张掖郡的十县之一,地处当时居延泽之西南流沙地带。居延丞为居延县令下属的官职,辅佐县令、典籍全县文书和仓狱事宜,"秩四百至二百石"[①],为铜印黄绶。颜师古曾说:"汉旧仪云,六百石、四百至石二百石以上,皆铜印鼻纽。文曰印,谓纽,但作鼻,不为虫兽云形,而刻文云某官之印。"[②]这枚"居延丞印"的内容和形制与颜说完全相同。

西汉晚期,居延地方与哈密天山一州有过什么往来? 历史资料记载得并不清楚。但在东汉初期是有着一些事件记载的。例如永平十六年"(窦)固与(耿)忠率酒泉、敦煌、张掖甲卒及卢水羌胡万二千骑出酒泉塞,耿秉、秦彭率武威、陇西、天水募士及羌胡万骑出居延塞……固、忠至天山,击呼衍王,斩首千余级。呼衍王走,追至蒲类海,留吏士屯伊吾卢城。……唯固有功,加位特进。明年,复出玉门击西域……固遂破白山,降车师。"[③]窦固既率张掖郡骑兵,耿秉等又自居延塞西进,作为张掖郡属十一县之一的居延县可能要派员随军。时距西汉末只五十年左右时间,像县丞一类这样的小官印绶,可能仍然使用着以前的官印,也未可知。

"汉归义羌长"印一枚,铜质,卧羊纽,方形,高3厘米,印面2.2厘米见方,汉字篆体白文,凿制。过去常常把此印的出土地点弄错[④],现予以更正[⑤]。此印系于1953年发现于新和县于什格提古城遗址中。新和与沙雅邻县,在库车县西南和南,在汉代时都属龟兹国的范围。于什格提是三重城的意思。关于汉代龟兹国的首府王城,《汉书·西域传》上只说是"王治延城",未详载其范围大小。但是《梁书》中对于龟兹的首府做了比较详细的记载:"龟兹者,西域之

① 《汉书》卷十九上《百官公卿表第七上》,北京:中华书局,1962年,第742页。
② 《汉书》卷十九上《百官公卿表第七上》颜注,北京:中华书局,1962年,第743页。
③ 《后汉书》卷二十三《窦融传附窦固传》,北京:中华书局,1965年,第810页。
④ 《新疆历史文物》一书第十八页"在沙雅县于什格提遗址内发现一枚'汉归义羌长'印。"
⑤ 根据收集者黄文弼先生记载和登记号,此印应为"沙雅县于什格提遗址"出土(编者注)。

旧国也。……然龟兹在汉世常为大国,所都延城。……太元七年,秦主苻坚遣将吕光伐西域,至龟兹,龟兹王帛纯载宝出奔,光入其城。城有三重,外城与长安城等。宫屋壮丽,锦以琅玕金玉。"①就是说,吕光所见到的自汉以来的龟兹延城是有着三重城墙。

1979 年 9 月,我曾和文物爱好者、新和县委书记吴国琦,大龙都斯公社的一位领导同志,到于什格提古城遗址进行调查。城在新和县西南 23 公里处,距大龙都斯公社约三公里的荒地上。②此城虽久已废弃,但大小相套的三重城墙部分墙基仍然残存,大部分墙基从地面观察也隐约可见。残存的土坯一般大小为 40 厘米×20 厘米×10 厘米(少数最大的长达 47 厘米),一律手制,有的土坯上还布满了当时制作工人们的手印。我们从地面上粗略地观察,外城墙略呈东西长方形,中城与内城约为方形,偏居于外城东部,内城面积约 2500 平方米,墙厚 14 米。中城墙每边约 199 米,墙厚 15 米左右。1953 年初,这里曾发现过许多散见的汉代钱币和各式印章,"汉归义羌长"印就是其中之一。1949 年前,黄文弼先生所发现的西汉最后一个西域都护李崇的桥纽铜质私印,据说亦出自此城遗址内。③据向当地群众调查得知,近年以来,该城仍有铜印章和其他小件文物出土,其中既有汉文的印章,也有各种动物形象、各种形式的印押,现大都散在民间。为此,我们还在附近的居民中间进行访问,果然访问到一位农民,他家曾在古城取土时,发现过三枚印押和一片铸有规矩纹图案的铜镜残片平缘宽边。他请我鉴定时,我看到铜镜残片果然是汉代遗物,而印押都是圆形和铸有禽兽形象。关于这三枚印押,下面专门介绍。

汉朝政府对待国内兄弟民族的政策,在一定时期内执行着加强友好团结的政策,从历史发展和客观上看,是有利于祖国统一和国土完整的。例如汉武帝派张骞通使西域以后,在加强汉民族与西域各民族的团结、经济文化的交流,以及团结信任各民族当时的上层人物方面,做过许多积极的工作。又如对

---

① 《梁书》卷五十四《诸夷传》,北京:中华书局,1973 年,第 813 页。
② 黄文弼先生所著《塔里木盆地考古记》一书中,曾称此为"沙裕雅勒都司巴克"。见该书第 113 页。
③ 李崇之印信见黄文弼著《塔里木盆地考古记》一书第 113 页。

于西域各城郭之国的大小官吏们,都由中央政府颁发给印绶,"最凡国五十,自译长、城长、君、监、吏、大禄、百长、千长、都尉、且渠、当户、将相至候、王、皆佩汉印绶,凡三百七十六人。"①这枚于什格提古城遗址出土的"汉归义羌长"印,应当就是汉政府颁发给西域某一个羌族领导人物的印绶。青海省大通县上孙家寨发掘的一座匈奴墓中,出土过"汉匈奴归义亲汉长"铜印,白文,卧驼纽。②据说四川省博物馆里也有两枚汉代的归义羌长印章,系出土于四川兄弟民族地区,这些都是古代民族团结的历史见证。

至于西汉时期的龟兹境内是否有羌人?这在史料中未见明确记载,但是西域在西汉时代确有羌人,应是事实。例如西域三十六国中的若羌,就是以羌族为主而命名的。东汉时期的龟兹,确实有许多羌人、汉人和当地其他的民族聚居,这绝非偶然的事,应当是长期以来不断形成和发展的结果。例如同属于汉龟兹境内的今拜城县,有名的《刘平国凿道记》摩崖石刻,为东汉永寿四年(158年)所凿,隶书汉文。此石刻有龟兹左将军刘平国率羌人石当卑、程阿羌和秦人(即指汉族人)孟伯山、狄虎贲、赵当卑、万□六人共同开山凿路的记述。可见龟兹地区有羌人居住,是由来已久的了。

□□延□,一枚,套印,红铜质、驼纽。纽左侧有一高 1.4 厘米,宽 1.5 厘米见方的空隙,直通驼纽内部,应原有另一枚小印套在其中,发现前已经散失不存。此印高 3 厘米,印面每边 2.2 厘米见方,凿刻,阴面白文。但因刀凿不规整,字形难辨认,尽留左上方第一字似为"延"字,1981 年发现于柯坪县西约 6 公里五一公社巴克勒克大队古城遗址之内。巴克勒克古城,据新疆博物馆柳晋文同志最近调查后见告,古城为长方形,东西 110 米,南北 150 米,范围不大,城墙残高四五十厘米,古城地面现无任何遗物。套印据现在所知,最早为两汉、魏晋时期较为盛行。此印我疑应属魏晋时代,因某种原因需要,磨去了原来的印文后另行凿刻而成。

① 《汉书》卷九十六下《西域传下》,北京:中华书局,1962 年,第 3928 页。
② 青海省文物管理处考古队:《青海大通上孙家寨的匈奴墓》,《文物》1979 年第 4 期。

常宜□印(图 2),大小两枚,红铜质,大印为驼纽,高 3.8 厘米,印面 3.3 厘米见方。小印似牛纽,高 2.3 厘米,印面 2 厘米×2.1 厘米。均篆体汉字白文,1977 年出土于新和县大尤都斯公社勒合满古城中。疑此非人名私印,可能是佛寺中印章,时代约东晋十六国时期。

另有汉文印章六枚,一方为汉印(桥纽)外,其余约为魏晋之

图 2 常宜□印

物。出土地点,如"金宗"印出自沙雅,"马琼"印出自高昌,"行工"印出自托克逊,"□部□转君印"和"石洛候印"出自新和。此外还有五枚字似汉文但暂不能识的印章,出自托克逊,也有几方出自新和县的。这批印章疑似南北朝之物,还有唐代的私印一枚,方柱纽,黄铜质,高 2.6 厘米,印面 0.9 厘米见方。这是一枚出使西域的人为写家信的专用印章。

印面上刻有禽兽形象和人物形象的印章,过去称之为"肖像印""象形印"和"画文印押"。过去,专家们据出土和传世的这种印章分析,认为它始于战国,而汉魏时期则有普遍的发展。新疆地区 1949 年前也经常发现这种印章,但大都被外国人掠去。黄文弼先生在新疆做田野考古时,曾在新和县境发现过一些这类印章。[1]过去常把新疆出土的禽兽形象的印章,定为汉代遗物。我以在新疆从事田野考古的实际经验认为,这类印章有在汉代遗址中出土的,也有魏晋以来直至唐宋时期遗址地层中被发现的。如巴楚县托库孜萨来古城的北魏时期地层中,就发现椭圆形玛瑙质的桥形纽人物印章(图 3)和铜质鼻纽兔形印章各一枚,以及木质简牍封泥上的印文图案。在唐代地层中发现木质几何纹方形和

---

① 黄文弼:《塔里木盆地考古记》,北京:科学出版社,1958 年,图版 110 之 40。

图 3　人物印章印谱与拓片

图 4　陶器上的印记

长方形印章各一枚。民丰县夏言塔克故城中发现过魏晋时期灰色手制陶器残片，口沿上印有人形、动物形的圆形、椭圆形印章图记(图 4)。民丰县尼雅遗址出土晋代佉卢文木牍封泥上印有各种动物植物图案纹印章。新和县汉代古城中有和汉文印章同时出土的桥纽、椭圆形人骑毛驴印章。吐鲁番县英沙古城以南佛塔遗址出土藏经陶罐口部封泥上印有南北朝时期椭圆形老虎印章。若羌县出土的铁质柱纽蔓草纹宋代印章等。这些印章的质料有石、玛瑙、铜、铁和木质，形状有方形、圆形、长方形、菱形及桃形等。用途有用于陶工印戳、函简封泥、首饰戒指和寺院公私印章等。现在根据我收集的一部分资料，按照出土或征集地点、时代、形制和内容的不同。择要介绍如下：

孔雀鸟形印，一枚，铜质，圆形，印高 1.8 厘米，面径 1 厘米。出自新和县大尤都斯公社于什尕提古城中。印面轮廓外沿有三个等距离的小圆钉，印面刻孔雀鸟一只，鸟尾高翘，为行走状(图 5-1)。同出的还有铜镜残片，据此，可能属汉代遗物。但非正式发掘出土之物，如与其他类似形式和内容比较，很可能属南北朝时期。

孔雀啄蟾蜍印，一枚，铜质，圆形，印面直径 2 厘米，纽已残缺。印面为一大尾孔雀咀啄蟾蜍。这只蟾蜍被咬住了左大腿，身头倒垂为挣扎状，非常生动(图

图 5　铜印章(1.孔雀鸟形印；2.封牛形印；3.孔雀啄蟾蜍印)

5-3)，出土地及时代同上。

　　封牛形印，一枚，铜质，高 1 厘米，面径 1.5 厘米，高圆柱纽。印面边缘为半圆状连珠纹，封牛高肩垂胸，出土地同上(图 5-2)。

　　马鹿形印，一枚，铜质，椭圆形，高 2.5 厘米，面径大小 2.6 厘米×2.2 厘米，桥纽。印面刻长角马鹿，昂首阔步。1952 年出土于新和县境属汉印。

　　山羊形印，一枚，镶嵌在铜质戒指环盖的图案，似为珊瑚质。铜戒指环已毁断，只余此戒面，大小为 1.3 厘米×1.1 厘米。戒面边沿有一圈连珠纹，中心刻一长角山羊。古时指环戒面常作印章之用。出土地同上，时代南北朝，现藏新疆维吾尔自治区博物馆。

　　羊羔形印，一枚，铜质鼻纽，高 1 厘米，面径 1.1 厘米。印面边缘为连珠纹，中心刻肥胖的小白绵羊羔一头，走动状。时代及出土地同上，现藏新疆维吾尔自治区博物馆。

　　两面印，一枚，铜质，两印面之间有细纽相连，纽高 3 厘米。一端印面为菱形，大小为 2.31 厘米×4 厘米，刻一人拳打脚踢做体育动作状。另一端略呈长方形，大小为 1.6 厘米×1.4 厘米，似一走兽。出土地及时代同上，现藏新疆维吾尔自治区博物馆。

　　家禽形印，两枚，红铜质。一枚为鼻纽，菱形纽高 1 厘米，面径大小 2.1 厘米×2.8 厘米，印面周缘连珠纹，似刻一卧禽，振翅翘尾。另一枚鼻纽，鸡心形状，高 0.6 厘米,印面大小 1.8 厘米×2 厘米。印面刻一只似鸡形家禽。出土地及时代同上,现藏新疆维吾尔自治区博物馆。

对兽形印,一方,青铜质,方形,高 1 厘米,边长 5.1 厘米,小鼻钮。印面刻有一对卧兽作对话姿态。前者似鹿,头有双角,后有长尾,回头观望状;后者为一雄狮,昂头张口,两兽形态颇为生动。时代及出土地点同上,现藏新疆维吾尔自治区博物馆。

大角羊印,一方,铜质,略呈长方形,高 3 厘米,大小为 4.1 厘米×3.7 厘米,鼻钮。印面刻出正在前进的大角羊一只,唇下有山羊胡一缕,细腰长尾。1953 年出土于沙雅县一遗址中。时代为十六国至南北朝时期。

佛像印,两枚,铜质,一枚圆形,高 1.4 厘米,直径 1.5 厘米,小鼻钮。印面周围铸有等距离的三个高出印面 0.2 厘米的小圆珠。印面中央刻一佛像,结伽趺坐,身后有背光。这种铸有高出印面三小圆珠的印章,只能用于木竹简牍的封泥之上。另一枚方形,鼻钮,中央佛像结伽趺坐,身后有背光,四周绕以连珠纹饰。1952 年出土于新和县古寺院遗址废墟中。如上所述,新和县为汉代龟兹国的首府所在地,历来是古龟兹属地之一,亦是佛教最早在我国传播的地区之一。这两枚刻有佛像的印章出自古寺废墟,可能是古代佛寺的专用印章。黄文弼先生过去也曾在新和县发现过此类印章[1]。我们发现的这两枚印章的时代,至迟应在魏晋之间,现藏新疆维吾尔自治区博物馆。

民族人头像印,一枚,铜质,高 0.8 厘米,印面呈凸出半圆形状,高 2 厘米,宽 1.4 厘米,小鼻钮。此头像深目高鼻,头带连珠小圆帽,出土于新和县境,亦属魏晋时代遗物。由于印面凸出呈半圆状,因此似为陶工的印押。过去未曾有此发现,颇为珍贵。

民族武士印,一枚,琥珀质,椭圆形,高 4 厘米,印面大小 2.4 厘米×1.8 厘米,桥钮。印面刻有少数民族武士像,深目高鼻,发辫垂于脑后,窄袖长衣,足登高靴,腰佩长刀,口张手伸做讲话动作,右手按在刀柄之上,形态非常生动,富

---

① 黄文弼:《塔里木盆地考古记》,北京:科学出版社,1958 年,图版 110。

于艺术感(图6)。此印为1963年,一农民发现于高昌故城中。和巴楚县托库孜萨来古城出土北朝时代刻有少数民族劳动人民形象的印章,以及新和县出土民族头像押属同期之物,可互做参考研究。此印章的刻工和内容,应为四五世纪高昌设郡时期当地少数民族使用之物,对于研究当时人物形象与服饰有重要参考价值,颇为珍贵。

图6　武士像印章

1976年5月,一农民在库车县七区三大队遗址中发现了一颗大印。铜质,鼻纽,椭圆形,印高1.4厘米,印面大小5.9厘米×7.7厘米。边缘饰连珠纹一圈,中心铸一头大象,象背上前后乘坐着两位武士。前者身材瘦小,做半跪姿态,手执三叉戟,面向前方;后者身材高大,交脚式坐,在象背中部,张弓持箭,射向正在扑来的一只斑斓猛虎。大象的长鼻上也缚有一

图7　武士骑像印章

件三刃武器准备迎敌作战。整个场面生动紧张,布局艺术合理(图7)。新疆地区为大陆气候,干旱少雨,不宜大象生活。在邻近我国新疆的印度、巴基斯坦等国,自古都生活着象群,并以大象为畜力运输生产或作为骑射征战的工具。南北朝时,我国的宋云,曾出使中亚地区,于北魏孝明帝神龟三年到过乾陀国,他的记载曾说:"乾陀国(按:即今巴基斯坦的白沙瓦地区)……遂立敕勤为王,治国以来已经二世。立性凶暴,多行杀戮;不信佛法,好祀鬼神。国中人民悉是婆罗门种,崇奉佛教,好读经典,忽得此王,深非情愿。自恃勇力,与罽宾争境,

连兵战斗,已历三年。王有斗象七百头,一负十人,手持刀楂;象鼻缚刀,与敌相击。"[1]这枚铸有大象的印章,应为狩猎场面,与征战无关,提供了宋云所记述古代乾陀国人骑象战斗的形象资料。我认为这可能是古代巴基斯坦人在南北朝时期,经丝绸之路来到新疆龟兹,进行经济文化交流时所遗留下的珍贵文物。

1953 年和田县出土了一枚汉代印章,为黄色石质,正方形,高 1.5 厘米,边长 1.7 厘米,桥纽。印面刻有一只大脚长腿的大野羊。和田汉印无论汉文还是禽兽纹均较少见,这是我所见到的第一枚印章,(除印在陶器上印痕以外),颇为珍贵,现藏新疆维吾尔自治区博物馆。此外,史树青同志于 1958 年还在洛甫县发现过西辽时代的契丹文印一枚。

1949 年初期,在地处吐鲁番盆地西岸的托克逊县境,出土了一批禽兽文印章,其时代大都属于魏晋南北朝时期,纽形有骆驼、塔柱、桥形和大小鼻纽,还有两端印面印。形状有云、圆和椭圆。印面内容有虎、狮、驼、山羊和小白兔等,也有人形。特别是一枚武士印,圆形,红铜质,高 0.8 厘米,直径 1.7 厘米,鼻纽。边缘有连珠纹饰,中心刻一武士,右手持盾,左手握兵刃状。这批印章主要的有十枚,都收藏在新疆维吾尔自治区博物馆。

20 世纪 50 年代来,若羌县一伊斯兰古寺遗址发现了一枚印章,为铁质,圆形,高 3.5 厘米,直径 1.2 厘米,刻纹纽,纽中央有一穿孔,作为栓系之用。印面刻蔓草纹图案。传说该寺曾为宋代伊斯兰教寺,此印当与之同时,现藏新疆维吾尔自治区博物馆。

1971 年,新疆维吾尔自治区博物馆同志们去吉木萨尔北庭古城西大寺遗址调查,获铜印一枚(图 8)。印长方形,但有一边呈半圆形状。高

图 8 北庭西大寺出土铜印

---

① [北魏]杨衒之撰,范祥雍校注:《洛阳伽蓝记》卷五《城北·闻义里 宋云家记》,上海:上海古籍出版社,1958 年,第 317—318 页。

3.2 厘米,印面大小为 6.5 厘米×4 厘米。如果圆的一边向上,类似一面盾牌,如圆边向下,则似人脸模样图案,眼、鼻、口俱全。西大寺近年已经中国社会科学院考古研究所发掘,系北宋时代回鹘人信仰佛教的寺院,然而我疑此可能是宋代以后元代的遗物。北庭古城最早为西突厥的可汗浮图城,八世纪初,唐朝于此建北庭都护府,管辖天山以北、以西直到巴尔喀什湖地区的唐代西陲边境。晚唐到宋时,回鹘人居此,称别失八里城,元代在此设立别失八里元帅府,故此印可能是元代的遗物。

1958 年,考古学家黄文弼先生曾在伊犁地区发现唐代的汉文印章。他的遗著不久即将出版。

随着新疆地区"四化"建设的开展,近几年各地又发现了一些历代印章。今后将会有更多的印章、泥封和陶器印痕被发现,这对于研究新疆的历史、民族史、美术史和工艺史等,都是不能缺少的珍贵文物。

(原载《文博》,1984 年第 2 期。)

新疆发现的彩陶

1957 年新疆维吾尔自治区文管会派人到哈密专区普查文物，据群众的反映，在哈密的三堡和五堡附近，发现了一批较完整的彩陶器。又了解到巴里坤县石人子乡的农民在挖土肥时，发现了一个墓葬，出土有红陶、黑陶器及磨制石器。派去的同志到现场了解了情况，并将保存下来的一部分陶、石器带回乌鲁木齐。

哈密县发现的彩陶是在焉不拉村和哈拉墩两个地方。

一、焉不拉村在哈密县三堡乡西北约 6 公里处，在村西北 1 公里处的一个长方形土丘上发现了彩陶。土丘四面环绕着水草地，有一股泉水自北向南流出。土丘中央有一些烂墙，都已倒塌成土堆，只西南墙部分尚在。墙是夯土和土坯两样筑成，其范围南北 50 米，东西 45 米，西南墙残存部分高 5 米，厚 4.5 米。墙是围成方形的，南墙外似乎原来是有房子的，在围墙以内的地面上有很厚的灰层是黑烧土，在这附近有很多陶片，大部分是夹砂红陶，也有一些彩陶片。在围墙东面约 100 米处有一个长方形的高地，范围颇大，土质是黑黄色，农民在这里挖土肥时，在半米多深的土层里，挖出了几件完整的彩陶器，但由于不知它的重要性，大部分都打碎了，只剩下一个有柄的彩陶杯。

这个彩陶杯，是用手抹制的，敛口直颈，圆腹，颈至腹部有一个把手（柄）。陶泥是浅灰色，并掺有少量的石灰粒。陶衣是土红色，用黑色绘的彩纹，沿着唇部有一圈垂直的短条纹，腹部是一圈波纹，柄上有一条曲纹。通高 14 厘米。

二、哈拉墩是哈密县西南 55 公里五堡乡南 6 公里处的一个大土丘,这个土丘椭圆形,高 6 米,南北长 300 米,东西宽 180 米,四周是湖和农田。土丘地表分布着黑沙,中部较长,西部有很多不平的土坑。1957 年 4 月,农民因挖土肥在土丘北坡上 2 米深的土层里,挖出了一个双耳彩陶罐。据说当挖到 1 米深时还发现了一块长 40 厘米,宽 25 厘米的土坯。

这件双耳彩陶罐是手抹制成,颈唇俱毁,圆腹,腹两旁各有一个小耳。在一个耳的上部 4 厘米处有直径 2 厘米的突起乳状透空小孔一个,通入罐腹内,小孔的左(微上)、右(微下)各距 4 厘米处,有豌豆大的圆突钉一个。在另一个耳的上部同一距离处有豌豆大的圆突钉三个,横列成一排。

这一彩陶罐的陶泥是深土红色,泥中掺有细沙和石灰粒。陶衣是一层白一层土红色混成。彩纹是用黑色在颈根画一条平行微曲的粗线一圈,在两耳上端画两条平行微曲的粗线一圈,再在颈和耳上端的平行微曲粗线之间,画 12~15 厘米距离不等的微曲下垂短纹共 8 条。彩陶罐的腹下部有烟熏成的大片黑色。残高 50 厘米。

三、巴里坤县正东 20 公里石人子乡,乡南 100 米左右处有一个比较圆的黄土丘,约高 150 米,直径约 50 米,四周都是农田。土丘上有清代建造的龙王庙一座,已经烧毁。1957 年春天,农民在土丘北端的边沿上挖土取肥时,发现了很多大卵石,掺杂在红黄色的泥土中,往下挖了约 2 米深的时候,发现了一副尸骨,尸骨旁放着一个双耳红陶罐、一个有柄黑陶杯和一个两头尖的容器,另外还有磨制的有孔石斧、石锛、石碗和石锅共七件。但是这些石器出土以后都被群众分散拿去弄丢了,当时只找到一件石斧(考古所新疆工作队今年到该地调查时,还得到一件石器,是否为同一地点出土,尚待了解)。这几件器物是:

双耳红陶罐,一件,高 47.5 厘米,手制,敛口,高颈(已残),直唇,圆腹。腹两侧各有一耳。浅红色胎,并掺有黑红色沙粒和少许石灰粒。陶衣为深红色,无花纹。

有柄黑陶杯,一件,通高 22 厘米,手制,束颈,唇外侈,柄已毁,只存根部。圆腹,深红色胎,含有少量石灰粒,无陶衣,腹内外都有很多麻泡,其质量好像现在的砂锅。

两头尖容器,一件,两尖端距离 17 厘米,残高 9 厘米,手制,直颈,小口,唇已残,唇旁似有一把手状,已毁。一尖端有一小孔直通腹内。胎质和有柄黑陶杯相同。

有孔石斧,一件,高 15.5 厘米,上宽下狭,孔直径 4 厘米,是两面钻成的。

焉不拉村的彩陶杯和哈拉墩的彩陶罐,在胎质和衣色上都大体相同,巴里坤石人子乡的陶罐虽无画纹,但质量和上述的没有多大区别。

哈密发现彩陶的形制是比较特殊的,巴里坤石人子乡发现的两头尖状容器也较罕见,而石斧的形制则和新疆农民长期以来一直使用的"坎土曼"相仿。

过去发现彩陶的地方多在天山以南,这次在巴里坤发现了彩陶,说明了天山以北同样也可能有彩陶文化遗址。

（原载《考古》,1959 年第 3 期。）

新疆伊犁地区霍城县出土的元青花瓷等文物

近几年来，新疆维吾尔自治区博物馆收藏了一批在伊犁地区霍城县境发现的文物。情况如下：

1975年冬，在新疆生产建设兵团某团农场克干渠西岸坡地西一支二斗二号条田中，发现一座窖穴。穴口距地表约50厘米。窖穴范围不大，也不规整，似临时挖成。口径与深度均约60厘米。穴内整齐地堆放着一批瓷器，按碗、盘的大小分类重叠放置。其中在四件摞起来的大盘上面，还覆盖着一个高足铜碗。经初步鉴定，这批瓷器全是元代文物。计有青白瓷杯二件，墩子式大碗七件，龙泉瓷大碗五件，高足青瓷碗一件，青瓷中盘四件，小盏一件，大盘四件。其中除两件瓷杯系素胎外，其余都饰有划纹、印纹等各式图案。

1976年春，在上述地点以南约一百米处的另一条田里，距地表约30厘米以下，又发现一批陶瓷器，出土时都已残碎，大部分不能复原。陶器皆红胎，器形有大缸、带耳罐、杯、盆、碗、盘、壶等，还有用陶片磨成的纺轮。釉色有蓝、黄、红、绿等色，而以深、浅绿色为主。图案有堆、弦、波等刻画花纹和印花纹饰，也有绘彩的植物和几何纹。瓷片中有龙泉、枢府、磁州窑、景德镇和钧窑等产品，包括青花、绛色、白釉黑花，以及划纹、印纹等。器形有碗、盘、盏和胎厚体重的带耳罐等。还有质厚色绿半透明的玻璃器残块。经复原的瓷器有高足青花碗、卵白"福禄"盘和海浪舞龙纹大盘各一件。

1977年5月至9月间，又在发现陶瓷等文物的附近农田里，采集到金代大定铜钱一枚,铸有阿力麻里地名的大小银钱六枚,珠饰二颗和制陶用三足支架窑具一个,并征集到早年发现的铁锅一口和陶质下水管道一节。

二

几批出土的文物中,较为重要或具有特点的有:

花口双凤印纹大碗,一件。龙泉青瓷,高8厘米,口径19.5厘米,圈足径6.5厘米。口沿为二十七瓣形花口。碗内外和圈足内遍施豆绿色釉,但碗内釉间有三处露出紫色泥胎的脐状缩釉小痕,外壁亦有露胎缩釉痕迹十余处,有的属于支柱点,更多的则是瓷器上釉病的表现。碗内遍印图案,系以对称双凤纹为主,作展翅飞翔姿态,一侧有模印的两朵荷花和荷叶纹,另一侧印两朵牡丹和叶纹,形成了满碗花凤,但布局比较匀称(图1)。

图1 花口双凤印文大碗

云龙纹大碗,七件。墩子式,青白瓷,高9厘米,口径19~19.3厘米。内壁都印有两条云龙纹图案,有的做戏珠状。龙的特点为细颈疏发,身上斜方点鳞,蛇尾,三至四爪(图2、图3)。

高足青花大碗,一件。通高11.4厘米,口径16.1厘米,足高4.6厘米。此件色料浓淡不匀,青色中有黑斑点,具有苏尼勃青色的特点。可能在入窑烧造过程中,

图2 龙纹大碗图案

因青色颜料不能适应过高的火候，以致绝大部分的青花图案都已模糊不清。碗口内壁似为一圈缠枝牡丹，碗心绘对称的两只凤凰。碗外壁为一圈仰覆莲花瓣图案。圈足部分做四节竹节状。上釉的技术很差，碗沿处釉汁下流，在外壁形成约1毫米厚的"釉台"。

图3 云龙纹大碗

"福禄"白盘，一件。口沿部分残缺，高3.8厘米，口径17.3厘米。卵白色釉。瓷胎细腻，有半透明感。盘内沿弦纹以下遍印阳纹缠枝牡丹八朵，构成满盘内圈的一组图案（图4）。花丛中印对称的篆书"福""禄"二字。盘心平整，有四朵牡丹和两枚花蕾组成的印纹图案。盘底很小，露胎无釉，底径仅

图4 "福禄"白盘

5.6厘米，微有细砂。这件枢府卵白瓷盘和故宫博物院收藏的"元卵白釉印花云龙八宝盘"①相比较，除纹饰不同外，器型、质地都很接近，可能属同一时期的产品。

海浪舞龙大盘，一件。稍残，宽沿平口，高7.8厘米，径33.5厘米。沿内有划

---

① 孙瀛州：《元卵白釉花云龙八宝盘》，《文物》1963年第1期。

纹海浪一圈,盘心贴花小舞龙一条,盘外壁刻莲瓣纹二十七瓣。此件的器型和纹饰与上海博物馆藏品"贴花龙纹盘"[①]非常相似,很可能属于同一产地和同一时期。

花口葵纹盘,一件。龙泉青瓷,高 3.7 厘米,口径 16.5 厘米。出土时口沿上有三片缺伤。宽沿花口,内壁莲瓣纹饰,盘心印纹小葵花两朵。外壁刻有等距离的竖条纹。特别在圈足内中央有一个用墨画的图案(或是文字),但笔画模糊,不易识辨。

莲花纹盘,二件。龙泉青瓷。一件高 4.4 厘米,口径 21 厘米,盘心印小花一朵,外壁一圈画七瓣仰莲饰纹。特别是在直形口沿上有一处原来的残缺口,并进行过补丁修复,现残缺口上仍留有两个补丁过的孔眼。另一件高 2.9 厘米,口径 16 厘米,盘内画大莲花一朵,沿外有四道弦纹。口沿上的残缺处也系原来补修过的痕迹,并留有三个补丁孔眼。

下水管,一节。陶质,圆形,管长 43 厘米,两端口径分别为 16.5 厘米,19 厘米,厚 1~1.5 厘米。小口径处有弦纹一道。此种管道埋于地下 50 厘米处,发现时与数管套接在一起,但大部分已压破。

陶三足支架,一件。窑具,红陶质,每足长 3.5 厘米,宽 1.8 厘米,足端间距约 7 厘米。三足上各有乳钉一个,现残存一个,并有绿色陶釉痕迹。这一发现证明该地区原有烧窑工业,因此推测附近发现的大量色釉陶器(残片),可能是在当地烧造的。

串珠,两颗。一颗扁平,两端凿孔,由红、白、黑三色相间组成波纹和曲线纹图案。硬度较大,似为石料。从纹饰来看又似蚀花。经激光光谱分析,其白色和黑色成分中含硅量均大于十分之一,红色中含硅量小于十分之一。另一颗为椭圆形。凿孔处略呈平面,两端孔径大小不一,进孔径 0.4 厘米,出孔径 0.2 厘米。由白、黑、蓝三色相间组成"双目"纹图案。质地较软,含黏土,应为陶质制品。经激光光谱分析,三色成分中都含硅、铅,白、蓝两色中还含钙。

---

① 故宫博物院:《龙泉青瓷》,北京:文物出版社,1966 年 3 月版,图版 55。

"大定通宝"铜钱,一枚。说明金政权统治中原期间,其经济势力同样远及祖国西陲(图5)。

图5 "大定通宝"铜钱

大银币,一枚,直径 3.2~3.5 厘米。币面薄厚不一,最厚处 0.1 厘米,重 8 克,两面均压印阿拉伯文字。一面三行人名,第一行译为"素勒铁木尔",第二行译为"汗可汗",第三行译为"艾孜木的"。另有数字"54"(?),可能是编号或币值,这有待进一步研究。另一面也有字三行。第一行字迹模糊不清,第二行为"阿力麻里黑",第三行译为 710 的数字,可能是回历纪年。如是,则可推算为公元 1352 年[①],即元惠宗妥欢帖睦尔至正十二年。

小银币,五枚(图6)。直径 2.3~1.8 厘米。两枚重 1.8 克,一枚重 1.7 克,两枚重 1.25 克。这些银币的两面均压印阿拉伯字母拼写的文字。

图6 小银币

其中有纪年的二枚,一枚模糊不清,另一枚似为回历 722 年,即至正二十一年。这时,正是察合台地区秃黑鲁帖木儿的统治时期。

高足嵌银铜碗,一件。通高 10 厘米,足高 2.2 厘米,直径 16.1 厘米。碗心有

———————

① 回历元年为公元 622 年,但两者不能按年推算。因为回历每年有 355~354 天,因此按日推算下去,回历 710 年应为公元 1352 年。

圆形图案,外口沿下的刻饰系一圈横刻的古体阿拉伯字母拼成的文字,初步辨认内容为祈祷真主浩恩之意。但每一字头上端都用银片镶成一个人头形像,共有五十八个,另外还夹杂一个兽或蛇头的形象。这排文字高仅 2.5 厘米,文字下边还有一圈六瓣梅花形和文字组成纹饰图案。高足部分也有文字图案一圈。查《新疆图志·金石志》有一段关于唐《回铜器文》的记述,说清乾隆平定回城时获一铜器"似豆而短足。初以为三代青绿耳。迫视之,形不饕餮,铭不乙丁,金银错其文,则似回字。令吐鲁番、哈密回子等识之,惟识'噶爱',两字,其余皆不辨,盖彼经文亦有古今之异,人不能尽晓也。"①这里描述的铜器"似豆而短足""金银错其文,则似回字"与我们这件铜碗,无论器形和文字图案都很近似。乾隆曾亲自考证该铜器为李唐时回鹘人的遗物。而与元瓷同坑出土的这件铜碗或系唐代遗物,至元代仍在使用。

铁锅,一口(图 7)(系征集得来)。高 20.3 厘米,径 47.3 厘米,厚 1 厘米,重 12 公斤。生铁铸成,口大腹浅,外壁有对称鋬耳两个,口沿处有一较规整的缺槽,似在铸成以后有意凿成,用意不明。

图 7 铁锅

---

① 见《新疆图志·金石志二》。

三

在霍城县境内出土的几批瓷器和瓷片,经鉴定全是元代器物。此外,尚有大定钱,元末在察合台地区通行的六枚大小银币。至于其他文物虽无直接的时代依据,但与上述元代文物同一地区出土,初步推测也不会晚于元代。因此,该出土地点应是元代我国西北地区的一处重要居民遗址。再从银币上压印的"阿力麻里"地名来看,这一带很可能是元代阿力麻里城遗址或其一部分。

关于阿力麻里古城的考证,十几年前,黄文弼曾著文论述过。[1]由于当时主要依据文献资料考证,有的问题很难说清,所以他"仍希望城中将来有更多的实物出现,再作订正和补充"。现在,该地区出土了大批文物,而且大多是元代的东西,这对考证和研究阿力麻里古城遗址提供了重要资料。

(原载《文物》,1979 年第 8 期。)

---

① 见黄文弼《元阿力麻里古城考》,《考古》1983 年第 10 期。

新疆巴里坤县新发现东汉任尚碑的初步考证

新疆巴里坤哈萨克自治县地处新疆东部的天山北坡,属哈密专区。地势高寒,水草茂盛,是我国古今游牧民族非常喜爱的草原地带,也是古代汉、匈两大民族经常争夺的地区之一。巴里坤县汉朝时地名蒲类,以境内蒲类海而得名,属汉代伊吾庐管辖。因地近北匈奴的金微山(今阿勒泰山),而常被匈奴袭踞。史载:"桓帝元嘉元年(151年),呼衍王将三千余骑寇伊吾。伊吾司马毛恺遣吏兵五百人于蒲类海东,与呼衍王战,悉为所没。呼衍王遂攻伊吾屯城。夏,遣敦煌太守司马达,将敦煌、酒泉、张掖属国吏士四千余人救之,出塞至蒲类海,呼衍王闻而引去,汉军无功而还。"①由于汉、匈两军在这里的战事频繁,因而这一带屡有汉代石碑发现。过去发现的有永和二年(137年)的《裴岑纪功碑》②,永和五年(140年)的《沙南侯碑》③。传说中还有班超碑。此外,唐贞观十四年(640年)的《姜行本纪功碑》亦曾发现于此县。1949年以来,我们在此草原上又新发现了一座汉碑。现将发现经过和对此碑的时代初步考证略述如下:

自治区文管会曾于1957年8月,在巴里坤草原之松树塘普查文物时,发

---

① 《后汉书》卷八十八《西域传》,北京:中华书局,1965年,第2930页。

② 《裴岑纪功碑》现存新疆博物馆,碑已残成数块。文曰"惟汉永和二年八月,敦煌太守云中裴岑,将郡兵三千,诛呼衍王寿,斩馘部众,克敌全师,除西域之灾,除四郡之害,边境艾安,振威到此,立德祠以表万世。"

③ 徐松:《西域水道记》:"焕彩沟在(巴里坤县原)姜行本碑东南五十里。'焕彩沟,三字立石路侧,现藩笔帖式正书填以朱。其石亦汉碑。石之阴,隶书四行,曰'惟汉永和五年六月十五日……臣云中沙南侯获……,余皆不可识。"据最近调查,此碑仍在哈密至巴里坤县的焕彩沟路旁。

现了一座东汉石碑。调查的同志除按原发现地点做了文字记录外,还定此碑为"元和二年"(85年)。据当时记录为发现于县东五十余公里之松树塘村北草原上。其周围环境,南近天山,迤北数十里内皆平坦的草原,东、西为县至哈密公路。西面半公里的草原上有三个方形的浅槽洼地。洼地四周有高低不等,且最高不超过一米的土筑围墙痕迹。据当地居民传说这是古代驻军的营盘。1981年春,自治区文管会又在该县进行文物复查时,得知此碑已移至县文教局保存,并拓回拓片。最近,县文教局又寄来了此碑照片(图1)。根据拓片和照片,我进行了仔细地观察,发现碑上所刻的年号,是东汉"永元三年"(91年),因"元"字旁石面上稍有裂纹,

图1

故而过去被误认为"永和","三"字最下一横模糊不清,被说成"二"字。实际现存上、中两横相距很近,第三横还残存半横痕迹,属于"三"字是无疑问的。

碑呈不规则的长石块状。高1.48厘米,宽0.7厘米,最厚处0.52米。系一块灰色自然粗石制成。碑面有字五行,字形为略含篆体形状的隶书。字迹大都剥落不清,难以句读解意。唯有首行的纪年和次行的"任尚"二字尚可辨认。兹录约略可见的字迹残文如下:

惟汉永元三〔年〕□□□□□□

□□

〔汉〕平任尚□□□□□醴□□众登□□

□

〔夷〕碑□山□□□□□□□□□□□贼□

□匈□□□山石作□德绝□□□□

海至□□□□治□□万国□□□

□

永元三年是东汉和帝刘肇的年号。当时正是汉朝政府于西域"城廓之国"间,大力肃清匈奴势力影响和摧毁北匈奴奴隶主政权的决定性胜利时期。

早在汉明帝永平十六年(73年)时,投笔从戎的名将班超,初随奉车都尉窦固将军出征匈奴。班超以假司马之职率领着一支部队,曾在伊吾蒲类海一带与匈奴战而获胜,深得窦固的信任,于是奉命出使于塔里木盆地各"城廓之国"间,协助当时的西域都护陈睦,联络各族的上层人物以共同防止匈奴势力的流窜和影响。由于匈奴势力当时在西域各地颇为嚣张,班超费了很大的周折,仍然摆脱不了重重的困难。尤其是到了永平十八年时,匈奴单于趁着汉明帝新近逝世,中原无暇西顾之机,竟然唆使焉耆王攻没西域都护陈睦,致使远在疏勒盘橐城(今喀什噶尔)的班超,形成孤立无援之状,处境非常困难。然而,由于历代深受匈奴残酷压迫的西域各族,"问其城廓大小,皆言'依汉与依天等'"①。因此,班超一方面有各族人民的大力支援,另方面又亲率吏士在莎车、疏勒一带垦地屯田,准备衣食自足,和匈奴势力作持久的斗争。经过长达十七年的艰苦奋斗,终于在永元三年彻底摧毁了匈奴在塔里木盆地的顽固势力,保护了丝绸之路的安全畅通。"因以超为都护,居龟兹(今库车、新和等四县境)。复置戊己校尉,领兵五百人,居车师前部高昌壁(今吐鲁番县高昌故城);又置戊部候、居车师后部候城相去五百里。"②从而恢复了汉政府对西域管辖的实际权力。

一世纪时,匈奴奴隶主政权由于其内部矛盾和斗争的结果,分裂成为南、北两大部分。南匈奴以朔方(今内蒙古杭锦旗北)、五原(今包头市西北)和云中(今内蒙古托克托东北)等郡为其处地;北匈奴仍活动于原地漠北一带。又经过了四十多年间汉与南匈奴的联合以对北匈奴的抗击,终于使北匈奴的统治势力日趋削弱。驻守在凉州地区(今甘肃武威)的东汉大将军窦宪,窥察到北匈奴的内部矛盾尖锐,于是在永元三年二月,"遣左校尉耿夔,司马任尚,出居延塞,围北单于金微山大破之。获其母阏氏、名王已下五千余级。北单于逃走,不知

---

① 《后汉书》卷四十七《班梁列传·班超传》,北京:中华书局,1965年,第1576页。

② 《后汉书》卷八十八《西域传》,北京:中华书局,1965年,第2910页。

所在。出塞五千余里而还,自汉出师所未尝至也。"①从此基本上解除了匈奴奴隶主集团对汉王朝统治地区的严重威胁。

任尚,原为汉大将军窦宪部下,在屡次对匈奴的斗争中建有功绩。西域和北匈奴势力平定以后,先以中郎将之职持节驻守于伊吾,继而出任戊己校尉于高昌壁,是一位"数当大任"的军事人才。永元十四年(102年),定远侯、西域都护班超以年迈退休,东返京都洛阳之际,朝廷以任尚继任为西域都护。班超在移交职权时,因感于任尚请求"君侯在外……三十余年,而小人猥承君后,任重虑浅,宜有以诲之"的诚意,告诫他说:"……今君性严急,水清无大鱼,察政不得下和。宜荡佚简易,宽小过,总大纲而已。"②遗憾的是任尚仅一介武夫,不谙政情,反讥班超之嘱为"平平耳"。致使在他继任期间,大失民心,"以罪被征",完全辜负了班超对他的教导。

这座永元三年的东汉石碑,既有任尚名号,又称"平夷"碑铭,正与史载大将军窦宪派遣任尚等大破北匈奴于金微山的时间吻合。我判断碑铭内容应是任尚等出师或凯旋的时候,路经蒲类海,因而勒石以纪其功的。

此碑为新疆解放以来出土的一件重要文物,其时代比裴岑和沙南侯等碑均早四五十年,这为研究汉、匈奴斗争历史,增添了一件珍贵的实物例证。同时,我认为巴里坤县草原宽广,历史位置非常重要,估计今后还会有新的汉代石碑出土,希望当地文物工作者引起注意。

本文研究,承柳晋文同志给予拓片方便,又承巴里坤县吕述贤同志代拍照片,特此致意。

(原载《考古与文物》,1982年第4期。)

---

① 《资治通鉴》卷四十七《汉纪·和帝永元三年·二月》,北京:中华书局,1956年,第1527页。
② 《后汉书》卷四十七《班梁列传》,北京:中华书局,1965年,第1586页。

吐鲁番出土《三国志·魏书》和佛经时代的初步研究

　　20 世纪以来,在吐鲁番地区,多次出土了魏晋南北朝时期的佛经残卷,同时也出土了东晋时期的《三国志》残卷。据我所知的有《佛说楞严三昧经》残卷①,元康元年的《诸佛要集经》②,还有《放光般若经》《妙法莲花经》,以及佚名经③等。大谷探险队早年拿去的写经一部分现在旅顺博物馆收藏。出土的晋人抄本《三国志》已流入日本④。特别是 1949 年以来,考古工作者对于吐鲁番阿斯塔那高昌古墓的多次发掘,出土了数以千件,包括晋至唐代大量的文书、写经等残件,更是极其难得的宝贵材料。⑤至于《新疆访古录》一书中所列的抄本写经,原件现已不知流散何处。这些写经对于研究佛经流传,先后译经的内容,以及书法艺术流传,都有很重要的学术价值。我谨就二十多年前在吐鲁番出土尚未发表过的《三国志·魏书》和写经的时代做一初步的研究介绍。

　　1965 年 1 月 10 日,一农民在吐鲁番安加敕克南郊附近的一座早已废弃的佛塔下层发现一个陶罐(图 1)。罐内装着《三国志》残抄本二卷,残佛经十三卷及其他残抄本多卷,还有贝叶书写的梵文两片、回鹘文字木简 25 枚,以及其他

　　① 黄文弼:《吐鲁番考古记》,北京:科学出版社,1958 年第 26 页,图版六一七、图 9。

　　② 日本西域文化研究会编:《西域文化研究》第二册。

　　③ 这批残经藏中国历史博物馆,图版影印本见《文物》编委会主编的《书法丛刊》第二辑。

　　④ 图见中华书局出版的《三国志》扉页。

　　⑤ 国家文物局古文献研究室、新疆维吾尔自治区博物馆、武汉大学历史系:《吐鲁番出土文书》,北京:文物出版社。这批文书和写经,经多年研究整理已由文物出版社陆续出版现已出至第八册。

文物等（见：藏经罐及所出其他文物登记表）。这
批文物曾由沙比提、李征两同志携回，现藏新疆
维吾尔自治区博物馆。其中《三国志》一段的《吴
书·孙权传》曾于 1972 年 8 月 17 日由郭沫若同志
撰文加以发表，[1]其余的材料，当时未进行研究整
理和发表过。我现在就其中《三国志·魏书》和佛
经时代问题做一初步研究，不妥之处，请专家们
予以指正。

图 1 藏文书罐

一

《三国志·魏书》残卷，麻纸本，残长 34 厘米，高 24.5 厘米，存字 21 行，行
28~29 字。行间有乌丝栏（图 2）。内容为《臧洪传》的一段，首行仅存"不蒙观过
之贷"的"贷"字。最末一行截止到"救兵未至，感婚姻之义"的"感婚姻"三字。全
段文字除有两处个别字已缺损，如第二行"吕奉先讨卓来奔，请兵不获"中的
"奔请兵"三字缺，第六行"又素不能原始见终，靓微知着，窃度主人"中的"着
窃"二字缺以外，其余皆清晰可认。字为隶书八分体，比较同出的《吴志·孙权
传》字迹较小，捺笔也没有那么重，显然不是同一人的书体，倒是和 1924 年鄯
善所出、现藏日本的《三国志·吴书》字迹近似，但又比《三国志·吴书》的每行字
数多出将近一倍。至于这卷抄写中的许多别体字，如仇作雠、弃作宾、我作找、
戒作裁、兵作婚、婚作婚等，也和上述鄯善所出《三国志·吴书》中的写法大致相
同。因此，我认为这卷《三国志·魏书》属于东晋十六国时期的遗物。

我把这卷《臧洪传》和手头的中华书局标点本《三国志·魏书》中有关章节
加以核对，发现这卷抄本有许多地方把字抄颠倒了，有的写成别体字，多添

---

① 郭沫若：《新疆新出土的晋人写本〈三国志〉残卷》，《文物》1972 年第 8 期。

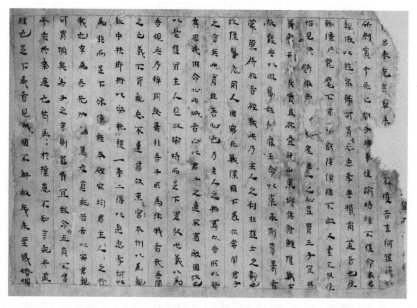

图 2

了字或者缺少了字,诸如此类的差错竟占残卷的三分之二,现将校核结果列表如下:

行次	中华书局本内容	抄本内容	附注
3	辞不获命畏威	"威"作"君"字	
4	怀亲以诈求归可谓有志忠孝	"怀亲"颠倒,"求"作"众","谓"作"胃","志"作"忘","僵"字下多一"尸"字	"亲怀"二字旁加两点,以示颠倒,"尸"旁加点,以示除去
5	毙僵辄麾下		
7	增兵讨仇	"兵"作"侯"字	
10	故仆鉴戒前人	"戒"作"武"字	
11	乃主人抬丐	"主人"下多"之"字	
12	弃国民用命此城者	"民"作"泯","用命"下多"心"字	"心"旁加两点,以示除去
13	是以获罪主人更引此义	"是以"二字颠倒,"引"作"驮"	
15	故东宗本州	"东宗"下多"宫"字	"宫"旁三点,以示除去

续表

行次	中华书局本内容	抄本内容	附注
16	以为亲援，以徽中孝	"援"作"救"，"徽"作"邀"	
17	而足下欲使吾轻本破家均君主人，主人之於我也	无"吾"字，主人错写成"主：人："	
19	可谓顺矣则包香宜致命於伍员	"谓"作"胃"，"顺"作"顶""色包"作"苞"	
20	不当号哭於秦庭矣苟区工於攘患	"矣"作"也""苟"作"苟"	
21	不知言乖乎道理矣	"矣"作"也"	

迄今为止，《三国志》抄本残卷已在新疆先后出土过三个，而无论是其中的《吴书》还是《魏书》的抄写时代，都为东晋时期，这是很可贵的。千百年前的三国时期，魏、蜀、吴都曾抄写过，只是到了北宋时期由于发明了雕版印刷术，才将三书雕成《三国志》以传后世，所以吐鲁番先后出土的《吴书》《魏书》抄本残卷，当时应都是各自为册而传抄流传的，可见高昌人对于三国时期的历史颇为关注。至于有无《蜀书》流传下来，要靠今后的陆续发现。

二

古代高昌很早就流行佛教和佛经。秦建元十八年(382年)高昌国师鸠摩罗跋提就曾向秦符坚进献过梵文本《大品经》。法显西行经高昌时，也曾得到高昌王的礼遇和供给。20世纪以来，在吐鲁番屡次发现佛经残卷，更加证实古代高昌历来尊重佛法的历史记载。连同《三国志》残卷同时出土的这批佛经抄卷，按当时新疆维吾尔自治区博物馆的编号，共有二十一个编号，后来经过装裱，连同残碎小片共裱成二十三个卷号。这批佛经虽为残卷，但大都题写着佛经名称。这对于研究佛经的历史是一批重要资料。

这批写经虽然为数不少，但绝大部分都没有书写的纪年，仅有的一件记有

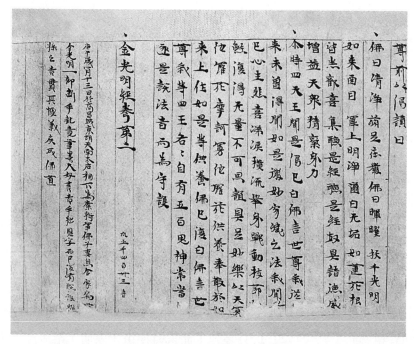

图3 《金光明经卷第二》抄本残页

干支的即《金光明经卷第二》(编号:65TIN029)的尾跋(图3)。这段尾跋的文为三行,六十九字:

"庚午岁八月十三日於高昌城东胡天南太后祠下为索将军佛子妻息合家写此/金光明一部断手讫竟笔墨大好言者手拙具字而已后有聪般媚/媒之者贯其焕羲疾成佛道"

这段跋语非常重要,至少在"庚午""高昌城""胡天南太后祠下"等几个内容为我们提供了写经的时间、地点、名称方面的研究线索。

"高昌"在两汉时曾称"高昌壁",汉元帝初元元年(前48年)戊己校尉在此屯驻。史料记载有"高昌"之名的是前凉张骏太元四年(327年)"始置高昌郡"。此后,历阚、张、马、麹各高昌王国都设首府于高昌城中,故城经历代补修,遗址至今仍存于吐鲁番阿斯塔那乡,被列为国家重点文物保护单位。

　　"胡天"即东波斯人琐罗亚斯德创建的宗教——琐罗亚斯德教（又名袄教、火教、火袄教、拜火教、波斯教等）。最初流行于古波斯。崇信光明的代表胡腊玛达为神、以尊奉圣火为礼拜仪式。最早传到我国当在南北朝初期，北魏肃宗孝明皇帝的母亲为皇太后时，一次登嵩山之巅："废诸淫祀，而胡天神不在其列"①可见当时对胡天神的尊重。南北朝末年，仍很重视此教："后主末年，祭非其思，至于躬自鼓僻，以事胡天。邺中遂多淫祀、兹风至今不绝。后周欲招来西域，又有拜胡天制，皇帝亲丐。"②又吐鲁番阿斯塔那第 88 号墓中出土《高昌高乾秀等按亩入供帐》的文书中，亦有"付××祀胡天"的记载③，证明跋语中的胡天，即琐罗亚斯德教。

　　"太后祠"应当是某高昌统治者为其母所建的祠。那么此人是谁？他的母亲又是谁？弄清楚这个问题，对于确定"庚午"为哪个纪年具有十分重要的意义。高昌地区自十六国到南北朝时期，历届各王都没有为其母奏请封号的资料记载，倒是曾统治着河西一带的北凉创始人沮渠蒙逊于延和二年（433 年）四月死亡以后，北魏太武帝拓跋焘（世祖）拜封蒙逊的儿子沮渠牧犍为凉州刺史、河西王、领护西戎校尉，并以世祖之妹武威公主下嫁给牧犍为妻。不久，牧犍曾趁机表请为公主及牧犍母妃定一号，"朝议谓礼，母以子贵，妻从夫爵，牧犍母宜称河西国太后……诏从之"。"其母死，以王太妃礼葬焉"。④后来，这个沮渠牧犍以谋反罪被赐死。拓跋魏攻占河西，牧犍之弟沮渠无讳与沮渠安周西渡流沙，于太平真君三年（442 年）先逃到鄯善，又经焉耆逃到高昌，赶走了自称为高昌太守的阚爽，遂留居高昌。太平真君五年（444 年）无讳病死，安周代其兄位仍潜称北凉，年号为承平三年（445 年）⑤。清光绪二十九年（1903 年）被德国的格伦威德尔盗去的名碑《北凉且渠安周造寺碑》就出土于高昌故城。此碑是安周代

　　①《魏书》卷十三《皇后列传》，北京：中华书局，1974 年，第 338 页。
　　②《隋书》卷七《礼仪志二》，北京：中华书局，1973 年，第 149 页。
　　③《吐鲁番出土文书》第三册 184 页。
　　④《魏书》卷九十九《沮渠蒙逊传》，北京：中华书局，1974 年，第 2206 页、第 2208 页。
　　⑤《魏书》卷九十九《沮渠蒙逊传》，北京：中华书局，1974 年，第 2210 页。

位第一年时,为建造弥勒寺而刻的石碑。①可能就在无讳和安周窜居高昌时期,在高昌城内东边为他母亲建立了一座太后祠。安周兄弟二人在高昌统治了十八年之后,于公元460年被柔然所灭。现在这座太后祠早已不知所在,而这份《金光明经卷第二》的残卷发现于远距高昌40多公里的安加敕克佛塔基下,为我们研究高昌的历史补充了可贵的资料。

如上所述,太后祠既为沮渠安周兄弟于公元460年以前在高昌时期,为他母亲、沮渠蒙逊之妻孟氏所建的祠,沮渠安周以后,此祠当仍存在。公元490年为干支庚午,此时已为阚首归统治高昌时期,《金光明经卷第二》即应写于此年的八月十三日。

三

出土藏有《三国志》和这批藏经的陶罐的地址是吐鲁番安加敕克城附近,此城据当地居民习惯称安加敕克或英夏尔。安加敕克意思是安集延人住过的地方,英夏尔意为新城,泛指吐鲁番镇。

有同志推测说这里即"安乐"古城所在地,但目前还缺乏有力的证据使人相信。安乐城名始于何时?北凉时期的高昌郡共有八城,从史料中我只查对出高昌、横截、高宁、交河、白芳、田地六个城名,其余两个城名未能查出,后来在出土文书中找出安乐和永安二城名称。见阿斯塔那第81号墓出土的"延昌三十二年至重光元年某人资状"中有"安乐户"的记载,又阿斯塔那第154号墓有重光二年第七号文书《高昌作人善熹等名籍》中,"史司马"的名旁也加注"在安乐"三字②,同文书中还记有"高宁""田地""永安"等城名,那么安乐和永安应当在六七世纪时就已经存在了。

(原载《敦煌学辑刊》,1989年第1期。)

---

① 该碑拓片藏中国历史博物馆,图版影印本见《文物》编委会主编的《书法丛刊》第二辑。
② 这两个墓号出土的文书均见《吐鲁番出土文书》第三册。

唐代西州墓中的绢画[①]

　　新疆吐鲁番阿斯塔那村古墓群中,有一部分是初唐当地豪族张氏的墓葬。吐鲁番地区在南北朝时期形成高昌割据政权。唐太宗李世民统一全国过程中,高昌的"左卫大将军、都绾曹郎中"向高昌统治者麴文泰主张取消割据,拥护唐中央政府,因规谏不受采纳,"殷忧起疾"而死。唐朝平高昌割据政权,在高昌置西州,并在吐鲁番西北的交河城置安西都护府。随后,统一天山南北,移置安西都护府于龟兹(今库车),而西州继续作为唐朝在西部地区的一个重镇,在军事、政治上起着重要的作用。以后,对叛扰安西的吐蕃贵族进行了征讨,张雄之子张怀寂以"武威军之总管",为收复安西立过战功,受到褒奖。张雄、张怀寂父子是西州张氏家族的主要人物,但他们顺应历史的潮流,在捍卫祖国统一,反对分裂割据的斗争中采取了正确的立场,做过一定的贡献。

　　张氏家族的墓葬中保存了不少初唐时期的文物。这些文物暴露了封建贵族的豪华奢侈,同时,在一定程度上显示了当时我国西部地区文化发展的面貌,是初唐政治统一的侧面反映。

　　阿斯塔那第 501 号墓即张怀寂墓,1910 年已经发现,以后被帝国主义分子盗掘,所以遗物很少遗留下来。据王树枏《新疆访古录》记载:"宣统二年(1910年)十月,巡检张清在吐鲁番之三堡掘取古迹,得唐张怀寂墓志。……张怀寂尸

---

① 与金维诺合撰,使用笔名卫边。

身尚完好……尸前泥人、泥马,持矛、吹号,尸旁堆积衣衾带御之物。"这些"持矛吹号"的彩绘武士泥俑象征张怀寂生前战功。从 1949 年后收集到的张墓残俑,还可以看到武士俑的大致面貌。近年新疆维吾尔自治区博物馆清理阿斯塔那第 206 号墓(张雄夫妇墓)和第 230 号墓(张怀寂之子张礼臣墓)时,发现不少各种类型的泥俑,为我们提供了更为丰富的资料。张氏家族墓中保存的一批绢画,以其精美的艺术风格引起了广泛的关注。

第 230 号墓即张礼臣墓,此墓中出土的绢画舞乐屏风六扇,是初唐时期的绘画精品。屏风上画二舞伎四乐伎,每扇一人,左右相向而立。左边的一个舞伎,除右手残损,其余基本完好。伎挽高髻,额用红描雉形花钿,着黄蓝色卷草纹白袄,锦袖,红裳,足穿高头青绚履。左手捻披帛,画面中披帛已残损,但可以看出一端纳于胸前衣襟中。右手也残损,但从右袖衣纹可以推想正微微上举,似随披帛舞动(图 1)。我们把此画与长安郭杜镇发现的执失奉节墓中的壁画舞伎联系分析,就能比较清楚地还原扬臂挥帛而舞的姿态。

绢画上的舞伎与 206 墓张雄夫妇墓出土的垂拱年间(685—688 年)的女舞俑风格、服饰及面容都极为相像。舞俑丰颐花钿,穿圆珠团窠纹锦衫,外围披帛,长裙曳地,外笼轻纱。衣襟上的大型圆珠团窠纹图案掩盖在披帛的下面,可以设想,舞时披帛飘起,团窠纹样自然显露。从这里已经可以看到后来开元年间(713—741 年)出现缦衣藏窠,舞时突然显露文绣的端倪。《教坊记》记载:

图 1 舞伎绢画

"圣寿乐舞、衣襟皆各绣一大窠。皆随衣本色制纯缦衫,下才及带。若短汗衫者,以笼之,所以藏绣窠也。舞人初出,欢乐,皆是缦衣舞。至第二叠,相聚场中,即于众中从领上抽去笼衫,各内怀中,观者忽见众女咸文绣炳焕,莫不惊异。"

这虽然是记载开元年间缦衣舞的情况,但从缦衣舞藏绣窠,不难想见披帛与团窠锦衫在舞蹈时的效果。圣寿乐舞是武则天时新创,在同时期边疆地区制作的舞俑和绢画舞伎都出现这种服饰,充分说明中原和西域在文化上的密切联系。

绢画上相对的另一个舞伎只残存双履。日本人大谷光瑞早年从新疆吐鲁番盗走的绢画胡服妇人残片,女作惊鹄髻,额描花钿,衣翻领,左手上举至肩,面向左,应当也是画在屏风上的舞伎,这些可以帮助我们了解此处残缺的舞伎姿态。

乐伎也都在额上以红描花钿。服饰有宝相花团窠锦袖,有的着赤皮靴,系赤皮带,也有着乌布靴的。一舞伎抱四弦阮咸,一舞伎持箜篌(有人认为是筝。按筝十二或十三弦,此为七弦,不应是筝,高昌乐中也不用筝。《唐书》称"箜篌今亡",旧说亦依琴制,今按其形似瑟而小,七弦,用拨弹之,如琵琶。此处乐器由立部伎竖抱拨弹如琵琶,其形似瑟,七弦,正相同)(图2)。其余二乐伎残损较多,看不出持用的乐器形状。《唐书·音乐志》记载"高昌乐,舞人白袄锦袖,赤皮靴,赤皮带,红抹额",乐用琵琶、箜篌等。以画上伎乐服饰等与文献记载对照,能比较形象地了解当时高昌的一些面貌。

从舞者情态,我们联想到当时已流行于中原的"柘枝舞"。初唐柘枝舞多是两人对舞,称

图2 抱琵琶舞伎

"双柘枝",舞者窄袖银带,有的戴帽,有的梳高髻。刘禹锡在《现柘枝舞》中描述所见舞姿道:"胡服何葳蕤,仙仙登绮墀,神飙猎红蕖,龙独映金枝。垂带复纤腰,安钿当妩媚。翘袖中繁鼓,倾眸溯华榱。"在他《和白乐天柘枝》诗中也写道:"云鬟改梳翔凤髻,新衫别织斗鸡纱。鼓催残拍腰身软,汗透罗衣雨点花。"艺术总是随着时代逐步演变的,但是中唐诗人的这些描述,仍然可以帮助我们了解了初唐柘枝舞的表演情况。

柘枝舞虽由女伎表演,但在初唐时期属于壮丽的健舞,常常用于欢送出征或庆祝凯旋。唐乐府《柘枝词》有这样的词句:"将军奉命即须行,塞外领强兵。闻道烽烟动,腰间宝剑匣中鸣。"

诗中对为捍卫祖国统一而领兵远征的将领的英雄气概做了热情的颂扬。柘枝舞是用流行在安西一带的舞乐,来赞美维护国家统一的将士们的战斗豪情,服务于团结统一的政治路线。张怀寂是收复安西的将领,他的墓志赞颂他"飞悬旌而西上,拥戎卒以启行。鸣鼓角于地中,竦长剑于天外"。这些和《柘枝词》一样铿锵的词句,不正是当时表演的柘枝舞乐的主题吗?因此,张礼臣墓中屏风上描绘的舞乐,也可以看作是歌颂凯旋的现实舞乐场面的生动记录。

张怀寂是在中原接受的文化教育,墓志说他"雅善书剑,尤精草隶",称赞他的书法"落纸飞毫,行惊返鹊"。他家族墓中的这些绢画,可能出于他们幕府中的文人或画工之手。吐鲁番出土文书曾记载有当地画匠□载才、廉毛鬼、索善守等人的名字,也可能就是他们家族中某人所画。开元三年(715年)昭武校尉沙洲千亭镇将张某之妻麹仙妃墓志就说,死者"晨摇彩笔,鹤态生于绿笺;晚弄琼梭,鸳纹出于红缕","裂索图巧,飞梭阐功"。这些具有高水平,且与中原绘画具有共同时代风格的艺术作品,使人们明显地感到,初唐西州地区受到中原文化的影响是很深的。

阿斯塔那第187号墓也属于张氏家族,墓为夫妇合葬墓。男性墓主是安西都护府官员,勋名上柱国。上柱国是授给有战功将士的勋官。从墓志残存"圀""匦"等武则天时期的新字来看,此人应是那时安西都护府立有战功的武将。墓中还出土有贵族妇女的围棋仕女图和骑马女俑。骑马女俑帽檐垂有纱帷(图

3），这正和中原在武则天时期流行的帷
帽是一致的。《唐书·舆服志》记载：

图 3　骑乌女俑

> "武德、贞观之时,宫人骑马者
> 依齐、隋旧制,多著羃䍦,虽发自戎
> 夷,而全身障蔽,不欲途路窥之。王
> 公之家也同此制。永徽之后,多用
> 帷帽,拖裙道颈,渐为浅露。……则
> 天之后,帷帽大行,羃䍦渐息。……
> 开元初,从驾官人骑马者皆著胡帽,
> 靓装露面,无复障蔽。士庶之家又相
> 仿效,帷帽之制绝不行用。"

　　骑马女俑反映了边疆地区贵族妇女帽垂纱帷、骑马驰骋的场景。这种帷帽
骑马的女俑也见于麟德元年（664年）郑仁泰墓。郑仁泰曾镇守西北,任凉、甘、
肃、伊、瓜、沙六州诸军事、凉州刺史,自然对边地风习多所接触。两俑风格相
似,也可以证明这一骑俑应当是初唐时期的作品。
　　围棋仕女图出土时已破碎,经新疆维吾尔自治区博物馆同志仔细清理,以
及故宫博物院修复工厂工人同志的精心修复,重现了大体完整的十一个妇女
形象。现在我们有可能根据人物的相互关系、树木残损的痕迹,以及上下两幅
绢接缝所显示的关系,探求出原画的完整结构,做出示意图（图4）。画面中心是
对弈的两个妇人（图5）。右方的一个正在聚精会神地下棋。身后是双手托茶的

图 4　围棋仕女图（摹本）

334 | 李遇春考古文集

图 5 围棋仕女图（局部）

图 6 围棋仕女图中的侍女（之一）

图 7 围棋仕女图中的
侍女（之二）

图 8-1 围棋仕女图
左侧之少妇

图 8-2 围棋仕女图
嬉戏之儿童

图 8-3 围棋仕女图左侧二侍女

侍女（图 6）。左方的一个已残损，后面有侍女二人，一人正从盂中取子，一人左手执棋，似乎正注视着棋局，在为主妇谋划着下一手棋（图 7）。这是一组以对棋为中心的人物。在这一组的右边，是步来观局的少女和侍儿。左边是在林间领着儿童嬉戏的少妇和二侍女（图 8-1、8-2、8-3）。

从艺术风格上看，围棋仕女图时代似

乎较骑马女俑晚。此墓墓志上虽有武周新字,而男尸垫席边上有天宝三载(744年)的文书,说明墓主夫妇二人死年可能先后相隔四十年,因此,陪葬物中也应当有天宝之际入葬的。围棋仕女图与内地盛唐时期的作品风格相近,画上所表现的人物、习俗也大多与中原相同,可以确定是唐开元前后的作品。

代替壁画用来装饰墓室的绢画,大都表现死者生前的事迹或生活。画面服饰与死者家属身份也正相符。根据初唐制度,"三品以上服紫,四品、五品以上服绯,六品、七品以绿,八品、九品以青。妇人从夫之色",到开元间才逐渐改为"应诸服袴褶者,五品以上通用绅绫及罗;六品以下小绫。……妇人服饰各依父子。五等以上诸亲妇女及五品以上母妻通服紫;九品以上母亲通服朱……"(《唐会要》)当时普通妇女是不能以黄、紫为裙色的。而画上对弈两人中,残损的一人裙为紫色,当是五品以上官员家眷,是安西都护府官员的夫人,是图画的中心人物。对方一人绯衣绿裙,两旁的少妇一绿衣绯裙,一绯衣青裙,此三人是其亲属或子女辈。画上妇女服饰装束虽同于中原,但士女所穿的麻线鞋明显为地方特色。这种麻线鞋在吐鲁番隋墓和初唐时期墓中有完好的遗物出土,是地方的传统衣着,普通人穿了便于劳动。在中原也有妇女穿线鞋,但线鞋不同于画面上地位低下的侍女所穿的麻线鞋,而是京城里贵族妇女的时尚奢侈品。如《唐书·舆服志》载:"武德来,妇人著履规制亦重,又有线靴。开元来,妇人例著线鞋,取轻妙便于事。侍儿乃著履。"这与画上主妇穿高头卷云履,侍女穿麻线鞋恰好相反。画上儿童所穿衣裤和侍女内裤似为当地出产的白叠花布所制,也显示了地方特色。值得注意的还有画上儿童玩弄的小狗,这种狗叫拂菻狗,当时在西州属于珍禽异兽。《唐书·高昌传》记载,武德七年(624 年)"(高昌王麴)文泰又献狗。雄雌各一,高六寸,长尺余,性甚慧,能曳马衔烛云。本出拂菻国。中国有拂菻狗自此始也。"显然,只有西州贵族家庭才能将这种稀有动物当作玩物。从以上这些方面来看,这幅画和以前斯坦因从同一地区盗窃走的安乐仕女图一样,表现的是初盛唐时期这一地区贵族妇女游乐生活的景象,对于我们了解那时的社会面貌有一定的价值。

这些表现贵族妇女生活的图画,虽是当时统治阶级所享用的艺术作品,但在美术史上这类以现实生活中景象作为题材的图画显示着画风上的重要变化。在以前,仕女画大都与儒家礼制相联系,用来"明劝诫""助人伦",为儒家的政治路线服务。汉魏时期,图画中出现的妇女形象,就是一些历史上的"贞妃烈妇"。正像王延寿记述汉鲁恭王刘余的鲁灵光殿的壁画所说的:"下及三后,淫妃乱主,忠臣孝子,烈士贞女,贤愚成败,靡不载叙。恶以诫世,善以示后。"何宴记述魏明帝曹叡的景福殿壁画上描绘的也是这种图画:"观虞姬之容止,知治国之佞臣,见姜后之解佩,寤前世之所遵;贤钟离之谠言懿楚樊之退身;嘉班妾之辞辇伟孟母之择邻。"就是这样一些儒家所宣扬的列女图长期占据了画坛。魏晋以后虽然逐步有了表现文学作品或人物故事的仕女图,所画人物也大多是山水风景中的点缀,或者只是见于史传的某些零星记载。从传统教条的束缚中摆脱出来,在绘画上以表现当时某些妇女的生活为题材,初唐西州张氏墓中的绢画,可以说是现在所能见到最早作品。文艺"为世用"(当然,在当时只是为封建统治阶级所用),绘画反映现实景象,这无疑是初唐比较进步的政治路线占优势所引起的变革。

围棋仕女图无论用线还是赋彩,都继承了战国以来的绘画传统,而又有所发展。长沙发现的战国"人物御龙"帛画和马王堆的西汉非衣上的人物肖像,已经显示出中国画用毛笔表现物象,在线条上所形成的造型特点,虽细如春蚕吐丝,却非常健劲有力。用这种"游丝描"表现对象,能简洁而又准确地刻画人物的形象神情。经过魏晋以来的锤炼,线条的运用保存了前代简洁、流畅的特点,但不是停留在粗细不变的游丝描上,而是在行笔中又赋予了轻重起伏的变化,用笔的起落、转折,线条的柔弱、劲健,适应眉目肌肤造型上的变化。东晋顾恺之曾在《论画》中谈到用笔:"若轻物宜利其笔,重以陈其迹,各以全其想。比如画山,迹利则想动,伤其所以嶷。用笔或好婉,则于折楞不隽;或多曲取,则手腕者增折。""写自颈以上,宁迟而不隽,不使远而有失。其于诸像,则像各异迹,皆令新迹弥旧本。若长短、刚软、深浅、广狭、与点睛之节,上下、大小、醲薄,有一毫小失,则神气与之俱变矣。"

顾恺之是在介绍临摹经验时,简略地谈到用笔问题。因此关于人物,只是要求摹本"不使远而有失",要"新迹弥旧本",就是说摹本要照原画一样,还没有进一步对用笔做深入论述。但关于线条的运用,他已明确提到要注意用笔的变化,认为用笔的刚软、赋彩的浓薄,都是与人物的身气相关的;对象的轻重、刚柔,可以利用线条的流畅凝重来表现。这些理论上的概括,说明了魏晋时期对造型的线条所提出的要求。由于魏晋绢画真迹流传很少,还见不到当时在用线等方面所达到的实际成就。流传下来魏晋南北朝时期的绢画摹本或石刻线画,还主要是游丝描。而现在我们看到,围棋仕女图比较具体地呈现了线条上的这种变化,用笔的粗细、刚柔,正是为了表现对象的质感和情态。这张画在赋彩上也继承了以往单纯、明丽的特点,而又注意到利用晕染法来加强人物衣饰的体积感,显示了初唐以来赋彩技法的发展。在边远的西州出现了这样的作品,从一个方面显示了初唐以来进一步发展的文学艺术,正在全国各地开花结果,这正是政治统一在文化上所发挥的作用。

将这些西北地区出土的画卷联系中原地区发现的同时期的壁画,使我们对唐代绘画的发展有了新的认识。过去文字记载上论述的所谓"周昉风格,实际早在初盛唐之际已经出现,稍后在天宝年间的敦煌壁画供养人像(敦煌第120窟都督乐庭瓖夫人太原王氏供养像)上可以看到。这种风格并不是一种故意的夸张手法和变形,而是适应表现当时士女生活的特定内容所作的艺术处理。因此,在同一幅围棋仕女图上,我们见到的贵族妇女和被奴役的女侍之间,不仅体态服饰有明显的差别,精神面貌也有所不同。

这些艺术作品宣扬的是封建贵族的生活和情趣。贵族妇女的闲逸和欢乐,正是建立在无数劳动人民的辛劳和血泪之上的。在西州地区发掘的墓葬中,伴随着这些精美图卷的是大量记载劳动人民被剥削、被奴役的契约文书。这些古文书直接说明了封建社会的文化发展,正是广大被剥削、被奴役劳动人民的血泪所培植的成果。

阿斯塔那第188号墓,即上文提及的昭武校尉张某之妻麴仙妃之墓,出土牧马屏风八扇(图9)。屏风以木框为骨架,有的木框保存得还很完整。框上裱糊绢画,但绢上有用墨点模拟的钉眼,由此可以看到实用屏风的大体制作情况。

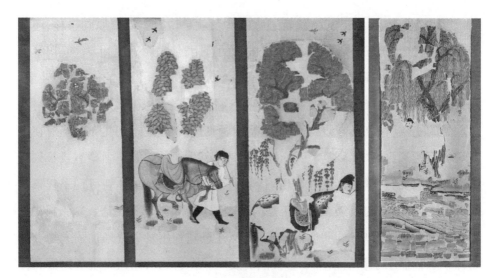

图 9　牧马屏风

墓志的主人麴仙妃是"晨摇彩笔""裂素图巧"的绘画爱好者。这八扇屏风可以认为是她生前的手笔。

以牧马为绘画题材,在盛唐时期是最为流行的,韩干的《牧马图》就是具有代表性的作品。不过当时著名的画家大都以皇室"御厩"中的马匹为描绘对象,杜甫《丹青引》中就写道:

> "先帝天马玉花骢,画工如山貌不同。
> 是日牵来赤墀下,迥立阊阖生长风。
> 诏为将军拂绢素,意匠惨淡经营中。
> 斯须九重真龙出,一洗万古凡马空。
> 玉花却在御榻上,榻上庭前屹相同。"

这时画马的风气通常与帝王及贵族们养马的嗜好相联系,这与唐代前期着重以表现战马来颂扬统一战争的武功已经不同了,描绘玉花骢"玉花却在御榻上",不过是为了满足帝王的观赏要求。由于某些画家的精心塑造,通过骏马表现尚武强兵思想的传统还多少有所保留。在唐代西州出现的牧马屏风,也是当时全国流行贵族风尚的产物,但是作为昭武校尉、沙洲子亭镇家属所见到的马,当然不会是只供玩赏的骏马名驹。边区的烽烟征战,多少会影响到鞍马题材的含义。因此,这几幅具有边区风貌的牧马图和同墓出土的一些描写贵族生活的图画残片,是我们了解当时现实情况的重要文物。

唐代西州古墓绢画的出土,初步弥补了美术史上这个时期绘画实物的欠缺,为了解我国绘画发展增添了珍贵的史料。国家的统一,民族的团结,促进了经济、文化的发展。初唐在统一的中央集权国家的治理下,边疆地区各族人民的优良文化和技术丰富了祖国的文化宝库,中原地区的生产技术和文化也对边疆地区的发展产生了积极的影响。这些绢画就是中原文化和边疆地区文化交流发展的产物。它们是具有独特风格的中国传统艺术品,而于传统风格中又表现出明显的地域特征。这些优秀的古代文物,也是新疆地方自古以来就是我国领土的历史见证。

（原载《文物》,1975 年第 10 期。）

张雄夫妇墓俑与初唐傀儡戏①

新疆维吾尔自治区博物馆在吐鲁番县阿斯塔那第 206 号墓，清理出彩绘木俑和绢衣木俑七十多件，另外还有木马残腿、木俑手脚二百件。在一个被盗掘过的墓中还发现这么多的俑，这是以往所发掘的高昌墓中前所未见的。这些俑的形象和制作都别有特色，是值得重视的初唐文物。

阿斯塔那第 206 号墓是张雄夫妇的合葬墓（发掘简报见《文物》1975 年第 7 期）。张雄字太欢，是高昌王麴文泰时的左卫大将军、都绾曹郎中，一个"入筹帷幄，出揔戎机，纬武经文，职兼二柄"的人物。墓志中谈到，在贞观初年，他看到李世民顺应历史潮流，推行联合、统一的政策，取得了重大的成就，就"怀事大之谋"，极力规劝麴文泰不要以为"阻漠凭沙"，就可以偷安割据、制造分裂。由于规谏没有受到采纳，使他"殷忧起疾"而死。②这说明张雄是支持统一事业，拥护中央政权的。他的长子张定和次子张怀寂也都是献身祖国统一事业的武将。尤其张怀寂曾于长寿元年（692 年）以武威军子总管的身份，随同武威军总管王孝杰平定叛乱，在收复安西四镇的战役中立下战功，受到褒奖，升中散大夫、行茂州都督司马。③张雄一家的经历和政治态度也明显地体现在遗存的殉葬品上。

---

① 该文与金维诺合撰。
② 新疆维吾尔自治区博物馆：《新疆出土文物》，北京：文物出版社，1975 年，图 110 张雄妻麴氏墓志。
③ 黄文弼：《吐鲁番考古记》，北京：中国社会科学出版，1954 年，图版 58 张怀寂墓志摹文。

张雄死于贞观七年（633年），其妻麹氏死于垂拱四年（688年），前后相距五十五年，因此，墓中有前后两次的殉葬品。第一次是张雄死时随葬的。那时，高昌地区尚处在地方割据势力的控制下，遗物较多地反映了高昌小王朝的典章制度，木

图1　文官俑

俑多是仪仗人马。这和张雄是高昌的大官显族的身份是相符的。木立俑共十九个，内男俑十七个，女俑二个，都很完整。系用半圆形木条简单刻出头部和身躯，高约22厘米，宽约5厘米，遍敷粉彩。男俑分两色，一种头戴黑帷帽，身穿黑衣、白色宽裤；另一种着绛色帷帽、绛色衣、白裤。两个女俑都是高发髻，白襦衫，绛色长裙。另外还有四个小文官俑（图1），高约10厘米，都蓄着短髭，头戴乌纱帽，身穿对襟宽袖短襦衫，白裙，双手拱于胸前。这些俑制作较简单，具有明显的地方特色，对研究高昌官制习俗有一定参考价值。

第二次是垂拱年间麹氏死时随葬的，这些明器是张怀寂为其母送葬制作的。张怀寂九岁就随高昌王麹智盛进京，是在长安接受教育成长起来的，深受中原文化影响，"雅善书剑，尤精草隶"。在统一的形势下，他所主持制作的明器，不但完全按照中原制度，而且在技艺上也达到相当高的水平，比前期的制作有很明显的进步。不论是屋木、车辆、棋盘等模型，还是绢绸、服饰，都呈现出初唐统一兴盛的文化面貌。出土骑马木俑十个，高约33厘米，马长24厘米，人马均用木块分段雕成。人腿、马身雕成一段，人头、身躯、马头分别用碎木雕成，然后胶合成俑。五个文官俑，一人着绯（五品）、三人着绿（六、七品）、一人着青（八品）。五个武士俑，均蓄短髭，着绛色袍帽、白裤、乌皮靴。有的左手扶鞍，右手勒缰，作策马徐行状；有的双手勒缰，将策马疾驰；有的侧首顾盼，似在招呼

图 2　骑马木俑

问答；有的仰面前视，似语非语。人马动作虽很简单，但个个神态自若，颇为生动（图 2）。马均绛色、黑鞍具，表现出仪仗的整齐划一。从残存的仪仗人马可以看到是按照麴氏受封为永安太郡君的品级设置的。另外还有镇墓的彩绘踏鬼武士木俑（图 3）。两组驼马人物俑，马身蓝色，已残，骆驼只存头和腿部。两个驮夫俑均高约 55.5 厘米，深目、高鼻、短髭，头戴白毡尖帽，帽檐外翻，露出红色帽里，在尖顶毡帽两侧绘红色菱纹图案。一俑身穿黑袷袍，开大右襟，露出胸前衣领衬里上绣的红底朱色四瓣小花图案（图 4）；一俑穿绿袷袍，胸前衣角也向外翻，露出红色衬里上绣的深红色树草和蜜蜂图案（图 5）。两俑都腰系黑带，脚着乌皮靴。两手向前紧握，做牵引驼马状。据记载，唐初居住在天山一带的回鹘族的一部分黠戛斯人所戴的帽子，就是"锐顶而卷末，诸部皆帽白毡"。这种驮夫俑从服饰、形象都表现出我国封建时代回鹘族劳动者的面貌，以往虽也见于中原唐墓中（多为陶俑），但出现于高昌地区（且为木俑），则更具有地方特色。

这时期的墓俑，除了以上所谈到的仪仗人马，还有大量不常见的舞乐戏弄俑，其中有一些小型的百戏俑（高约 5 厘米），可惜多残损不全。但一部分较完整的绢衣木俑，对于探讨初唐时期歌舞戏弄方面的情况，仍然具有重要价值。

图 3　彩绘踏鬼武士木俑　　　　图 4　彩绘驭夫木俑　　　　图 5　彩绘驭夫木俑

以下试就这类墓俑做简单探讨，以供有关方面进一步研究。

　　在唐代的历史文献和诗文唱和中，虽有一些当时舞乐戏弄的零星材料，但是形象的实物资料极为少见。1949 年后，在西安唐墓中发现有戏弄俑，这为我们提供了有关"弄参军"的具体形象，[①]但是盛唐以前的歌舞戏弄仍然缺乏形象资料。而这一次张雄夫妇墓绢衣彩绘木俑的发现，则使我们可联系文献，对初唐的戏弄特别是傀儡戏进行了初步探索。

　　这批绢衣木俑制作特殊，形象、表情、装饰都不同于常见的殉葬俑人。男女俑均以木雕头部，彩绘面貌。胸部用木条直接在颈下胶合，用纸捻成臂膀，外着锦绢衫裙。这种纸臂绢衣的木俑，既表现了各种舞蹈动态，又衣着真实，宛若真人。唐罗隐在《木偶人》一文中谈到傀儡的制作时说："以雕木为戏，丹腹之，衣服之。虽狞口勇态，皆不易其身也。"（《全唐文》卷八九六）"雕木"指的就是以木雕头部和身躯，"丹腹之"就是以彩色描绘面目，"衣服之"就是着以绢布之衣。这一记载和这些绢衣木俑的制作正好相同，所以这些俑不是藏于墓室的一般

---

　　① 田进：《唐戏弄俑》，《文物》1959 年第 8 期。

明器,而是"雕木为戏"的傀儡。

傀儡是表演歌舞、戏弄,以娱乐世俗的,因此注重人物神情的刻画。傀儡不但要求角色、性格各有差异,而且喜笑、怒骂、悲啼、欢唱的情态也要塑造明显,演出时才能表现得淋漓尽致。而一般用以殉葬的俑人,则是模拟死者的侍卫仆从,即使是官宦俑人,也应该是严肃谦卑,毕恭毕敬,不宜挤眉弄眼,调弄作戏。这些绢衣木俑,男的"滑稽戏调",女的"榷华窈窕",无肃穆忧戚之情,有嘲弄欢欣之态,不似一般殉葬明器,与唐代有关傀儡的记载,无论在装饰、制作,还是仪态、表情等方面,都可以相互印证。如唐谢观在《汉以木女解平城围赋》中形容木女的制作和情态,以及介绍唐代这类傀儡的形象时说道:

> "于时命雕木之工,状佳人之美。假剞劂于缋事,写婵娟之容止。逐手刃兮巧笑俄生,从索绹而机心暗起,动则流盼,静而直指。……既拂桃脸,旋妆柳眉。……搞粉藻而标格有度,传簪裾而朴略生姿。……既而踟蹰素质,婉娩灵娥。日照颜色,风牵绮罗。睹从绳之容楚楚,混如椎之髻峨峨。"

绢衣木俑除了因为不是"机关傀儡",无"机心暗起"以外,其他都是极为相符的。文中"假剞劂于缋事""搞粉藻而标格有度"等词句,记述了雕木、敷泥、布粉、藻绘的制作过程,"椎髻峨峨""风牵绮罗""踟蹰素质,婉娩灵娥"等,则形容了木女的装束仪容,这一些正具体地表现在绢衣女俑上。因此,无论从制作或形象,都证明这些绢衣木俑是表演歌舞戏弄的傀儡。特别值得提到的是,与这些木偶同时出土还有大量木构建筑模型的残件(图6)。有同志把木柱、斗拱、回廊等组成的部分建筑称为戏台,这种设想是很值得思考的。木

图6 木构建筑模型

偶和木构模型的比例极为相近,似乎两者有密切关系。木构建筑或者就是木偶戏的布景或舞台。唐代道祭有演木偶的祭盘,所谓祭盘也似与这些木构模型有关。

过去有的研究工作者根据文献记载,认为汉唐时期统治阶级丧葬中,用傀儡表演歌舞伎乐是当时流行的习俗。这种看法是有理由的,如唐段成式《酉阳杂俎》前集卷十三称:"世人死者有作伎乐,名为乐丧。"杜佑《通典》卷一四六称:"窟礧子亦曰魁礧子。作偶人以戏,善歌舞,本丧家乐也。汉末始用之于嘉会。""作偶人以戏"表演歌舞,本来用于丧葬,这里的情况正相符合,所以这些绢衣木俑很明显就是"丧家乐"的傀儡。

至于杜佑说傀儡"本丧家乐,汉末始用之于嘉会",可能只是根据后汉应劭《风俗通》的叙述所做的推论。《后汉书·五行志》刘昭补注引《风俗通》说:"时京师宾婚嘉会,皆作魁礧(傀儡)。酒酣之后,续以挽歌。"应劭只是说当时京师宾婚嘉会都用傀儡,并不是指到汉代末年才开始用于嘉会。今天根据出土的资料也可以知道,在西汉初年已经早有傀儡用于宾婚嘉会了。例如长沙马王堆三号墓表现耕祠活动的图画中就画有傀儡。[①]同墓出土的"遣策"木牍记载画中内容说:"右方男子明童凡六百七十六人:其十五人吏,九人宦者,二人偶人,四人击鼓、铙、铎,百九十六人从,三百人卒,百五十人奴。"这里所谈到的"二偶人,四人击鼓、铙、铎"正是帛画右下角的舞乐场面。画上二偶人(一偶人已残损不清)均自行动作,当是"机关傀儡"之类。一人击铙、一人击铎、二人击鼓,形态极为生动,在帛画上刻画得很真实。三号墓葬于汉文帝十二年(前168年),说明在西汉初年早有傀儡用于嘉会。这就是形象和文字的确实证据。马王堆帛画上这一有关俑人舞乐的资料,就比"汉祖之围平城也,陈平以木女解之"一类的传说真实具体得多了。它确实使我们知道了汉初傀儡的运用及其实际表演的场面,丰富了我国木偶艺术的史料。而张雄夫妇墓中的绢衣木俑,则使我们更具体地了解到初唐时期傀儡的发展面貌。

① 金维诺:《谈长沙马王堆三号墓帛画》,《文物》1974年第11期。

　　唐代在丧葬时用傀儡，并不是单纯为了殉葬埋进墓室，供墓主死后享受，而主要是送葬时炫耀于路人，用以表演的"丧家乐"。在唐太极元年（712 年）左司郎中唐绍的疏文中还可以了解到当时的风俗：

> "近者王公百官竞为厚葬，偶人、像马雕饰如生。徒以炫耀路人，本不因心致礼。更相扇慕，破产倾资，风俗流行，遂下兼士庶。若无禁制，奢侈日增。望诸王公巳下，送葬明器皆依令式，并陈于墓所，不得衢路行。"（《唐书》卷四五）

　　张雄墓俑制作的精丽，也反映了当时"偶人像马雕饰如生""衢路行""以炫耀路人"的风习，在边区官吏中同样流行。这些绢衣傀儡表现的形貌，男女老少各有差异，性格情态各各不同，明显是在装扮各种各样的角色、表现有一定故事内容的傀儡。根据戏曲史上经常引用的《封氏闻见录》卷六道祭条的记载："大历中，太原节度使辛云京葬日，诸道节度使使人修祭，范阳祭盘最为高大，刻木为尉迟鄂公与突厥斗将之戏，机关动作，不异于生。祭讫，灵车欲过，使者谓曰：'对数未尽。'又停车，设项羽与汉高祖会鸿门之象，良久乃毕。"这也说明唐代用于丧家乐的傀儡是表演有故事情节的。既演历史剧《鸿门宴》，也演唐代尉迟恭轻骑胜突厥的英勇事迹，演出时间还相当长。张雄夫妇墓出土的这些绢衣傀儡，虽然不能明确肯定是那些故事，但是从形象塑造上，还是可以大体探讨出角色的划分，以及剧情的类别。

　　男绢衣木偶共出土七个，完整的两个。头戴乌纱帽，身着黄绢单衣、白裤，系黑带，穿乌皮靴（图 7）。或歪嘴斜目，或翘唇瞪眼，具有明显的嘲弄表情（图 8）。虽然面貌奇丑，但是似弄愚痴而引人发笑。傀儡表演滑稽角色，北朝就流行过"有倡优为愚痴者"（《魏书》卷十一），早期傀儡也以表演滑稽角色郭公（或称郭秃、郭郎）为主，因之也直接把傀儡称为"郭公"。《颜氏家训·书证》解释为什么把傀儡称为"郭秃"时谈道："或问：'俗名傀儡子为郭秃，有故实乎？答曰：《风俗通》云'诸郭皆讳秃'，当是前代人有姓郭而病秃者，滑稽戏调，故后人为其

图 7 男绢衣木偶

图 8 男木偶头

象,呼为郭秃,犹文康(舞乐名)象庚亮(晋时人,谥号文康)耳。"《乐府广题》也说:"北齐后主高纬雅好傀儡,谓之郭公。时人戏为郭公歌。"这些材料都说明北朝演傀儡以滑稽角色为主,并且在题材逐渐广泛以后,也仍以演"郭公"为先。所以《乐府杂录》上说:"傀儡子戏,其引歌舞有郭郎者。发正秃,善优笑,凡戏场必在徘儿之首。"

从出土七个相貌类似有各种滑稽表情的木偶来看,说明初唐演出傀儡可能仍以滑稽角色占主要地位,且演出的不止一个"郭公",而是成组的滑稽演员(实际上也就是后代的"净""丑")。根据形象、服饰来考察,似乎这时表演的内容已与盛唐时期的"弄参军"有一定联系。

《太平御览·优倡门》引《赵书》称:

"石勒参军周延,为馆陶令,断官绢数百疋,下狱,以八议宥之。后每大会,使徘优著介帻、黄绢单衣。优问:'汝为何官、在我辈中?'曰:'我本馆陶令。'斗数单衣曰:'正坐取是,故入汝辈中。'以为笑。"

这个记载说明使徘优演馆陶令以为笑乐,开始于后赵石勒时期,被嘲弄的周延原为馆陶令,后为参军。因此徘优"弄馆陶令",也可称之为"弄参军"。馆陶令所穿的黄绢单衣,一方面是为了说明身份,另一方面是为了表演时"斗数(抖擞)单衣"以嘲笑是为贪污官绢而下狱。因此在"弄馆陶令"中,黄绢单衣在表演戏剧情节上是具有重要意义的。值得注意的是,此墓滑稽木偶也着黄绢单衣,动作表情也正似"斗数单衣",又狼狈又无可奈何的样子,似乎这些木偶也正是"弄馆陶令"的傀儡。特别是在总章元年(668年)"始一切禁服黄"以后,只有在装扮历史人物时才有可能依旧例仍着黄。所以它不会是一般殉葬用的奴仆、官宦俑。至于有的同志认为是"宦者俑",这种意见是值得商榷的,因为张雄虽属高昌贵族,但并非直系王室,且麹氏死于平定高昌四十八年以后,不可能仍按高昌王室宗亲关系以宦官俑殉葬。张怀寂是维护中央统一,熟悉中原制度的,他所主持制作的着黄绢单衣的木偶,也只能是不违反政令戏弄中的历史人物。

这些初唐时期"弄馆陶令"木偶的发现,对于了解参军戏的发展演变,提供了形象的印证实物。开元以后,所发现的戏弄俑多着绿,这可能是因现实服饰制度逐渐影响到戏弄的服装变革,同时也是因为演出内容已不限于"弄馆陶令"。这时"弄参军"既表演故事,也表演时事;既有历史笑剧,也有对现实人物的嘲弄。西安发现的开元十一年(723年)鲜于庭诲墓戏弄俑,以及西安西枣园唐墓、插秧村唐墓、十里铺唐墓所出土的戏弄俑,都可能是"弄参军"。把它们与这些初唐木偶一起考察,对探讨表现一定故事情节、舞乐、歌唱和科白结合的参军戏的演变有重要意义。这一组绢衣木偶不仅是早期傀儡戏的实物,还有它特殊的价值。

这批木偶是傀儡戏,是模拟当时流行的戏弄,不仅从以上"弄馆陶令"的滑稽角色可以看出,而且大量的女俑提供了更多明显的例证。十七个绢衣彩绘女俑,不是一般的舞俑。这些女俑不但具有不同的装饰打扮、不同的俯仰转侧情态,而且还有女扮男装的。一个眉贴翠钿、面施圆靥的女性面孔,却戴着乌纱帽,帽前正中雕绘山形,山两侧云朵飞绕。另一个同样眉目清秀、"樱桃小口"的少女,也头戴介帻作男装,而脑后发髻隆起,露出女相。这类木偶不直接雕绘成男角,而要刻画成女扮男装,正是当时演出就有由女优扮演男角的缘故。这反映当时男女倡优尚不同台演出。女扮男装木偶的发现,则用实例证明初唐已有女优装扮生、旦角色演出"合生"了。虽然龙朔元年(661年),武则天为皇后时,"请禁天下妇人为俳优之戏",但在傀儡戏中还有模拟女扮男装的,也正说明女优曾经风行,甚至到垂拱年间仍然有女优存在。

其他十五个女俑,也都眉间画花钿,朱唇两边点星靥。发髻各不相同,大体可归为三类:高低双髻式的十个,高髻两个,戴云髻式髻的三个(图9)。后一类是在头顶盘成前后两小髻,然后戴上左右高耸的云髻式髻(假髻)。三个完整的女俑也是以废纸捻成臂膀,外着花锦和彩色绮绢制成的窄袖襦衫,长裙曳地,披帛绕肩,做轻歌曼舞的姿态。这些着团窠对兽纹锦衫、高髻的舞伎,正像唐代诗人所描述的:"绣衫金騕褭,花髻玉珑璁。"(温庭绮《屈柘词》)"玲珑云髻生花样,飘摇风袖蔷薇香。"(白居易《简简吟》)装饰非常华丽,姿态栩栩如生。其中一个双髻舞伎穿的是红黄相间的通幅长裙,裙外罩着一层天蓝色的轻纱,可以想见翩翩起舞时,"舞旋红裙急"(元稹),"歌迟翠黛低"(白居易),"雾轻红踯躅"(张祜),"雪逐舞衣迥"(崔备)的情景。

图9 绢衣女俑

女俑除少数属于演合生者外,多着团窠对兽纹锦襦衫、长裙,和上面三个完整的女俑的舞衣是大体一致的。原来可能是八人或十六人的队舞。初唐时期舞乐是很盛行的,并且多为政治服务,以宣扬武功和政绩。李世民等最高统治者都曾亲自领导制作新乐,如《破阵乐》《庆善乐》等,都是在当时具有重大影响的舞乐。在立部伎中,《庆善乐》是文舞,因此"惟庆善舞独用西凉乐,最为娴雅","舞蹈安徐,以象文德洽而天下安乐也"(《唐书·音乐志》)。在庆善舞中,舞伎着裙、戴假髻(或称漆髻),《圣寿乐》等字舞中,舞伎"霓裳彩斗,云髻花垂"(邵轸《云韶乐赋》)。把这些描写和木偶舞伎的服饰相对照,两者十分相似,可见这些木偶所模拟的正是当时在宫廷乐舞影响下的某种舞蹈。《庆善乐》等舞是改造隋以前江南旧乐创作的,在服饰、舞姿等方面对传统有所吸收,且又有所变革,它吸取了优美绚丽的形式,增加了欢乐健康的内容,用以宣扬初唐政治的成就。文献记载上谈到江南旧舞:"舞四人,碧轻纱衣,裙襦大袖,画云凤之状。漆鬟髻,铺以金铜杂花,状如雀钗。锦履。舞容闲婉,曲有姿态。"(《唐书·音乐志》)以之联系舞俑的形态,可以想见初唐时期既继承前代成果,又推陈出新的某些舞乐面貌。"漆鬟髻""碧轻纱衣"的服饰似仍依旧,"舞容闲婉,曲有姿态"的遗风宛然犹存。舞者的面目容姿表露着安详喜悦之情,这也正是初唐尚处于统一、兴旺时期的封建统治者所追求和宣扬的主题。

舞俑从服饰、容态都可以想见是表演中原流行的乐舞,这和张怀寂的成长经历,以及政治态度是相符的。高昌一带流行泼水乞寒的习俗,在京城也曾一年一度表演《泼胡王乞寒戏》,在这些表现歌舞戏弄的木偶中,却不见有这类"以水交泼为戏"的痕迹。木偶的服饰、形象完全同于中原,题材内容也多取材于中原的传统故事。这种情况出现在边远的西北多民族地区,这正体现了初唐中央政府执行联合、统一政策在文化上所显示的成就,也体现了张怀寂一家维护统一、心向长安的良好意愿。

这批初唐傀儡的出土,在戏剧史上也具有重要的意义。我国的傀儡起源甚早,但是用傀儡来表演有故事、有情节的戏剧,过去有的研究者认为最早的文献材料见于盛唐以后,即写于上元年间陆羽的《自传》。现在张雄麹氏墓出土了这批傀儡,就以实物证据把这个时期提前到了初唐。这一事实,值得戏剧史的研究者进一步加以探讨。

（原载《文物》,1976 年第 12 期。）

约特干出土的陶制人物

二十世纪初,新疆和田约特干遗址就以出土人物陶片而闻名。约特干遗址在和田县枣花公社二大队八小队及其附近。在泉水所经过的渠沟里,到处可以见到成堆的陶片和朽骨。

新疆文管会和博物馆曾多次在这里采集文物。有各种人像(图3、9、12)及牛、羊、虎、猴、狗等兽形陶片(图4、5、7、8)。这些陶片有的似为模制,但大部分都是手工捏制的。人像中有裸体的(图13),有肩扛小罐汲水劳动的(图2),有怀抱琵琶正在演奏的(图10),还有花蔓宝冠、环钏璎珞的(图1、6)。兽形铺首

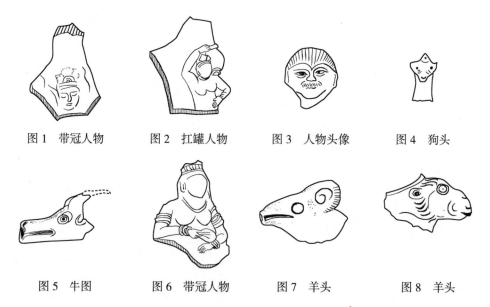

图1 带冠人物　　　图2 扛罐人物　　　图3 人物头像　　　图4 狗头

图5 牛图　　　图6 带冠人物　　　图7 羊头　　　图8 羊头

图 9　佛像

图 10　裸体人物

图 11　兽面铺首

图 12　女性头像

图 13　裸体人像

图 14　兽首

图 15　虎头

陶片也形态逼真、传神(图 11、14、15)。这些艺术陶片,大都是附在陶器用具上的一种装饰品,有的附在陶器的口沿部分,有的附在器柄上,有的似为陶壶嘴部,有的属于陶器上的铺首。这种陶制人物,小巧玲珑,造型优美。

　　除了上述附加在陶器上的人物以外,还发现有完整的人头形陶器。1976 年,枣花公社二大队八小队的一位社员平整土地时,发现了一口破陶缸和两个人头形陶器。一个头形是完整的,通高 19.4 厘米,最宽处 6 厘米(图 16)。另一有残,估计大小与之相仿。两件皆用细质红泥模压成形后,再予以细雕,然后烧成。两头像皆为胡人像貌,高鼻深目,短胡长须,表情不同。一个和颜悦色,一个庄严肃穆、精神

图 16　人头形陶器

贯注。头上皆盘以粗长的发辫,一个颈下为一牛头。头中空,上下两端各有一小孔可以穿通。两个头部造型都很生动,为两套模具制成。1979 年还发现一件陶制的"佛像",细泥红陶质,仅残存上半身,高 5 厘米,大目高鼻,满脸微笑,头戴

遮耳风帽,身穿毛褐袷袢(新疆民族式长袍),两手抱在胸前,神态优美(图9)。

二十多年前,在约特干还发现一件金鸭,是用黄金薄箔压制成两个半片,然后黏合在一起,大小为3.6厘米×3.3厘米,可能是一件佩饰。

在日用器皿上塑造人物以为装饰,这在我国原始社会里,如青海柳湾出土的彩陶上就有发现。先秦铜器上也常铸人物。陕西省博物馆展出的汉代"望楼"陶器和云南民族地区的唐代铜质贝贮器上也都有人物装饰。可见这种艺术特点在我国是由来已久的了。约特干的这种陶制人物,还带有希腊艺术的风格,这是因为和田地处丝绸之路的重镇,当地居民在固有的文化基础上,善于吸收外来的因素,从而形成了具有时代特点的艺术,这也是历史必然的结果。

这种陶制的人物,在和田县的买力克阿瓦提遗址、洛甫县的阿克斯匹尔遗址和策勒县丹丹遗址里都有发现。如买力克阿瓦提遗址的陶窑废墟,就发现有附加在陶器口颈部分的陶人残片,当然,这种陶人残片是否就是这些窑址里的产品,尚需将来考古发掘进一步证实。而从遗址出土的五铢、剪轮钱等钱币分析,这种陶人的制作时代应在东汉晚期到南北朝时期。

(原载《美术研究》,1980年第4期。)

新疆托库孜萨来遗址出土毛织品初步研究[①]

1959 年，新疆维吾尔自治区文物管理委员会在巴楚县东北的托库孜萨来遗址进行了调查和发掘，前后发掘了北朝和晚唐寺庙各一处，晚唐和宋代的房址各一处和垃圾坑一座（见《新疆巴楚县托库孜萨来古城遗址发掘报告》，新疆文管会未刊稿）。在这些遗址中出土了一批丝、毛、棉、麻等重要纺织品遗物，为研究我国新疆古代少数民族的纺织手工业提供了重要的实物资料。本文主要是对其中的毛织品标本做初步的分析。

这些毛织品标本中，有平纹组织的氍、斜纹组织的斜氍和栽绒组织的地毯，特别是缂毛毯，虽属残片，但织制规整，色泽鲜艳，花纹图案繁缛美丽，显示了我国古代少数民族劳动人民毛织手工业的精湛工艺，为研究缂毛和缂丝工艺的关系提供了重要的实物标本。

一、氍和斜氍

（一）这批毛织品中，织制工艺比较简单的是平纹组织的织物。主要有以下七件：

毛布残片：原编号 BTB 庙 2-20，北朝寺庙遗址出土。残幅大小 8 厘米×5.5

---

① 该文与贾应逸合撰。

厘米,经线直径约 0.5 毫米,密度 9 根 / 厘米;纬线直径约 0.8 毫米,密度 18 根 / 厘米。表面呈现横向凸纹。

平纹毛布:原编号 BTB 庙 3~56,出土于北朝寺庙遗址。残幅大小 15.5 厘米×5.6 厘米,经纬线直径均约为 0.8 毫米,经密 5 根 / 厘米,纬密 9 根 / 厘米。

平纹粗毛毯:原编号 BTA1-19,出土于晚唐房址。大小两片,残幅大小分别为 3 厘米×16 厘米和 6 厘米×3 厘米,经纬线直径均约为 3.5 毫米,经密 3 根 / 厘米,纬密 4 根 / 厘米。它们是属于同一件毛毯上的两块残片。

图 1 条纹粗毛毯

条纹粗毛毯：原编号 BTA2-48,出土于晚唐房址。残幅大小 40 厘米×34 厘米,原白色经线与原白色、棕色纬线以一上一下的平纹组织法相交织,织物表明呈白棕色条纹。经纬线直径均约为 4 毫米,经密 2 根 / 厘米,纬密 2.8 根 / 厘米,纬线由两股合并而成(图 1)。

毛布残片：原编号 BTA2-53,出土于晚唐房址。残幅大小 8 厘米×5 厘米,经线直径 0.5 毫米,密度为 12 根 / 厘米,纬线直径 1 毫米,密度 13 根 / 厘米。

黄蓝色条纹毛布:原编号 BTB5-89,垃圾下层晚唐堆积中出土。两片残幅大小各为 6 厘米×6 厘米和 4.5 厘米×4 厘米,也是同一件上的两块残片。经纬线直径 1 毫米,经密 4 根 / 厘米,纬密 8 根 / 厘米。

平纹粗毛毯:原编号 BTB5-383,晚唐垃圾坑下层堆积中出土。两片残幅大小 28 厘米×27.5 厘米和 25 厘米×22 厘米。经纬线直径均约为 3.5 毫米,经密 2 根 / 厘米,纬密 3 根 / 厘米。也是同一件毛毯上的两块残片。

根据我们观察，这七件遗物都是一上一下的平纹组织法织制的。其中

BTB1-89 黄蓝色条纹毛布,黄、蓝二色纬线和原白色经线相交,加捻蓬松、排线致密的纬线完全覆盖了经线,每织入 11 根黄色纬线后,再用梭子将五股合并的蓝色纬线缠绕经线旋转一周,呈圈状,然后再交织 11 根纬线,如此循环。

另外,BTA1-19、BTA2-48 和 BTB5-383 三件标本,应该是供铺垫用的粗毛毯。现在维吾尔语称这种毯为"帕拉孜"。考古发现的出土遗物多属毛织的,而现在民间所使用的帕拉孜,除毛织的外,还有棉织的。

其余的几件都是衣料残片,就是古代称为"氎"的毛布,新疆地区人民至今仍称之为"褐子布"[①]。

(二)斜纹组织的毛织品,我国古代称为"斜氎"。这里北朝庙址出土的编号BTB 庙 2-39 黄色斜氎,残幅大小 11.5 厘米×9.5 厘米,经线直径 0.7 毫米,密度 15 根/厘米,纬线直径 0.5 毫米,密度 10 根/厘米。

与此同时出土的还有编号 BTB 庙 3-192 绯色斜氎,是两块完全相同的织物,用棕色毛线缝合在一起。残幅大小 24 厘米×15 厘米,经线直径 1 毫米,密度 12 根/厘米,纬线直径约 0.8 毫米,密度 9 根/厘米。

这两件斜氎都是织制成后再染色的,前者染成黄色,后者染成绯色,这种染法,在毛纺织业中称为匹染。这两件标本都残存有幅边,很清楚地辨明了它们的组织法是 2/2↑四枚斜纹变化组织,即最简单的双面加强斜纹(图 2)。《天工开物》中记载的"隔二抛纬,故织出呈斜现"的"斜氎"或称

图 2 黄色斜氎组织法

---

① 褐同氎。许慎《说文》称:"褐,毛布也。"郑玄注《通俗文》说:"褐,毛布也。贱者之所服。"

"绒氍"应该就是我们这两件标本的组织法,它和现在的华达呢、哔叽的组织法很相似,可以说是我国民间历史悠久的一种传统工艺。

二、栽绒毯

在北朝庙址中出土两块栽绒组织的地毯(维吾尔语称"孜勒卡")。这两件标本的出土地层不同,但仔细观察属于一条地毯上的两块残片。其中较大的一

块原编号 BTB 庙 3-41(图 3),长 17 厘米,宽 13 厘米。这件栽绒毯的经线和地纬都用白、褐两种原色毛加捻,再两股合并而成,直径 2~3 毫米,3~4 根/厘米。绒纬俗称绒头,捻度较小,两股合并,每股宽约 2 毫米。

图 3

根据我们对这两件标本的观察研究,认为它的织造方法应当是,先把经线缚在固定的木架子上,地纬和经线交织成平纹基础组织。每交织两根地纬(第二根为两股合并)后,就在经线上拴一排绒头,称为拴扣。拴扣的方法和民丰一号汉墓[①]出土的彩色地毯方法相同,就是把绒头的两端分别扭转围绕在相邻的两根经线上。将扣拉紧后再剪断,使其两端形成一种垂挂在织物上的缨穗。然后再交织两根地纬,再拴扎,如此循环(图4)。

这件地毯原物由于使用的时间太久,绒头的毛穗部分已被磨平,仅留下拴在经线上的结扣部分。从其残存部分来看,其图案和新疆石窟早期壁画上的艺

---

① 新疆维吾尔自治区博物馆:《新疆出土文物》,北京:文物出版社,1975 年图版三三。

术风格很相似,是一种连续
的菱形纹图案。其绒头是用
原棕色毛和黄、蓝、红染色
毛线,按黄、蓝、红、蓝顺序,
显出一组四个相邻的菱形
纹饰;再以红、棕、蓝三色在
菱纹内显出四个对称的小
菱纹。整个布局别致大方,
装饰性很强,这或许是我国
新疆古代民族图案的一种
特有风格。

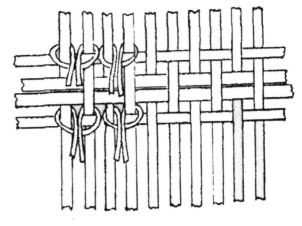

图 4 栽绒毯组织法

　　此外从标本的整体观察,这件地毯只是在显花部分才有栽绒,而相邻两组
花纹的区间部分并没有栽绒,仍是一上一下的平纹基础组织。据了解,新疆织
毯工艺的这种栽绒法到十八世纪时仍在使用,北京故宫博物院就藏有清乾隆
时期的这种和田地毯,同时在没有栽绒的平纹部分还织有金银线作为装饰,称
为"辫扣织金银毯"。可见这种栽绒地毯的工艺历史在我国已经很久远了。

三、缂毛毯

　　这些遗址出土的毛织品中,数量较多、最精美的要算是通经断纬的缂毛
毯。根据原始编号,这里出土的缂毛毯共有七件。

　　长角形图案缂毛毯,原编号 BTA4-08。出土于晚唐房屋遗址,虽然已破碎
成大小 6 厘米×3 厘米和 2 厘米×4 厘米的碎片,但为下述几件提供了判断时代
的可靠依据。其经线直径约 3 毫米,密度 3 根 / 厘米;纬线直径约 1 毫米,密度
为 11 根 / 厘米。这件标本的色泽,系在蓝底上显出红色长角形图案,图案中间
又填以棕色彩线,更显得色彩绚丽而大方美观。

　　花卉缂毛毯,原编号 BTB5-314。出土于垃圾坑下层的晚唐时期堆积中。残

图 5　花卉纹缂毛毯

幅大小 38 厘米×9 厘米,经线直径约 3 毫米,密度为 3 根 / 厘米;纬线直径约 0.9 毫米,密度为 12 根 / 厘米。系用红、蓝、棕、深蓝四组彩色毛线显出红、蓝花卉,中间填以棕色或深蓝色毛线,各个花卉之间用一行白色毛线相间,更突出了每一组花卉图案的色调(图 5)。

花卉缂毛毯,原编号 BT 采 –374。残幅大小 34 厘米×15.5 厘米,采集地点及时代同上。经线也和前者相同,密度为 4 根 / 厘米;纬线直径约 1 毫米,密度为 11 根 / 厘米。花纹图案是分区的,现残存两区。两区分别以蓝色和红色为底,由红、蓝、黄、藏青和白色,显出红色和蓝色花卉,花蕊都用黄和红色填充,在花瓣中间靠近花蕊处填以棕或藏青色毛线,因而更显出花卉图案的立体感。

禽纹缂毛毯,原编号 BTB2-117。残幅大小 19 厘米×9.5 厘米,出土地及时代同上。经线直径约 3 毫米,密度为 3 根 / 厘米;纬线直径约 1 毫米,密度 12 根 / 厘米。在红底上显出蓝色禽纹,很像上一个肥胖的雏禽,以棕色饰成羽毛。此件标本纬线紧密,花纹清晰,雏禽的嘴眼生动活泼。

原编号 BTB2-80 花卉缂毛毯残片,出土地及时代同上。经纬线均同于 BTA4-08 长角形图案缂毛毯,可能是同一件遗物上的两块残片被弃于不同的地方。唯这件标本的图案比较残破,不易辨认。

属于晚唐时期的还有原编号为 BTB5-386 的六瓣花(疑是桃花)纹缂毛毯,残幅大小分别为 35 厘米×4 和 21 厘米×4.5 厘米,经线直径同前,密度为 4 根 / 厘米;纬线直径约 0.8 毫米,密度 12 根 / 厘米。纬线有红、蓝、黄、白四组,在蓝色底纹上显出白色六瓣花朵,以黄色填成花蕊。每个花瓣及花蕊均为 1 厘米×1 厘米的正方形,在与蓝色底纹的纬线横向相邻处形成了一条竖直的缝隙。每朵花之间又用红色纬线相间,更显得图案醒目生动。

三角纹缂毛毯,原编号 BTC–39。出土于宋代屋址中,仅残存大小 3 厘米×4 厘米,但织制精细,色泽鲜艳如新。经线直径约 1 毫米,密度 3 根 / 厘米;纬线直径约 0.8 毫米,密度为 12 根 / 厘米。由黄、红两组纬线,显出黄底红色三角纹图案。

后面两件标本,即六瓣花纹缂毛毯和三角纹缂毛毯的幅面都很狭窄,特别是六瓣花纹缂毛毯只存经线十八根,根据幅边和花纹图案的完整性来推测,至少还应该有织着红色纬线的四根经线,共幅宽 5.5 厘米,才能成为整幅。这好像是带子的宽度,但是它可能不是作为带子使用的。古代因为织制工具简陋,往往先织成窄幅的带子,然后再缝合成毯子。这两件织品可能就是准备缝接成缂毛毯的半成品。

这种缂毛毯的织法是用木架把经线绷直,用小梭子把不同色泽的各种纬线以平纹织法穿过经线,再回到纹样所要求的地方来,俗称"挖花"。每当两种不同颜色的纬线在纹样上相遇时,自然形成了一条特有的缂毛"裂缝"(图 6)。这种"裂缝"使每组图案都呈现出立体感,状如雕镂。因为是挖花,所以织物背面也呈现出和正面相同的色泽和图案纹饰。

这几件缂毛毯的经线,除宋代三角纹缂毛毯标本是用原白色毛线外,其余的几件都是用白、褐两种原色毛线,以"Z"向加捻,再以"S"向合股而成。这种经

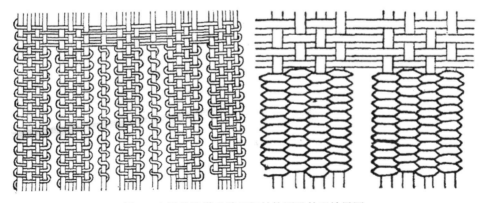

图 6　六瓣花纹缂毛毯组织结构图及外观效果图

线的捻度大,虽然经历了近千年之久,至今仍很牢固。所有的纬线,除棕色为原色毛外,其余的都是染过色的。这些纬线都比经线细,捻度小且蓬松,所以织物表面不显露任何经线痕迹,由纬线显出彩色底纹和图案。特别值得注意的是花卉缂毛毯,纬密分别为 12 根 / 厘米和 11 根 / 厘米,但在靠近花蕊处则加密为 14 根 / 厘米。这种在花纹图案不同的地方用纬线疏密的方法处理,使经线承受不同的拉力,花瓣随着纬线方向而弯曲,更显得花卉图案圆润逼真,立体感突出。可见工匠们的艺术构思和创造精神多么巧妙。

这些缂毛毛毯,除上述工艺特点之外,无论其纹饰或色彩都是丰富多彩,有五彩缤纷的花卉植物,也有较为淡雅、图案化的禽类和几何三角形纹样。所有这些纹饰,都具有左右相称、前后相随、曲直结合、大小相承的整体布局。这也是新疆民间图案的传统特点,至今仍在地毯织造工艺中广泛运用。

至于这些标本上的染料成分,经我们初步观察,棕、白为原色,蓝、红两色可能是用植物染料,深蓝、藏青似为矿物染料,因之色泽协调,经久不变。

古代这种通经断纬的缂毛毯,只有挂在墙上,或作为陈列摆设时才能显出其"如雕镂象"富有立体感的特有效果来,所以应是古代"施之以墙"的"氍毺"或称"壁衣"的一种①。汉代时,游牧于巴尔喀什湖至伊犁河一带的我国乌孙部族的居住环境是"穹庐为室兮毡为墙"②,这就是把织毯挂在帐篷墙上的描写。至今新疆各族人民还把织毯挂在墙上,既可以御寒,又很美观,这也是自古以来的一种传统习惯。

四、几点看法

托库孜萨来古城遗址地处塔里木盆地西北边沿,是古代丝绸之路的交通

---

① 元应:《一切经音义》。
② 《汉书》卷九十六下《西域传》,北京:中华书局,1964 年,第 3903 页。

要冲。两汉时，地名蔚头①，魏晋以来"役属龟兹"②，唐代时，地名"据史德城，龟兹境也，一曰郁头州，在赤河北岸孤石山"③。《新疆地图·古迹志》称，"巴楚州，蔚头州废城，在城东北一百五十里图木舒克九台北山"，即指这个遗址。巴楚现属喀什地区，但在历史上，自两汉以后一直是龟兹的辖地。龟兹"东西千余里，南北六百余里，……服饰锦褐"④。托库孜萨来遗址出土物中有锦，有褐，为我们提供了丰富的实物例证。

通过上述毛织物标本的研究，我们对古代新疆地区毛织物的织造工艺有了初步的认识。

（一）这几件标本毛线的捻向都是 Z 向，如双股合捻时为 S 向。但值得提出的是，唯有北朝庙址出土的两件斜褐，经线是 Z 捻向，纬线为 S 捻向。经线的加捻方向和纬线的加捻方向不同，织成 2/2 四枚左斜纹织物时，经纬线的捻纹方向和织物的斜纹线互相垂直，彼此抗拒，不能紧密结合，因而斜路明显。可见当时人们已经熟练地掌握了经纬线的捻度、捻向和织物之间的相互关系，具有相当高度的毛织水平。此外，斜纹织物比平纹织物要多用棕框，从这两件标本的组织规整、织造均匀、幅边整齐来看，可能当时至少已经有了四片棕框的斜纹织机。

（二）北朝时期的彩色菱纹栽绒毯和民丰一号汉墓出土的东汉时期的彩色栽绒毯相比较，民丰出土的栽绒毯是每交织六根地纬后，拴扣一行，而这件却是每交织两根地纬，就拴扣一行。地纬数目大大减少，绒头更加致密、牢固，花纹清晰。至于说绒头的长度，因过于残破，无法看清，但从其地纬大大减少、拴扣更加致密来看，绒头也一定得大大缩短，由其横截面来显示花纹图案。它更接近于现在的地毯，为研究新疆织毯业的发展史提供了不可多得的宝贵资料。

（三）缂毛毯很可能是一种原始的织毯法。人们为了美化自己的生活，把毛

---

① 《汉书》卷九十六上《西域传》，北京：中华书局，1962 年，第 3898 页。
② 《魏略》《北史》和《魏书》的《西域传》。
③ 《新唐书》卷四十三下《地理志七下》，北京：中华书局，1975 年，第 1150 页。
④ ［唐］玄奘撰，季羡林校注：《大唐西域记》卷一《屈支国》，北京：中华书局，1985 年，第 54 页。

染成彩色,织成花纹。起初只能变换经纬线的色泽,随着社会的发展,生产力的提高,人们又用不同色彩的纬线相互交叉或叠压交织成带花纹的彩色毯,后来又渐渐地摸索织出了这种通经断纬的缂毛毯。用这种方法织成毯子,正背两面花纹图案都很清楚,各种彩色纬线之间又形成了缝隙,增强了织物的立体感,很适合陈列装饰之用。

织制这种缂毛毯时不需要棕框,但需要增加投纬的梭子和较好的打纬工具,在新疆其他遗址,如民丰县汉代尼雅遗址和于田县北朝屋于来克遗址中曾有发现,当地维吾尔族人民称之为"木手"。

新疆当地人民把这种毯子称为"格勒姆"。古代是用毛线织制的,后来也有用棉线织的,近些年来,这一名称渐渐演化成栽绒毯,和前面提到的孜勒卡通用。

这种缂毛技法是扎根于新疆地区古代少数民族对中华物质文化遗产的一个重要贡献。新疆缂毛毯在清代时,仍然是向中央王朝进献的重要贡品之一,至今故宫博物院还保存着十八世纪新疆地区生产的缂毛毯。从地下的古代出土物到故宫博物院的收藏品,充分证明新疆地区是我国缂毛毯工艺生产的故乡。

(四)这几件晚唐时期缂毛毯的织制技法已经很娴熟,花纹图案也丰富多变,因此它绝不是初期的产品。可以推想,缂毛毯的出现应该早于这个时期,到底早到什么时候,还有待于考古工作的新发现。但到了后来,这种技法被移植到丝织工艺上,便成了我国宋代以来著名的缂丝了。至于缂丝的织法,文献记载"不用大机","以熟色丝经处木棹上,随心欲作花草禽兽纹。以小梭织纬时,先留其处,方以杂色线缀于经线之上,合以成文","若不相连,承空视之,如雕镂象,名曰缂丝"①。这种缂丝的织法和上述缂毛毯的织法完全相同。

经过千百年漫长的岁月,从新疆的缂毛毯到全国的缂丝工艺织品,这在一定程度上丰富了我国人民的物质文化生活,也为我国科学文化事业作出了重要贡献。

---

① [宋]庄绰撰,萧鲁阳点校:《鸡肋篇卷上·定州缂丝与各地工艺》卷上,北京:中华书局,1983年,第33页。

附表 1　巴楚县脱库孜沙来遗址出土毛织品一览表

田野号	名称	时代	尺寸(单位厘米)	纱径(毫米)经	纱径(毫米)纬	捻向	密度(根/厘米)经	密度(根/厘米)纬	组织法	备注
BTB庙₂20	毛布残片	北朝	8×5.5	0.5	0.8	Z	9	18	平纹、横向凸面	
BTB庙₃56	平纹毛布	北朝	15.5×5.6	0.8	0.8	Z	5	9	平纹	
BTA₃19	平纹组毛毯	晚唐	13×6 6×3	3.5	3.5	Z	3	4	平纹	
BTA₂48	条纹粗毛毯	晚唐	40×34	4	4	Z	2	2.8	平纹、横向凸面	
BTA₂53	毛布残片	晚唐	8×5	0.5	1	Z	12	13	平纹	
BTB₅383	平纹组毛毯	晚唐	28×27.5 25×22	3.5	3.5	Z	2	3	平纹	
BTB庙₃39	黄色斜	北朝	11.5×9.5	0.7	0.5	Z,S	15	10	2/2左斜纹匹染	
BTB庙₃192	绯色斜毛	北朝	24×15	1	0.8	Z,S	12	9	栽绒组织	
BTB庙₃40	彩色菱纹栽绒毯	北朝	破碎	3	地3绒2	Z S合股	3	4	栽绒组织	
BTB庙₃41	彩色菱纹栽绒毯	北朝	19×12	3	地3绒2	Z S合股	3	4	通经断纬	
BTA₄08	长角纹缂毛毯	晚唐	6×3 2×4	3	1	Z捻S合股	3	11	通经断纬	
BTB180	花卉缂毛毯	晚唐	破碎				3	12	通经断纬	
BTB2117	禽纹缂毛毯	晚唐	19×9.5	3	1	Z捻S合股	3	12	通经断纬	
BTB5314	花卉缂毛毯	晚唐	38×9	2	0.9	Z捻S合股	3	12	通经断纬	

续表

田野号	名称	时代	尺寸（单位cm）	纱径（毫米）		捻向	密度（根/厘米）		组织法	备注
				经	纬		经	纬		
BTB5386	六瓣花纹缂毛毯	晚唐	35×4 21×4.5	3	0.8	Z捻 S合股	4	12	通经断纬	
BT采374	花卉缂毛毯	晚唐	34×15.5	3	1	Z捻 S合股	3~4	11	通经断纬	
BTC39	三角纹缂毛毯	宋	4×3	1	0.8	Z捻 S合股	3	12	通经断纬	
BTB189	黄蓝色条纹毛布	晚唐	6×6 4.5×4	1	1	Z	4	8	平纹、横向凸面	

（原载《中国考古学会第一次年会论文集》，1979 年。）

其他

《新疆博物馆》画册前言

　　占我国版图面积六分之一的新疆维吾尔自治区，自古以来就是多民族聚居地区之一。从分布在全疆各地历代遗迹和丰富多彩的出土文物中,我们可以看出植根于中国大地、秉承中华文化的各族人民,用他们的勤劳智慧在这片沃土上创造了具有地方特点的物质文明和精神文明。

　　考古发掘研究证实,我国人民在公元前三四千年就发明的养蚕、缫丝和织制的丝绸,至少在公元前一千年左右,丝绸就经新疆(古称西域)输出到中亚、西欧、罗马和古埃及各地。最近报纸报道:奥地利科学家对埃及一女性木乃伊身上的织物研究后,得出结论为埃及公元前一千年就开始使用丝绸。

　　古代经由新疆各地的中外商贾和僧侣游人们，曾把这条贯穿新疆东西交通的古老运输线称之为"丝绸之路",久而久之这一美称誉满全球,沿用至今。新疆维吾尔自治区博物馆是收藏历代丝织品实物标本最突出的单位。

　　坐落在乌鲁木齐市的新疆维吾尔自治区博物馆,自成立以来,经过几十年对天山南北各地历史文物和丝绸之路沿线的遗迹，做了大量的考古调查、发现、保护、搜集和研究工作。经过鉴定正式入藏本馆的各类文物标本达数万件。其中许多珍贵文物现正陈列在面积达 5000 多平方米的展厅里。

　　在历史文物展厅里,陈列有属于旧石器时代晚期,距今约万年以上的打制石器;有从全疆各地新石器时代遗址采集的各种细石器、磨制石器和彩陶;有罗布诺尔出土的毛毡衣物;有哈密四道沟墓葬中铜石并用时代的遗物;有发现于和田山普拉墓葬中毛织物、丝织物、弓箭和鞍鞯，以及乌鲁木齐市南山战国汉代虎形纹金箔饰品等；有发现于丝绸之路上汉代古精绝（尼雅）遗址贵族墓葬中，堪称"国宝"的"万事如意"锦袍和印有早期佛教供养人像的蜡染棉布；有吐鲁番高昌古墓出土属于晋唐时代的大批丝织、麻织品、名贵绘画、墓志、男女俑人、车骑和众多的汉文书残卷；有焉耆和哈密出土的吐火罗文 A、回鹘文字书写的两部《弥勒会见记》剧本沙海残卷；有草原上游牧民族的石雕人像；有巴楚托库孜萨来古城出土的属于南北朝唐宋各代的丝织、毛织物、佛像、钱币，以及汉、回鹘文、阿拉伯文文书等。元、明、清时代各民族的生产、生活用品包括玉、石、铜、铁、丝、毛等文物也都同有陈列。至于历代古尸（木乃伊），如哈密五堡的屈肢女尸、和田山普拉的母子合葬遗体、遗物和高昌张雄古尸等也专有展出。

在石窟壁画临摹陈列厅里，展出着我国四大石窟之一克孜尔石窟的部分壁画摹品。这里的多数洞窟和壁画据专家研究，产生于 4—7 世纪。艺术风格为"犍陀罗"风格，但又普遍施以我国传统的"线描"技法。壁画内容多为本生故事，如第 17 窟窟顶就绘有 40 多个菱形状的本生故事图。

在民族文物展厅里，陈列有居住在天山南北十二个兄弟民族的衣、食、住、行、生产、生活的概况模型和模拟环境。通过对陈列厅的参观，观众们可以集中了解到新疆各民族生产、生活的概况和分布情况，以及他们对祖国历史文化做出的贡献。

简评新图册《龟兹佛窟人体艺术》

最近读到冯斐编著的《龟兹佛窟人体艺术》图册①，颇有启发。以往研究石窟艺术的专家，大都从故事内容、时代考证和艺术风格（包括绘画、音乐和舞蹈）等方面作学问，而这本图书则是从人体艺术入手，做了比较严肃认真的研究，值得一阅。

中国的绘画艺术，特别是关于人体艺术的绘画，先民们早在"文房四宝"尚未发明以前，就在新石器时代的遗址里，古人通过"岩画"的形式流传给后代，考古工作者至今在全国大部分地方都有发现。湖南省在战国楚墓里，发掘出土过《人物夔凤帛画》，画中的妇女高髻长裙，细腰侧脸，美丽而生动的线描法如行云般优雅流畅，造型准确。长沙马王堆汉墓中的人物帛画和新疆尼雅东汉合葬墓中棉布上描绘的供养人像，都是我国古代人物画艺术品中的杰作。吐鲁番南北朝墓中《人首蛇身》绢画，更把人和动物交织在一起，以表达男女创造社会的力量。

关于人体绘画问题，晋朝人物画大师顾恺之最初提出了"以形写神"的标准，过去认为所谓"写神"只是指眼神。佛教东渐传到新疆，当地的丹青手们用我国传统的线描艺术结合当地人体造型，以生动的传神笔法绘制出佛本生故事。隋唐时代，古于阗国王曾向中原朝廷先后推荐了尉迟跋质那和尉迟乙僧父

---

① 冯斐编著：《龟兹佛窟人体艺术》，乌鲁木齐：新疆美术摄影出版社，1992 年。

子,他们都是当时新疆地区赫赫有名的丹青高手,对新疆古代佛教石窟艺术都曾有过许多突出的贡献,说不定我们现在所欣赏的龟兹石窟壁画中,就有尉迟父子的作品。

冯斐同志在《龟兹佛窟人体艺术》导言里,把他对佛窟中裸体绘画艺术的学习和研究着重通过,石窟中人体艺术的表现形式、全裸和半裸的人体艺术、人体艺术的造型特色及绘画风格、人体艺术与佛教之关系,以及龟兹人体艺术溯源等小标题,做了颇为详尽的叙述。限于篇幅,我这里仅就他在全裸和半裸的人体艺术这一小标题中两个故事的情节做简要的重复,他对克孜尔第163窟右甬道上善爱和化作乐神打扮的菩萨描写道:"两个人物用线,似流水游云,人体比例适度,表情传神生动,可谓身心完美的统一,实乃中国古代美术画库里的一幅佳作。"(见第87页图版)在"太子降生图"中对摩耶夫人的描述为:"赤身裸体的摩耶夫人扶在侍儿肩上,双腿交叉而立,上身微微前倾,整个体形优美。右臂扬起,太子从她臂下肋间诞生,姿态从容高雅,稍有点倦意,似乎是一个舞蹈动作。"(见第109页上)等,都写得简练、通俗而生动逼真,使读者雅俗共赏。总之,他所描述的文字,恰如其分地反映了壁画故事人物的动作和神态,毫无夸张过分之嫌,很值得爱好者的阅读、欣赏和思考。

这本图书编辑精良,插图线条优美,图版内容挑选很好,印刷精美。当然,在阅读时也略有美中不足之处,如根据引言所描述的内容,在查阅有关的具体图版位置时,由于未能说明图版的所在页码,使人颇费周折。

冯斐同志是新疆知名的摄影艺术家,他对以文物考古为对象的摄影艺术有着很深的研究和实践,特别是对石窟艺术中的人体造型有着深刻而精到的见解。这本图册的出版,正是他在以往岁月里经过艰苦的研究产生的成绩。相信他在此基础上经过锲而不舍的努力,一定能做出更大的成绩,为恢复和发扬新疆古代灿烂的文化艺术做出更大的贡献!

(原载《新疆艺术》。)

新疆吐鲁番发现古代银币

吐鲁番县哈拉和卓村农民于 1955 年春耕时,在高昌古城的田地中发现一个黑色胶质(?)的方盒。盒面 16.5 厘米见方,高 7 厘米。盒中心有方孔一个,宽 7 厘米,长 8 厘米深 5 厘米。口小,底略大,盒上有同一质料的盖子一个。盒内放有古代西域银币 10 枚。银币直径为 2.4~2.8 厘米。银币正面是一个王者的侧面头胸像,高鼻大目,阔口短须,头戴花冠。币右边沿双线圈内有古代西域文字一排。币背面是两个相对站立的人,中间似为一个建筑物(编者按:这是祆教的拜火祭坛)。10 个银币上的图案虽大致相同,但仔细分析似用 9 个模子铸成。

黄文弼先生著《吐鲁番考古记》中,有在哈拉和卓古墓中发现唐代西域银币之记载,记载与此 10 个银币是否为同一时代之物,特供专家研究参考。

编者按:这 10 枚银币,现归新疆维吾尔自治区博物馆收藏。曾送到北京,由夏鼐同志鉴定,10 枚都是波斯萨珊王朝的银币,其中 4 枚是沙卜尔二世(310—379 年)的,5 枚是阿尔达希二世(379—383 年)的,一枚是沙卜尔三世(383—388 年)的。详细论文将在考古学报 1957 年 2 期上发表。

(原载《考古通讯》,1957 年第 3 期。)

两颗契丹文铜印

1952年，前新疆省文化局收到了群众捐献的四颗铜印，其中有一颗铜印宽8厘米，长6.2厘米，连柄通高4.3厘米，印背无字，印文为迭篆。捐献人说这印是1949年以前南疆沙雅县一农民挖地时发现的。

1958年7月，在伊宁市自治州文教处的库房里看见一颗铜印，这颗印已带回乌鲁木齐市，现藏在自治区博物馆里。这颗印背面是一个坛状，印宽6.5厘米，长6.9厘米、通高3.9厘米，印背的柄端有一个汉文隶书的"上"字，四边上刻了一圈小字。这个印的文字也是一种迭篆，迭篆文字和印背左边第二字起到上边一行共十个字的形状是一样的。

这两颗印文的最后一字和伊犁印背上的最后一字，都是"兆"字，这和东北博物馆所藏的，以及日本人今西春秋所藏的那两颗契丹文铜印（见1957年第2期考古学报）的最后一字相同。

契丹文铜印发现于天山南北，我怀疑它是西辽时的文物。西辽建国于公元1124—1211年。西辽延庆三年（1126年）西辽德宗皇帝（耶律大石）由起儿漫（今苏联塔吉克共和国萨马尔干以西）班师东归，建都于虎思斡尔朵城。这个虎思斡尔朵城据耶律楚材所著《西游录》说是在伊力河以西，塔拉斯以东，应为今苏联哈萨克共和国的叶特苏城附近。但当时西辽国的行政势力曾东至今新疆维吾尔自治区吐鲁番，包括天山以南的焉耆、库车、喀什、叶尔羌、和田等地。因此，在新疆境内有可能发现西辽时的文物。这两颗铜印的获得对研究辽和西辽的历史是有一定参考价值的。

（原载《文物》，1959 年第 3 期。）

新疆文化厅指示该区各地开展革命文物工作

　　新疆维吾尔自治区文化厅最近向该区各地发出通知，要求认真研究执行中央文化部关于"必须大力开展革命文物的征集展览工作，并且广泛进行革命历史遗址、遗迹和纪念地点的调查、保护和恢复工作，以配合当前在全国范围内开展的社会主义、共产主义思想教育运动和向广大人民群众进行革命传统教育"的指示。

　　通知要求全区各专署、市、县文教主管部门应组织专门力量，对一切有关革命的文献与实物进行普遍征集，对经过调查的一切重要革命遗址要坚决保护下来，特别重要的革命遗址遗迹应加以修缮恢复原状。并逐步做到五有：有标志说明；有调查档案；有保护组织；有保护合同；有保护措施。为了充分发挥革命文物的教育作用，把展览送上门去，有条件的地方建立革命博物馆、纪念馆，各人民公社应注意建立地主庄园与贫雇农对比馆。今年自治区博物馆组织了文物征集组，重点深入塔城、伊犁、阿勒泰三区征集革命文物，以保证重要革命文物和文献资料不受损失，重要文物集中起来交自治区文教主管部门妥善保管。

（原载《文物》，1959 年第 7 期。）

新疆博物馆积极征集革命文物

　　新疆维吾尔自治区目前正在积极筹建"新疆革命纪念馆"。革命文物工作组正在广泛地向伊犁、塔城、阿勒泰及乌鲁木齐市等地的党政机关、人民团体和广大的人民群众征集三区革命文物。到目前已征集到的文物有：报章、杂志、图书、货币、服装、兵器、奖章、旗帜等。其中比较重要的有革命时期的宣言、土地证、革命先烈的遗稿、墨迹等。这些纪念性文物显示出新疆各兄弟民族和全国人民一样，在反帝、反封建，特别是在反对国民党反动政府的斗争中，表现出的英勇事迹。

（原载《文物》，1959 年第 7 期。）

新疆省文化局
结合工人冬训机会进行保护文物宣传

新疆省文化局为了扩大文物政策的宣传,加强对各民族文物古迹的保护,将中央人民政府政务院历年颁布的文物法令及《关于在基本建设工程中保护历史及革命文物的指示》译成维吾尔文,印成维吾尔、汉文两种文字的单行本两千余册,分发到各专区、市、县人民政府及各文化馆去,以便各地根据文物政策的精神结合具体情况向各族群众进行宣传。

另外,省文化局根据中央文化部的通知,结合本省基本建设部门集中大部分工人冬训机会,于今年二月至四月,在新疆军区工程处工训大队及乌鲁木齐市建筑公司冬训班进行了三次关于保护文物的报告,听取报告的共八百六十余人。工程处工训大队的学员都是来自新疆各地生产部队基本工程中的施工、领工、技工,小工程单位的负责干部,以及其他工地人员,共有五百八十余人。他们在听了报告后一致表示,今后不但自己要做好保护文物的工作,而且要将这种精神传达给别人,以后会和省文化局经常联系,以便随时反映文物情况。

(原载《文物参考资料》,1954 年第 6 期。)

新疆维吾尔自治区文物管理委员会筹备处成立

新疆自古以来是兄弟民族聚居的地区,也是中西交通的要道,地面、地下保存的文物古迹很多, 新疆维吾尔自治区文化厅为配合在本地区内展开的工农生产建设及水利、交通等事业积极保护文物,特报请自治区人民委员会批准成立自治区文物管理委员会。现文管会筹备处已展开工作,派人到哈密、且末、若羌一带配合建设工程进行文物普查。

（原载《文物参考资料》,1957 年第 3 期。）

配合哈密筑路工程文物工作组展开了工作

　　为了配合兰新铁路筑路工程,普查文物古迹的分布情况,进行必要的保护和清理工作,新疆维吾尔自治区文管会筹备处已于去年 11 月间派文物工作组去哈密工作。工作组到达哈密和筑路工程指挥部取得联系后,已在红柳河、骆驼圈和星星峡三个重点区域开始普查工作。其中一个小组在哈密以西三堡一带进行普查和测绘。这一段工作结束后,即将调查七角井、鄯善和吐鲁番的文物古迹。

　　参加工作的十几位文物干部, 都是最近在新疆举办的考古训练班中学习过的各族青年,他们在哈密一带冰天雪地零下 20 摄氏度左右的气候下,表现了高度的工作热情。

（原载《文物参考资料》,1957 年第 3 期。）

吐鲁番赞

抓一把空气

能捏出瓜果的芳香

捧一掬坎儿井水

甜得像拌了一把白砂糖

产出世界第一流的芬芳

你却是地球上最低、最低的地方——

所有的阳光都往这里集中

所有的芬芳都往这里流淌

谁来到这里,无不感到

你的可爱、娇丽与顽强

可我却发现自己的

浪漫、矛盾与荒唐

怕吐鲁番的太阳

爱吐鲁番的芬芳

（原载《上海文学》,1984 年第 6 期。）

附　录

李遇春先生新疆《丝绸之路》国画展览在西安举行

　　原新疆维吾尔自治区博物馆副馆长李遇春所绘国画近百幅，应邀于1991年9月23日至10月10日在西安市陕西省博物馆举行。这些国画配合着该馆正在展出的西北五省区"丝绸之路"历史文物陈列，引起了国内外观众的兴趣和欢迎。

　　李遇春先生现年70岁，原是西安市著名画家。早在抗战时期，他就怀着爱国热情，在西安、宝鸡和兰州等抗战后方，多次举办个人画展，用西北的风情和历代英雄人物事迹，鼓舞全国人民奋起抗战救国。20世纪40年代初，他和赵望云、关山月夫妇等著名画师从西安出发，经过艰难跋涉，前往敦煌莫高窟，观摩历代壁画和彩塑等艺术珍宝。李遇春先生多次得到艺术大师张大千的亲切指教。他常旅游祖国的名山大川，师法自然，在艺术创作上不断地探索进步。20世纪40年代末，李遇春在上海举办画展时，曾得到书画大师于右任、溥儒、吴湖帆、陈之佛和谢稚柳等先生的联名推荐介绍。

　　1949年前后，他在陕甘宁边区文协美术工作委员会和西北文化部工作，后调到新疆从事文物考古工作。三十多年中，他利用田野考古的便利条件，经常往返于丝绸之路南北古道遗址和沙漠绿洲、农牧地区，进行写生作画。1989年离休后，更加手不停笔，绘画创作。这次展览的展品中，观众深深地被李遇春先生画面中昆仑山和天山的雄壮气势所吸引，并对"沙退人进"的新绿洲和草原上各族人民的欢腾气氛充满了期待和憧憬。

（原载《文博》，1991 年第 6 期。）

阿拉尔木乃伊墓出土的织绣品

魏松卿[①]

　　1957 年第二期《文物参考资料》,刊登了新疆维吾尔自治区"阿拉尔发现木乃伊"一则报道,谈到随同木乃伊出土的遗物中,除两匹鞍鞯俱全的战马和箭囊(可惜出土后未能保存下来)和一只白瓷碗之外,大宗的要算是木乃伊所穿的衣物等织绣品。其中若干件保存完整,色彩还能辨认。这批织绣品将是研究我国古代织绣工艺和服饰的珍贵资料。新疆维吾尔自治区文化局愿将全部织绣服饰借拨我院修整、展览。在整理过程中,专家发现这批织绣服饰,存在着一个年代问题。我虽没参加发掘,为了便于陈列工作,愿意就现有材料提出一些旁证,供大家进一步研究。

　　这批织绣服饰,计有锦、绫、绸、刺绣、白毛毡、皮革六类,其中有成件衣服,也有残片和材料,经初步登记、编目,共四十七号。兹将最需注意的几件简介如下:

　　1. 球路双鸟锦夹袍(图 1),半捻襟交领式,窄袖,后身"开气"至臀部以上。身高 138 厘米,肩袖通宽 184 厘米,袖口 15 厘米,下摆 81 厘米。袍以球路双鸟锦为面,用素绸为里,袖口接一段双雀栏干锦,袍领为一条细花潞䌷锦,其领、袖、襟之

---

　　① 魏松卿系故宫博物院研究人员。他对 1952 年新疆阿拉尔出土遗物做了全面阐述。特予收集。

图 1　球路双鸟锦夹袍　　　　　　　图 2　球路双鸟锦

边际均镶沿羊皮"出风",可惜羊毛全部脱落,皮板也残留无几,右胁有孔洞一处。

　　球路双鸟锦(图 2)以淡黄色丝为经,用淡黄、黑、绿、白四色纬丝,织成五枚斜纹纬线起花锦,色彩微脱。其图案组织,如球路、龟背、连钱、连珠、柿蒂等,完全是我国唐宋年间流行在锦缎上的典型式样[①],关于这点除了从实物上能看到以外,在唐阎立本所画《步辇图》中的来使所着的长袍上也可看到这种图案。而双鸟的形象,则近似 10 世纪至 13 世纪在古君士坦丁和波斯一带工艺美术品上盛行的图案风格,是古代拜占庭式文化的余风。[②]

　　素绸为平纹交织织物,现呈淡驼色,经纬线的绸纺很不均匀,有如新疆维吾尔自治区过去出土遗物中常见的唐代粗绸绢。[③]

---

　　① 日文版《世界美术全集》第八卷染织图版之部与英文版斯坦因《西域考古记》(Sir A urel Stein, Serindia.London, 1921)。
　　② 德文版奥多·发尔克:《丝织艺术史》(Ottovon Falke, Kunstgeschichte der Seidenweberei, Berlin.)
　　③ 黄文弼:《塔里木盆地考古记》丝织之部。

双雀栏干锦、浅蓝、藏驼、玉白色丝为经纬，织成五枚斜纹纬线起花锦。图案作对称二方连续模样。鸟雀和莲花的形象，都和北宋缂丝上的花鸟完全近似①。

细花鸂鶒锦，容下文交代。

图 3　灵鹫对羊锦夹袍

2. 灵鹫对羊锦夹袍(图 3)，样式与上件同，不另。身高 128 厘米，肩袖通长 197 厘米，袖口 14.5 厘米，下摆宽 74 厘米。以灵鹫对羊锦为袍面，用素绸作里，右胁有孔洞一处。

灵鹫对羊锦，色丝为经，用藏驼、秋香、宝蓝、浅黄、橙黄色纬织成五枚斜纹纬线起花锦。图案是一只展翅欲飞的灵鹫，上面有一弧形花边，类似开屏孔雀尾巴，爪下山羊一对，为一个图案单位。其图案组织和色彩，全部是 12 世纪拜占庭流行的一种样式。法国杜路斯教堂藏有意大利西西里岛巴勒磨城的一幅 12 世纪后半期的古丝织品，上面就有一对孔雀，爪下有一对羊，②和灵鹫对羊锦的图案类似。巴勒磨在艺术上受阿拉伯或拜占庭的影响极大，当地有阿拉伯式、拜占庭式的宫殿与教堂。

"双头鹰"在我国汉代石刻、铜器、刺绣上可以看到，也是拜占庭典型图案之一，我们今天所看到的拜占庭的藏品上老鹰或双鹰图案③、其羽翼的装饰设计、翼中部的圆球形、圆球下的直线、胸部下面的几何形花球等，都和阿拉尔双鸟锦相类似。我们又看到另一些拜占庭 10 世纪至 13 世纪的老鹰或双鹰图案④，鹰的周围都有"哑铃式"的圆球圈，这个特点在阿拉尔的双鸟锦上也可以看到。

① 故宫博物院藏北宋缂丝紫鸾鹊谱和南宋缂丝花鸟册页，现陈列故宫博物院织绣馆。
② 图见奥多·发尔克《丝织艺术史》第 16 页对面。
③ 例如奥多·发尔克《丝织艺术史》图 187、188、190、192。
④ 例如奥多·发尔克《丝织艺术史》图 138、139、140。

此外在受到拜占庭或阿拉伯影响地区的藏品上，也可以看到相类似的双鸟图案。11 世纪至 12 世纪西班牙南部安达鲁齐亚区的织品也有类似的双鹰图案①。安达鲁齐亚原为罗马的殖民地，后长期为阿拉伯人所占领，阿拉伯人留有不少石碑。甚至意大利中西部鹿加 14 世纪上半期的织品上，也有绿红鹦鹉图案。这种双鸟图案在 15 世纪末伊凡三世时还流传到俄国。

素绸与上件袍里的素绸同，不另述。

3. 樗蒲绫单袍，形式同上，不另述。身高 127 厘米，肩袖通长 192 厘米，袖口 14 厘米，下摆宽 93 厘米。袍以白樗蒲细纹绫做成，袖口接一段双雀栏干锦，右胁有孔洞和血迹。

樗蒲绫以纯白细丝为经纬，织成三枚斜纹暗花绫。质地洁白，经纬丝纺均匀，花纹整齐，是丝织工艺达到高度技术水平的产物。其图案是以如意头与樗蒲纹组成带状纹样，是中原古代图案的作风。

双雀栏干锦与第一件袍袖头所接之双雀栏干锦同，不另述。

4. 素绸单袍，形式、尺寸均与第三件同，不另述。袍以白色素绸做成，腐朽残重，满布血迹。

素绸是以本色经纬丝交织的平纹织物，经纬丝的纺调亦极不均匀，与甘肃和新疆维吾尔自治区过去出土的唐代绸、绢相类似②。

按以上所说四件袍子的形式、尺寸和残破情况，可以看到以下几个问题：第一是半捻襟、交领、窄袖、束腰、后身"开气"长等服装特点，与常见的唐代"胡人俑"的衣服相似③，又同现在维吾尔族的民族服装一样。第二是袍子身高 128厘米，这与木乃伊"约 1 米 9，头部蒙白丝织品"④的尺寸相比较，木乃伊比衣服高出 62 厘米，也完全符合唐代"胡人俑"的衣服和人体的比例。头部蒙白丝织品这一情况，证明墓主是维吾尔族或哈萨克族人。最后是这四件袍子上面均有血迹和孔洞的情形来看，墓主可能是古代阵亡的将士。

① 奥多·发尔克《丝织艺术史》图 287。
② 黄文弼《塔里木盆地考古记》丝织部分。
③ 故宫博物院藏唐三彩马夫俑，现陈历代艺术馆。
④ 《文物参考资料》，1957 年第二期 83 页。

5. 细花鸂鶒锦（图 4）残片十块，十块中最大块长 56 厘米，宽 64 厘米，最小块长 9.5 厘米，宽 59 厘米，其中一块的边际缝有残余的白毛毡片若干处。经查这些白毛毡的残余与同时出土的另一大块白毛毡原系一物，可能是出土

图 4　细花鸂鶒锦

时分开。根据十块细花鸂鶒锦残片综合的面积与残留在锦上若干白毛毡的缝制情况来看，可能是马鞯或坐垫之类，可惜残破严重，不能复原。

细花鸂鶒锦以红、黄两色丝为经，用宝蓝和玉白、葵绿配淡黄、深浅红等色纬，织成两晕色的红地小窠杂花鸂鶒图案的五枚斜纹锦。其图案结构与唐朝的紫双凤锦一样[①]。鸂鶒鸟与花头的形象，同北宋缂丝紫鸾鹊谱的作风相类[②]，此锦与球路双鸟锦袍之领口为一块锦。

6. 重莲团花锦（图 5），残片九块，九块中最大块长 63 厘米，宽 47 厘米，最小块高 85 厘米，宽 16 厘米。内三块缝有白绸制蒜头式纽扣和扣门，证明

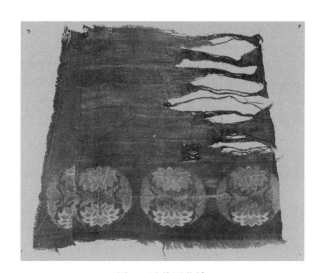

图 5　重莲团花锦

① 日文版《世界美术全集》第八卷图版 119、122。
② 故宫博物院藏北宋柴鸾鹊谱，现陈织绣馆。

这九片原系一件衣物。可惜残破不全，没有可能复原。

重莲团花锦也是五枚斜纹纬线起花织物，以深蓝色丝为经，用胭脂红和浅红、葵绿和黄绿、玉白和深蓝色纬线，织成两晕色的深蓝底五彩重莲团花图案，其织法类似明清以来的南京云锦中"芙蓉妆"，唯此锦是斜纹，而南京产明清"芙蓉妆"是缎纹。斜纹纬线起花的组织与敦煌千佛洞出土的"三叶团花锦"同①，所不同的是，三叶团花锦只红、黄两色，而重莲团花锦是五彩织成。

7. 球路双羊回文锦材料一方，长 33.5 厘米，宽 38 厘米。上面沾有血迹和凝固的血块。

球路双羊回文锦以黄色丝为锦，用藏驼、秋香、淡黄三色纬线织成五枚斜纹纬线起花锦。图案风格与球路双鸟锦一样，而球路图案中的回文的写法，笔触与敦煌出土的织金鹦鹉锦②上的回纹一样。

8. 贝纹锦残片，最长处 71 厘米，最宽处 25.5 厘米。贝纹锦的一头与平金绣片三条平金飘带相接。绣纹已经不能一一辨认，按这一残片的形状与做法，可能是"木乃伊头戴的红幞头"③。

贝纹锦以真红色丝为经，用真红和黄色丝纬织成真红底黄贝纹的三枚斜纹纬线起花锦。其斜纹组织和经纬密度与樗蒲线差不多，唯线支比樗蒲绫细，尤其得注意的是这种真红色是用红花染成的，用红花染红色是我国的传统染法。

9. 紫绸一方，长 46 厘米，宽 51 厘米。系平纹交织织物，经纬丝的纺调，十分均匀，近似唐宋的细绸和细绢④。

10. 彩绣鸟兽纹方袱，高 58 厘米，宽 55.5 厘米。方袱为以宝蓝色细绸为底，施木红、藏驼、深绛、黄、橙黄、绿、蓝、黑和金线，用一种缠针绣法，在方袱之中央绣成鸟、鹿各两对，颠倒排列，外加柿蒂形边框，做适合纹样。方袱四边镶

---

① 日文版《世界美术全集》第八卷插图 147、148。
② 同上第一四卷插图 168。
③《文物参考资料》1957 年第二期 83 页。
④ 黄文弼：《塔里木盆地考古记》丝织部分。

沿一个约 5 厘米宽的双雀栏干锦框,四角做如意头状,尖端向里与柿蒂纹尖端遥遥相对,锦框与绸心相接之处压一道白色绳状边线。它的图案格调,虽然由于线条宽给人以粗放的感觉,但图案组织的绝对均衡的风格和花纹形象采用既写实又富于变化的手法,以及设色是我国哈萨克族的艺术风格,也与上述球路双鸟锦、灵鹫对羊锦等作风有些近似。

以上几件织绣品,从图案上看来,一部分是中原在唐宋间,各种工艺美术品上的流行纹样风格,如:细花鸂鶒锦、重莲团花锦、莩蒲绫等,尤其是细花鸂鶒锦的图案,与五代越窑双鸟青瓷盒盖花纹一样①,与唐代錾花鸂鶒圆盒盖上的图案一致②,其次是同五代八棱花鸟镜、宋八棱鸳鸯花草镜上的图案相似③,与宋代的磁天鹅莲花碗和北宋缂丝紫鸾鹊谱④的花相仿佛。另一部分是富有古波斯文化影响的作品,如球路双鸟锦,灵鹫对羊锦,球路双羊回纹锦三片,它们同日本文化特务大谷光瑞在库车遗址盗掘所得的“花树对鹿”锦⑤,以及英国文化特务斯坦因从我国敦煌千佛洞盗走的唐代大窠对羊锦等丝织品的图案风格完全一样。

从上述两部分织锦的丝织组织法来看,除贝纹锦之外,其余全部是五枚斜纹纬线起花织物,其经纬密度也都是每厘米间经线三十支,纬线二十五支。贝纹锦的组织法与经纬密度,同宋代“织金祥云襕”一样⑥,其余的组织法和经纬密度都与唐朝至北宋初年之间的织锦⑦相似。

根据与织绣品同时出土的“一只白瓷碗”⑧的造型看来,这种小底足高敞口碗是宋代黑白瓷碗中常见的一种形式。关于这点,在下面的几处出土遗物中可找到证明:一是福建省吉水县芦花坪的南宋初绍兴时代在窑址发现的甲、乙两

---

① 故宫博物院藏五代越窑刻花圆盒,现陈历代艺术馆。
② 故宫博物院藏唐刻花鸟残银盘,现陈历代艺术馆。
③ 沈从文编《北宋铜镜》第 72、75 图。
④ 故宫博物院藏北宋缂丝紫鸾鹊,现陈织绣馆。
⑤ 日文版《世界美术全集》第 8 卷图版 123。
⑥ 日文版《世界美术全集》第 14 卷图版 16。
⑦ 同上第 8、14 卷绣织部分。
⑧ 《文物参考资料》1957 年第二期 832 页。

种敞口碗①。二是陕西省兴平县西郊,北宋初淳化至天禧间墓葬中出土的白碗。三是河北省巨鹿县出土的小敞口碗②都和这"一只白瓷碗"相类似。

按照以上对比的情形来看,这一木乃伊和它的随葬遗物,应当是北宋至南宋绍兴年间的墓葬,似无疑问。

本文在整理和撰写的过程中,得张绿子先生的很大帮助,专此致谢。

(原载《故宫博物院院刊》,1960 年总第二期。)

---

① 见《文物参考资料》1955 年第三期。
② 见《钜鹿宋器从录》。

后 记

　　李遇春先生于 1952 年，从西安调入新疆后，一直从事新疆文物保护和博物馆工作，并长期担任博物馆领导。曾任中国考古学会第一、第二届理事会理事、中国博物馆协会理事。李遇春先生经历和见证了新疆维吾尔自治区博物馆由筹建到正式建立和发展的过程。他跋山涉水，奔走于天山南北，进行文物调查和考古发掘，并撰写出相关的文物考古调查、发掘报告，研究论文和工作动态等文章。这些文章既有学术价值，又是新疆早期文物工作的记载，具有重要意义。其中有些文稿，如 1959 年，由他带领新疆博物馆南疆考古队的发掘报告，由于种种原因当时未能发表，现在看来很有价值。我们遵照博物馆领导的意见，将这些报告和论文整理，并汇编成《李遇春考古文集》出版，以纪念李遇春先生。同时，也从中管窥新疆维吾尔自治区博物馆的发展历程，便于读者了解新疆一些相关文物的来源和价值。

　　在汇集过程中，我们得到李遇春家人的支持，提供了大量资料，使我们得以顺利完成本书的编纂工作。同时我们也得到博物馆同志的支持和协助，其中有陈新勇描图，孙丽平校对……在此表示特别感谢！

编者
2022 年 4 月